KitchenAid

POUR TOUT CUISINER

HISTOIRE DE LA MARQUE

LA NAISSANCE D'UNE LÉGENDE

1919

INVENTION DU PREMIER ROBOT ET NAISSANCE DE LA MARQUE

Il y a près d'un siècle, Herbert Johnson, ingénieur originaire de l'Ohio, inventa une machine extraordinaire qui allait révolutionner la vie des professionnels et des passionnés de la cuisine : le « H5 », premier batteur domestique. En le testant, l'épouse d'un dirigeant de la société inventa à son insu le nom de la marque en s'exclamant, émerveillée: "I don't care what you call it, it's the best kitchen aid I've ever had" («Peu importe comment vous l'appelez, c'est la meilleure "aide" culinaire que je n'ai jamais eue»). KitchenAid était né. Au fil du temps, la marque ne cessa d'inventer et d'innover pour les gourmets, friands de solutions inspirées du monde professionnel.

LE ROBOT DES STARS

1927

UNE POPULARITÉ GRANDISSANTE ET DES VENTES RECORD

Le modèle qui a suivi le H5 connut une popularité immédiate... 20 000 exemplaires furent vendus au cours des trois premières années après sa mise sur le marché. Les célébrités furent les premières à reconnaître l'excellence du robot sur socle KitchenAid et à l'utiliser, notamment John Barrymore, Marion Davies, E.I. DuPont, Henry Ford, Myrna Loy, Fredric March, Ginger Rogers et le Gouverneur de New York, Al Smith.

LE DESIGNER

1936

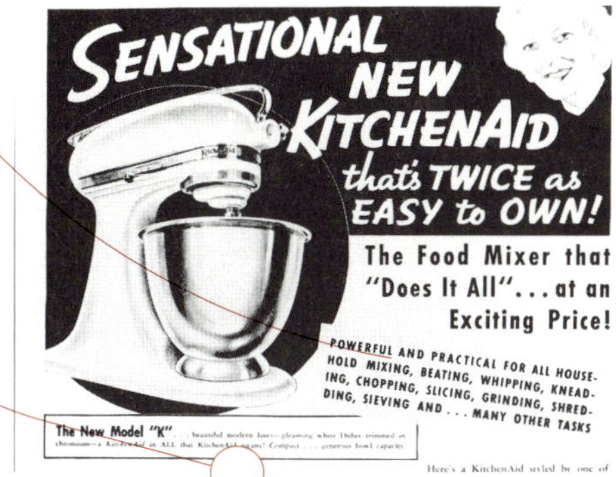

LE MARIAGE RÉUSSI DU STYLE ET DE LA HAUTE TECHNOLOGIE…
Egmont Arens était un designer reconnu dans le monde entier. Durant quelques années, il a partagé son savoir-faire avec KitchenAid. Il a dessiné trois des modèles les plus élégants de la marque, dont le célèbre modèle « K », aujourd'hui culte. Ses créations, jugées exceptionnelles, ont remporté plusieurs prix de design et sont exposées dans de nombreux musées. Plus de 60 ans après, les robots KitchenAid ressemblent encore beaucoup à ceux qu'il avait dessinés, preuve de son remarquable talent visionnaire.

UN DESIGN INDÉMODABLE…

1941

… QUI N'A JAMAIS CHANGÉ
Le modèle K5A fait son apparition à l'aube de la Seconde Guerre mondiale… et les trois robots dessinés par Egmont Arens restent à ce jour quasiment inchangés. Exposés dans les musées du monde entier, ils ont remportés des prix importants pour leur design époustouflant.

UN MONDE DE COULEURS

1994

Les couleurs vives sont une véritable « signature » chez KitchenAid.

LES GOÛTS ET LES COULEURS…
En 1955, grande première dans le monde intégralement blanc des appareils ménagers, le robot s'habille de couleurs vives : pétale de rose, jaune solaire, vert insulaire, chrome satiné et cuivre vieilli. En 1994, la palette s'enrichit et se décline au gré des nouveaux modèles : rouge empire, bleu cobalt, vert pomme, jaune pastel, gris anthracite ou encore tangerine… pour le plus grand plaisir des esthètes gourmands.

2003

KITCHENAID S'ENGAGE

LA CAUSE DES FEMMES

Un engagement global : Programme Cook for the Cure KitchenAid commence à collaborer avec la fondation Susan G. Komen pour être aux côtés des femmes et les soutenir dans la lutte contre le cancer du sein. En l'honneur de ce nouveau partenariat, KitchenAid lance une édition spéciale de sa collection en couleur rose afin de reverser une partie des bénéfices à la fondation.

2012

VOTRE MEILLEUR ALLIÉ

LA PUISSANCE AU BOUT DES DOIGTS QUANTITÉ ET QUALITÉ

KitchenAid présente le nouveau robot sur socle à bol relevable de 6,9 L. C'est le plus puissant, le plus robuste, le plus silencieux et tout simplement le meilleur robot sur socle de sa catégorie. Grâce à son moteur de 1,3 ch. qui permet de mélanger de grandes quantités rapidement et efficacement dans un bol en acier inoxydable poli de 6,9 L, il garantit des performances exceptionnelles. Ce modèle a remporté le prix KuchenInnovation 2012 pour sa qualité, sa fonctionnalité et son design. Une fois de plus, KitchenAid continue d'être à la pointe de l'innovation et de l'excellence au 21e siècle.

UNE GAMME COMPLÈTE DE PETITS ET GRANDS APPAREILS ÉLECTROMÉNAGERS

DE LA CONSERVATION À LA PRÉPARATION, DE LA PRÉPARATION À LA CUISSON

KitchenAid lance sa nouvelle ligne de réfrigérateurs et caves à vin Vertigo : des appareils domestiques élégants qui garantissent d'excellentes conditions de conservation et peuvent être installés dans n'importe quelle cuisine.
Ce lancement inclut également la gamme de petits appareils électroménagers Artisan : robot ménager de 4 L, bouilloire électrique, mixeur plongeant sans fil, grille-pain 2 et 4 tranches et robots ménagers 2,1 et 3,1 L.

2013

2015

LANCEMENT RÉVOLUTIONNAIRE

UNE ANNÉE DE GRANDS CHANGEMENTS

Le monde de la cuisine a vécu une véritable révolution avec le lancement du préparateur culinaire cuiseur tout-en-un Artisan KitchenAid. Conçu dans un souci de créativité et de simplicité, ce nouvel appareil s'occupe de toutes les phases de la préparation d'un plat : il hache, il mélange, il cuit...

2018

MARQUE DE MIXERS #1* DANS LE MONDE

* (Source: Euromonitor International Limited; Consumer Appliances 2018 edition, retail volume sales, 2012 – 2017 Mixer Category data (includes stand mixers & hand mixers).®/TM ©2017 KitchenAid. All rights reserved.)

CRÉEZ LE ROBOT
QUI VOUS RESSEMBLE

1-CHOISISSEZ UNE TAILLE

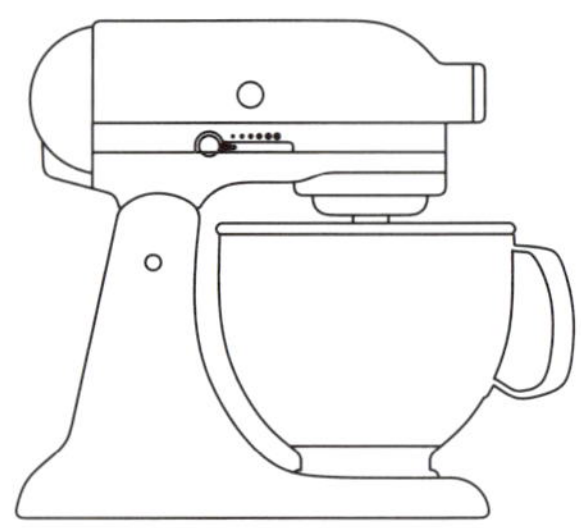

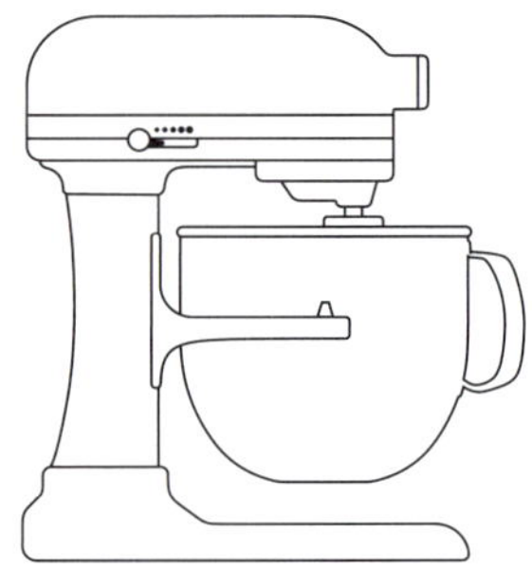

3,3L
Adepte des diners en tête à tête ? Choisissez la version « mini », idéale aussi pour les petites cuisines.

4,8L
Le robot standard emblématique, parfait pour 4 à 6 personnes et indispensable sur votre liste de mariage.

6,9L
Vous êtes un as des fourneaux ou vous avez une grande famille à nourrir ? Optez pour le maxi modèle inspiré du design et de l'usage professionnels.

2-CHOISISSEZ UNE COULEUR

Choisissez la couleur qui reflète (au mieux) votre personnalité.

3,3 L

- Rouge piment
- Noir réglisse
- Gris graphite
- Rose dragée
- Vert amande
- Bleu saphir

4,8 L

- Blanc
- Meringue
- Jaune pastel
- Tangerine
- Espresso
- Blanc givré
- Gris étain
- Bleu glacier
- Bleu lagon
- Bleu nuit
- Figue
- Prune
- Rouge empire
- Pomme d'amour
- Crème
- Rose nacré
- Sorbet framboise
- Fuchsia
- Macaron pistache
- Vert pomme
- Chromé
- Nickel brossé
- Cuivre brossé
- Noir onyx
- Gris argent

6,9 L

- Rouge empire
- Noir onyx
- Pomme d'amour
- Blanc givré
- Gris étain

3-CHOISISSEZ VOS ACCESSOIRES

POUR LES PRÉPARATIONS CULINAIRES

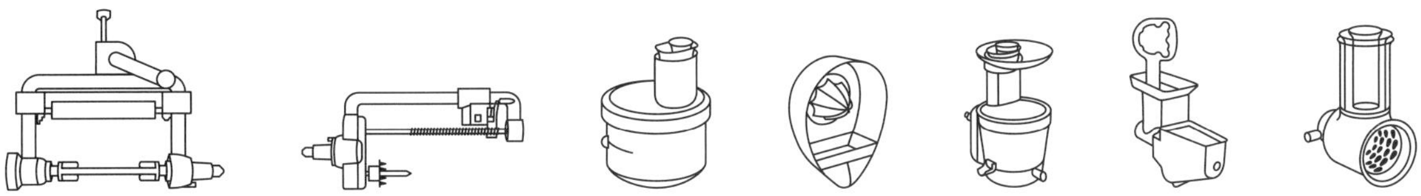

- Coupe lanières de fruits et légumes *(voir p. 16)*
- Accessoire taille-légumes en spirale *(voir p. 17)*
- Accessoire robot ménager *(voir p. 18)*
- Presse-agrumes *(voir p. 19)*
- Accessoire extracteur de jus et sauce *(voir p. 20)*
- Passoire à fruits et légumes *(voir p. 21)*
- Tranchoir / râpe à cylindres *(voir p. 22)*

POUR LES PÂTES & CÉRÉALES

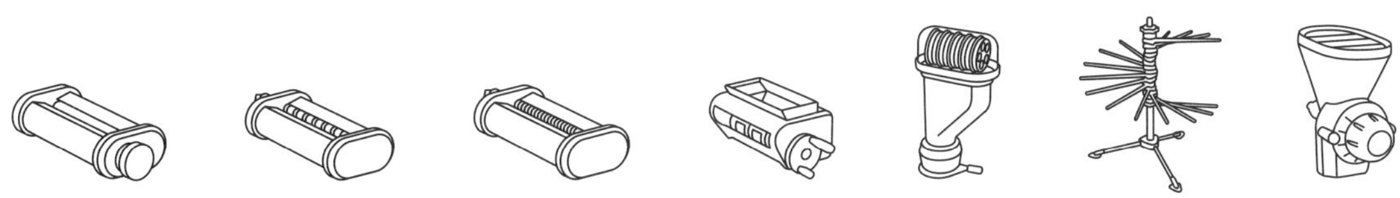

- Set composé d'une machine à pâtes et de rouleaux découpeurs *(voir p. 23)*
- Machine pour la préparation et le remplissage des raviolis *(voir p. 24)*
- Presse à pâtes *(voir p. 25)*
- Séchoir à pâtes *(voir p. 23)*
- Moulin à céréales *(voir p. 26)*

POUR LES PRÉPARATIONS SALÉES À BASE DE VIANDE

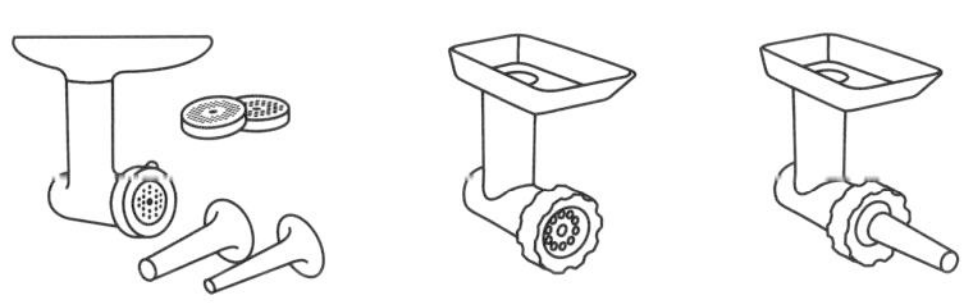

- Hachoir en métal *(voir p. 27)*
- Hachoir *(voir p. 27)*
- Accessoire à farcir les saucisses *(voir p. 27)*

POUR LES PRÉPARATION SUCRÉES

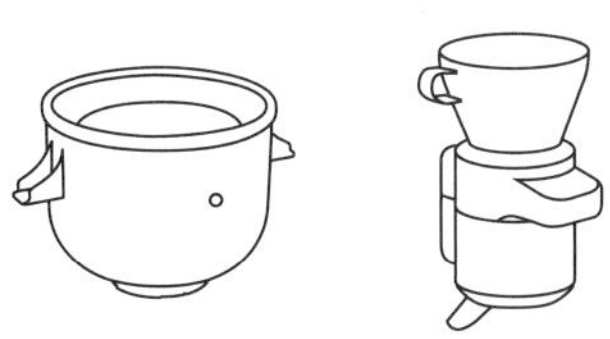

- Sorbetière *(voir p. 28)*
- Tamis et balance *(voir p. 29)*

NOS ACCESSOIRES

FOUET À FILS

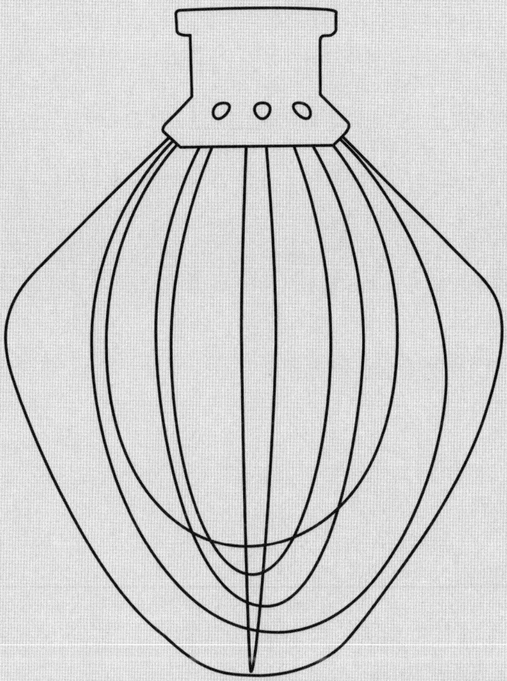

UTILISATION

Commencez à fouetter en vitesse minimale puis accélérez progressivement. Si vous fouettez rapidement dès le début, vous risquez d'incorporer moins d'air dans vos préparations et d'obtenir un résultat plus lourd. Par ailleurs, prenez garde à ne pas utiliser le fouet à fils pour travailler vos préparations au beurre froid, sous peine de voir se former un amas de pâte inutilisable au centre du fouet.

RÉALISATIONS

Le fouet à fils vous permettra d'incorporer de l'air dans vos préparations pour réaliser :

- des blancs d'œufs montés
- des meringues avec des blancs d'œufs (voir p. 42), etc.
- des mousses salées ou sucrées : Ile flottante (voir p. 306)
- une mayonnaise (voir p. 30)
- de la crème fouettée (voir p. 43)
- des mets sucrés : Macarons à la framboise (voir p. 300), Amaretti (voir p. 302), Gaufres (voir p. 88), Crêpes au caramel beurre salé (voir p. 96), etc.
- des créations salées : Millefeuille de galettes au sarrasin au crabe (voir p. 192), Velouté de butternut (voir p. 160)

CROCHET PÉTRISSEUR

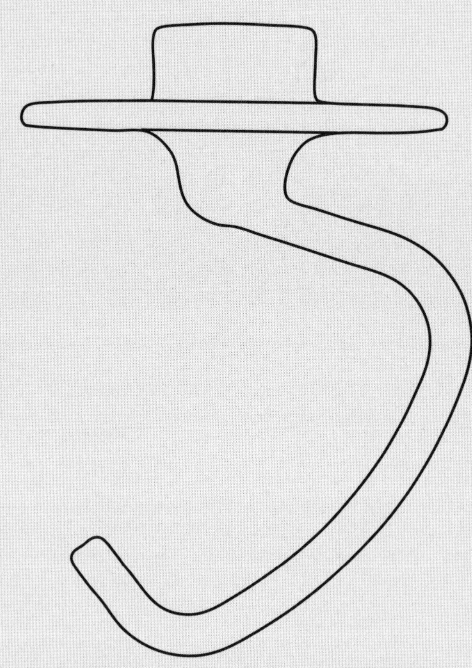

UTILISATION

Avant d'installer le crochet sur le robot, mélangez tous les ingrédients secs de votre recette à l'aide du batteur plat pour une répartition homogène. Utilisez ensuite le crochet lors de l'incorporation progressive des ingrédients liquides et laissez le robot travailler quelques instants. Vous obtiendrez alors une boule de pâte. Continuez de pétrir quelques minutes pour obtenir une pâte lisse et élastique que vous pourrez alors laisser pousser dans le bol.

RÉALISATIONS

Le crochet pétrisseur est votre allié pour de superbes réalisations à base de pâte telles que :

- des miches : Pain sans gluten (voir p. 218), Pain aux céréales (voir p. 68), Naans au fromage (voir p. 50), Brioche classique « Nanterre » (voir p. 72), Baguettes viennoises (voir p. 80), etc.
- des pâtes travaillées : Pâte feuilletée (voir p. 37), Pizza blanche potimarron, champignons et noix (voir p. 62)
- des petits pains secs : Bretzels sucrés (voir p. 288) ou salés, Gressins (voir p. 52), Fougasse (voir p. 60)

Et des pâtes fraîches, par exemple :

- Spaghettis (alla passata voir p. 230, alla carbonara voir p. 232)
- Tagliatelles au pesto (voir p. 238)
- Cannellonis (voir p. 228)
- Lasagnes (voir p. 234)

BATTEUR PLAT

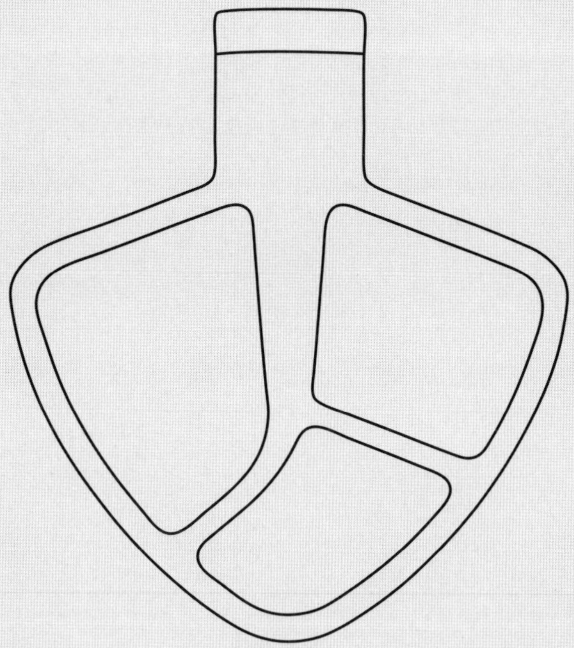

UTILISATION

Comme pour le fouet à fils, commencez en vitesse minimale puis augmentez-la progressivement jusqu'à la vitesse désirée. Vous éviterez ainsi les éclaboussures et obtiendrez des préparations bien homogènes.

RÉALISATIONS

Véritable passe-partout de votre robot Artisan, le batteur plat se chargera de toutes les préparations qui ne nécessitent pas l'usage du fouet à fils ou du crochet pétrisseur.

Il est idéal pour :

- préparer des biscuits : Scones (option avec raisins secs voir p. 78), Madeleines (voir p. 74), Éclairs à la pistache (voir p. 292), etc.
- préparer des gâteaux : Cake aux olives, tomates séchées et feta (voir p. 56), Fondant au chocolat (voir p. 94), etc.
- réduire des légumes cuits en purée : Purée patate douce et jambon (voir p. 190)
- monter des sauces froides
- réaliser des beurres parfumés
- confectionner de la pâte à tarte : Banoffee pie (voir p. 256), Quiche lorraine (voir p. 64), Tarte ricotta et pignons (voir p. 264), etc.
- confectionner de la pâte à choux : Chouquettes (voir p. 70), Gougères (voir p. 48)

BATTEUR À BORD FLEXIBLE

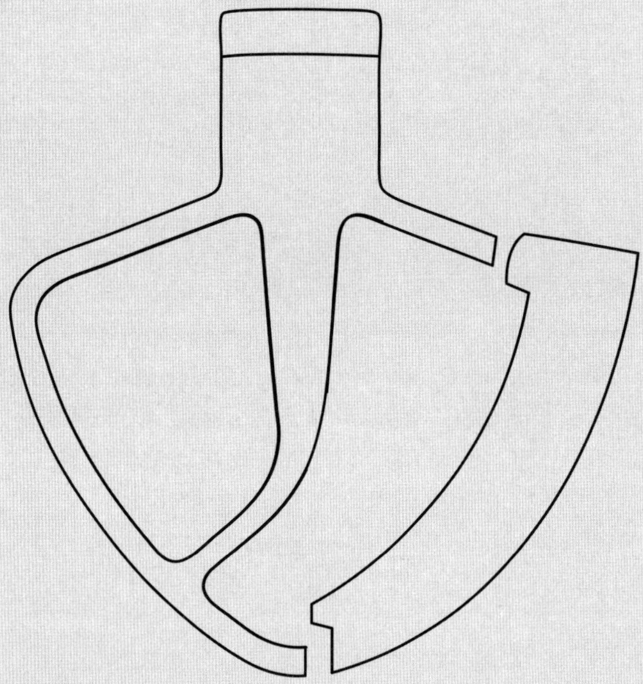

UTILISATION

Le batteur plat à bord flexible vous permettra d'incorporer les ingrédients de votre préparation sans devoir couper le moteur ni utiliser une spatule. Sa conception unique racle également à la perfection les bords du bol tout en mélangeant, pour un résultat parfait, rapide et sans effort.

RÉALISATIONS

Il est très utile pour réaliser des recettes telles que :

- des gâteaux de toute taille : Cheesecake au citron (voir p. 274), Brownie aux noix de pécan (voir p. 84), Banana bread (voir p. 82), Cookies chocolat & cacahuètes (voir p. 90)
- des tartes salées et sucrées : Tarte flambée à l'alsacienne (voir p. 222), Tarte aux abricots & crème de pistache (voir p. 254), etc.
- des pâtes : Gnocchis de potimarron & beurre de sauge (voir p. 250), etc.

VERSEUR PROTECTEUR

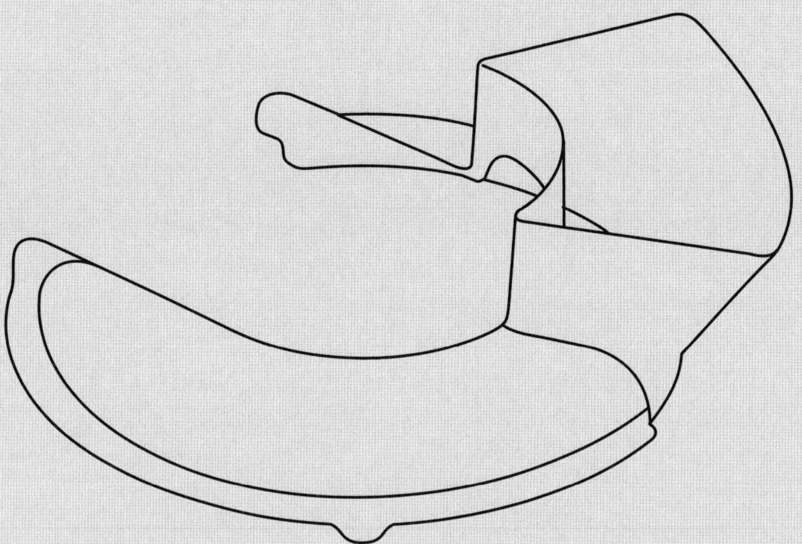

UTILISATION

Le verseur/protecteur est un accessoire monobloc pratique à double usage qui vous permettra d'éviter les éclaboussures et d'ajouter les ingrédients en douceur pendant qu'ils sont mixés, grâce au bec verseur, sans qu'ils ne touchent directement le batteur, le crochet ou le fouet. Sa composition en Lexan transparent vous facilitera la vision des ingrédients qui se trouvent dans le bol.

COUPE LANIÈRES DE FRUITS ET LÉGUMES

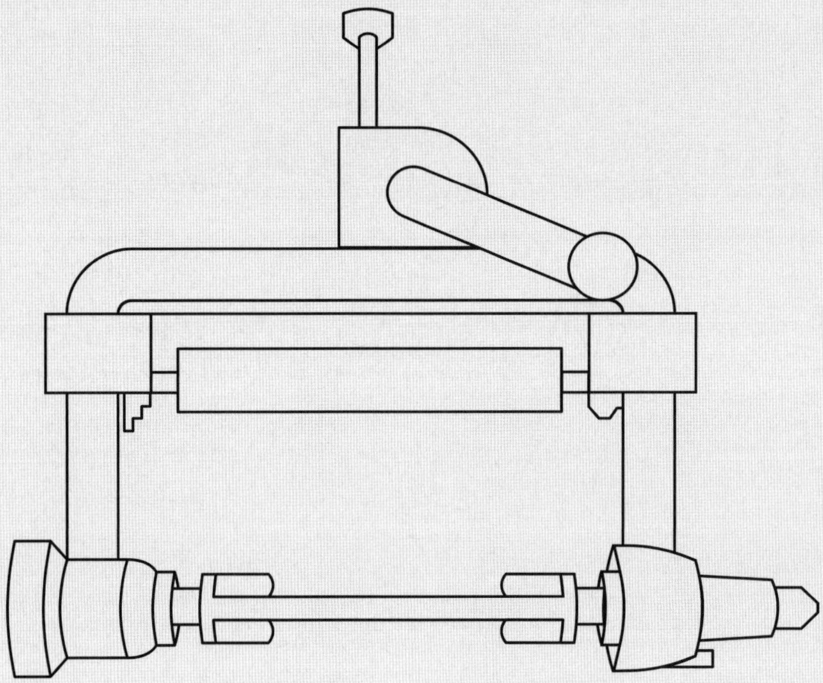

UTILISATION

Réinventez vos classiques avec cet ustensile qui vous permettra de préparer de belles lanières à partir d'une grande variété de fruits et de légumes. Il épluche, taille et dénoyaute avec une facilité déconcertante et ses deux lames vous permettent d'obtenir des lanières de différentes épaisseurs.

RÉALISATIONS

Au quotidien, trouvez des façons simples et innovantes d'utiliser des fruits et des légumes pour remplacer les glucides ou éviter le gluten dans des recettes traditionnelles :

- Gratin de pommes de terre au roquefort (voir p. 204)
- Lasagnes végétariennes patate douce & chèvre frais (voir p. 236)

Ou simplement pour les savourer dans des préparations gourmandes :

- Rouleaux de courgettes à la morue (voir p. 140)
- Veggie rolls (voir p. 116)
- Tarte aux pommes bouquet de roses (voir p. 258)

ACCESSOIRE TAILLE-LÉGUMES EN SPIRALE

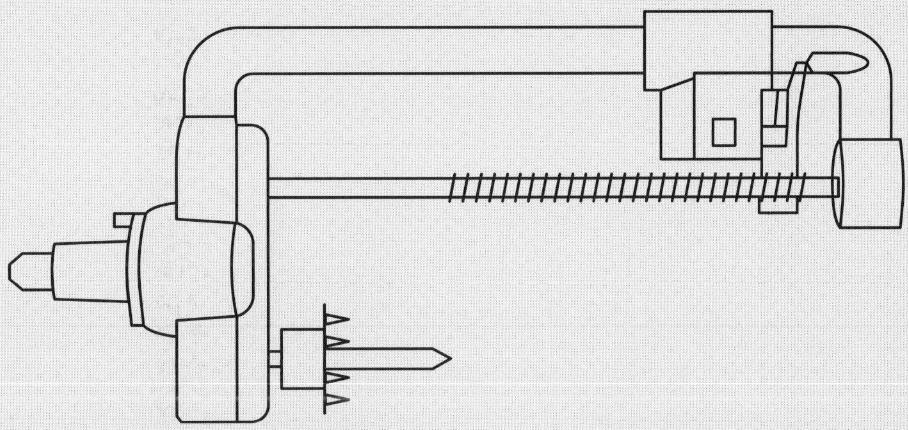

UTILISATION

Avec ses trois lames interchangeables, cet appareil offre différentes options de découpage :
- enlever le centre des fruits et des légumes tout en les taillant en rubans très fins
- nettoyer fruits et légumes et tailler le cœur en rubans très fins
- peler les fruits et légumes

RÉALISATIONS

Idéal pour les recettes sans gluten ou sans glucides, et pour adopter une alimentation saine et équilibrée, le taille-légumes en spirales est l'accessoire indispensable pour une cuisine légère et créative. Il vous permet de découper avec précision les fruits et légumes en fins rubans bouclés et de réaliser ainsi :
- Spaghettis aux légumes à la crème & tomates séchées (voir p. 130)
- Toasts à l'avocat (voir p.114)
- Frites spirales au paprika (voir p. 206)
- Salade asiatique au tofu (voir p. 138)

Mais aussi des dressages originaux !

ACCESSOIRE ROBOT MÉNAGER

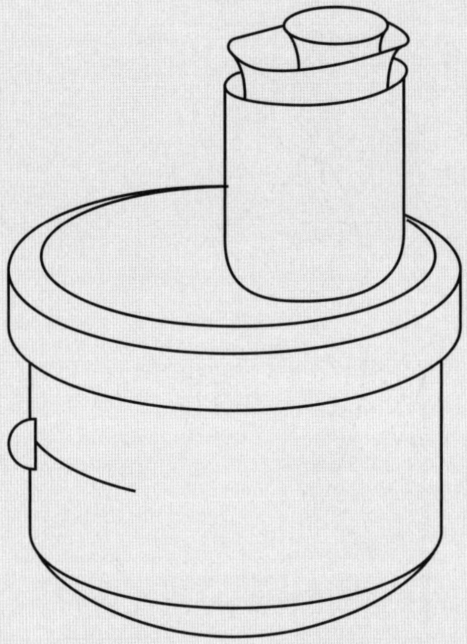

UTILISATION

Cet accessoire réduit considérablement le temps de préparation de nombreuses recettes. Il émince, râpe, taille ou coupe en julienne les aliments de façon rapide et précise. Avec son système exclusif ExactSlice™ offrant six possibilités de réglages, vous obtiendrez des tranches de l'épaisseur souhaitée. Contrôlez l'épaisseur de vos tranches grâce au levier manuel externe qui garantit un découpage précis et minutieux de tous les aliments, qu'ils soient tendres ou durs.

RÉALISATIONS

- Röstis de pommes de terre et légumes (voir p. 126)
- Guacamole (voir p. 108)
- Tartare de saumon à la mangue (voir p. 162)
- Blinis courgette ricotta sans gluten (voir p. 120)

PRESSE-AGRUMES

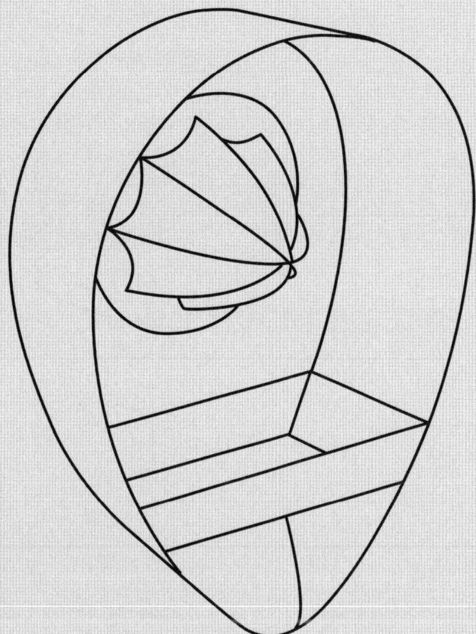

UTILISATION

Ce presse-agrumes vous permet de presser en un rien de temps de grandes quantités d'agrumes de tous types en mettant de côté la pulpe.

RÉALISATIONS

- Salade de carotte et orange à la fleur d'oranger (voir p. 144)
- Carpaccio de Saint-Jacques au gingembre et citron vert (voir p. 196)

ACCESSOIRE EXTRACTEUR DE JUS ET SAUCE

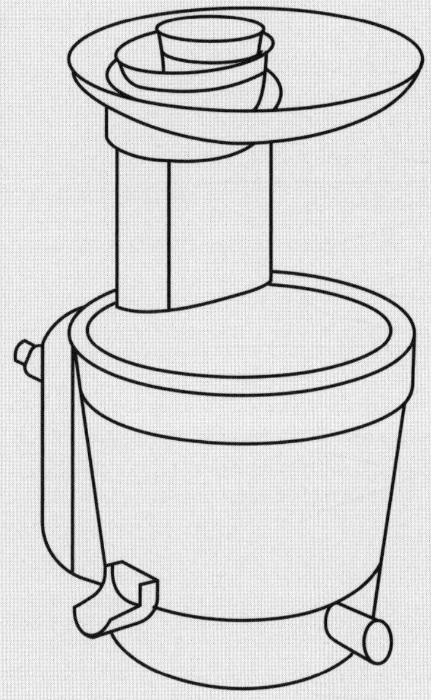

UTILISATION

Offrez-vous une combinaison parfaite de gourmandise et de santé avec cet accessoire. Sa technologie d'extraction lente en deux phases préserve les nutriments tout en limitant la quantité de mousse et le temps de préparation. Vous pouvez choisir la texture et la densité de pulpe que vous souhaitez donner à vos préparations à l'aide des trois filtres disponibles : pulpe fine, pulpe épaisse et coulis.

RÉALISATIONS

Ses options ingénieuses vous permettent d'écraser, de broyer et de réduire en pulpe un choix infini d'ingrédients tels que des fines herbes, des fruits, des légumes, des aliments tendres, durs ou à feuilles, fins ou épais, etc. Donnez instantanément vie à toutes vos envies culinaires en préparant par exemple :

- des jus de fruits frais pour vous apporter des vitamines : Jus antioxydant (voir p. 106), Jus énergie (voir p. 100), Jus drainant (voir p. 104), Green juice (voir p. 102)
- des cocktails incontournables : Piña colada (voir p. 156), Daïquiri à la fraise, (voir p. 154), Punch des îles (voir p. 152)
- des sauces parfumées pour accompagner vos plats
- des purées et veloutés de légumes
- des confitures et marmelades maison

PASSOIRE À FRUITS ET LÉGUMES

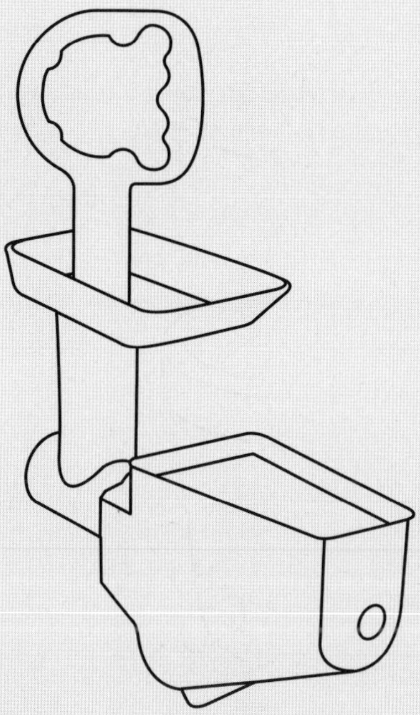

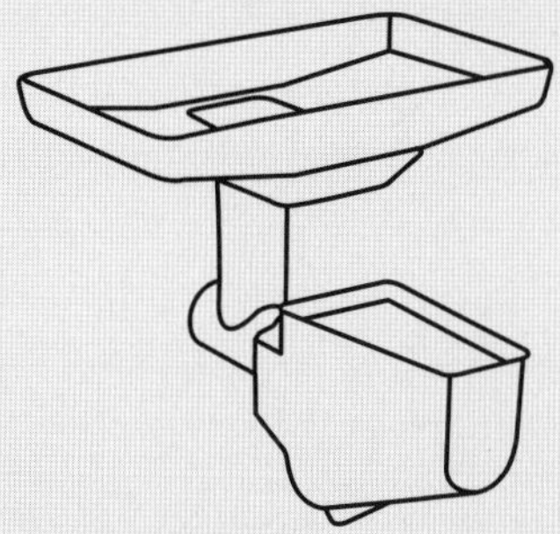

UTILISATION

La passoire à fruits et légumes se fixe sur le bloc hachoir. Placez divers ingrédients dedans et aidez-vous du poussoir pour les guider dans la trémie. À la sortie, récupérez un mélange homogène et débarrassé d'éventuels pépins, queues ou peaux.

RÉALISATIONS

- Panna cotta et coulis de mangue (voir p. 320)
- Gaspacho de concombre et crème épicée (voir p. 112)

PLATEAU POUR ALIMENTS

UTILISATION

Utilisable en combinaison avec la passoire à fruits/légumes (ou avec le hachoir, voir p. 27), ce grand plateau permet de traiter les aliments en grandes quantités pour un travail plus rapide et plus aisé.

TRANCHOIR / RÂPE À CYLINDRES ET SET DE CYLINDRES À RÂPER

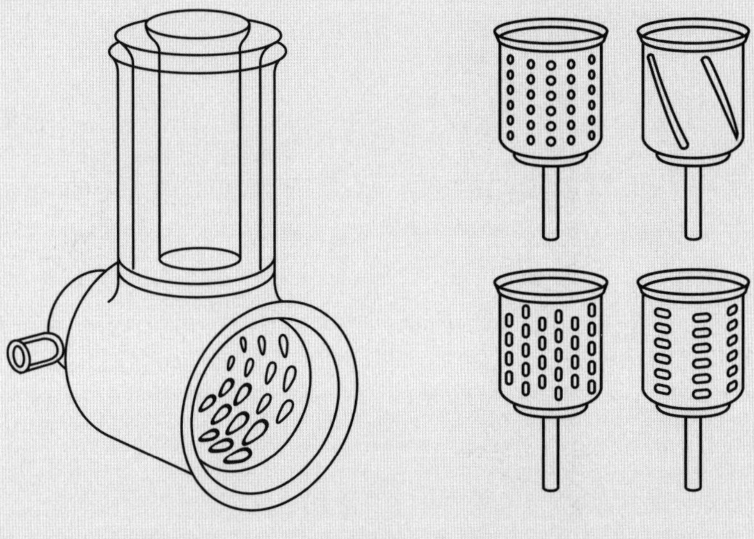

UTILISATION

Le tranchoir/râpe à cylindres est très utile pour couper harmonieusement et facilement des fruits et des légumes de grand ou petit diamètre. Il est accompagné d'un set de 3 cylindres à râper interchangeables, 2 cylindres à râper – de calibres moyen et gros – et d'un cylindre à trancher. Il permet également d'émincer et hacher d'autres ingrédients comme des fruits à coque, du chocolat en barre (pour les nappages par exemple) ou encore du fromage.
Il existe 3 cylindres additionnels pour le tranchoir/râpe à cylindres : un cylindre à julienne, un cylindre à râper les pommes de terre et un cylindre à râper fin.

RÉALISATIONS

- Tzatziki (voir p. 110)
- Soufflé au fromage (voir p. 202)
- Pain d'épices (voir p. 272)

SET COMPOSÉ D'UNE MACHINE À PÂTES ET DE ROULEAUX DÉCOUPEURS

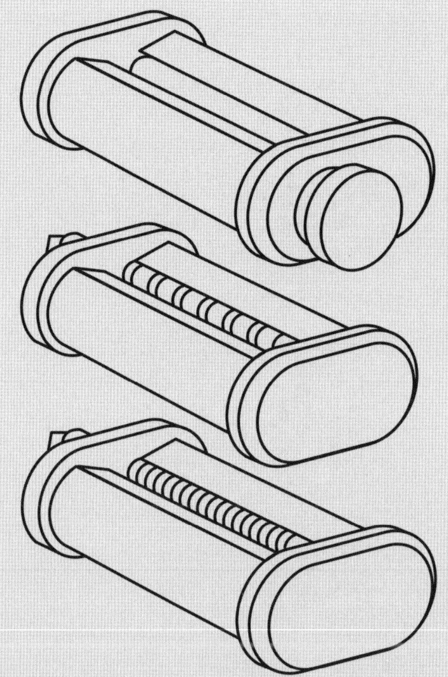

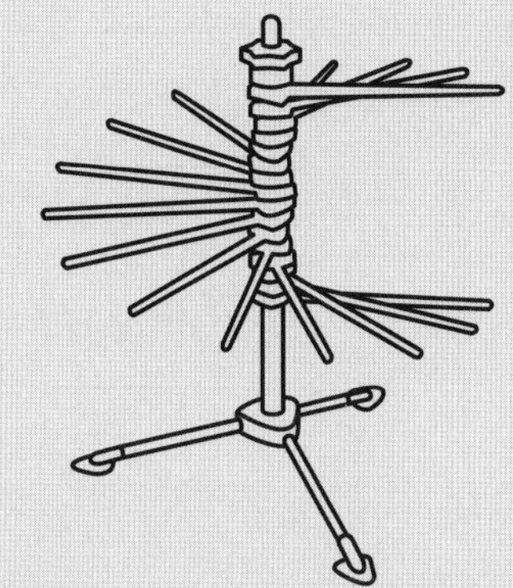

UTILISATION

Cet ensemble, composé d'un laminoir et de deux rouleaux trancheurs, est destiné à réaliser facilement des pâtes souples et fines, à la dimension souhaitée. Un premier passage au laminoir vous permet d'obtenir des feuilles de pâtes plus ou moins épaisses ; il vous suffit de sélectionner l'épaisseur de votre choix en fonction du type de pâtes que vous voulez obtenir. Utilisez ensuite l'un ou l'autre des rouleaux trancheurs pour réaliser des spaghettis ou des tagliatelles à la perfection.

RÉALISATIONS

Lasagnes, spaghettis, tagliatelles, linguine, etc. Toutes les variétés traditionnelles de pâtes longues sont réalisables. A vous de les sublimer ensuite dans des recettes simples :

- Pad thaï aux crevettes (voir p. 198)
- Spaghettis sauce passata (voir p. 230)
- Tagliatelles au pesto (voir p. 238)

SÉCHOIR À PÂTES

UTILISATION

Pratique et peu encombrant, cet outil permet de faire sécher les pâtes rapidement et de manière homogène sans mobiliser le plan de travail entier.

MACHINE POUR LA PRÉPARATION ET LE REMPLISSAGE DES RAVIOLIS

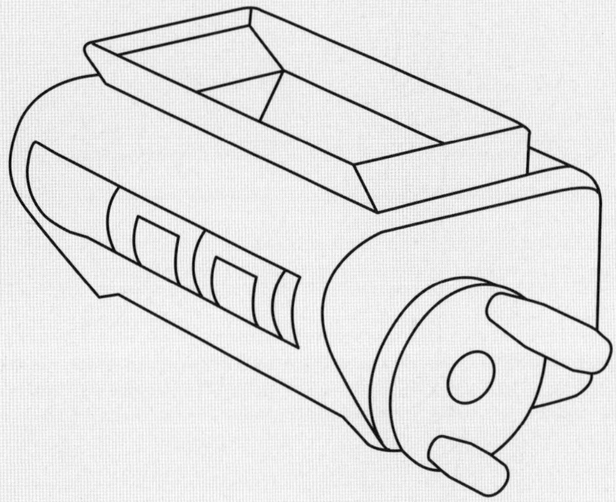

UTILISATION

Comme son nom l'indique, il s'agit de l'accessoire indispensable pour préparer des raviolis maison sans trop d'efforts. Réalisez une farce en utilisant le hachoir (voir p. 27), abaissez votre pâte fraîche, puis laissez la machine à raviolis faire le reste. Pour des raviolis de pro, combinez-la avec le laminoir (voir p. 23), celui-ci permettant d'obtenir des feuilles de pâtes fines et régulières.

RÉALISATIONS

La machine à raviolis associe avec précision farce et pâte ; elle farcit 3 rangées de raviolis, puis pince et sertie des bords pour un résultat parfaitement homogène. À vous de voir quelle préparation vous conviendra le mieux pour les déguster :

- Raviolis asiatiques au porc (voir p. 224)
- Raviolis épinards et ricotta (voir p. 226)

PRESSE À PÂTES

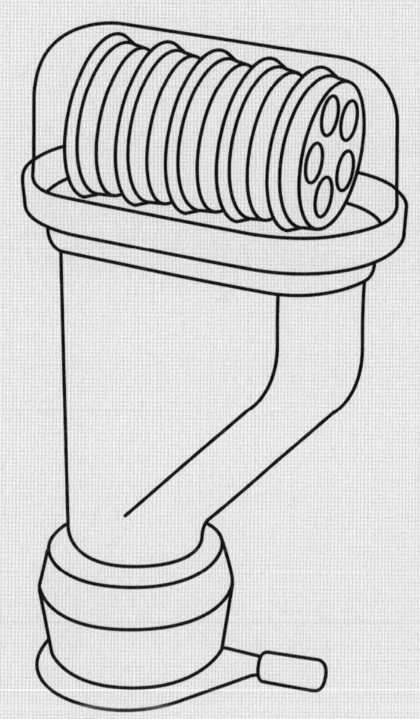

UTILISATION

D'une manipulation très intuitive, cet accessoire est idéal pour réaliser sans effort des pâtes fraîches de toutes longueurs et épaisseurs et à la forme de votre choix. Pour cela, sélectionnez l'un des 6 emporte-pièces, mettez la pâte dans la presse et actionnez le robot. Sectionnez les pâtes lorsque leur longueur vous satisfait.

RÉALISATIONS

Confectionnez 6 variétés différentes de pâtes et variez les accompagnements à l'infini :

- des spaghettis : Spaghettis carbonara (voir p. 232)
- des bucatinis : Bucatinis all'amatriciana (voir p. 240)
- des rigatonis : Rigatonis au fromage et au poivre (voir p. 248)
- des fusillis : Fusillis aux crevettes et à la burrata (voir p. 242)
- des petits macaronis : Mini-macaronis au fromage (voir p. 246)
- des grands macaronis : Macaronis aux cèpes et au thym (voir p. 244)

MOULIN À CÉRÉALES

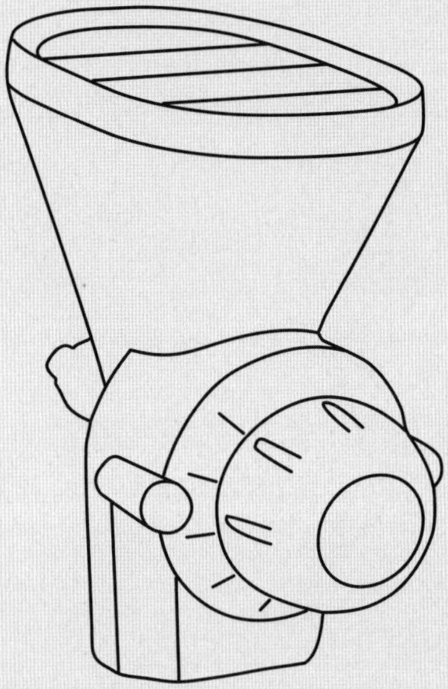

UTILISATION

Ce moulin est très pratique pour travailler différentes céréales à faible taux d'humidité. Il s'utilise également avec des légumes secs ou des pois chiches. Il peut aussi bien être réglé pour moudre finement que pour concasser grossièrement vos ingrédients, en fonction de l'épaisseur souhaitée. Evitez toutefois de l'employer pour moudre des grains de café, des fruits oléagineux ou des graines ; leur teneur en huile risque d'endommager le mécanisme.

RÉALISATIONS

Le moulin à céréales facilite la préparation de :

- farines : Farine de riz (voir p. 30)
- petits gâteaux : Muffins au maïs (voir p. 212), Granola gourmand et lait d'amande (voir p. 214), etc.
- diverses préparations : Buddha bowl (voir p. 220)

HACHOIR

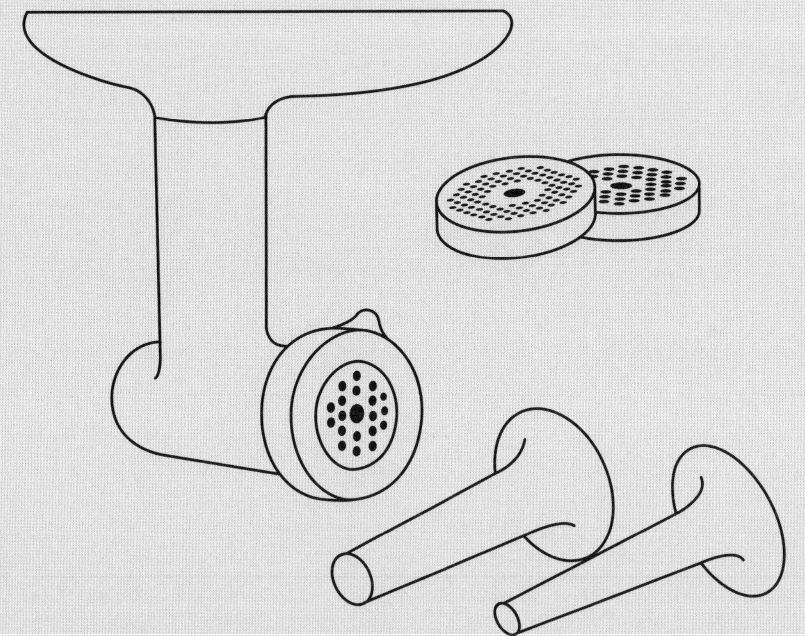

UTILISATION

Cet accessoire – qui existe en deux versions dont une en métal – est fourni avec un couteau auto-aiguisant à quatre lames en acier inoxydable, deux grilles en acier inoxydable pour hacher grossièrement ou finement, ainsi qu'un poussoir d'aliments.

RÉALISATIONS

Par ses multiples fonctions, le hachoir est un incontournable de votre robot Artisan. Il vous permettra de trancher, hacher et émietter les viandes et les poissons ; broyer du pain sec ; concasser des fruits à coques ; réduire les aliments en purée avec les grilles pour hachage fin ou grossier. Réalisez par exemple :

- Boulettes de volaille au curry (voir p. 180)
- Terrine de campagne (voir p. 168)
- Salade de poulet à la citronnelle (voir p. 186)
- Tomates farcies (voir p. 184)
- Dinde de Noël farcie (voir p. 188)

ACCESSOIRE À FARCIR LES SAUCISSES

UTILISATION

Cet accessoire s'utilise en association avec le hachoir. Il est fourni avec deux tubes (10 mm et 16 mm) pour réaliser différentes tailles de saucisses.

RÉALISATIONS

Il vous permettra de réaliser sans effort de délicieuses saucisses maison à partir de viandes fraîches de votre choix mais aussi de confectionner des saucisses végétariennes :

- Chorizo maison (voir p. 174)
- Saucisses aux herbes (voir p. 176)

SORBETIÈRE

UTILISATION

Avec cette sorbetière, il faut moins d'une demi-heure pour réaliser jusqu'à 1,9 l de glace ou de sorbet. Le liquide contenu dans les doubles parois du bol réfrigérant innovant assure une congélation complète tout au long du processus de mélange. Par ailleurs, n'oubliez pas de conserver votre sorbetière dans le congélateur la nuit d'avant afin que le bol soit bien froid et permette à votre préparation de prendre plus rapidement.

RÉALISATIONS

Glace onctueuse, sorbet rafraîchissant, desserts glacés en tout genre et toujours plus gourmands... Les possibilités sont multiples, donnez libre cours à votre imagination ! Quelques exemples pour vous mettre sur la voie :

- Sorbet au citron (voir p. 148)
- Glace lait d'amande et abricots (voir p. 312)
- Glace à la confiture de lait (voir p. 314)
- Frozen yogurt (voir p. 316)
- Glace aux cookies (voir p. 308)

TAMIS
ET BALANCE

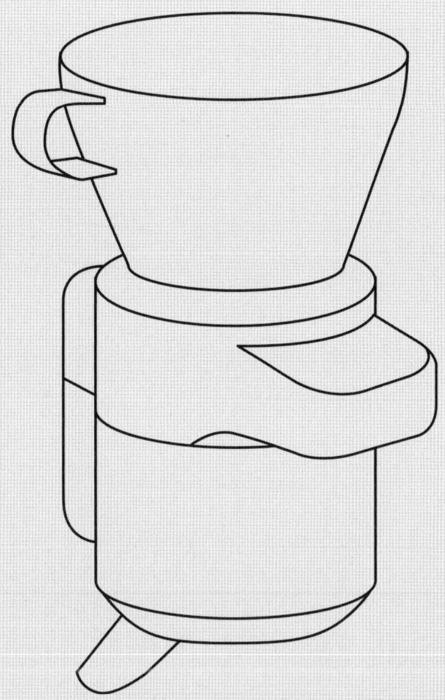

UTILISATION

Le tamis est l'accessoire indispensable pour des préparations sans défaut. Associé à sa balance numérique qui pèse avec précision vos ingrédients, le tamis débarrasse farine, sucre et autres ingrédients secs de tout grumeaux et impuretés puis les dépose directement dans le bol du robot en fonctionnement. Un moyen rapide et efficace de réaliser des recettes aériennes !

RÉALISATIONS

Grâce au tamis, réalisez à la perfection et avec légèreté toutes vos pâtisseries préférées :
- Royal chocolat noisette (voir p. 280)
- Fraisier (voir p. 276)
- Macarons (voir p. 300), etc.

FARINE DE RIZ

01. Versez le tapioca et le riz dans le moulin à céréales réglé sur la mouture la plus fine et faites fonctionner le robot en vitesse 10.

Pour 450 g de farine

Préparation : 5 min

225 g de tapioca

225 g de riz basmati blanc

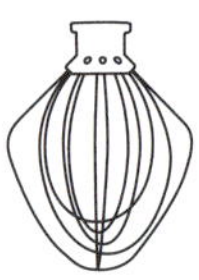

MAYONNAISE

01. Mettez le jaune d'œuf, le vinaigre, la moutarde, le sel et le poivre dans le bol du robot muni du fouet à fils.

02. Actionnez le robot en vitesse 4 et fouettez pendant 1 min.

03. Lorsque l'ensemble est bien mélangé, augmentez en vitesse 8 et versez l'huile en fin filet, au fur et à mesure.

Pour 4 personnes

Préparation : 5 min

1 jaune d'œuf

1 c. à s. de vinaigre

1 c. à c. de moutarde

150 g d'huile neutre

Sel

Poivre

SAUCE PASSATA

Pour 4 personnes

Préparation : 10 min

Cuisson : 10 à 15 min

1 kg de tomates

2 c. à s. d'huile d'olive

Sel

01. Lavez les tomates, coupez-les en deux, épépinez-les, puis retirez l'eau. Recoupez-les grossièrement.

02. Faites-les revenir dans une sauteuse avec l'huile d'olive pendant 10 à 15 min, elles doivent commencer à se défaire.

03. Salez, puis réduisez-les en coulis avec la passoire à fruits et légumes en vitesse 4.

CONSEIL

Réalisez cette sauce en grande quantité pendant l'été lorsque les tomates sont bonnes et bon marché, stockez en bocaux et stérilisez.

PESTO

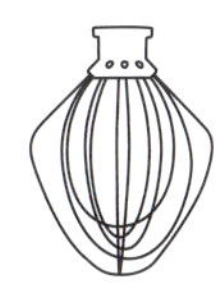

Pour 4 personnes

Préparation : 5 min

50 g de basilic

2 gousses d'ail

50 g de pignons de pin

50 g de parmesan

8 cl d'huile d'olive

Sel

01. Lavez le basilic et épluchez les gousses d'ail. Faites griller les pignons à sec dans une poêle pendant 5 min en mélangeant.

02. Passez le basilic (branches et feuilles), les gousses d'ail et les pignons à l'extracteur de jus en vitesse 4.

03. Versez la préparation dans le bol du robot muni du fouet à fils, ajoutez le parmesan râpé à l'aide d'une râpe à fromage, et actionnez en vitesse 4, en ajoutant l'huile au fur et à mesure et une pointe de sel.

CONSEILS

Remplacez le basilic par de la roquette et les pignons par des amandes.
Vous pouvez également ajouter quelques tomates séchées pour réaliser un pesto rosso.
Pour conserver le pesto, couvrez-le d'une fine couche d'huile d'olive.

PAINS À BURGER

02

03

04

01. Dans un bol, versez 15 cl d'eau tiède et ajoutez la levure. Mélangez, puis laissez reposer 5 min. Faites fondre le beurre.

02. Dans le bol du robot muni du crochet, mélangez la farine, le sel et le sucre en vitesse 2. Ajoutez ensuite la levure diluée, le lait, les œufs battus et le beurre fondu. Pétrissez en vitesse 2 pendant 5 min. Laissez la pâte pousser pendant 40 min.

03. Mettez la pâte sur un plan de travail fariné, travaillez-la rapidement à la main, puis divisez-la en 16 morceaux égaux. Formez des boules et déposez-les sur des plaques recouvertes de papier cuisson. Laissez pousser 1 h 30.

04. Préchauffez le four à 180 °C (th. 6). Badigeonnez les pains de jaunes d'œufs dilués avec un peu d'eau, puis parsemez-les de graines de sésame. Enfournez pour 15 à 20 min. Laissez refroidir sur une grille.

Pour 16 burgers

Préparation : 10 min

Cuisson : 15 à 20 min

Repos : 2 h 10

810 g de farine T45

13 g de levure boulangère sèche

55 g de beurre

13 g de sel

40 g de sucre

18 cl de lait

3 œufs battus

2 jaunes d'œufs

100 g de graines de sésame

PÂTES FRAÎCHES

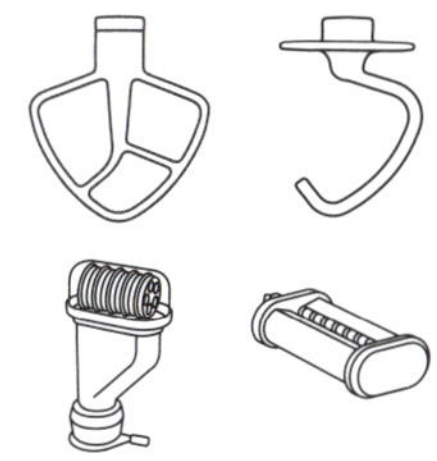

Pour 8 personnes

Préparation : 10 min

Cuisson : 5 min

Repos : 30 min

400 g de farine de blé T45

400 g de semoule de blé dur

8 œufs

1 c. à c. de sel

01. Versez la farine, la semoule de blé dur et le sel dans le bol du robot muni du batteur plat. Mélangez en vitesse 2 en ajoutant les œufs. Mélangez jusqu'à ce qu'une boule se forme. Changez alors l'accessoire pour le crochet. Pétrissez la pâte pendant 4 min en vitesse 2. Farinez-la, puis laissez-la reposer 30 min au réfrigérateur.

Farinez la pâte, puis pétrissez-la à la main pendant 1 min.

02. Si votre recette nécessite la presse à pâtes : divisez la pâte en petits morceaux, puis mettez-les dans la presse à pâtes munie de l'emporte-pièce de votre choix en vous référant à la notice d'utilisation pour régler la vitesse.

03-04. Si votre recette nécessite le laminoir : réglez l'épaisseur sur 1. En vitesse 2, passez la pâte plusieurs fois en la pliant entre les passages pour la rendre plus souple. Passez ensuite à l'épaisseur, 2, puis progressivement jusqu'à l'épaisseur de votre choix en prenant soin de bien fariner la pâte pour qu'elle ne soit pas collante. Déposez les pâtes sur un torchon propre saupoudré de farine.

05. Portez une grande casserole d'eau salée à ébullition. Plongez-y les pâtes et faites-les cuire pendant environ 5 min.

CONSEILS

Pour la réalisation des pâtes, la quantité du mélange farine et semoule de blé dur doit correspondre au double du poids des œufs, prenez donc soin de les peser pour obtenir la bonne texture.
Pour des pâtes encore plus fermes, vous pouvez augmenter la proportion de semoule de blé dur et diminuer celle de la farine.
Pour varier le goût de vos pâtes, vous pouvez remplacer la moitié de la farine de blé T45 par une autre farine : farine semi-complète ou complète, farine d'épeautre, de sarrasin...

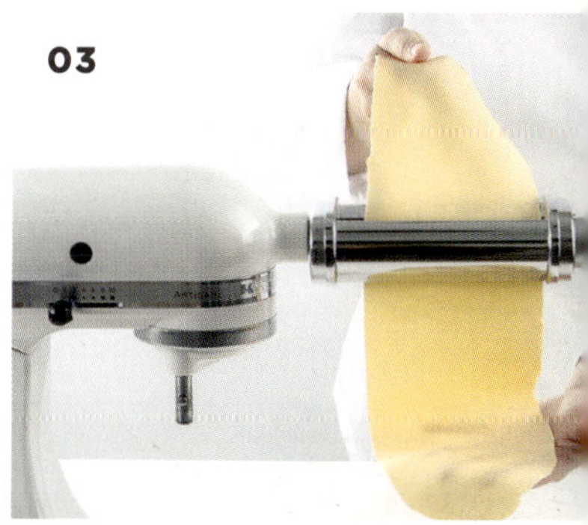

PÂTE À CHOUX

01. Faites chauffer l'eau, le lait, le sel et le beurre coupé en petits morceaux. Lorsque le mélange bout, retirez du feu, puis ajoutez la farine en une seule fois.
Mélangez énergiquement jusqu'à ce que la pâte forme une boule. La boule doit être un peu sèche ; n'hésitez pas à remettre la casserole sur le feu quelques instants pendant que vous mélangez.

02. Mettez la boule de pâte dans le bol du robot muni du batteur plat. Actionnez le robot en vitesse 1, puis ajoutez les œufs petit à petit, en quatre ou cinq fois. Dosez bien vers la fin de l'incorporation : la pâte doit être souple, ni trop sèche ni trop liquide. Elle doit former une pointe au bout du batteur plat.

Pour environ 60 petits choux

Préparation : 10 min

150 g d'eau

100 g de lait demi-écrémé

100 g de beurre doux

5 g de sel

150 g de farine T45

4 gros œufs (environ 240 g)

PÂTE À PIZZA

01. Délayez la levure fraîche dans l'eau tiède.

02. Mélangez la farine et le sel dans le bol du robot. Équipez le robot du crochet pétrisseur. Ajoutez la moitié du mélange eau-levure, puis actionnez le robot en vitesse 2 pendant 2 min.

03. Mélangez l'huile avec le reste du mélange eau-levure, puis versez dans le bol et continuez à pétrir pendant 4-5 min.

04. Recouvrez le bol et laissez pousser environ 1 h.

Pâte pour 5 pizzas

Préparation : 5 min

Repos : 1 h

15 g de levure fraîche

450 g d'eau tiède

750 g de farine T45

15 g de sel

7,5 c. à s. d'huile d'olive (environ 60 g)

PÂTE BRISÉE SALÉE

Pour 6 à 8 personnes (moule ou cercle en inox de 20 cm de diamètre)

Préparation : 10 min

Repos : 30 min

200 g de farine T55

100 g de beurre doux

2 g de sel

35 g d'eau tiède

01. Mettez la farine, le sel et le beurre coupé en dés dans le bol du robot muni du batteur plat. Actionnez le robot en vitesse 2 pendant environ 2 min.

02. Lorsque le mélange est sablé, remplacez le batteur plat par le crochet pétrisseur. Ajoutez l'eau petit à petit tout en pétrissant en vitesse 2.

03. Lorsque la pâte est homogène, formez une boule à la main, enveloppez-la de film alimentaire, puis entreposez-la au réfrigérateur au moins 30 min.

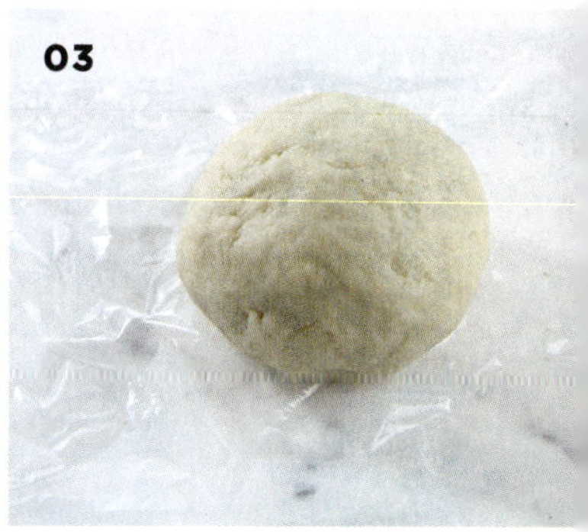

PÂTE SUCRÉE

03

01. Mettez le beurre mou dans le bol du robot muni du batteur à bord flexible et mélangez en vitesse 4 pendant 3 min.

02. Ajoutez le sucre glace et le sel, puis mélangez en vitesse 4 pendant 2 min. Tout en continuant de fouetter, ajoutez l'œuf. En vitesse 2, ajoutez enfin la farine et la poudre d'amande.

03. Réunissez la pâte en boule, emballez-la dans du film alimentaire et laissez-la reposer au réfrigérateur pendant 1h.

04. Étalez la pâte sur un plan de travail fariné, puis foncez un moule à tarte beurré et fariné.

Pour 1 tarte

Préparation : 10 min

Repos : 1h

100 g de beurre

70 g de sucre glace

1 pincée de sel

35 g d'œuf

175 g de farine T45

30 g de poudre d'amande

PÂTE SABLÉE

03

01. Dans le bol du robot équipé du batteur plat, mélangez la farine, le sucre et le sel en vitesse 1 pendant 30 s.

02. Ajoutez le beurre coupé en cubes et mélangez en vitesse 2 pendant 2 min. Ajoutez enfin l'œuf et mélangez jusqu'à ce qu'une boule se forme.

03. Emballez la pâte dans du film alimentaire, puis laissez-la reposer au réfrigérateur 30 min.

Pour 8 personnes

Préparation : 5 min

Repos : 30 min

250 g de farine T45

40 g de sucre semoule

3 pincées de sel

125 g de beurre

1 œuf

PÂTE FEUILLETÉE

Pour 1 tarte (275 g de pâte)

Préparation : 45 min

Repos : 2 h

125 g de farine

1/4 de c. à c. de sel

60 g d'eau

90 g de beurre sec

01. Dans le bol du robot muni du crochet pétrisseur, versez la farine, le sel et l'eau.
Pétrissez en vitesse 2 pendant 5 min jusqu'à l'obtention d'une pâte homogène.

02. Sortez la pâte du bol, filmez-la, puis placez-la au frais pour au moins 30 min.

03. Pendant ce temps, faites ramollir le beurre en tapant dessus à l'aide d'un rouleau à pâtisserie.
Étalez la pâte en un long rectangle, placez le beurre au milieu et repliez les extrémités dessus.

04. Tournez la pâte d'un quart de tour vers la droite, étalez-la en un long rectangle, pliez-la en trois en portefeuille et tournez d'un quart de tour, toujours vers la droite. Étalez de nouveau en un long rectangle, puis pliez-la à nouveau en trois en portefeuille.
Réservez la pâte 30 min au frais. Recommencez cette opération deux fois.

Une fois la pâte feuilletée prête, vous pouvez l'utiliser pour des fonds de tartes, ou pour réaliser des millefeuilles, des chaussons...
Vous pouvez également la congeler.

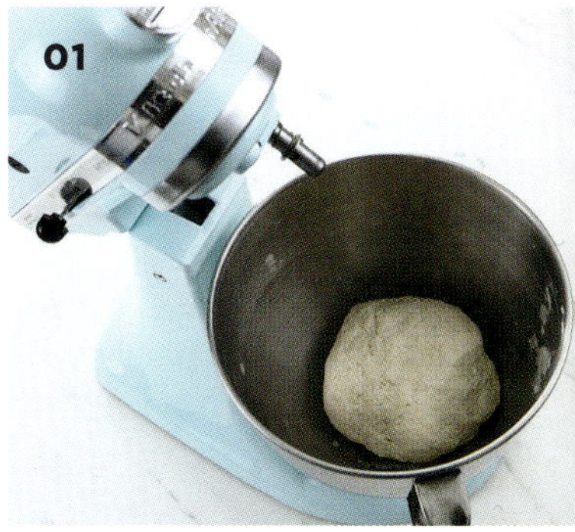

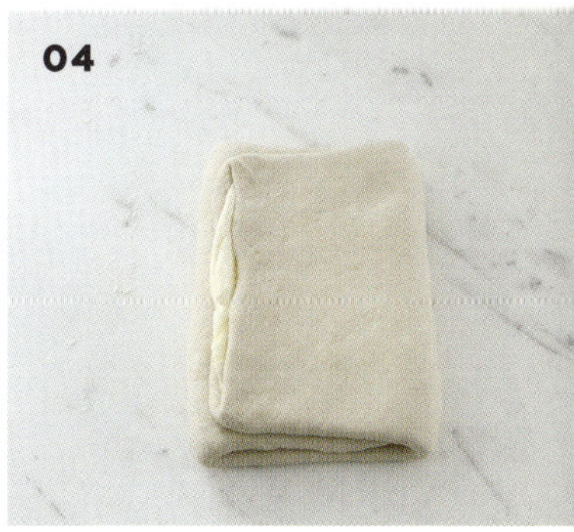

PÂTE LEVÉE FEUILLETÉE

01. Dans le bol du robot muni du crochet pétrisseur, versez la farine, le sel, le sucre, la levure, le beurre, l'œuf et demi et le lait. Pétrissez le tout en vitesse 2 pendant 20 min, en décollant la pâte à l'aide d'une maryse ou d'une corne jusqu'à l'obtention d'une pâte homogène.

02. Filmez la pâte et laissez-la reposer au frais au moins 2 h, idéalement une nuit.

03. Pendant ce temps, travaillez le beurre en le frappant à l'aide d'un rouleau à pâtisserie.

04. Après le temps de repos, étalez la pâte sur une feuille de papier cuisson en un long rectangle, placez le beurre au milieu et repliez les extrémités dessus.

05. Tournez la pâte d'un quart de tour vers la droite, étalez-la en un long rectangle, ramenez les extrémités au centre, puis pliez en deux et tournez d'un quart de tour, toujours vers la droite. Étalez de nouveau la pâte en un long rectangle, puis pliez-la en trois, en portefeuille. Réservez au frais pendant 30 min.

Pour 48 pièces

Préparation : 25 min

Repos : 2 h + 30 min

750 g de farine T45

15 g de sel

75 g de sucre

30 g de levure fraîche de boulanger

75 g de beurre doux

1,5 œuf

330 g de lait

450 g de beurre sec

PÂTE À BRIOCHE CLASSIQUE "NANTERRE"

Pour 6 brioches de 25 x 10 cm

Préparation : 25 min

Repos : 1 h 45

750 g de farine de gruau (ou 690 g de farine T45 + 60 g de gluten de blé)

75 g de sucre

15 g de sel

45 g de levure fraîche

450 g d'œufs froids

300 g de beurre (si possible, beurre à 82 % de MG)

01. Pesez la farine dans le bol du robot. Ajoutez le sucre et le sel d'un côté du bol, puis émiettez la levure fraîche de l'autre côté.

02. Ajoutez les œufs froids, puis actionnez le robot muni du crochet pétrisseur en vitesse 1. Laissez pétrir environ 5 min.
Augmentez en vitesse 2 et pétrissez encore 5 min.
Baissez à nouveau en vitesse 1, puis ajoutez le beurre en 2 fois.
Lorsque le beurre est bien incorporé, repassez en vitesse 2 et laissez pétrir encore environ 5 min, jusqu'à ce que la pâte se décolle des parois du bol.

03. Laissez reposer environ 45 min à 1 h à température ambiante, le temps que la pâte développe ses arômes.

04. Aplatissez la pâte à brioche avec la paume de la main afin que les gaz de la levure s'échappent et se renouvellent. Entreposez la pâte au réfrigérateur au moins 30 min.

05. Détaillez la pâte à brioche en morceaux d'environ 50 g. Aplatissez chaque morceau, puis formez-en des boules dans la paume de vos mains. Laissez reposer 5 min. Renouvelez l'opération pour former des boules lisses, puis entreposez au réfrigérateur 5 min.

02

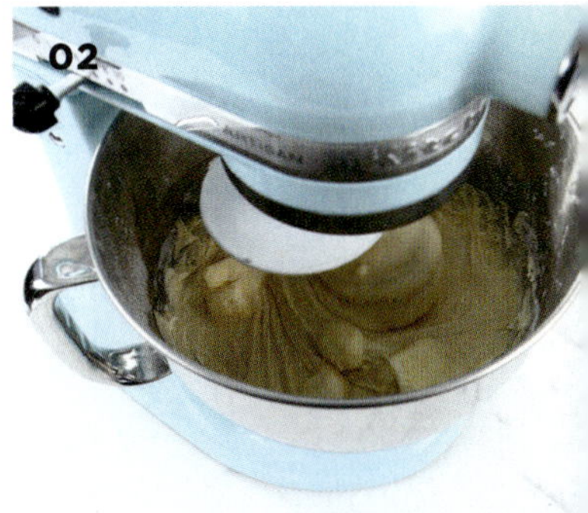

04

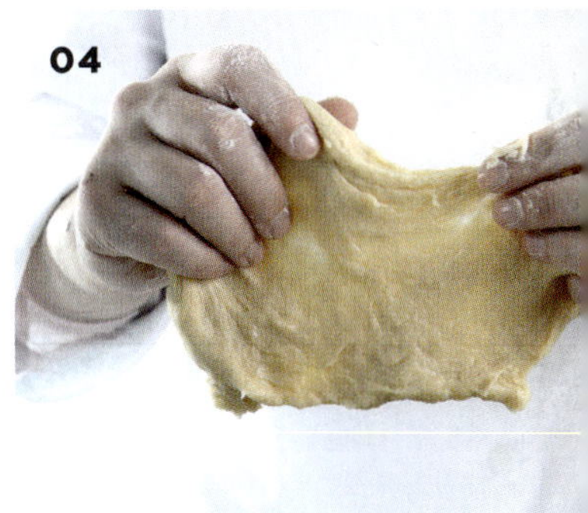

05

LAIT D'AMANDE

01. La veille, faites tremper les amandes 12 h dans de l'eau.

02. Le jour même, égouttez-les et passez-les dans l'extracteur de jus muni du filtre fin en vitesse 4 en ajoutantl'eau minérale. Réservez au réfrigérateur.

CONSEILS

Vous pouvez parfumer le lait d'amande avec de l'extrait de vanille ou ajouter un peu de sirop d'agave pour le sucrer. Vous pouvez également réaliser du lait végétal avec d'autres fruits secs : noisettes, noix de cajou… Le résidu des amandes que vous récupérez à la sortie de l'extracteur s'appelle l'okara. Vous pouvez le passer au mixeur pour affiner sa texture et l'utiliser en remplacement de 30 à 40 g de farine dans les pâtes à tarte, les gâteaux, les biscuits… C'est, par exemple, délicieux dans les cookies (p. 90).

Pour 80 cl de lait

Préparation : 5 min

Repos : 1 nuit

100 g d'amandes

80 cl d'eau minérale

GANACHE CHOCOLAT

Pour 6 personnes

Préparation : 5 min

Cuisson : 2 min

200 g de chocolat noir

15 cl de crème liquide

20 g de beurre

01. Hachez le chocolat au couteau et mettez-le dans le bol du robot.

02. Dans une casserole, portez la crème liquide à ébullition. Versez-la sur le chocolat et laissez reposer 2 min.

03. Mélangez à l'aide du batteur plat en vitesse 2 pendant 3 min. Quand la préparation est homogène, ajoutez le beurre et mélangez 2 min supplémentaires. Utilisez tout de suite ou réservez au réfrigérateur.

LEMON CURD

Pour 6-8 personnes

Préparation : 10 min

Cuisson : 3 min

Repos : 2 h

120 g de jus de citron

Le zeste de 1 citron

110 g d'œufs

100 g de sucre semoule

150 g de beurre

01. Mettez tous les ingrédients sauf le beurre dans une casserole et portez à ébullition en fouettant. Laissez cuire 3 min à feu moyen sans cesser de fouetter pour faire épaissir l'appareil.

02. Transvasez la préparation dans le bol du robot muni du fouet à fils, puis incorporez le beurre en trois fois tout en fouettant en vitesse 8.

03. Mixez à l'aide d'un mixeur plongeant. Laissez refroidir au frais au moins 2 h.

MERINGUE ITALIENNE

01. Mélangez l'eau avec le sucre dans une casserole. Pesez les blancs d'œufs dans le bol du robot, puis munissez ce dernier du fouet à fils.

02. Commencez la cuisson du sirop. Quand il atteint 110 °C, commencez à battre les blancs d'œufs en vitesse 8. Faites cuire le sirop jusqu'à 121 °C.

03. Ralentissez la vitesse du robot et versez alors petit à petit le sirop sur les blancs semi-montés.
Augmentez la vitesse du robot et montez la meringue jusqu'à son complet refroidissement. Garnissez une poche munie d'une douille de votre choix d'appareil à meringue.

Pour 450 g de meringue

Préparation : 20 min

60 g d'eau

300 g de sucre semoule

180 g de blancs d'œufs

CRÈME ANGLAISE

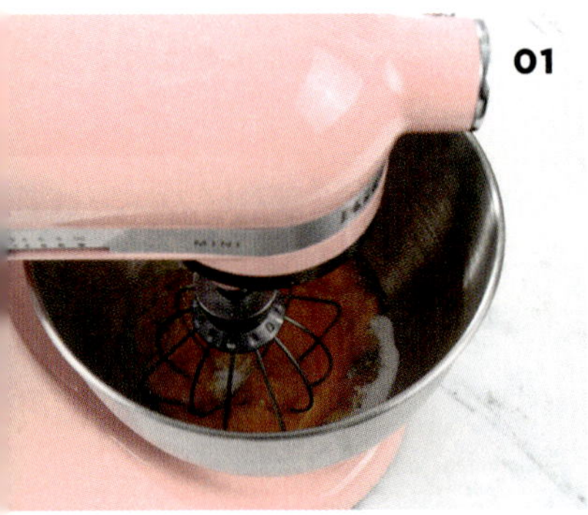

01. Dans le bol du robot muni du fouet à fils, mélangez les jaunes d'œufs avec le sucre en vitesse 4 pendant 3 min.

02. Pendant ce temps, faites chauffer le lait avec le praliné. Mélangez bien pour dissoudre le praliné. Ajoutez petit à petit le lait bouillant dans le bol du robot, tout en continuant de fouetter.

03. Reversez la préparation dans la casserole et faites chauffer à feu doux en remuant constamment avec une cuillère en bois jusqu'à ce que le mélange épaississe. Lorsque la crème nappe le dos de la cuillère, ôtez la casserole du feu. Laissez refroidir, puis réservez au réfrigérateur.

CONSEIL

Suivez vos envies pour parfumer la crème anglaise : pâte de pistache, eau de fleur d'oranger, vanille, cannelle, ou encore chocolat. Si vous n'avez pas de praliné, remplacez-le par de la pâte à tartiner maison (voir p. 324).

Pour 4 à 6 personnes

Préparation : 5 min

Cuisson : 5 min

6 jaunes d'œufs

100 g de sucre

50 cl de lait demi-écrémé

2 c. à c. de praliné

CRÈME PÂTISSIÈRE

Pour 650 g de crème

Préparation : 10 min

Cuisson : 5 min

Repos : 1 h

55 g de sucre semoule

50 g de fécule de maïs

100 g d'œufs (2 petits œufs)

500 g de lait demi-écrémé

1 gousse de vanille ou 1 c. à c. de vanille en poudre

1 pincée de sel

1 noix de beurre

01. Versez 35 g de sucre, la fécule de maïs et les œufs dans le bol du robot muni du fouet à fils. Actionnez le robot d'abord en vitesse 2, puis augmentez progressivement jusqu'à la vitesse 6.

02. Dans une casserole, faites chauffer le lait avec 20 g de sucre et les grains de la gousse de vanille jusqu'à ébullition. Actionnez de nouveau le robot en vitesse 1, puis versez lentement le lait bouillant dans le bol. Fouettez pendant environ 1 min.

03. Reversez dans la casserole et portez à ébullition sans cesser de fouetter. Laissez cuire encore 1 min, toujours en mélangeant. Hors du feu, ajoutez le sel et le beurre. Mélangez, puis versez dans un plat et couvrez de film alimentaire directement au contact de la crème. Entreposez au réfrigérateur au moins 1 h.

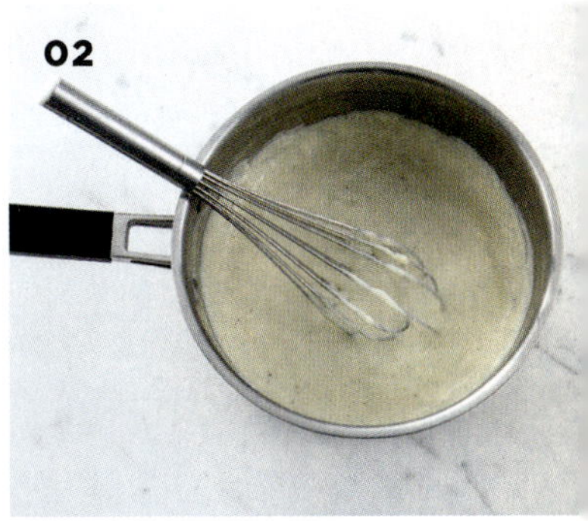

CRÈME FOUETTÉE

Préparation : 2 min

1 l de crème liquide

01. Fouettez la crème liquide bien froide dans le bol du robot muni du fouet à fils en vitesse 8 pendant environ 1 min 30 à 2 min.

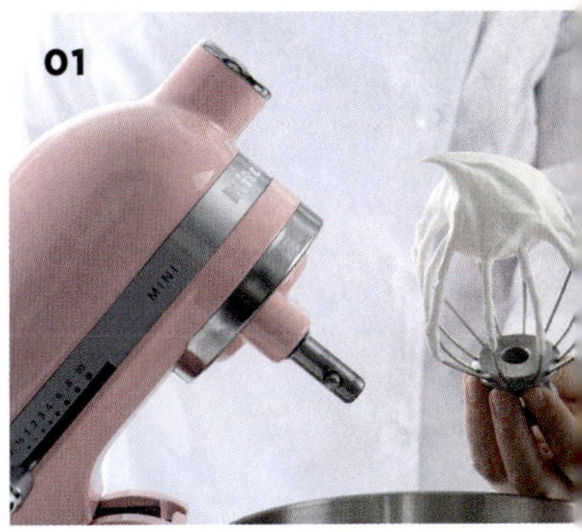

ARTISAN

BASIQUES

BLINIS, SAUMON FUMÉ & CRÈME CITRONNÉE

Pour 4 à 6 personnes

Préparation : 20 min

Cuisson : 10 min

Repos : 1h

BLINIS

25 cl de lait

250 g de farine T45

1 sachet de levure de boulanger

2 œufs

20 g de beurre

Sel

SAUMON ET CRÈME CITRONNÉE

4 tranches de saumon fumé

20 cl de crème liquide entière

1 c. à s. de mascarpone

1 citron

Ciboulette

Sel

Poivre du moulin

BLINIS
Faites tiédir le lait. Dans le bol du robot muni du batteur plat, mélangez la farine, le sel, la levure et le lait tiède en vitesse 2 pendant 2 min. À l'aide d'une spatule, transvasez la préparation dans un saladier et laissez reposer pendant 1h.

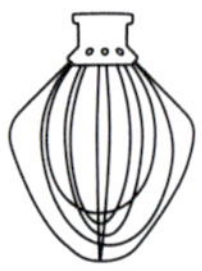

CRÈME CITRONNÉE
Dans le bol du robot muni du fouet à fils, fouettez la crème liquide bien froide et le mascarpone en augmentant progressivement la vitesse de 1 à 10 jusqu'à obtenir une chantilly. Ajoutez le zeste du citron, un filet de jus, un peu de ciboulette ciselée, ainsi qu'un tour de moulin à poivre et 1 pincée de sel. Réservez au réfrigérateur.

FINITION DES BLINIS
Séparez les blancs des jaunes d'œufs. Faites fondre le beurre. À l'aide d'une spatule, incorporez les jaunes d'œufs et le beurre à la préparation. Dans le bol du robot muni du fouet à fils, montez les blancs d'œufs en neige en augmentant la vitesse progressivement de 1 à 8 jusqu'à obtenir des blancs fermes. Ajoutez-les délicatement à la pâte.

Faites chauffer une poêle légèrement huilée et déposez des petits tas de pâte bien espacés. Au bout de quelques minutes, vérifiez la cuisson et retournez les blinis. Débarrassez-les sur une assiette et renouvelez l'opération jusqu'à épuisement de la pâte.

Servez les blinis tièdes avec le saumon et la crème citronnée bien fraîche.

CONSEIL

Pour les amoureux du goût toasté du blé noir, remplacez la moitié de la farine par de la farine de sarrasin.

GOUGÈRES

Pour environ 60 petites gougères

Préparation : 15 min

Cuisson : 25 à 30 min

PÂTE À CHOUX

150 g d'eau

100 g de lait demi-écrémé

100 g de beurre doux

5 g de sel

150 g de farine T45

4 gros œufs (environ 240 g)

FINITIONS

140 g de comté

1 pincée de noix de muscade râpée

1 pincée de piment d'Espelette

1 jaune d'œuf

Râpez le comté à l'aide de la petite râpe à fromage du robot.

PÂTE À CHOUX
Réalisez la pâte à choux comme indiqué p. 34.

FINITIONS
Ajoutez-y la noix de muscade, le piment d'Espelette et 100 g de comté râpé, puis mélangez délicatement. Garnissez de pâte une poche munie d'une douille de 13 mm de diamètre.

Préchauffez le four à 160 °C (th. 5-6) en chaleur ventilée. Pochez des petits choux d'environ 2 cm de diamètre sur une plaque anti-adhésive, en prenant soin de bien les espacer.
Dorez les choux de jaune d'œuf battu à l'aide d'un pinceau. Parsemez du reste de comté râpé, puis enfournez pour environ 25 à 30 min.

VARIANTE

Vous pouvez également parsemer ou intégrer dans la pâte toutes sortes de graines et de fruits secs : pavot, sésame, noix ou noisettes concassées, etc.

NAANS AU FROMAGE

Pour 4 naans

Préparation : 30 min

Repos : 1 à 2 h

Cuisson : 15 min

340 g de farine T45

2 g de sel

2 g de sucre

70 g d'eau tiède

10 g de levure fraîche

15 g d'huile neutre

90 g de yaourt nature

8 portions de fromage type La Vache qui rit®

15 g de beurre

Mettez tous les ingrédients secs dans le bol du robot muni du crochet pétrisseur. Ajoutez les 3/4 de l'eau tiède, la levure fraîche, l'huile et le yaourt. Actionnez le robot et pétrissez pendant 10 à 15 min, en vitesse 1. Ajustez au fur et à mesure avec l'eau pour arriver à la bonne consistance : la pâte ne doit pas être collante.

Laissez reposer dans un récipient recouvert d'un linge pendant 1 à 2 h. La pâte doit doubler ou tripler de volume.
Séparez la pâte en 8 morceaux d'environ 68 g. Formez-en des boules, puis aplatissez-les au rouleau en cercles d'environ 18 à 20 cm de diamètre.

Étalez 2 portions de La Vache qui rit® au milieu de 4 disques de pâte, en laissant 1 cm de bord. Mouillez ce bord sans fromage avec de l'eau. Recouvrez les naans avec les 4 autres disques de pâte, en appuyant un peu pour souder les bords.

Faites cuire dans une poêle anti-adhésive sans matière grasse, environ 2 à 3 min de chaque côté, jusqu'à ce que les naans soient cuits. Déposez quelques noix de beurre dessus lorsqu'ils sont encore chauds.

ALTERNATIVE

Si vous n'aimez pas le fromage, vous pouvez réaliser des naans à l'ail et à la coriandre. Dans ce cas, hachez 2 gousses d'ail et 1/4 de botte de coriandre fraîche. Inutile de superposer 2 disques de pâte : vous pouvez badigeonner les 8 disques de pâte d'un peu d'huile d'olive, d'ail et de coriandre hachés avant de les passer à la poêle.

GRESSINS

Pour 4 personnes

Préparation : 15 min

Cuisson : 20 à 25 min

Repos : 30 min

200 g farine

30 g mimolette

6 g sel

5 g sucre semoule

5 g levure de boulanger

10 cl eau tiède

4 cl huile d'olive

2 c. à s. de graines de sésame

2 c. à s. de graines de pavot

Mettez la farine, la mimolette râpée, le sel, le sucre, la levure, l'eau et l'huile d'olive dans le bol du batteur muni du crochet pétrisseur. Pétrissez 10 min en vitesse 2 jusqu'à ce que la pâte soit lisse et élastique. Formez en une boule sur un plan de travail fariné, recouvrez-la d'un torchon et laissez-la gonfler 30 min.

Préchauffez le four à 200 °C (th. 7).
Détaillez la boule de pâte en plusieurs petits pâtons, puis allongez ces derniers en les roulant avec les mains de manière à former des boudins de 10 cm de long. Roulez les boudins dans les graines de sésame et dans les graines de pavot, puis déposez-les sur une plaque recouverte de papier cuisson. Enfournez pour 20 à 25 min de cuisson, jusqu'à ce qu'ils soient bien dorés.

CONSEILS

Vous pouvez servir ces gressins avec de la tapenade.
Remplacez les graines de sésame et de pavot par des graines de lin, des épices (curry, carvi, etc.) ou des herbes fraîches (thym, romarin, etc.)

ŒUFS MIMOSA

Pour 4 personnes

Préparation : 10 min

Cuisson : 10 min

6 œufs

Herbes (ciboulette, persil…)

Sel

Poivre

MAYONNAISE

1 jaune d'œuf

1 c. à s. de vinaigre

1 c. à c. de moutarde

150 g d'huile neutre

Sel

Poivre

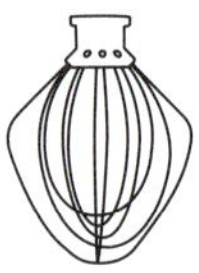

Faites cuire les œufs durs dans de l'eau bouillante pendant 10 à 12 min.
Faites-les refroidir directement en les immergeant dans de l'eau froide.

MAYONNAISE
Réalisez la mayonnaise comme indiqué p. 30.

Écalez les œufs, puis coupez-les en deux dans la hauteur. Enlevez délicatement les jaunes, puis passez-les au tamis. Mélangez-les avec 2 c. à s. de mayonnaise et les herbes hachées, puis remettez-les dans les demi-blancs d'œufs à l'aide d'une petite cuillère ou d'une poche munie d'une douille cannelée.

VOUS AVEZ DES RESTES ?

Faites-vous un sandwich avec les œufs mimosa hachés, un peu de cornichons et de ciboulette hachés, et éventuellement une feuille de laitue croquante.
Au reste de mayonnaise, ajoutez de la moutarde, puis mélangez-la à du céleri finement râpé pour obtenir un céleri rémoulade.

CAKE TOMATES SÉCHÉES, OLIVES, FETA

Pour 4 à 6 personnes

Préparation : 10 min

Cuisson : 45 min

150 g de tomates séchées

4 œufs

200 g de farine

1 paquet de levure chimique (11 g)

10 cl de vin blanc

5 cl d'huile d'olive

2 c. à s. d'olives (vertes ou noires)

100 g de feta

3 pincées de fleur de sel

Préchauffez le four à 180 °C (th. 6).

Dans le bol du robot muni du batteur plat, versez les œufs, la farine, la levure, le vin blanc, l'huile d'olive, et le sel. Faites-le tourner en vitesse 2 pendant 5 min. Ajoutez alors les tomates séchées, les olives et la feta émiettée, puis mélangez 1 min en vitesse 2.

Pendant ce temps, chemisez un moule à cake de papier cuisson. Versez la pâte dans le moule et enfournez pour 45 min environ. En fin de cuisson, si le cake se colore trop, baissez la température du four à 160 °C (th. 5-6). Laissez refroidir et servez.

VARIANTES

Vous pouvez remplacer la feta par du fromage de chèvre ou de l'emmental, et les tomates séchées par des dés de jambon.

BAGELS AU CREAM CHEESE
ET AU SAUMON

Pour 8 bagels
de 10 cm de diamètre

Préparation : 30 min

Cuisson : 40 min

Repos : 40 min

6 cl d'eau tiède

2 sachets de levure de boulanger

375 g de farine blanche (bio de préférence)

3 c. à s. de sucre semoule

2 c. à c. de sel extra-fin « spécial pain »

2 œufs

6 cl d'huile d'olive

Graines de courge

300 g de cream cheese

Poivre

Mesclun

Aneth

8 tranches de saumon fumé

Dans un bol, mélangez l'eau tiède et la levure. Versez la farine, le sucre, le sel, les œufs et l'huile dans le bol du robot muni du crochet pétrisseur. Ajoutez la levure délayée dans l'eau.
Pétrissez en vitesse 2 pendant 10 min, jusqu'à l'obtention d'une boule lisse, en ajoutant de la farine si la pâte colle trop.

Débarrassez-la dans un bol enduit de 1 c. à c. d'huile, en la tournant pour bien l'enrober. Couvrez d'un torchon et laissez lever 30 min dans un endroit tempéré et sans courant d'air.

Lorsque la pâte a presque doublé de volume, pétrissez-la sur un plan de travail. Formez une boule, divisez-la en huit et formez des boudins d'environ 12 cm de long. Soudez les 2 extrémités des boudins en les roulant bien. Placez ces anneaux sur une plaque couverte de papier cuisson, couvrez d'un torchon et laissez reposer 10 min.

Préchauffez le four à 200 °C (th. 7). Faites bouillir de l'eau et plongez-y les bagels un par un 2 min environ, en veillant à les retourner dans l'eau. Égouttez-les directement sur la plaque et parsemez-les de graines de courge. Enfournez et laissez cuire 30 min.

Laissez les bagels cuits refroidir sur une grille, puis coupez-les en deux.

Tartinez les moitiés inférieures de cream cheese, poivrez, déposez quelques feuilles de mesclun et parsemez d'un peu d'aneth. Déposez le saumon fumé et refermez les bagels.

CONSEILS

Ces bagels se conservent au congélateur.
Vous pouvez les parsemer d'un mélange de graines ou d'épices et ajouter du zeste de citron râpé.

FOUGASSE

Pour 4 personnes

Préparation : 20 min

Cuisson : 25 min

Repos : 40 min

10 g de levure de boulanger sèche

18 cl d'eau

400 g de farine

1 c. à s. de thym

1 pincée de sel

5 cl d'huile d'olive

10 olives dénoyautées

Dans le bol du robot muni du crochet pétrisseur, versez la levure avec l'eau. Ajoutez la farine, l'huile d'olive et le sel. Pétrissez pendant 20 min en vitesse 2. Incorporez le thym et les olives, puis pétrissez 1 min, juste pour que tout se mélange.

Recouvrez la pâte d'un torchon et laissez-la gonfler dans un endroit chaud pendant 40 min.

Préchauffez le four à 200 °C (th. 7).

Une fois que la pâte a bien gonflé, déposez-la sur une plaque recouverte de papier cuisson. Étalez-la et faites des entailles à l'aide d'un couteau. Enfournez pour 25 min environ.

CONSEIL

Pour une fougasse encore plus gourmande, garnissez-la de tapenade, de pesto, de lardons, de dés de fromage, etc.

PIZZA BLANCHE POTIMARRON, CHAMPIGNONS & NOIX

Pour 4 personnes

Préparation : 30 min

Cuisson : 20 à 25 min

Repos : 1h

PÂTE À PIZZA

3g de levure fraîche

90g d'eau tiède

150g de farine T45

3g de sel

1,5 c. à s. d'huile d'olive (environ 12g)

GARNITURE

1/3 de potimarron

4 champignons de Paris

1 filet d'huile d'olive

50g de crème fraîche

Quelques noix concassées

60g de comté râpé

PÂTE À PIZZA
Réalisez la pâte comme indiqué p. 34.

GARNITURE
Pelez le potimarron, puis coupez-le en tranches d'environ 4mm d'épaisseur.
Nettoyez les champignons, puis taillez-les en fines tranches. Passez-les rapidement à la poêle avec un peu d'huile d'olive pour leur faire perdre un peu d'eau de végétation.

Préchauffez le four à 210°C (th. 7) en chaleur ventilée.
Étalez la pâte au rouleau le plus finement possible, selon la forme que vous souhaitez lui donner. Répartissez la crème fraîche sur toute la pâte. Ajoutez les tranches de potimarron, les champignons et les noix concassées. Recouvrez de comté râpé.
Enfournez pour environ 20 à 25 min.

OPTION CARNIVORES

La coppa se marie très bien avec cette pizza ! N'hésitez pas à en ajouter 4 tranches avant de parsemer de comté râpé !

QUICHE LORRAINE

Pour 6 à 8 personnes (moule ou cercle en Inox de 20 cm de diamètre)

Préparation : 20 min

Cuisson : 35 à 50 min

200 g de lard fumé

100 g de gruyère ou de comté

PÂTE BRISÉE SALÉE

200 g de farine T55

100 g de beurre doux

2 g de sel

35 g d'eau tiède

APPAREIL À QUICHE

4 œufs

150 g de crème fraîche épaisse

220 g de lait demi-écrémé

1 c. à c. de noix de muscade râpée

1 pincée de piment de Cayenne

Sel

Poivre

PÂTE BRISÉE SALÉE
Réalisez la pâte comme indiqué p. 35.

Taillez le lard fumé en fines lamelles. Si vous souhaitez enlever du sel, faites-les blanchir dans de l'eau bouillante pendant 30 s. Faites sauter rapidement les lardons dans une poêle sans les dessécher. Égouttez-les pour enlever l'excédent de gras.

APPAREIL À QUICHE
Versez les œufs, la crème, le lait et les épices dans le bol du robot muni du fouet à fils. Fouettez 1 min en vitesse 2, puis 1 min en vitesse 4.
Étalez la pâte brisée sur une épaisseur d'environ 3 mm, puis foncez le moule ou le cercle. Piquez le fond de tarte à l'aide d'une fourchette, puis remettez au réfrigérateur.

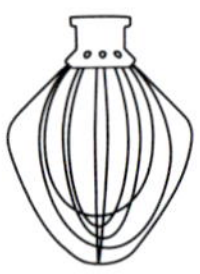

Préchauffez le four à 180 °C (th. 6) en chaleur ventilée.
Râpez le fromage à l'aide de l'accessoire râpe à cylindre équipé du cylindre à fromage.
Déposez les lardons et le fromage sur le fond de tarte.
Versez l'appareil à quiche par-dessus, puis enfournez pour environ 35 min.

VARIANTE VEGGIE

Pour une quiche sans viande mais qui garde ce bon petit goût fumé, vous pouvez remplacer le lard par du tofu fumé ou encore par du saumon fumé.
Vous pouvez également ajouter une fondue de poireaux à la place du lard ou du fromage, pour une version allégée !

PAIN À LA CHÂTAIGNE

Pour 8 personnes

Préparation : 10 min

Cuisson : 30 min

Repos : 1h

600g de farine T45

100g de farine de châtaigne

60cl d'eau tiède

20g de levure de boulanger sèche

2 c. à c. de sel

Dans le bol du robot muni du crochet pétrisseur, versez l'eau tiède et la levure. Pétrissez en vitesse 1 pendant 2 min pour dissoudre la levure.

Toujours en vitesse 1, ajoutez progressivement les farines et le sel, puis pétrissez en vitesse 2 pendant 6 min.

Farinez-vous les mains, puis formez une boule et déposez-la sur une plaque recouverte de papier cuisson. Laissez lever le pain pendant 1h dans un endroit tiède.

Préchauffez le four à 210°C (th. 7).
À l'aide de la pointe d'un couteau, incisez joliment le pain et enfournez-le pour 30 min. Laissez-le refroidir avant de le couper.

VARIANTES

Vous pouvez remplacer la farine de châtaigne par de la farine de riz, de petit épeautre, de la farine complète ou semi-complète, et ajouter graines ou fruits secs.

PAIN AUX CÉRÉALES

Pour 6 personnes

Préparation : 15 min

Cuisson : 40 min

Repos : 2 h 10

45 cl d'eau tiède

15 g de levure de boulangerie sèche

450 g de farine T65

150 g de farine de seigle

75 g de farine T80

150 g de mélange de graines (courge, tournesol, pavot, etc.)

7,5 g de sel

Dans le bol du robot muni du crochet pétrisseur, versez l'eau tiède et la levure. Pétrissez en vitesse 1 pendant 30 s afin de dissoudre cette dernière. Ajoutez les diverses farines, 75 g de graines et le sel, puis pétrissez en vitesse 2 pendant 10 min. Formez une boule avec la pâte et faites-la pousser dans le bol couvert d'un torchon pendant 40 min dans un endroit tiède.

Lorsqu'elle a bien poussé, débarrassez la pâte à l'aide d'une spatule et retravaillez-la pendant 5 min à la main. Formez une boule à nouveau, puis déposez-la sur une plaque recouverte de papier cuisson. Parsemez du reste de graines. Laissez pousser 1 h 30 dans un endroit tiède.

Préchauffez le four à 200 °C (th. 7). Placez un bol d'eau sur la plaque inférieure du four, cela facilitera la formation de la croûte du pain lors de la cuisson. Enfournez la plaque pour 25 min. Baissez alors la température du four à 180 °C (th. 6) et laissez cuire 15 à 20 min supplémentaires.

VARIANTE

Il est également possible d'utiliser des farines toutes prêtes, de type multi-céréales.

CHOUQUETTES

Pour environ 60 petites chouquettes

Préparation : 15 min

Cuisson : 25 à 30 min

150 g d'eau

250 g de lait demi-écrémé

5 g de sel

5 g de sucre

100 g de beurre doux

150 g de farine T45

4 gros œufs (environ 240 g)

1 jaune d'œuf

100 g de sucre perlé

Réalisez la pâte à choux comme indiqué p. 34.
Garnissez de pâte une poche munie d'une douille de 13 mm de diamètre.

Préchauffez le four à 160 °C (th. 5-6) en chaleur ventilée.
Pochez des petits choux d'environ 2 cm de diamètre sur une plaque anti-adhésive, en prenant soin de bien les espacer.
Dorez les choux de jaune d'œuf battu à l'aide d'un pinceau. Saupoudrez de sucre perlé.
Enfournez pour environ 25 à 30 min.

VARIANTE & DÉCLINAISON

Vous pouvez également saupoudrer de grué de cacao, de sucre muscovado, de pralines roses concassées…
Les possibilités sont infinies !
Pour une version plus gourmande, coupez les choux en deux dans la largeur et garnissez-les de crème Chantilly.

BRIOCHE CLASSIQUE « NANTERRE »

Pour 2 brioches de 25 x 10 cm

Préparation : 25 min

Cuisson : 18 min

Repos : 3 h 30

225 g de farine de gruau (ou 230 g de farine T45 + 20 g de gluten de blé)

25 g de sucre

5 g de sel

15 g de levure fraîche

150 g d'œufs froids

100 g de beurre (si possible, à 82 % de MG)

1 œuf

Réalisez la pâte à brioche comme indiqué p. 39.

Beurrez les moules à brioche avec du beurre fondu à l'aide d'un pinceau. Disposez les boules de pâte à brioche en quinconce dans les moules. Dorez au pinceau avec de l'œuf battu. Entreposez dans un endroit tiède (par exemple, dans le four éteint avec un bol d'eau chaude), entre 25 et 30 °C, et laissez pousser environ 1 h 45. Préchauffez le four à 180 °C (th. 6) en chaleur ventilée.
Dorez à nouveau avec de l'œuf battu. Enfournez et laissez cuire environ 18 min. Laissez refroidir sur une grille.

VARIANTE & ALTERNATIVE

Vous pouvez garnir la brioche de pépites de chocolat, de raisins, de dragées concassées, etc. Vous pouvez également la parfumer aux épices (safran, cannelle) ou avec du zeste d'agrume râpé.
Si vous n'avez pas de levure fraîche, remplacez-la par 15 g de levure sèche délayée dans un peu de lait tiède.

MADELEINES AU CITRON

Pour 12 madeleines

Préparation : 15 min

Cuisson : 15 min

Repos : 3 à 4 h

70 g de beurre demi-sel

85 g d'œufs

60 g de sucre

5 g de miel liquide

20 g de lait

Le zeste de 1 citron

80 g de farine T55

5 g de levure chimique

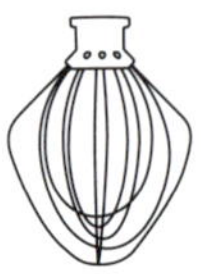

Faites chauffer le beurre dans une casserole jusqu'à ce qu'il prenne une couleur noisette. Enlevez le beurre du feu, puis passez-le dans une passoire fine.
Dans le bol du robot muni du fouet à fils, mettez les œufs, le sucre, le miel, le lait et le zeste de citron. Fouettez pendant environ 2 min, en augmentant la vitesse au fur et à mesure, jusqu'à ce que le mélange devienne mousseux.
Remplacez le fouet par le batteur à bord flexible. Tamisez la farine et la levure à l'aide du tamis, puis ajoutez-les dans le bol. Battez en vitesse 2 jusqu'à ce que la farine soit incorporée. Ajoutez le beurre noisette sans cesser de mélanger.

Laissez reposer 2 à 3 h au réfrigérateur.

Préchauffez le four à 220 °C (th. 7-8) en chaleur ventilée. Beurrez les alvéoles du moule à madeleines à l'aide d'un pinceau.
Mettez la pâte dans une poche à douille, puis pochez les madeleines jusqu'aux trois quarts de la hauteur des alvéoles. Laissez reposer à nouveau pendant 1 h au frais.

Enfournez et baissez tout de suite la température du four à 160 °C (th. 5-6). Laissez cuire environ 15 min.

VARIANTES

Vous pouvez également remplacer le zeste de citron par de la vanille en poudre. Vous pouvez aussi tremper le dessous des madeleines dans du chocolat fondu.

SHORT-BREADS

Pour 2 grands sablés ou 12 petits

Préparation : 20 min

Cuisson : 15 à 20 min

Repos : 30 min

230 g de beurre mou

110 g de sucre semoule + 3 c. à s. pour la finition

230 g de farine T45

100 g de farine de riz

Le zeste de 1 orange bio

1 pincée de sel

Dans le bol du robot muni du batteur plat, mélangez le beurre mou avec le sucre en vitesse 2 pendant 1 min, puis en vitesse 4 pendant 2 min. Ajoutez les farines, le zeste d'orange râpé et la pincée de sel, puis mélangez 3 min en vitesse 4. Une boule doit se former.

Divisez la pâte en 2 parts égales et aplatissez-les légèrement avec vos mains pour former 2 disques épais. Réservez-les au réfrigérateur pendant 30 min.

Préchauffez le four à 160 °C (th. 5-6) en chaleur ventilée. Déposez chaque morceau de pâte sur une feuille de papier cuisson. À l'aide d'un rouleau à pâtisserie, abaissez la pâte à 8 mm d'épaisseur et formez 2 carrés de 15 cm de côté. Avec la lame d'un long couteau, tracez un quadrillage pour dessiner des rectangles. Piquez-les avec les dents d'une fourchette et saupoudrez-les de sucre. Enfournez pour 15 à 20 min. Les sablés doivent à peine dorer. Laissez-les refroidir quelques minutes sur une grille avant de les redécouper.

VARIANTE

Parfumez ces petits gâteaux avec du zeste de citron ou bien de la vanille.

SCONES

Pour 12 scones

Préparation : 15 min

Cuisson : 15 à 20 min

500 g de farine T45

1 sachet de levure chimique (11 g)

1 pincée de sel

60 g de sucre semoule

125 g de beurre mou

30 cl de lait

1 jaune d'œuf

Préchauffez le four à 200 °C (th. 7).

Versez la farine, la levure, le sel et le sucre dans le bol du robot muni du batteur plat. Mélangez en vitesse 2 pendant 1 min. En vitesse 4, ajoutez le beurre mou coupés en petits cubes et mélangez pendant 1 min. Ajoutez enfin le lait et laissez tourner 2 min, jusqu'à ce qu'une boule se forme. La pâte doit alors être souple mais pas collante.

Farinez un plan de travail et étalez la pâte à scones sur une épaisseur de 2-3 cm avec un rouleau à pâtisserie. À l'aide d'un emporte-pièce ou d'un verre, détaillez des disques de pâte de 5-6 cm de diamètre, puis déposez-les sur une plaque de cuisson recouverte de papier cuisson. Au pinceau, badigeonnez les scones de jaune d'œuf battu et dilué avec un peu d'eau. Enfournez pour 15 à 20 min environ ; les scones doivent être gonflés et blonds.

Sortez les scones du four, débarrassez-les sur une grille et laissez-les tiédir. Servez-les avec de la crème et de la confiture.

CONSEIL

Vous pouvez ajouter des raisins secs dans la pâte. Pour ce faire, faites-les d'abord gonfler dans 1 c. à s. de rhum et un peu d'eau tiède ou bien dans un peu de thé.

BAGUETTES VIENNOISES

Pour 2 baguettes

Préparation : 15 min

Cuisson : 15 min

Repos : 2 h

10 cl de lait demi-écrémé

10 g de levure de boulanger fraîche

250 g de farine T45

25 g de sucre semoule

5 g de sel

1 œuf + 1 jaune d'œuf

35 g de beurre

Faites tiédir le lait, puis versez-le dans le bol du robot muni du crochet pétrisseur. Ajoutez la levure émiettée et faites tourner en vitesse 2 pendant 2 min. Ajoutez alors la farine, le sucre, le sel, l'œuf entier, puis le beurre mou coupé en cubes. Laissez pétrir en vitesse 2 pendant 7-8 min. Couvrez d'un torchon et laissez lever pendant 1 h dans un endroit chaud.

Farinez-vous les mains et dégazez la pâte en la pétrissant légèrement sur un plan de travail. Formez 2 longs boudins. Déposez-les sur une plaque recouverte de papier cuisson et laissez-les lever à nouveau pendant 1 h.

Préchauffez le four à 200 °C (th. 7). Faites plusieurs entailles sur la face supérieure des baguettes avec la pointe d'un couteau. Badigeonnez-les de jaune d'œuf battu et dilué avec un peu d'eau à l'aide d'un pinceau. Enfournez-les pour 15 min. Dégustez-les tièdes ou grillées au petit déjeuner.

CONSEIL

Pour des baguettes encore plus gourmandes, vous pouvez ajouter des pépites de chocolat à la fin du pétrissage, en vitesse 1 pendant 1 min.

BANANA BREAD

Pour 8 personnes

Préparation : 10 min

Cuisson : 1h

2 grosses bananes bien mûres + 1 pour la déco

130 g de beurre

100 g de sucre cassonade

2 œufs

250 g de farine T45

1 sachet de levure chimique

120 g de pépites de chocolat

1 sachet de sucre vanillé

Préchauffez le four à 180 °C (th. 6).

Épluchez les bananes, puis coupez-les en rondelles. Mettez-les dans le bol du robot muni du batteur à bord flexible et réduisez-les en purée en vitesse 2 pendant 1 min. Faites fondre le beurre. Passez en vitesse 4 et ajoutez la cassonade et les œufs, puis le beurre fondu. Ajoutez ensuite la farine et la levure, et laissez tourner pendant 2 min. En vitesse 1, ajoutez les pépites de chocolat et mélangez pendant 30 s.

Versez dans un moule à cake beurré et fariné. Épluchez la banane restante et coupez-la dans sa longueur. Déposez-la sur le cake et saupoudrez de sucre vanillé. Enfournez pour 1h de cuisson. Laissez tiédir et démoulez.

CONSEILS

Il est important que les bananes soient bien mûres. Vous pouvez en faire une variante avec des éclats de caramel.

BROWNIE AUX NOIX DE PÉCAN

Pour 6 personnes

Préparation : 10 min

Cuisson : 30 min

200 g de chocolat noir

200 g de beurre demi-sel

4 œufs

160 g de sucre semoule

80 g de farine T45

1 c. à c. de levure chimique

100 g de noix de pécan concassées

Préchauffez le four à 180 °C (th. 6). Faites fondre le chocolat et le beurre au bain-marie.

Dans le bol du robot muni du batteur à bord flexible, mélangez les œufs et le sucre en vitesse 4 pendant 1 min. Ajoutez le chocolat et le beurre fondus, et mélangez 1 min. Ajoutez la farine et la levure, et mélangez 2 min. Passez en vitesse 1 et ajoutez les noix de pécan concassées.

Chemisez de papier cuisson un moule carré. Versez-y la pâte et enfournez. Faites cuire pendant 30 min environ. À la fin de la cuisson, laissez refroidir, puis démoulez.

CONSEILS

Pistaches, noisettes, amandes, noix, pignons… variez les plaisirs !
Pour une version sans gluten, remplacez la farine de blé par de la farine de riz.

GÂTEAU AUX FRAMBOISES ET AU CITRON

Pour 8 personnes

Préparation : 15 min

Cuisson : 45 min

180 g de farine T45

70 g de poudre d'amande

150 g de sucre semoule

1 c. à c. de levure chimique

1 pincée de sel

1 yaourt nature

2 œufs

6 cl d'huile neutre (type arachide ou colza)

1 citron

300 g de framboises fraîches

Préchauffez le four à 180 °C (th. 6).

Dans le bol du robot muni du batteur à bord flexible, mélangez la farine, la poudre d'amande, le sucre, la levure chimique et le sel en vitesse 1 pendant 1 min. Ajoutez le yaourt, les œufs, l'huile, le jus et le zeste râpé du citron en vitesse 4, et laissez tourner pendant 3 min.

Beurrez et farinez un moule à manqué de 22 ou 24 cm de diamètre. Versez-y la pâte et déposez les framboises fraîches dessus, en rangs serrés. Enfournez et laissez cuire 45 min. À la fin de la cuisson, laissez reposer le gâteau 5 min avant de le démouler sur une grille.

CONSEIL

Vous pouvez remplacer le citron par 1 c. à s. de pâte de pistache et des pistaches concassées.

GAUFRES

Pour 15 gaufres

Préparation : 10 min

Cuisson : 10 min

250 g de farine T45

1 sachet de levure chimique (11 g)

40 g de sucre semoule

50 g de beurre

2 œufs

50 cl de lait

1 c. à c. d'arôme vanille

Sucre glace

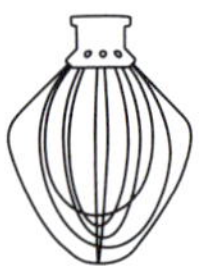

Dans le bol du robot muni du fouet à fils, mélangez la farine, la levure et le sucre en vitesse 2 pendant 30 s. Faites fondre le beurre. Ajoutez les œufs, le lait, le beurre fondu et l'arôme vanille, puis mélangez en vitesse 4 pendant 1 min, puis en vitesse 8 pendant 3 min en ayant pris soin d'installer le couvercle protecteur pour éviter les éclaboussures.

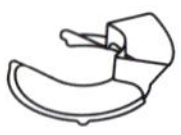

Faites chauffer un gaufrier. Quand il est chaud, versez un peu de pâte dans les empreintes et refermez. Laissez cuire quelques minutes en surveillant : les gaufres doivent être dorées. Débarrassez-les sur une assiette et renouvelez l'opération jusqu'à épuisement de la pâte. Saupoudrez de sucre glace et dégustez.

VARIANTE

Vous pouvez ajouter 100 g de sucre en grains à la pâte : il va légèrement caraméliser pendant la cuisson et rendre les gaufres encore plus gourmandes.

COOKIES CHOCOLAT & CACAHUÈTES

Pour 25 cookies

Préparation : 15 min

Cuisson : 12 min

200 g de chocolat noir

100 g de cacahuètes non salées

200 g de beurre très mou

100 g de sucre semoule

150 g de cassonade

2 œufs

370 g de farine T45

1 sachet de levure chimique

1 c. à c. de bicarbonate alimentaire

1 pincée de fleur de sel

Préchauffez le four à 180 °C (th. 6) en chaleur ventilée. Concassez grossièrement au couteau le chocolat et les cacahuètes.

Dans le bol du robot équipé du batteur à bord flexible, mélangez le beurre mou, le sucre et la cassonade en vitesse 4 pendant 1 min. Ajoutez les œufs et mélangez 30 s. Ajoutez petit à petit la farine, la levure, le bicarbonate et la fleur de sel. Mélangez en vitesse 4 pendant 2 min. En vitesse 1, ajoutez le chocolat et les cacahuètes concassées, et mélangez pendant 30 s.

Façonnez la pâte en boules et disposez-les sur une plaque recouverte de papier cuisson, en les espaçant bien. Aplatissez-les légèrement avec la paume de la main. Enfournez pour 12 min environ en surveillant : les cookies doivent à peine commencer à dorer. Laissez refroidir pendant 10 min avant de les décoller du papier cuisson.

CONSEIL & VARIANTES

Pour former des cookies de taille régulière, utilisez une cuillère à glace. Pour parfumer ces cookies, vous pouvez remplacer 100 g de farine par de la poudre de noisette. Variez les fruits secs : amandes, noix de pécan, noisettes, pignons, pistaches…

MOUSSE AU CHOCOLAT

Pour 4 personnes

Préparation : 15 min

Repos : 4 h minimum

180 g de chocolat noir pâtissier

60 g de crème liquide

60 g de lait

1 pincée de sel

3 gros œufs

25 g de sucre semoule

Cassez le chocolat en morceaux et mettez-les dans un saladier.
Dans une casserole, portez la crème et le lait à ébullition, puis versez immédiatement sur le chocolat. Mélangez bien pour que tous les morceaux soient fondus et ajoutez la pincée de sel.

Séparez les jaunes des blancs d'œufs. Fouettez rapidement les jaunes.
Mettez les blancs dans le bol du robot muni du fouet à fils. Actionnez le robot lentement d'abord, en augmentant la vitesse au fur et à mesure. Fouettez en vitesse 10 environ 1 min 30, en ajoutant le sucre en pluie afin de serrer les blancs montés. Arrêtez le robot lorsque l'appareil est meringué.
Mélangez-le délicatement avec les jaunes battus à l'aide d'une maryse, puis incorporez le chocolat fondu en faisant attention à ne pas "casser" les blancs.
Entreposez au réfrigérateur pour 4 h au moins afin que la mousse durcisse et ait la bonne consistance.

ASTUCE & VARIANTE VEGAN

Pour une version complètement vegan, utilisez tout simplement le même poids de jus de pois chiches en conserve que de chocolat. Faites fondre le chocolat au bain marie, ajoutez une pointe de sel, puis mélangez-le délicatement au jus monté comme des blancs d'œufs avec 25 g de sucre.
S'il vous reste un peu de chocolat et que vous aimez les morceaux qui fondent dans la bouche, n'hésitez pas à en râper à l'aide d'un économe afin de faire tomber de beaux copeaux sur la mousse !

FONDANT AU CHOCOLAT

Pour 4 à 6 personnes

Préparation : 10 min

Cuisson : 20 min

200 g de chocolat noir

100 g de beurre demi-sel

4 œufs

100 g de sucre de canne roux

50 g de poudre d'amande

6 g de levure chimique

Préchauffez le four à 200 °C (th. 7).

Faites fondre le chocolat avec le beurre au four à micro-ondes ou au bain-marie.

Dans le bol du robot muni du batteur plat, mélangez les œufs avec le sucre en vitesse 4 pendant 2 min. Ajoutez le chocolat et le beurre fondus, et mélangez en vitesse 2 pendant 1 min. Ajoutez la poudre d'amande et la levure chimique, et mélangez 1 min en vitesse 2.

Beurrez et farinez un moule à manqué de 24-25 cm de diamètre. Versez-y la préparation et enfournez pour 20 min. Dégustez tiède avec une boule de frozen yogurt (voir p. 316).

CONSEILS

Vous pouvez remplacer la poudre d'amande par de la poudre de noisette ou de coco. Ajoutez une pincée de fleur de sel pour relever le goût.

CRÊPES ET CARAMEL AU BEURRE SALÉ

Pour 4 personnes

Préparation : 15 min

Cuisson : 15 min

Repos : 30 min

CARAMEL

200 g de sucre

100 g de beurre salé

4 c. à s. de mascarpone

CRÊPES

250 g de farine T45

1 pincée de sel

2 c. à s. de sucre

3 œufs

50 cl de lait

CARAMEL
Versez le sucre et 2 c. à s. d'eau dans une petite casserole. Faites cuire à feu moyen jusqu'à l'obtention d'un caramel. Ajoutez alors le beurre en petits cubes et mélangez au fouet. Ajoutez enfin le mascarpone, mélangez, versez dans un bol et laissez refroidir.

CRÊPES
Dans le bol du robot muni du batteur à bord flexible, mélangez la farine, le sel et le sucre en vitesse 2. Ajoutez les œufs un par un, puis le lait, et fouettez 2 min en vitesse 2. Laissez reposer 30 min.

Faites chauffer une poêle anti-adhésive sur feu vif et beurrez-la légèrement. Quand elle est chaude, déposez-y une louche de pâte. Au bout de quelques minutes, retournez la crêpe et faites-la cuire 1 à 2 min. Débarrassez sur une assiette et renouvelez l'opération jusqu'à épuisement de la pâte. Servez avec le caramel à tartiner.

CONSEILS

Vous pouvez remplacer le lait par du lait végétal (lait de riz ou d'amande) et la farine de blé par un mélange sans gluten : 180 g de farine de riz et 70 g de fécule de maïs. Vous pouvez parfumer la pâte avec de l'eau de fleur d'oranger, du sucre vanillé, du rhum…

0 ½ 1 2 3 4 6 8 10
MINI

SIMPLE & FRAIS !

JUS ÉNERGIE

Pour 2 personnes

Préparation : 5 min

2 pommes

2 oranges

2 carottes

5 cm de racine de gingembre frais

Lavez les fruits, les carottes et le gingembre. Coupez les pommes en quatre et retirez les pépins. Pelez les oranges et coupez-les en quatre. Détaillez les carottes en tronçons. Épluchez la racine de gingembre.

Réduisez les fruits et le gingembre en jus avec l'extracteur muni du filtre pour pulpe fine. Mélangez. Dégustez immédiatement.

CONSEIL

Pour une version plus douce, ajoutez le jus d'une poire. Vous pouvez récupérer la pulpe obtenue et l'introduire dans la préparation d'un cake ou de pancakes.

GREEN JUICE

Pour 2 personnes

Préparation : 5 min

1/2 concombre

1 petit fenouil

2 branches de chou kale

2 pommes vertes

1/2 citron jaune

Lavez les fruits et les légumes. Coupez les extrémités du concombre, puis coupez-le en quatre. Épluchez le fenouil si besoin est, puis coupez-le en gros cubes. Détaillez les branches de chou kale en trois ou en quatre. Coupez les pommes en quatre et enlevez les pépins. À l'aide d'un couteau, retirez la peau du citron.

Réduisez les fruits et les légumes en jus avec l'extracteur muni du filtre pour pulpe fine. Mélangez. Dégustez immédiatement.

CONSEILS

Utilisez de préférence des fruits et légumes bio. Vous pouvez également ajouter un peu de curcuma frais à ce jus.

JUS DRAINANT

Pour 2 personnes

Préparation : 5 min

1 grosse betterave crue

1 gros fenouil

2 pommes reinettes

Épluchez la betterave et le fenouil, puis lavez les pommes et retirez-en les pépins. Coupez les fruits et les légumes en gros morceaux.

Réduisez-les en jus avec l'extracteur muni du filtre pour pulpe fine. Dégustez immédiatement.

CONSEILS

Remplacez la betterave par des radis pour un cocktail piquant. Vous pouvez également ajouter le jus de 1/2 citron jaune.

JUS ANTIOXYDANT

Pour 2 personnes

Préparation : 5 min

Une dizaine de fraises

3 carottes

1/2 citron

Lavez les fraises et équeutez-les. Lavez les carottes, coupez les extrémités et détaillez-les en petits tronçons. Épluchez le demi-citron.

Réduisez les ingrédients en jus avec l'extracteur muni du filtre pour pulpe fine. Mélangez. Dégustez immédiatement.

CONSEIL

Vous pouvez aussi utiliser des myrtilles, des mûres, de la grenade ou de la pomme, qui contiennent également beaucoup d'antioxydants.

GUACAMOLE

Pour 4 personnes

Préparation : 5 min

Repos : 30 min

3 avocats bien mûrs

1 oignon rouge

1 gousse d'ail

1 c. à s. de pulpe de tomate (en conserve)

1 c. à c. de Tabasco®

Le jus de 1 citron vert

Sel

Poivre

Épluchez l'oignon rouge et la gousse d'ail, puis coupez-les en quatre.
Ôtez la peau des avocats et retirez le noyau.
Détaillez l'oignon rouge en cubes à l'aide du robot ménager muni du disque et de la lame à couper en dés en vitesse 6. Recouvrez-les d'eau froide et laissez-les tremper pendant 30 min avant de les égoutter.
Détaillez les avocats et la gousse d'ail en cubes à l'aide de l'accessoire robot ménager muni du disque et de la lame à couper en dés en vitesse 6.
Dans un saladier, mélangez les avocats, l'oignon rouge, l'ail, la pulpe de tomate, le Tabasco® et le jus de citron vert, salez et poivrez.
Servez bien frais.

CONSEILS

Parfait à l'apéritif, vous pouvez agrémenter le guacamole d'herbes fraîches (ciboulette ou coriandre). Pour une version moins épicée, remplacez le Tabasco® par 1 c. à c. de piment doux.

TZATZIKI

Pour 4 personnes

Préparation : 5 min

125 g de concombre

1 gousse d'ail

250 g de fromage blanc

1 c. à s. de ciboulette ciselée

1 c. à s. de persil plat ciselé

2 pincées de sel

Le jus de 1/2 citron

Coupez le concombre en deux dans le sens de la longueur et retirez les graines à l'aide d'une cuillère. Épluchez la gousse d'ail. Râpez le concombre et la gousse d'ail à l'aide de l'accessoire râpe à cylindres équipé du cylindre à râper moyen en vitesse 6.
Dans un saladier, rassemblez tous les ingrédients et mélangez délicatement.

Servez frais avec des crudités ou sur des tartines de pain grillé.

GASPACHO DE CONCOMBRE & CRÈME ÉPICÉE

Pour 4 personnes

Préparation : 10 min

2 concombres

1 courgette

2 petits oignons blancs

20 cl de crème entière liquide

100 g de mascarpone

1 c. à c. de curry

Sel

Poivre

Lavez les concombres et la courgette, puis coupez leurs extrémités. Pelez les oignons. Réduisez-les en jus à l'aide de l'extracteur de jus muni du filtre pour pulpe fine en vitesse 4. Salez et poivrez la préparation, puis répartissez-la dans 4 verrines.

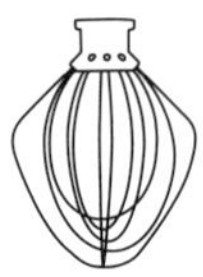

Versez la crème liquide bien froide et le mascarpone dans le bol du robot muni du fouet à fils. Mélangez en augmentant progressivement la vitesse de 1 à 8. Quand la crème est montée, ajoutez du sel et le curry. Déposez 1 noix de crème fouettée sur le gaspacho et servez immédiatement.

VARIANTES

Vous pouvez remplacer le mascarpone par 4 c. à s. de chèvre frais détendu au fouet à main et ajouté à la chantilly déjà montée. Vous pouvez également faire infuser quelques feuilles de basilic dans votre crème, la laisser refroidir et la monter en chantilly ; dans ce cas-là, remplacez le curry par le zeste de 1 citron jaune.

TOASTS À L'AVOCAT

Pour 2 personnes

Préparation : 15 min

6 tranches de pain

2 avocats

Le jus de 1/2 citron

Sel

Poivre

TOASTS CONCOMBRE & GRAINES GERMÉES

1/2 concombre

2 c. à s. de graines de poireau germées

1 filet d'huile d'olive

1 filet de jus de citron

TOASTS POMME & GRAINES DE TOURNESOL

1 pomme

2 c. à s. de graines de tournesol

1 filet d'huile d'olive

1 filet de jus de citron

TOASTS POIRE CHÈVRE

1 poire

1 petit morceau de chèvre

1 c. à c. de miel

Préparez les avocats : dans le bol du robot muni du batteur à bord flexible, mélangez leur chair avec le jus de citron et un peu de sel en vitesse 4 pendant 2 min. Faites griller les tranches de pain, puis répartissez la purée d'avocat dessus.

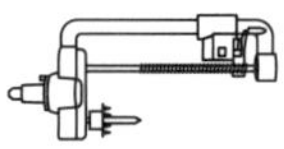

TOASTS CONCOMBRE & GRAINES GERMÉES
Épluchez le concombre, puis taillez-le avec le taille-légume muni de la lame pour spirales fines en vitesse 4. Déposez des lamelles sur 2 tranches de pain, ajoutez les graines germées, arrosez d'huile d'olive et de jus de citron. Salez et poivrez.

TOASTS POMME & GRAINES DE TOURNESOL
Épluchez la pomme à l'aide du taille-légume muni de l'éplucheur, puis taillez-la en utilisant la lame pour spirales fines en vitesse 4. Déposez des lamelles sur 2 tranches de pain, ajoutez les graines de tournesol, arrosez d'huile d'olive et de jus de citron. Salez et poivrez.

TOASTS POIRE CHÈVRE
Épluchez la poire à l'aide du taille-légume muni de l'éplucheur, puis taillez-la en utilisant la lame pour la découper en rubans avec l'évidoir en vitesse 4. Déposez des lamelles sur 2 tranches de pain, ajoutez des petits morceaux de chèvre et arrosez d'un filet de miel. Salez et poivrez.

Dégustez ces toasts aussitôt.

CONSEILS

Si vous souhaitez ajouter des protéines, vous pouvez déposer sur les toasts quelques lamelles de saumon fumé, ou encore un œuf poché.

VEGGIE ROLLS

Pour 4 personnes

Préparation : 20 min

VEGGIE ROLLS

1 concombre

1 nid de vermicelles de riz

1 fenouil

2 carottes

Le jus de 1 citron

Sel

SAUCE FETA & PISTACHE

50 g de pistaches

1 yaourt grec

80 g de feta

1 c. à s. d'huile d'olive

Sel

Poivre

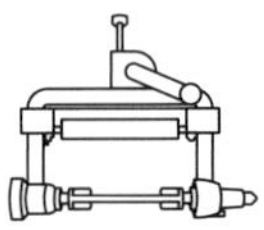

Lavez le concombre, coupez les extrémités, puis coupez-le en 4 tronçons de même taille. À l'aide du coupe-lanières de fruits et légumes, détaillez-le en lanières fines en vitesse 2. Recoupez-les en bandes de 15 cm de long environ.

Couvrez les vermicelles de riz d'eau chaude et laissez reposer 5 min. Épluchez le fenouil et les carottes, puis détaillez-les en julienne moyenne à l'aide du tranchoir/râpe à cylindres en vitesse 4. Arrosez de jus de citron, salez et mélangez.

Sur le bord d'une bande de concombre, déposez un petit peu de vermicelles et de julienne de crudités. Roulez le concombre pour former un beau rouleau.

Pour réaliser la sauce, hachez les pistaches à l'aide du tranchoir/râpe à cylindres muni du cylindre à hacher moyen en vitesse 4. Mettez les pistaches hachées dans le bol du robot muni du batteur à bord flexible, ajoutez le yaourt grec, la feta, l'huile d'olive, du sel et du poivre. Mélangez en vitesse 4.

Servez les rolls bien frais avec la sauce.

CONSEILS

Vous pouvez remplacer les vermicelles de riz par des graines germées. Variez les légumes selon la saison et vos envies : vous pouvez ajouter des lamelles de champignons de Paris, des asperges sauvages, du chou rouge râpé, des cœurs de palmier, etc.

CARPACCIO POMME, BETTERAVE & COMTÉ

Pour 4 personnes

Préparation : 10 min

1 pomme

2 betteraves rouges cuites

70 g de comté

VINAIGRETTE

3 c. à s. d'huile de noix

1 c. à s. de vinaigre balsamique blanc

Sel

Poivre

Pour préparer la vinaigrette, mélangez dans un bol l'huile, le vinaigre, du sel et du poivre. Émulsionnez à l'aide d'une cuillère, puis réservez.

Épluchez la pomme. Détaillez en fines tranches les betteraves, la pomme et le comté, chacun leur tour, à l'aide du robot ménager muni du disque à trancher réglé sur la taille minimale et en vitesse 4. Déposez-les dans les assiettes en alternant les éléments. Arrosez de quelques gouttes de vinaigrette. Servez immédiatement ou réservez au réfrigérateur.

CONSEILS

Vous pouvez ajouter des cerneaux de noix ou des pignons.
Vous pouvez également remplacer la pomme par de la poire.

BLINIS COURGETTE RICOTTA, SANS GLUTEN

Pour 4 personnes

Préparation : 10 min

Cuisson : 10 min

BLINIS

2 courgettes

2 œufs

2 c. à s. de fécule de maïs

150 g de ricotta

Sel

Poivre

GARNITURE

100 g de ricotta

Ciboulette

Le zeste de 1 citron

BLINIS

Lavez les courgettes et coupez les extrémités. Utilisez le disque à couper en julienne du robot ménager pour les râper en vitesse 4.

Dans le bol du robot muni du batteur plat, mélangez les œufs, la fécule de maïs, la ricotta, le sel et le poivre en vitesse 4 pendant 2 min. Ajoutez la julienne de courgette et mélangez en vitesse 1 pendant 1 min.

Faites chauffer une poêle légèrement huilée et déposez des petits tas de pâte bien espacés. Au bout de quelques minutes, vérifiez la cuisson et retournez les blinis. Débarrassez sur une assiette et renouvelez l'opération jusqu'à épuisement de la pâte.

Déposez un peu de ricotta sur les blinis, parsemez de ciboulette ciselée et de zeste de citron. Servez immédiatement.

VARIANTE

Si vous le souhaitez, vous pouvez ajouter des œufs de saumon sur la ricotta.

TARTE FINE AUX LÉGUMES D'ÉTÉ

Pour 6 personnes

Préparation : 10 min

Cuisson : 40 min

Repos : 30 min

PÂTE FEUILLETÉE

250 g de farine T45

200 g de beurre

5 g de sel

12 cl d'eau

GARNITURE

4 c. à s. de ricotta

1 c. à s. de moutarde à l'ancienne

1 c. à s. d'huile d'olive

3 courgettes

Quelques tomates cerises

Quelques feuilles de basilic

Sel

Poivre

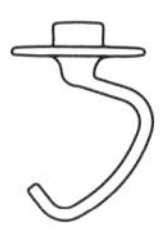

Réalisez la pâte feuilletée comme indiqué p. 37.

Préchauffez le four à 180 °C (th. 6). Étalez la pâte sur une feuille de papier cuisson pour former un grand disque d'environ 40 cm de diamètre. Si vous le souhaitez, festonnez joliment les bords. Dans un bol, mélangez la ricotta, la moutarde, l'huile d'olive, puis ajoutez du sel et du poivre. Étalez ce mélange sur la pâte en prenant soin de laisser une bordure sur le pourtour de la tarte.

Lavez les courgettes, coupez les extrémités, puis coupez-les en deux dans la longueur. Détaillez-les en fines tranches avec le robot ménager muni du disque à trancher réglé sur la taille minimale en vitesse 4. Répartissez-les sur la pâte. Ajoutez quelques tomates cerises coupées en quatre. Lavez et ciselez le basilic, puis répartissez-le sur la tarte. Salez et poivrez, puis enfournez pour 35 à 40 min de cuisson. Les bords de la tarte doivent être dorés.

VARIANTES

Vous pouvez remplacer la ricotta par du chèvre frais ou encore par de la tapenade ou du pesto. Pour une version sans gluten, remplacez la farine de blé par 150 g de farine de riz et 50 g de fécule de maïs.

SALADE DE CRUDITÉS AUX PIGNONS

Pour 4 personnes

Préparation : 10 min

2 carottes

1/2 céleri-rave

1 grosse courgette

50 g de pignons de pin

1 c. à c. de vinaigre de cidre

3 c. à s. d'huile d'olive

1 c. à c. de miel liquide

Sel

Poivre

Mettez les pignons de pin dans une petite poêle sans matière grasse et faites-les dorer à sec quelques minutes.

Épluchez les carottes et le demi-céleri-rave, lavez la courgette, puis utilisez le disque julienne du robot ménager pour les râper en vitesse 4.

Dans un saladier, versez le vinaigre, l'huile et le miel. Salez, poivrez et battez avec une fourchette. Ajoutez les légumes râpés et mélangez bien le tout. Au moment de servir, ajoutez les pignons grillés.

CONSEIL

Pour donner des saveurs orientales à cette salade, vous pouvez ajouter des raisins secs, un peu de mélange quatre épices et de la coriandre hachée.

RÖSTIS DE POMMES DE TERRE & LÉGUMES

Pour 4 personnes

Préparation : 10 min

Cuisson : 45 min

4 pommes de terre

2 carottes

1 courgette

2 gousses d'ail

1 c. à. s. d'huile

2 œufs

2 c. à s. de crème fraîche

1 c. à s. de ciboulette ciselée

Sel

Poivre

Préchauffez le four à 180 °C (th. 5-6).

Épluchez les pommes de terre, les carottes, la courgette et les gousses d'ail, puis utilisez le disque julienne du robot ménager pour les râper en vitesse 4. Rassemblez les légumes râpés dans une poêle avec l'huile et faites cuire pendant 15 min en mélangeant très régulièrement.

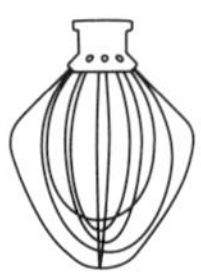

Réunissez les œufs, la crème et la ciboulette dans le bol du robot muni du fouet à fils. Fouettez en vitesse 4 pendant 1 min. Versez la préparation sur les légumes et mélangez-le tout délicatement à l'aide d'une spatule. Beurrez généreusement un moule à manqué, puis garnissez-le avec la préparation. Enfournez et faites cuire pendant 30 à 35 min en surveillant la cuisson. La galette doit être bien dorée.

VARIANTES

Variez les légumes et les herbes aromatiques selon les saisons : poireaux, céleri, panais en hiver, courgettes et petits pois en été. Vous pouvez également ajouter des grains de maïs.

COLESLAW

Pour 4 à 6 personnes

Préparation : 10 min

Repos : 30 min

2 carottes

1/2 chou blanc

1 jaune d'œuf

1 c. à s. de moutarde

1 c. à c. de vinaigre de vin

15 à 25 cl d'huile d'arachide

2 c. à s. de yaourt

Sel

Poivre

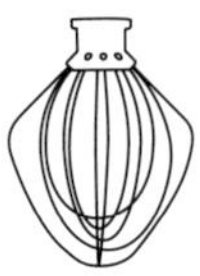

Pour réaliser la mayonnaise, dans le bol du robot muni du fouet à fils, mélangez le jaune d'œuf, la moutarde et le vinaigre en vitesse 4 pendant 1 min. Passez en vitesse 6 et ajoutez l'huile en filet jusqu'à obtenir une belle mayonnaise. Salez et poivrez, puis réservez au réfrigérateur.

Épluchez les carottes et le chou, détaillez-les grossièrement, puis utilisez le disque julienne du robot ménager pour les râper en vitesse 4.

Dans un bol, mélangez 3 c. à s. de mayonnaise avec le yaourt. Ajoutez cette sauce aux crudités, puis mélangez. Recouvrez le saladier de film alimentaire et laissez reposer 30 min au réfrigérateur. Dégustez en accompagnement de sandwichs maison.

VARIANTES

Essayez avec d'autres légumes : le panais, la betterave crue, le céleri-rave…

SPAGHETTIS DE LÉGUMES À LA CRÈME & TOMATES SÉCHÉES

Pour 2 personnes

Préparation : 5 min

Cuisson : 20 min

2 carottes

2 panais

1 gousse d'ail

5 cl de crème légère

50 g de tomates séchées

30 g de parmesan râpé

Une dizaine de feuilles de basilic

Huile d'olive

Sel

Poivre

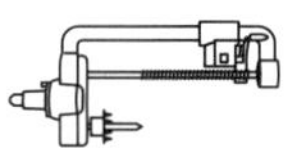

Épluchez les carottes et les panais. Taillez-les en fins spaghettis à l'aide du taille-légume en spirales en vitesse 2. Épluchez la gousse d'ail et hachez-la finement.

Faites chauffer l'huile d'olive dans une sauteuse. Ajoutez l'ail et les spaghettis de légumes, puis la crème, les tomates séchées et le parmesan. Salez et poivrez, ajoutez un demi-verre d'eau, couvrez et laissez mijoter à feu doux pendant 20 min en mélangeant régulièrement.

Juste avant de servir, ciselez le basilic et ajoutez-le. Servez immédiatement.

CONSEILS

Le panais est un légume d'hiver ; remplacez-le, à la belle saison, par la courgette. Vous pouvez également ajouter des olives à ce plat.

RATATOUILLE

Pour 4 à 6 personnes

Préparation : 15 min

Cuisson : 35 min

2 oignons

2 gousses d'ail

1 filet d'huile d'olive

1 poivron rouge

2 courgettes

1 aubergine

4 tomates

Thym

Sel

Poivre

Épluchez les oignons et les gousses d'ail. Détaillez-les en cubes dans le robot ménager muni du disque et de la lame à découper en dés en vitesse 6. Faites-les revenir dans une sauteuse avec l'huile d'olive pendant 5 min à feu doux.

Détaillez ensuite en dés le poivron, les courgettes et l'aubergine en vitesse 4. Ajoutez-les dans la sauteuse.

Coupez les tomates en quartiers, puis réduisez-les en coulis à l'aide de la passoire à fruits et légumes. Ajoutez ce jus dans la sauteuse, salez, poivrez, ajoutez le thym et mélangez. Laissez cuire à feu doux pendant 30 min.

Servez chaud ou froid.

CONSEIL

Vous pouvez aussi ajouter du romarin, du laurier, de l'origan, du basilic…

JARDINIÈRE DE LÉGUMES

Pour 4 personnes

Préparation : 10 min

Cuisson : 30 min

4 carottes

2 grosses pommes de terre

100 g de céleri-rave

2 oignons

100 g de lardons

150 g de petits pois (surgelés ou frais)

1 branche de thym

2 feuilles de laurier

1 c. à c. de sucre

1 cube de bouillon de volaille

Sel

Poivre

Épluchez les carottes, les pommes de terre, le céleri-rave et les oignons. Pour commencer, détaillez les oignons en cubes dans le robot ménager muni du disque et de la lame à découper en dés en vitesse 6. Mettez-les dans une cocotte avec les lardons et faites-les revenir à feu vif pendant 5 min.

Détaillez les carottes, les pommes de terre et le céleri en cubes comme les oignons, puis ajoutez-les avec les petits pois dans la cocotte. Couvrez d'eau à hauteur, ajoutez le thym, le laurier, le sucre, le cube de bouillon, du sel et du poivre. Laissez mijoter pendant 30 min à feu doux.

Servez avec une viande rôtie.

VARIANTES

Variez les légumes selon la saison : au printemps, ajoutez des navets nouveaux ou des fèves ; en été, des haricots verts coupés en petits morceaux.

BURGER VEGGIE

Pour 6 personnes

Préparation : 30 min

Cuisson : 25 min

Repos : 2 h 15

PAINS À BURGER

300 g de farine

5 g de levure boulangère sèche

20 g de beurre

5 g de sel

15 g de sucre

7 cl de lait

1 œuf battu

1 jaune d'œuf

40 g de graines de sésame

STEAKS VEGGIE

300 g de pois chiches (en conserve ou en bocal)

1 poivron rouge

1 gousse d'ail

1 oignon

200 g de quinoa cuit

1 œuf battu

Sel

1 c. à s. d'huile d'olive

DRESSAGE

2 avocats

Quelques feuilles de salade

PAINS À BURGER
Réalisez les pains à burger comme indiqué p. 32.

STEAK VEGGIE
Égouttez les pois chiches, lavez-les, puis séchez-les. Coupez le poivron en quatre et épépinez-le. Épluchez l'ail et l'oignon. Dans le hachoir muni de la grille à gros trous, hachez les pois chiches avec le poivron, l'ail et l'oignon. Versez la préparation dans le bol du robot muni du batteur plat, ajoutez le quinoa, l'œuf battu et le sel, puis mélangez en vitesse 2 pendant 2 min.

Faites chauffer l'huile d'olive dans une poêle. Tassez 1/6 du mélange au fond d'un petit bol pour former un steak, puis déposez-le dans la poêle. Recommencez l'opération cinq fois pour former les autres steaks. Laissez cuire 5 min, retournez et poursuivez la cuisson 5 min de l'autre côté.

DRESSAGE
Coupez les pains en deux. Épluchez les avocats et coupez-les en lamelles. Déposez les steaks veggie sur les pains, ajoutez de la salade et de l'avocat. Refermez et servez bien chaud.

VARIANTES

Pour une version spicy, ajoutez du cumin et du piment à vos steaks. Vous pouvez aussi ajouter des herbes aromatiques de type coriandre, persil, etc. Variez la garniture : rondelles de tomate, graines germées, lamelles de crudités…

SALADE ASIATIQUE AU TOFU

Pour 4 personnes

Préparation : 10 min

Cuisson : 8 min

200 g de tofu fumé

1 concombre

4 carottes

150 g de salade (type iceberg)

1/2 bouquet de coriandre

100 g de pousses de soja

Le jus de 1 citron vert

3 c. à s. de sauce soja

3 c. à s. d'huile neutre

2 c. à s. d'huile de sésame

1 c. à s. de graines de sésame

Sel

Poivre

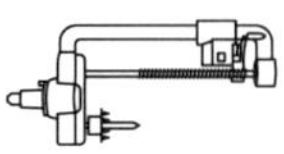

Épluchez le concombre et les carottes, puis taillez-les avec le taille-légume muni de la lame pour spirales fines en vitesse 4. Lavez la salade, puis coupez-la en lanières. Effeuillez la coriandre, puis ciselez-la. Dans un saladier, rassemblez les carottes, le concombre, la salade et les pousses de soja.

Dans un bol, mélangez le jus de citron vert, la sauce soja, 2 c. à s. d'huile neutre et l'huile de sésame, du sel et du poivre.

Coupez le tofu en petits cubes. Faites chauffer l'huile restante dans une poêle, puis faites-y dorer le tofu pendant 7-8 min en mélangeant régulièrement. Ajoutez-le aux légumes dans le saladier, versez la sauce, parsemez de graines de sésame, mélangez, puis servez immédiatement.

CONSEILS

Pour une salade plus relevée, ajoutez 1 c. à c. de Tabasco® à la sauce. Vous pouvez remplacer les graines de sésame par des graines de tournesol ou encore des cacahuètes concassées.

ROULEAUX DE COURGETTE À LA MORUE, POIVRONS & BEURRE BLANC

Pour 4 personnes/12 rouleaux

Préparation : 20 min

Cuisson : 35 min

ROULEAUX DE COURGETTE

2 poivrons rouges

1 oignon

1 c. à s. d'huile d'olive

4 courgettes

500 g de morue dessalée

Sel

Poivre

BEURRE BLANC

1 échalote

1 c. à s. de vinaigre blanc

5 cl de vin blanc

100 g de beurre

Sel

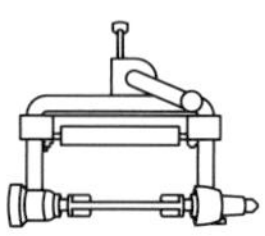

ROULEAUX DE COURGETTE
Lavez les poivrons, coupez-les en deux et épépinez-les. Épluchez l'oignon, puis coupez-le en quatre. Détaillez les poivrons et l'oignon en cubes dans le robot ménager muni du disque et de la lame à découper en dés en vitesse 6. Faites-les revenir dans une sauteuse avec l'huile d'olive pendant 20 min, à feu doux et à couvert. Si besoin est, ajoutez un peu d'eau. Les poivrons doivent être mœlleux.

Lavez les courgettes, coupez les extrémités, puis coupez-les en deux si nécessaire. À l'aide du coupe-lanières de fruits et légumes, détaillez-les en lanières épaisses en vitesse 2. Recoupez-les en 12 bandes de 15 cm de long environ. Détaillez la morue en 12 morceaux rectangulaires. Sur le bord de chaque bande de courgette, déposez un peu de poêlée de poivrons, ajoutez un morceau de poisson, puis roulez la bande autour pour former un rouleau. Déposez les rouleaux dans un cuit-vapeur, puis faites cuire pendant 10 min.

BEURRE BLANC
Épluchez l'échalote, puis ciselez-la finement. Mettez-la dans une casserole avec le vinaigre et laissez réduire à feu vif en mélangeant. Ajoutez ensuite le vin blanc pour déglacer. Ajoutez enfin le beurre en petits cubes au fur et à mesure et en mélangeant au fouet pour émulsionner la sauce. Salez, puis filtrez au chinois.

Servez les rouleaux accompagnés de beurre blanc et éventuellement de riz basmati.

VARIANTES

Vous pouvez remplacer la morue par un autre poisson blanc.
Vous pouvez ajouter de la tomate et de la coriandre hachée à la poêlée de poivrons, ainsi qu'une pointe de curry au beurre blanc.

RÉMOULADE DE COURGETTE AU CHÈVRE FRAIS

Pour 4 personnes

Préparation : 10 min

2 courgettes

1/2 bouquet de coriandre

1 c. à c. de vinaigre balsamique blanc

2 c. à s. d'huile d'olive

1 pointe de couteau de curry

2 c. à s. de chèvre frais

Sel

Poivre du moulin

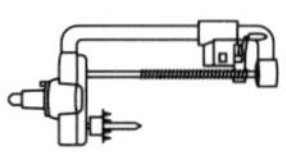

Lavez et ciselez finement la coriandre.

Lavez les courgettes et coupez les extrémités. Taillez-les en fins spaghettis à l'aide du taille-légume en spirales en vitesse 2.

Versez le vinaigre, l'huile, le curry, le sel, le poivre et le chèvre dans un saladier. Mélangez bien et ajoutez la coriandre ciselée. Enfin, ajoutez le râpé de courgettes, mélangez et servez bien frais.

VARIANTES

Vous pouvez remplacer la coriandre par de la menthe et le curry par du cumin, ou le fromage de chèvre par du roquefort, et ajouter des noix.

SALADE DE CAROTTE ET D'ORANGE À LA FLEUR D'ORANGER

Pour 4 personnes

Préparation : 10 min

Repos : 1h

400g de carottes

2 oranges

1 c. à c. d'eau de fleur d'oranger

1 c. à s. de sucre semoule

2 c. à s. d'huile d'olive

1 c. à s. de graines de sésame

Sel

Épluchez les carottes, détaillez-les grossièrement, puis utilisez le disque à râper côté fin du robot ménager pour les râper en vitesse 4.

Avec l'aide du presse-agrume, pressez le jus d'une demi-orange en vitesse 6. Versez-le dans un bol, ajoutez l'eau de fleur d'oranger, le sucre, l'huile d'olive et 1 pincée de sel. Mélangez et versez sur les carottes.

Épluchez les oranges restantes et prélevez les suprêmes à l'aide d'un couteau, en prenant bien soin de retirer la peau blanche et les membranes. Ajoutez-les à la salade, parsemez de sésame et laissez reposer 1h au réfrigérateur avant la dégustation.

CONSEIL

Vous pouvez ajouter de la coriandre ou de la menthe hachée, de la cannelle, des raisins secs, des graines de courge grillées…

PAVLOVA

Pour 4 personnes

Préparation : 20 min

Cuisson : 1h15

MERINGUE

3 blancs d'œufs

55g de sucre glace

55g de sucre semoule

50g de pistaches vertes décortiquées

GARNITURE

25cl de crème liquide entière très froide (250g)

40g de sucre glace

Fruits rouges (fraises, framboises, groseilles, myrtilles...)

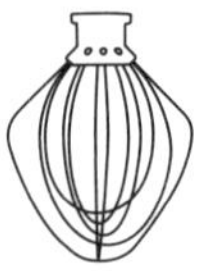

Préchauffez le four à 120°C (th. 4).
Mettez les blancs d'œufs dans le bol du robot équipé du fouet à fils. Actionnez-le en augmentant progressivement la vitesse de 1 à 8. Quand les œufs moussent, ajoutez le sucre glace et le sucre semoule.
Quand la meringue est bien brillante, formez-en 4 tas sur une plaque recouverte de papier cuisson. Aplatissez-les légèrement avec le dos d'une cuillère. Saupoudrez de pistaches concassées et enfournez pour 1h15. À la fin de la cuisson, laissez refroidir.

Dans le bol du robot muni du fouet à fils, fouettez la crème liquide avec le sucre glace en augmentant progressivement la vitesse de 1 à 10 jusqu'à obtenir une chantilly. Déposez de la chantilly sur les meringues et ajoutez des fruits rouges.

CONSEIL

Vous pouvez également former de jolis « escargots » de meringue en utilisant une poche munie d'une douille lisse.

SORBET AU CITRON

Pour 4 personnes

Préparation : 10 min

Repos : 1 h 25

3 citrons

200 g de sucre

2 blancs d'œufs

Récupérez le zeste de 1 citron, puis émincez-le très finement. Pressez le jus des 3 citrons à l'aide du presse-agrume en vitesse 6.

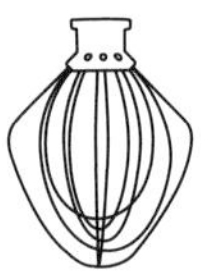

Mettez le sucre, 50 cl d'eau, le jus et le zeste de citron dans une casserole, puis faites chauffer à feu doux jusqu'à ce que le sucre se dissolve. Laissez refroidir pendant 1 h.

Montez les blancs d'œufs en neige ferme à l'aide du robot muni du fouet à fils, en augmentant progressivement la vitesse de 1 à 6, puis ajoutez-les délicatement au sirop de citron. Faites tourner la sorbetière en vitesse 4 et versez-y la préparation. Faites prendre le sorbet pendant 25 min. Conservez au congélateur.

CONSEILS

Vous pouvez remplacer le citron par des citrons verts, des oranges ou des pamplemousses. Au moment de servir, émiettez 150 g de meringue et saupoudrez-en sur le sorbet.

KitchenAid

SMOOTHIE BOWL

Pour 1 personne

Préparation : 10 min

SMOOTHIE

1 grosse pomme

1/2 banane

50 g de framboises

2 c. à s. de fromage blanc

TOPPING

Quelques fruits frais : myrtilles, framboises, banane

Fruits secs : noisettes, noix, amandes

Graines : sésame, pavot ou un peu de muesli

Lavez la pomme, coupez-la en quatre et retirez les pépins. Épluchez la demi-banane. Réduisez la pomme, la banane et les framboises en jus avec l'extracteur muni du filtre pour pulpe épaisse. Ajoutez le fromage blanc au jus obtenu, mélangez et versez dans un bol.

Ajoutez dessus vos toppings : fruits frais, fruits secs et graines. Dégustez immédiatement.

VARIANTE

Pour une version sans lactose, utilisez du yaourt de soja.

PUNCH DES ÎLES

Pour 4 personnes

Préparation : 15 min

4 oranges

2 pamplemousses

2 ananas

16 cl de rhum

5 cl de sucre de canne

Glace pilée

Pelez les oranges et les pamplemousses. Épluchez les ananas et ôtez la partie centrale dure. Coupez tous les fruits en morceaux. Réduisez-les en jus à l'aide de l'extracteur muni du filtre pour pulpe fine en vitesse 4. Récupérez le liquide, ajoutez le rhum ainsi que le sucre de canne, puis mélangez.

Mettez de la glace pilée dans 4 verres et versez-y le punch. Dégustez bien frais.

VARIANTES

Pas envie de rhum ? Remplacez-le par le jus de 2 fruits de la Passion : coupez-les en deux, grattez la pulpe et pressez-la en utilisant le robot en vitesse 2.
Variez les fruits exotiques et déclinez ainsi ce punch à l'infini.

DAÏQUIRI À LA FRAISE

Pour 4 personnes

Préparation : 5 min

500 g de fraises

3 citrons verts

16 cl de rhum cubain

10 cl de sirop de sucre de canne

Quelques glaçons

Lavez et équeutez les fraises et épluchez les citrons verts. Réduisez en jus les fraises et la pulpe des citrons avec l'extracteur muni du filtre pour pulpe fine en vitesse 4.
Récupérez le liquide, ajoutez le rhum et le sucre de canne, puis mélangez.

Mettez des glaçons dans 4 verres et versez le daïquiri fraise. Dégustez immédiatement, bien frais.

CONSEILS

Achetez un peu plus de fraises et placez-en une dans chaque verre avant de servir.
Pour un cocktail soft, faites l'impasse sur le rhum, et ajoutez 100 g de fraises et 1 citron vert.

PIÑA COLADA

Pour 3-4 personnes

Préparation : 15 min

1 ananas de 1 kg

20 cl de rhum blanc

20 cl de crème de coco

Le jus de 1 citron + 1 c. à s.

50 g de noix de coco déshydratée râpée

Coupez le plumet de l'ananas et retirez la base. Ôtez la peau en tournant tout autour du fruit, avec un grand couteau. Retirez les « yeux » avec la pointe d'un économe, coupez le fruit en quatre de haut en bas et supprimez la partie dure du centre. Taillez la chair en morceaux.
Réduisez-la en jus avec l'extracteur muni du filtre pour pulpe fine. Ajoutez le rhum, la crème de coco et le jus du citron. Mélangez.

Versez 1 c. à s. de jus de citron dans une soucoupe. Déposez la noix de coco dans une petite assiette. Trempez le tour de chaque verre dans le citron, puis dans la noix de coco.

Versez délicatement la boisson dans les verres, sans toucher au bord, et dégustez immédiatement.

CONSEILS

La crème de coco, plus épaisse et plus riche que le lait, est vendue en briquettes de 25 cl.
Vous pouvez ajouter du sirop de sucre (environ 1 c. à s. par personne) ou préparer une version sans alcool.

KitchenAid
St. Joseph, Michigan USA
0 1 2 4 6 8 10
ARTISAN

COMME UN CHEF !

VELOUTÉ DE BUTTERNUT, CHANTILLY GINGEMBRE-CITRON

Pour 4 personnes

Préparation : 15 min

Cuisson : 40 min

500 g de courge butternut

20 g d'échalote

1 filet d'huile d'olive

60 cl d'eau

1/2 cube de bouillon de légumes

15 cl de crème liquide

1 c. à c. de curry en poudre

1 petit morceau de gingembre frais (1 g)

Un peu de zeste de citron

Sel (facultatif)

Poivre

Lavez et pelez la courge. Inutile de la peler si elle est bio. Coupez-la en deux dans la largeur. Coupez la partie basse en deux ou en quatre, puis enlevez les pépins. Coupez la chair en gros morceaux.

Pelez et ciselez l'échalote. Faites chauffer le filet d'huile d'olive dans une cocotte en fonte. Faites-y suer l'échalote pendant 2-3 min, à feu moyen.

Pendant ce temps, faites chauffer l'eau. Ajoutez les morceaux de courge avec le bouillon cube et l'eau chaude. Couvrez et laissez cuire environ 20 min, jusqu'à ce que la courge soit fondante.
Ajoutez 4 cl de crème liquide, le curry, et poivrez. Mixez à l'aide d'un blender ou d'un mixeur plongeant. Salez si nécessaire. Répartissez dans 4 bols.

Réalisez la crème fouettée avec le reste de crème comme indiqué p. 43. Râpez un peu de gingembre frais et de zeste de citron, puis mélangez. Déposez un peu de crème fouettée dans chaque bol de soupe, à l'aide d'une cuillère ou d'une poche à douille.

VARIANTES

Vous pouvez réaliser cette recette avec plusieurs types de courges : potiron, potimarron, patidou, etc. Utilisez ce que vous trouvez près de chez vous !

TARTARE DE SAUMON

Pour 4 personnes

Préparation : 10 min

Repos : 1h

300 g de saumon frais

1 oignon rouge

1/2 mangue

1 pointe de couteau de gingembre en poudre

Le jus de 1 citron vert

15 brins de ciboulette

1 avocat

Sel

Épluchez l'oignon et la mangue. Détaillez-les en cubes avec le saumon dans le robot ménager muni du disque et de la lame à découper en dés, en vitesse 4. Ajoutez le gingembre en poudre, le jus de citron vert, et mélangez. Laissez mariner pendant 1h au réfrigérateur.

Avant de servir, ciselez la ciboulette et détaillez l'avocat en petits dés à l'aide d'un couteau, puis ajoutez-les au tartare. Mélangez délicatement et répartissez dans les assiettes en utilisant un cercle. Servez immédiatement.

VARIANTE

Remplacez la mangue par des petits cubes de pomme verte acidulée.

HOUMOUS

Pour 4 à 6 personnes

Préparation : 5 min

1 boîte de pois chiches (soit 550 g égouttés)

2 gousses d'ail

10 cl d'huile d'olive

Le jus de 1 citron

1 pointe de couteau de cumin en poudre

1 c. à c. de tahini (facultatif)

Sel

Égouttez les pois chiches. Épluchez les gousses d'ail. Dans le robot muni de la passoire à fruits et légumes, mettez les pois chiches et l'ail. Réduisez-les en purée en vitesse 4, en ajoutant l'huile d'olive et le jus de citron progressivement.

Ajoutez le cumin et le tahini si vous le souhaitez. Mélangez et rectifiez l'assaisonnement. Réservez au réfrigérateur et servez bien frais.

CONSEILS

Au moment de servir, ajoutez un filet d'huile d'olive. Vous pouvez remplacer le cumin par du paprika. Le tahini est une purée de sésame, qui se trouve en magasin bio.

TARAMA

Pour 4 à 6 personnes

Préparation : 10 min

Repos : 2 h

160 g d'œufs de cabillaud fumés

35 g de pain de mie

1/2 jaune d'œuf (soit 10 g)

2 c. à s. de lait

80 g d'huile

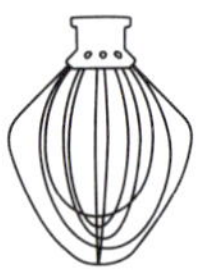

Coupez en deux la poche d'œufs de cabillaud fumés et retirez les œufs qui s'y trouvent. Réservez-en 160 g.

Dans le bol du robot muni du fouet à fils, émiettez le pain de mie, ajoutez le demi-jaune d'œuf et le lait. Fouettez en vitesse 2. Versez progressivement l'huile en filet tout en continuant de fouetter. Ajoutez ensuite les œufs de cabillaud en augmentant régulièrement la vitesse du robot. Fouettez en vitesse 8 pendant 3 min, puis arrêtez.

Débarrassez la préparation dans un bol et réservez-la 2 h au réfrigérateur. Dégustez.

TERRINE DE CAMPAGNE

Pour 6 à 8 personnes

Préparation : 15 min

Cuisson : 1h30

Repos : 24 à 48 h

250 g d'échine de porc

100 g de lardons

100 g de filet de poulet

80 g de noisettes

10 brins de persil plat

1 oignon

2 œufs

10 cl de Martini® rosso

1 branche de thym

1 feuille de laurier

Sel

Poivre

Préchauffez le four à 180 °C (th. 6).
Concassez grossièrement les noisettes et hachez le persil. Épluchez l'oignon et coupez les viandes en dés à l'aide d'un couteau.

Dans le robot muni du hachoir avec la grille pour hachage fin, hachez les viandes et l'oignon en vitesse 6. Débarrassez dans le bol.
Ajoutez les noisettes, le persil, les œufs et le Martini®, puis mélangez à l'aide du batteur à bord flexible en vitesse 2 pendant 1 min. Salez et poivrez.

Remplissez de cette préparation une terrine munie d'un couvercle. Déposez le thym et le laurier par-dessus, puis fermez. Enfournez pour 1h30. Laissez refroidir, puis réservez 24 à 48 h au réfrigérateur, avec un poids posé sur la terrine, avant de la déguster sur du bon pain grillé.

VARIANTES

Vous pouvez ajouter à cette terrine des foies de volaille.
Pour une terrine un peu plus « grasse », vous pouvez remplacer le filet de poulet par de la cuisse.

FALAFELS

Pour 12 falafels

Préparation : 10 min

Cuisson : 3 min

Repos : 1 nuit

FALAFELS

300 g de pois chiches crus

1 petit oignon

2 gousses d'ail

1/2 bouquet de persil

1/2 bouquet de coriandre

1/2 c. à c. de piment en poudre

1/2 c. à c. de cumin en poudre

1/2 c. à c. de coriandre en poudre

1 c. à c. de bicarbonate

2 c. à s. de graines de sésame

Sel

Huile de friture

SAUCE

1 yaourt à la grecque

1 c. à s. de jus de citron

Sel

La veille, faites tremper les pois chiches dans un grand volume d'eau pendant 12 à 24 h.

Le jour même, épluchez l'oignon et l'ail. Effeuillez le persil et la coriandre, lavez-les, puis séchez-les soigneusement. Égouttez les pois chiches, puis séchez-les soigneusement.

Dans le hachoir muni de la grille fine, réduisez en purée les pois chiches avec l'ail, l'oignon et les herbes fraîches. Dans le bol du robot muni du batteur à bord flexible, mélangez la purée de pois chiches avec les épices, le bicarbonate, les graines de sésame et le sel. Mélangez en vitesse 2 pendant 2 min.

Formez à la main 12 boulettes de la taille d'une noix. Faites chauffer l'huile de friture à 180 °C. Plongez-y les falafels pour 3 min environ. Ils doivent être bien dorés. Égouttez-les sur du papier absorbant.

Mélangez le yaourt avec le jus de citron et 1 pincée de sel. Servez les falafels chauds avec cette sauce.

CONSEILS

Pour cette recette, il est important d'utiliser des pois chiches crus, ayant trempé 1 nuit dans l'eau, et surtout pas des pois chiches en conserve, qui contiennent trop d'eau et qui feraient exploser les falafels durant la cuisson. Vous pouvez remplacer la moitié des pois chiches par des fèves crues, ayant trempé dans l'eau 1 nuit également.

FRITTATA AUX COURGETTES

Pour 2 personnes

Préparation : 5 min

Cuisson : 15 min

100 g de courgette

4 œufs

40 g de parmesan râpé

20 feuilles de basilic

Huile d'olive

Sel

Poivre

Lavez les courgettes et coupez les extrémités. Utilisez le disque julienne du robot ménager pour les râper en vitesse 4.

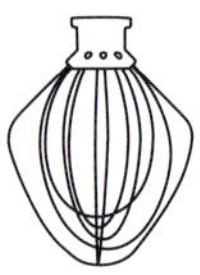

Dans le bol du robot muni du fouet à fils, mélangez pendant 1 min en vitesse 4 les œufs avec le parmesan et le basilic ciselé. Passez en vitesse 2 et ajoutez la julienne de courgette. Salez, poivrez et laissez tourner pendant 1 min.

Faites chauffer une poêle moyenne avec un fond d'huile d'olive. Versez la préparation et faites cuire 10 min à feu doux. Retournez la frittata et poursuivez la cuisson pendant 5 min. Servez chaud ou froid.

VARIANTE

Vous pouvez remplacer le parmesan par des dés de feta, ou bien ajouter des tomates séchées, des olives, du curry…

CHORIZO

Pour 4 à 6 personnes

Préparation : 1h

Cuisson : 15 à 20 min

Repos : 1h à 1 nuit + 30 min

500g d'échine de porc

100g de lard

2 gousses d'ail

2 c. à s. de paprika fumé

1 c. à c. de piment

1 c. à c. de poivre

3cl de vin blanc sec

1/2 c. à s. de sel

1m de boyau de porc

Vinaigre blanc

Vinaigre de vin

Épluchez les gousses d'ail.
Découpez les viandes en gros morceaux, puis hachez-les avec les gousses d'ail à l'aide du hachoir muni de la grille fine en vitesse 2.
Ajoutez les épices, le vin blanc et le sel, mélangez bien et laissez reposer au moins 1h au frais ou, si possible, toute une nuit pour un meilleur goût.

Pendant ce temps, rincez à l'eau le boyau de porc, puis faites-le tremper dans de l'eau additionnée de vinaigre blanc pendant 30 min en changeant l'eau régulièrement.
Ensuite, nettoyez-en bien l'intérieur en le maintenant écarté sous l'eau du robinet.
Enfin, versez un peu de vinaigre de vin à l'intérieur du boyau pour éviter que le goût et l'odeur soient trop présents. Une fois bien nettoyé, enfilez le boyau sur l'accessoire à farcir les saucisses, préalablement un peu huilé.

Mettez les viandes dans l'accessoire à farcir les saucisses. Lorsqu'elles arrivent à l'extrémité du boyau, arrêtez le robot et faites un nœud au bout du boyau ou ficelez-le. Redémarrez le robot à la vitesse minimale et continuez à le farcir jusqu'à épuisement de la farce. Arrêtez le robot, nouez ou ficelez l'autre extrémité du boyau. Percez les éventuelles bulles d'air à l'aide d'un cure-dents ou de la pointe d'un couteau, puis formez les saucisses en tournant le boyau sur lui-même.
Faites-les griller à la poêle avec un peu de matière grasse pendant 15 à 20 min sur feu moyen et à couvert.
Servez avec de la salade.

ASTUCES

Il est plus simple de garnir les saucisses à deux !
Si vous voulez un chorizo plus piquant, ajoutez 1 c. à s. de paprika fumé et 1 c. à c. de piment.
Les saucisses se congèlent très bien !

SAUCISSE AUX HERBES

Pour 4 à 6 personnes

Préparation : 1h

Cuisson : 15 à 20 min

Repos : 1h à 1 nuit + 30 min

600g d'échine de porc

100g de lardons

2 gousses d'ail

1/2 c. à c. de piment d'Espelette

1 c. à c. de sucre roux

1 c. à c. de poivre

10 brins de persil plat

10 brins de coriandre

1 branche de thym

1m de boyau de porc

Vinaigre blanc

Vinaigre de vin

Épluchez les gousses d'ail.
Découpez les viandes en gros morceaux, puis hachez-les avec les gousses d'ail à l'aide du hachoir muni de la grille fine en vitesse 2.
Ajoutez les épices et les herbes hachées, mélangez bien et laissez reposer au moins 1h au frais ou, si possible, toute une nuit pour un meilleur goût.

Pendant ce temps, rincez à l'eau le boyau de porc, puis faites-le tremper dans de l'eau additionnée de vinaigre blanc pendant 30 min en changeant l'eau régulièrement.
Ensuite, nettoyez-en bien l'intérieur en le maintenant écarté sous l'eau du robinet.
Enfin, versez un peu de vinaigre de vin à l'intérieur du boyau pour éviter que le goût et l'odeur soient trop présents. Une fois bien nettoyé, enfilez le boyau sur l'accessoire à farcir les saucisses, préalablement un peu huilé.

Mettez les viandes dans l'accessoire à farcir les saucisses. Lorsqu'elles arrivent à l'extrémité du boyau, arrêtez le robot, faites un nœud au bout du boyau ou ficelez-le. Redémarrez le robot à la vitesse minimale et continuez à le farcir jusqu'à épuisement de la farce. Arrêtez le robot, nouez ou ficelez l'autre extrémité du boyau. Percez les éventuelles bulles d'air à l'aide d'un cure-dents ou de la pointe d'un couteau.
Faites griller la saucisse à la poêle avec un peu de matière grasse pendant 15 à 20 min sur feu moyen et à couvert.

ASTUCES

Il est plus simple de garnir les saucisses à deux !
Si vous le souhaitez, vous pouvez former des saucisses individuelles en tournant le boyau sur lui-même.

TARTARE DE BŒUF

Pour 4 personnes

Préparation : 15 min

600 g de bœuf

2 échalotes

30 g de câpres

40 g de cornichons

1 petit bouquet de persil

1 c. à s. de moutarde forte

3 gouttes de Tabasco®

2 c. à s. de sauce Worcestershire

2 jaunes d'œufs

Sel

Poivre

Hachez la viande de bœuf à l'aide du robot muni du hachoir équipé de la grille pour hachage fin en vitesse 2. Pelez les échalotes, puis hachez-les, ainsi que les câpres et les cornichons. Lavez et ciselez le persil, puis réservez.

Mélangez la viande avec les échalotes, les câpres et les cornichons, ajoutez la moutarde, le persil, le Tabasco®, la sauce Worcestershire et les jaunes d'œufs. Salez et poivrez.

Répartissez le tartare dans 4 assiettes. Servez avec des frites.

CONSEILS

Le tartare ne se conserve pas, dégustez-le immédiatement. Vous pouvez mixer la viande plus ou moins finement en fonction de vos goûts.

BOULETTES DE VOLAILLE
AU CURRY

Pour 4 personnes

Préparation : 15 min

Cuisson : 35 min

400 g de blancs de poulet

1 oignon

1 gousse d'ail

1 bouquet de coriandre

1 blanc d'œuf

Piment d'Espelette

Le jus de 1/2 citron

1 c. à s. d'huile d'olive

1 c. à s. rase de curry

20 cl de lait de coco

10 cl d'eau

Sel

Poivre

Hachez les blancs de poulet à l'aide du robot muni du hachoir équipé de la grille pour hachage fin en vitesse 2. Pelez l'oignon et l'ail, hachez-les également. Lavez et ciselez la moitié du bouquet de coriandre.

Réunissez le hachis de poulet, l'oignon, l'ail, le blanc d'œuf, la coriandre ciselée, un peu de piment d'Espelette et le jus de citron dans le bol du robot. Salez et poivrez. Malaxez le tout à l'aide du batteur à bord flexible en vitesse 4 pendant 1 min.

Façonnez à la main des boulettes de la taille d'une grosse noix. Déposez-les dans une poêle avec un peu d'huile d'olive et faites-les dorer pendant 10 min. Saupoudrez de curry. Délayez le lait de coco dans 10 cl d'eau, puis ajoutez ce mélange dans la poêle. Salez, poivrez et laissez mijoter pendant 25 min à feu doux. Au moment de servir, ajoutez le reste du bouquet de coriandre. Servez bien chaud avec du riz basmati.

PURÉE DE POMMES DE TERRE

Pour 4 personnes

Préparation : 10 min

Cuisson : 30 min

800 g de pommes de terre à purée

15 cl de lait

50 g de beurre

Sel

Faites cuire les pommes de terre entières, à la vapeur ou à l'eau, puis épluchez-les. Faites tiédir le lait avec le beurre. Coupez grossièrement les pommes de terre, puis mettez-les dans le bol du robot muni du batteur plat. Mélangez en vitesse 2 en ajoutant progressivement le lait et le beurre fondus. Ajoutez un peu de sel et mélangez jusqu'à obtenir la texture souhaitée. Servez bien chaud.

CONSEIL & VARIANTES

Veillez à ne pas trop mélanger la purée, qui risquerait de devenir élastique.
Vous pouvez remplacer le lait et le beurre par 2 c. à s. d'une bonne huile et ajouter des noisettes concassées.
Pour une version festive, vous pouvez ajouter 1 c. à s. d'huile de truffe ou 1 c. à c. de pelures de truffe.

TOMATES FARCIES

Pour 6 personnes

Préparation : 15 min

Cuisson : 40 min

6 grosses tomates

200 g de champignons de Paris

2 oignons

400 g de porc (épaule, collier)

400 g de veau (épaule, collier)

1 bouquet de persil

Sel

Poivre

Préchauffez le four à 200 °C (th. 7).
Coupez le chapeau des tomates et évidez-les en conservant la chair. Nettoyez les champignons et coupez-en les pieds. Épluchez les oignons. Coupez les viandes en gros cubes.

Hachez les viandes avec les oignons et les champignons dans le hachoir muni de la grille à petits trous en vitesse 2. Lavez le persil, puis effeuillez-le. Ajoutez-le à la farce, salez, poivrez, puis garnissez les tomates de cette préparation. S'il vous reste de la farce, formez des boulettes. Déposez les tomates farcies et les boulettes de farce dans un plat à gratin.

Mixez la chair des tomates réservée, salez, poivrez, puis ajoutez-la dans le plat. Couvrez avec les chapeaux et enfournez pour 40 min.

VARIANTES

Vous pouvez remplacer le persil par de la coriandre, le porc par de l'agneau, et ajouter du ras-el-hanout à la farce.
Pour une version végétarienne, remplacez la viande par du boulgour ou du quinoa.
Vous pouvez également remplacer les tomates par des courgettes rondes.

SALADE DE POULET À LA CITRONNELLE

Pour 4 personnes

Préparation : 20 min

Cuisson : 10 min

VIANDE

400 g de blancs de poulet

2 gousses d'ail

5 cm de racine de gingembre frais

1 bâton de citronnelle

BOUILLON DE CUISSON

Le jus de 1 citron vert

1 c. à c. de sucre semoule

2 c. à s. de sauce nuoc-mâm

1 cube de bouillon de volaille

CRUDITÉS

1 concombre

1 petit oignon rouge

1 salade

1 bouquet de coriandre

1 bouquet de menthe

50 g de cacahuètes

Le jus de 1/2 citron vert

BOUILLON DE CUISSON
Dans une casserole, mélangez le jus de citron vert, le sucre, la sauce nuoc-mâm, le cube de bouillon et un demi-verre d'eau. Portez à ébullition et laissez cuire 3 min à feu vif, le temps de préparer la viande.

VIANDE
Coupez les blancs de poulet en gros cubes. Pelez les gousses d'ail et le gingembre. Coupez la citronnelle en petits tronçons. Hachez le poulet avec les gousses d'ail, le gingembre et la citronnelle dans le hachoir muni de la grille à gros trous en vitesse 2. Plongez la préparation obtenue dans le bouillon et laissez cuire à feu moyen pendant 5 min. Laissez refroidir.

CRUDITÉS
Lavez le concombre, épluchez l'oignon, puis détaillez-le en fines tranches avec le robot ménager muni du disque à trancher réglé sur la taille minimale en vitesse 4. Effeuillez et lavez la salade et les herbes. Hachez grossièrement les cacahuètes au couteau. Répartissez les rondelles de concombre et d'oignon dans 4 assiettes creuses. Ajoutez quelques feuilles de salade. Égouttez le poulet et ajoutez-le. Ajoutez enfin les herbes et les cacahuètes. Arrosez de quelques gouttes de jus de citron vert, puis servez.

CONSEILS

Pour un plat complet, ajoutez des nouilles de riz ou de soja. Vous pouvez également ajouter 2 carottes râpées et du basilic thaï.

DINDE DE NOËL FARCIE

Pour 8 personnes

Préparation : 20 min

Cuisson : 2h30

1 dinde de 2,5kg

2 oignons

200g de viande de porc (épaule, collier)

200g de viande de veau (épaule, collier)

100g de foies de volaille

300g de cèpes (surgelés)

500g de marrons (sous vide, en boîte ou surgelés)

1 œuf

1/2 c. à c. de mélange quatre épices

2 c. à s. d'huile d'olive

Sel

Poivre

Sortez la dinde du réfrigérateur 1h avant de préparer la recette afin qu'elle soit à température ambiante. Préchauffez le four à 180 °C (th. 6).

Épluchez les oignons et détaillez les viandes en gros cubes. Hachez-les avec les oignons, les cèpes et 250g de marrons dans le hachoir muni de la grille à gros trous en vitesse 2. Ajoutez l'œuf, le mélange quatre épices, du sel et du poivre, puis mélangez. Farcissez la dinde de cette préparation, puis ficelez-la. Badigeonnez la dinde d'huile d'olive, salez et poivrez, puis déposez-la dans un grand plat. Ajoutez-y 1 verre d'eau, puis enfournez.

Après 30 min de cuisson, arrosez la dinde, puis tournez-la sur un flanc. Après 30 min, arrosez-la de nouveau, puis tournez-la sur l'autre flanc. Après 30 min, remettez-la à plat, arrosez-la, déposez les marrons restants dans le plat, puis couvrez la dinde de papier d'aluminium afin de permettre à la viande de conserver son mœlleux. Laissez cuire 1h supplémentaire.

À la fin de la cuisson, détaillez la dinde et servez-la bien chaude avec la farce et les marrons.

CONSEILS & VARIANTE

Pour une farce plus parfumée, vous pouvez ajouter 1 c. à s. de cognac. Vous pouvez également lui ajouter 1 pomme, que vous hacherez avec la viande : cela apportera un peu de douceur et d'onctuosité.
Pour une version gourmande, ajoutez à la farce des petits cubes de foie gras.
Adaptez le temps de cuisson de la dinde à son poids : comptez 1h environ par kilo.

PURÉE PATATE DOUCE & JAMBON

Pour 4 personnes

Préparation : 5 min

Cuisson : 15 min

600 g de patates douces

100 g de jambon blanc

10 cl de crème liquide

Sel

Poivre

Épluchez les patates douces, puis détaillez-les en fines tranches avec le robot ménager muni du disque à trancher réglé sur la taille minimale, en vitesse 4. Faites-les cuire à l'eau ou à la vapeur pendant 10 à 15 min. Vérifiez la cuisson avec la pointe d'un couteau : elle doit s'enfoncer facilement.

Hachez finement le jambon à l'aide d'un couteau. Mettez les patates douces dans le bol du robot muni du batteur plat, puis mélangez en vitesse 2. Ajoutez progressivement la crème liquide, du sel et du poivre. Quand la purée a la texture souhaitée, ajoutez le jambon, laissez tourner 30 s supplémentaires, puis servez.

VARIANTES

Pour une version exotique, remplacez la crème liquide par du lait de coco et ajoutez 1 pincée de mélange quatre épices ou de muscade.
Pour des enfants, remplacez la crème liquide par du Kiri®.

MILLEFEUILLE DE GALETTES DE SARRASIN AU CRABE

Pour 12 millefeuilles (36 petites crêpes)

Préparation : 10 min

Cuisson : 5 min

Repos : 1h

GALETTES

250 g de farine de sarrasin

2 g de sel

1 œuf

500 g d'eau

250 g de lait

5 g d'huile neutre

Beurre

GARNITURE

500 g de chair de tourteau

3 branches de coriandre

3 branches de persil

1/4 de botte de ciboulette

Un peu de gingembre frais

25 g d'huile de noisette

25 g d'huile de noix

1 c. à s. de vinaigre balsamique

2 c. à s. de sauce soja

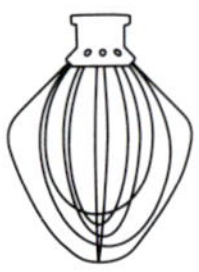

GALETTES

Mettez la farine et le sel dans le bol du robot muni du fouet à fils. Actionnez-le en vitesse 1, ajoutez l'œuf et commencez à verser l'eau au fur et à mesure. Versez ensuite le lait, puis continuez à fouetter environ 5 à 7 min en vitesse 1. Laissez la pâte reposer au moins 1h.

Juste avant la cuisson des galettes, ajoutez l'huile dans la pâte. Faites chauffer une petite poêle anti-adhésive. Lorsqu'elle est très chaude, ajoutez une noix de beurre, puis versez un peu de pâte. Après 1 min environ, retournez-la et laissez cuire 30 s. Renouvelez l'opération jusqu'à épuisement de la pâte. Cela ira plus vite avec plusieurs petites poêles !

GARNITURE

Pour réaliser la vinaigrette, hachez les herbes et le gingembre. Faites chauffer les huiles, le vinaigre et la sauce soja dans une petite casserole. À ébullition, ajoutez les herbes et le gingembre hachés.
Faites chauffer le crabe avec les deux tiers de la vinaigrette.

Montez les millefeuilles en alternant 3 petites galettes et 2 couches de crabe à la vinaigrette. Assaisonnez avec le reste de vinaigrette, selon votre goût.

VARIANTE & CONSEIL

Utilisez les herbes que vous avez sous la main : aneth, estragon…
Servez avec des petites pousses de salade simplement assaisonnées d'huile d'olive et de vinaigre balsamique.

PARMENTIER COURGETTE SAUMON

Pour 4 personnes

Préparation : 30 min

Cuisson : 45 min

800 g de pommes de terre

2 kg de courgettes

600 g de saumon

2 gousses d'ail

2 échalotes

Huile d'olive

Bouquet garni

1 c. à s. de chapelure

2 c. à s. de parmesan

Épluchez les pommes de terre et coupez-les en morceaux. Lavez les courgettes et coupez-les en gros morceaux.
Épluchez et coupez grossièrement les gousses d'ail et les échalotes.
Faites revenir l'ail, les échalotes, les pommes de terre et les courgettes dans une poêle avec un peu d'huile d'olive pendant 15 min tout en mélangeant régulièrement. Laissez refroidir.
Réduisez le tout en purée dans la passoire à fruits et légumes en vitesse 2. Réservez.
Dans une casserole d'eau portée à ébullition, faites cuire le saumon pendant 8 à 10 min avec le bouquet garni. Égouttez-le sur du papier absorbant, puis émiettez-le à l'aide d'une fourchette.

Préchauffez le four à 200 °C (th. 7).
Dans un plat à gratin, déposez le saumon émietté, puis recouvrez de purée de courgette.
Parsemez de chapelure et de parmesan, puis enfournez pour 20 min, jusqu'à ce que le parmentier soit bien doré.

CONSEIL

La courgette peut rendre beaucoup d'eau lorsqu'on la passe dans la passoire à fruits et à légumes. Dans ce cas, n'hésitez pas à égoutter le tout dans une passoire fine. Vous pouvez vous servir du jus obtenu pour cuire votre saumon.

CARPACCIO DE SAINT-JACQUES
AU GINGEMBRE & CITRON VERT

Pour 6 personnes

Préparation : 10 min

Repos : 1h

300 g de noix de saint-jacques sans corail

2 citrons verts

3 cm de racine de gingembre frais

1 c. à s. d'huile d'olive

1 pincée de curry

Baies roses

Sel

Poivre

Prélevez le zeste de 1 citron vert et réservez-le. Pressez le jus des 2 citrons à l'aide du presse-agrume en vitesse 6. Versez le jus dans un bol. Épluchez le gingembre, puis râpez-le finement à l'aide d'une râpe. Dans un bol, mélangez le jus de citron, le gingembre, l'huile d'olive, le curry, du sel et du poivre.

À l'aide d'un couteau bien aiguisé, détaillez les saint-jacques en fines tranches. Mettez-les dans un saladier, ajoutez la sauce, puis mélangez. Couvrez de film étirable et laissez reposer 1h au réfrigérateur.

Répartissez les saint-jacques dans 6 petites assiettes, saupoudrez d'un peu de zeste de citron et parsemez de quelques baies roses. Servez bien frais.

CONSEILS

Avant de couper les saint-jacques, prenez soin de vérifier que le petit film qui les entoure a bien été retiré.
Vous pouvez ajouter de la coriandre ciselée et/ou des cubes de mangue et d'avocat.
Vous pouvez également remplacer le curry par des graines de vanille.

PAD THAÏ AUX CREVETTES

Pour 4 personnes

Préparation : 30 min

Cuisson : 10 min

NOUILLES DE RIZ

225 g de tapioca

225 g de riz basmati blanc

GARNITURE

250 g de crevettes décortiquées crues

2 œufs

2 c. à s. d'huile d'arachide

1 échalote

2 gousses d'ail

1 oignon

2 c. à s. de sauce nuoc-mâm

3 c. à s. de sauce soja

1 c. à s. de cassonade

100 g de pousses de soja

80 g de cacahuètes non salées

1/2 bouquet de coriandre

1 citron vert

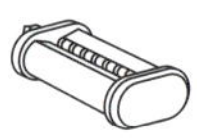

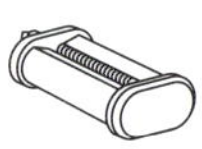

NOUILLES DE RIZ
Réalisez une farine de riz comme indiqué p. 30. Versez 400 g de farine dans le bol du robot muni du batteur à bord flexible. Actionnez le robot en vitesse 2, puis ajoutez progressivement 40 cl d'eau bouillante. Quand une boule se forme, stoppez le robot, puis roulez la boule dans la farine restante. Coupez la pâte en 7 ou 8 morceaux. Aplatissez-les à l'aide d'un rouleau à pâtisserie et farinez bien.
Installez le laminoir sur le socle du robot et réglez l'épaisseur sur 1. En vitesse 2, passez la pâte plusieurs fois en la pliant après chaque passage. Passez ensuite à l'épaisseur 2, puis 3. Passez ensuite la pâte obtenue dans le rouleau trancheur pour tagliatelles. Roulez les pâtes en petits nids et déposez-les sur un torchon propre fariné.

GARNITURE
Battez les œufs avec une fourchette et faites-les cuire avec 1 c. à s. d'huile dans une poêle pendant 2-3 min. Coupez l'omelette en petits morceaux. Épluchez l'échalote, l'ail et l'oignon, puis détaillez-les en cubes dans le robot ménager muni du disque et de la lame à découper en dés en vitesse 6. Faites-les revenir avec 1 c. à s. d'huile dans une sauteuse pendant 5 min. Ajoutez la sauce nuoc-mâm, la sauce soja et la cassonade, puis laissez caraméliser 2 min. Ajoutez enfin les crevettes, baissez le feu et laissez cuire 5-6 min en mélangeant.

Portez à ébullition une casserole d'eau bouillante salée. Plongez-y les nouilles de riz par petites quantités et laissez cuire juste 1 min. Égouttez-les à l'aide d'une écumoire et ajoutez-les dans la sauteuse avec les crevettes. Mélangez rapidement. Hors du feu, ajoutez l'omelette, les pousses de soja, les cacahuètes hachées grossièrement et les feuilles de coriandre. Servez avec une rondelle de citron vert.

VARIANTE

Vous pouvez ajouter au pad thaï une julienne de carotte. Vous pouvez également relever ce plat de piment frais ou de basilic thaï.

CEVICHE DE THON CITRON VERT & CORIANDRE

Pour 4 personnes

Préparation : 10 min

Repos : 1h

400 g de thon frais

1 petit oignon rouge

1 petit poivron rouge

1/2 bouquet de coriandre fraîche

2 citrons verts

3 c. à s. d'huile d'olive

Sel

Poivre

Coupez le thon en cubes de 2 cm de côté. Épluchez l'oignon. Coupez le poivron rouge en deux et épépinez-le. Détaillez l'oignon et le poivron en cubes dans le robot ménager muni du disque et de la lame à découper en dés en vitesse 6.

Dans un saladier, mélangez les dés de thon, d'oignon et de poivron. Lavez la coriandre, effeuillez-la, puis ciselez-la.

Avec un zesteur ou une râpe fine, prélevez le zeste de 1 citron vert. À l'aide du presse-agrume, pressez le jus des citrons verts en vitesse 6. Dans un bol, mélangez le jus et le zeste avec l'huile d'olive, du sel et du poivre. Versez sur le poisson, ajoutez la coriandre ciselée et mélangez. Couvrez de film alimentaire, puis laissez mariner pendant 1h au réfrigérateur. Servez bien frais.

VARIANTES

Vous pouvez également ajouter des dés de mangue ou d'avocat à cette recette. Pour une version plus relevée, ajoutez un petit piment haché ou 1/2 c. à c. de gingembre moulu.

SOUFFLÉS AU FROMAGE

Pour 4 personnes

Préparation : 25 min

Cuisson : 25 à 30 min

130 g de comté

6 œufs

Beurre + farine pour les moules

BÉCHAMEL

60 g de beurre

1 pincée de sel

60 g de farine T55

400 g de lait demi-écrémé

1 pincée de noix de muscade

1 pincée de piment de Cayenne

Râpez finement le comté avec le tranchoir équipé du cylindre à râper fin.
Séparez les jaunes des blancs d'œufs.
Beurrez et farinez légèrement les moules à soufflés (à bords droits), en prenant soin d'enlever l'excédent de farine.

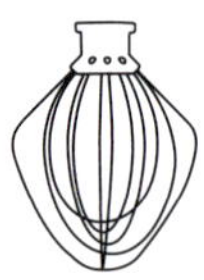

BÉCHAMEL
Faites fondre le beurre dans une casserole sur feu moyen, puis ajoutez le sel et la farine. Mélangez bien au fouet pendant 2 min, toujours sur feu moyen. Ajoutez le lait petit à petit sans cesser de mélanger jusqu'à l'obtention d'une belle consistance de béchamel. Ajoutez la muscade et le piment, puis mettez hors du feu.

FINITION ET CUISSON
Préchauffez le four à 180 °C (th. 6) en chaleur ventilée.
Ajoutez le fromage râpé et les jaunes d'œufs à la béchamel, puis mélangez immédiatement.
Mettez les blancs d'œufs dans le bol du robot muni du fouet à fils, puis actionnez-le en augmentant la vitesse progressivement jusqu'à la vitesse 10. Fouettez environ 1 min 30, jusqu'à ce que les blancs en neige soient assez fermes.
Incorporez délicatement les blancs dans la béchamel, puis répartissez dans les moules. Égalisez le contour avec le doigt afin que les bords soient bien nets. Enfournez pour environ 25 à 30 min.

VARIANTE

Le soufflé se décline selon vos préférences : vous pouvez utiliser n'importe quel fromage à pâte dure que vous avez dans votre réfrigérateur !

GRATIN DE POMMES DE TERRE
AU ROQUEFORT

Pour 4 personnes

Préparation : 10 min

Cuisson : 40 min

800 g de grosses pommes de terre

150 g de roquefort

20 g de beurre

1 gousse d'ail

20 cl de crème entière liquide

Sel

Poivre

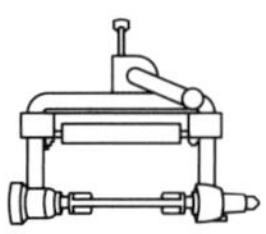

Épluchez les pommes de terre, puis, à l'aide du coupe-lanières de fruits et légumes, détaillez-les en lanières épaisses en vitesse 2.

Beurrez un plat à gratin, puis frottez-le avec la gousse d'ail. Déposez les lanières de pomme de terre dans le plat.

Préchauffez le four à 180 °C (th. 6).
Versez la crème dans une casserole et faites-la chauffer. Ajoutez le roquefort émietté et mélangez. Salez légèrement et poivrez, puis versez la préparation sur les pommes de terre. Enfournez pour 35 min. Dégustez bien chaud.

VARIANTES

Vous pouvez remplacer le roquefort par du comté ou du camembert.
Vous pouvez ajouter des champignons de Paris ou des poireaux émincés, ou encore remplacer la moitié des pommes de terre par de la courge.

FRITES SPIRALES AU PAPRIKA

Pour 4 personnes

Préparation : 10 min

Cuisson : 5 min

800 g de pommes de terre

1/2 c. à c. de sel

1/2 c. à c. de paprika

Huile de friture

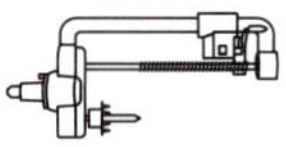

Épluchez les pommes de terre, puis taillez-les avec le taille-légume muni de la lame pour spirales moyennes en vitesse 4. Épongez les spirales dans un torchon sec.

Faites chauffer l'huile de friture à 180 °C. Plongez-y les spirales de pomme de terre pendant 3-4 min. Surveillez bien, car les frites vont vite dorer. Égouttez-les sur du papier absorbant, puis saupoudrez-les de sel et de paprika.

VARIANTE

Vous pouvez réaliser ces frites avec des patates douces.

ASPERGES, ŒUFS POCHÉS
& CHANTILLY

Pour 4 personnes

Préparation : 30 min

Cuisson : 10 à 15 min

800 g d'asperges vertes ou blanches

20 cl de crème liquide

2 c. à s. de vinaigre blanc

4 œufs

Le zeste de 1 orange

Sel

Poivre

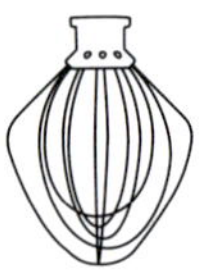

Pelez les asperges délicatement et coupez les extrémités. Faites-les cuire à la vapeur ou dans une casserole d'eau bouillante salée 8 à 10 min, selon leur calibre. Égouttez-les. Mixez 2 asperges avec 5 cl de crème liquide. Réservez au frais.

Préparez les œufs pochés : portez une casserole d'eau à ébullition avec le vinaigre. Cassez 1 œuf dans un ramequin, puis versez-le délicatement dans l'eau bouillante. À l'aide d'une écumoire, ramenez le blanc vers le jaune. Laissez cuire 2-3 min, puis récupérez l'œuf et égouttez-le sur une feuille de papier absorbant. Réalisez la même opération avec les autres œufs.

Juste avant de servir, versez la crème liquide restante dans le bol du robot muni du fouet à fils et mélangez en augmentant la vitesse de 1 à 8 jusqu'à l'obtention d'une belle chantilly. À l'aide d'une spatule, incorporez la crème d'asperge réservée. Salez, poivrez et râpez le zeste d'orange sur la préparation. Mélangez délicatement.

Répartissez les asperges dans les assiettes, ajoutez les œufs pochés, puis la chantilly. Donnez un tour de moulin à poivre, puis servez.

CONSEILS

Vous pouvez ajouter une pointe de wasabi pour relever la chantilly. Vous pouvez faire sauter les asperges dans une poêle avec du beurre et 1 gousse d'ail claquée, pour un goût plus prononcé.

KitchenAid
St. Joseph, Michigan USA
0 1 2 4 6 8 10
ARTISAN

PÂTES & CÉRÉALES

MUFFINS AU MAÏS

Pour 10 muffins

Préparation : 15 min

Cuisson : 25 min

90 g de maïs en grains

120 g de blé tendre

1 c. à c. de levure chimique

1 c. à c. de bicarbonate

60 g de sucre

2 gros œufs

10 cl de lait demi-écrémé

2 c. à s. de miel liquide

50 g de beurre

Huile pour les moules

Sel

Préchauffez le four à 180 °C (th. 6).

Versez le maïs et le blé dans le moulin à céréales réglé sur la mouture la plus fine et actionnez le robot en vitesse 10. Versez la farine obtenue dans le bol du robot muni du batteur plat. Ajoutez la levure, le bicarbonate, le sucre et 1 pincée de sel. Mélangez en vitesse 2 pendant 1 min. Ajoutez ensuite les œufs et mélangez pendant 2 min.

Dans une casserole, versez le lait, le miel, et ajoutez le beurre. Faites chauffer le mélange, puis versez-le dans le bol et faites tourner en vitesse 2 pendant 2 min.

Huilez des empreintes de moules à muffins et répartissez-y la préparation. Enfournez et laissez cuire 25 min. Laissez refroidir, puis démoulez. Dégustez au petit déjeuner avec du beurre et de la confiture.

VARIANTE

Pour une version sans gluten, remplacez la farine de blé par de la farine réalisée avec 100 g de riz complet à laquelle vous ajouterez 20 g de fécule de maïs.

GRANOLA GOURMAND & LAIT D'AMANDE

Pour 1 grand bocal de granola et 80 cl de lait d'amande

Préparation : 15 min

Cuisson : 15 min

Repos : 1 nuit

LAIT D'AMANDE

100 g d'amandes

GRANOLA GOURMAND

250 g de flocons d'avoine

50 g de noisettes

50 g d'amandes

2 c. à s. de graines de tournesol

2 c. à s. d'huile de coco

4 c. à s. de miel

1 pincée de sel

100 g de pépites de chocolat

LAIT D'AMANDE
Réalisez le lait d'amande comme indiqué p. 40.

GRANOLA GOURMAND
Préchauffez le four à 150 °C (th. 5).
Passez les flocons d'avoine dans le moulin à céréales en choisissant la mouture la plus grosse en vitesse 10.
Hachez les noisettes et les amandes avec la râpe à cylindre munie du cylindre à gros trous en vitesse 4.
Dans le bol du robot muni du batteur plat, mettez les flocons d'avoine, les noisettes et les amandes hachées, les graines de tournesol et 1 pincée de sel.
Dans une petite casserole, faites fondre l'huile de coco avec le miel. Faites tourner le robot en vitesse 2 et ajoutez le mélange fondu. Laissez tourner 2 min, puis étalez sur une plaque recouverte de papier cuisson.
Enfournez pour 15 à 20 min, mélangez à mi-cuisson. Surveillez bien car le granola dore vite. Laissez refroidir, le granola va alors durcir. Ajoutez enfin les pépites de chocolat et mélangez. Conservez dans un bocal hermétique.

VARIANTES

Vous pouvez utiliser un mélange de flocons de céréales (riz, quinoa, châtaigne, sarrasin…). Variez les fruits secs et les graines selon vos envies (noix de macadamia, pignons, pistaches, graines de lin, de sésame…).
Vous pouvez également parfumer le granola avec de la vanille ou de la cannelle. Si vous n'aimez pas le goût de l'huile de coco, remplacez-la par de l'huile de noix, de noisette ou de pépins de raisin.
Vous pouvez également remplacer le miel par du sirop d'agave ou d'érable.

HEALTHY PORRIDGE

Pour 2 personnes

Préparation : 10 min

Cuisson : 5 min

50 g de flocons de céréales (avoine, quinoa, châtaigne, riz...)

20 cl de lait

PORRIDGE POMME, MIEL ET RAISINS

1 pomme

1 c. à s. de miel

1 c. à s. de raisins secs

PORRIDGE CHOCOLAT ET POIRE

1 barre de chocolat noir

1 poire

PORRIDGE COCO ET BANANE

1 c. à s. de noix de coco râpée

1 banane

Versez les flocons dans le moulin à céréales réglé sur la mouture assez fine et actionnez le robot en vitesse 10. Versez la préparation obtenue dans une casserole, ajoutez le lait et faites cuire 5 min à feu moyen en mélangeant au fouet. Quand le mélange a épaissi, ajoutez la garniture (voir ci-dessous), puis répartissez dans 2 bols. Servez tout de suite.

PORRIDGE POMME, MIEL ET RAISINS
Épluchez la pomme, puis coupez-la en petits cubes. Faites-les revenir dans une poêle avec 2 c. à s. d'eau pendant 10 min. Ajoutez le miel et laissez cuire 5 min supplémentaires. Ajoutez les raisins secs au moment de servir.

PORRIDGE CHOCOLAT ET POIRE
Râpez le chocolat à l'aide d'une râpe et ajoutez-le lors de la préparation du porridge. Ajoutez quelques dés de poire fraîche au moment de servir.

PORRIDGE COCO ET BANANE
Ajoutez la noix de coco lors de la préparation du porridge, puis ajoutez les rondelles de banane au moment de servir.

VARIANTES

Variez les céréales pour changer le goût de ce porridge.
Ajoutez les fruits secs de votre choix et variez les fruits frais selon les saisons.

PAIN SANS GLUTEN

Pour 12 personnes

Préparation : 15 min

Cuisson : 40 min

Repos : 1h10

360g de riz complet

180g de sarrasin décortiqué ou de kasha

180g de maïs en grains

60cl d'eau

2 c. à c. de sucre semoule

16g de levure de boulanger sans gluten

2 pincées de bicarbonate

10g de sel

Installez le moulin à céréales sur le socle du robot, réglez-le sur la mouture la plus fine, puis réduisez en farine le riz complet, le sarrasin et le maïs en vitesse 10. Vous devez obtenir 720g de farine; ajustez si besoin est pour obtenir ce poids.

Faites tiédir l'eau, versez-la dans le bol du robot, puis ajoutez le sucre et la levure de boulanger. Laissez reposer 10 min; le mélange doit gonfler et mousser. Ajoutez alors la farine, le bicarbonate et le sel, puis mélangez à l'aide du crochet pétrisseur en vitesse 4 pendant 2 min. Versez la préparation dans un moule à cake et laissez lever 1h dans un endroit tiède.

Préchauffez le four à 200°C (th. 7). Enfournez pour 40 min. Démoulez votre pain dès la sortie du four et laissez-le refroidir avant de le couper.

CONSEILS & VARIANTE

Ce pain est assez rustique, ne soyez pas surpris. Comme tous les pains sans gluten, il est à consommer le jour même car il durcit vite. Vous pouvez le trancher et le congeler. Vous pouvez ajouter 2 c. à c. de gomme de guar à la préparation, cela apporte du mœlleux au pain. Pendant la cuisson, introduisez 1 bol d'eau dans le four pour obtenir une mie plus croustillante. Vous pouvez remplacer le sarrasin par le même poids de pois chiches.

BUDDHA BOWL : BOULGOUR DE RIZ PILAF & LÉGUMES

Pour 4 personnes

Préparation : 30 min

Cuisson : 1h

POIS CHICHES RÔTIS

200 g de pois chiches (en conserve ou en bocal)

1 c. à s. d'huile d'olive

1 c. à c. de cumin en poudre

Sel

RIZ PILAF

200 g de riz semi-complet

1 oignon

1 cube de bouillon de volaille

3 c. à s. d'huile d'olive

Sel

CRUDITÉS

2 carottes

2 betteraves rouges cuites

2 avocats

2 c. à s. de graines de tournesol

SAUCE

3 c. à s. d'huile d'olive

Le jus de 1 citron

Sel

Poivre

POIS CHICHES RÔTIS
Préchauffez le four à 180 °C (th. 6).
Égouttez les pois chiches, rincez-les, puis séchez-les soigneusement. Déposez-les sur une plaque recouverte de papier cuisson. Arrosez-les d'huile d'olive, saupoudrez de cumin et de sel, puis mélangez avec les mains pour bien les enduire. Enfournez pour 30 min et mélangez à mi-cuisson. Laissez refroidir, les pois chiches vont devenir croustillants.

RIZ PILAF
Versez le riz dans le moulin à céréales réglé sur la mouture grossière et faites fonctionner le robot en vitesse 10. Réservez. Épluchez l'oignon, puis détaillez-le en fines tranches avec le robot ménager muni du disque à trancher réglé sur la taille minimale en vitesse 4. Portez à ébullition 60 cl d'eau avec le cube de bouillon. Faites revenir l'oignon dans une sauteuse avec l'huile d'olive. Quand il est translucide, ajoutez le riz et mélangez jusqu'à ce qu'il devienne nacré. Ajoutez alors le bouillon bien chaud en une fois, salez, puis laissez cuire 25 à 30 min. Vérifiez la cuisson, puis réservez au chaud.

CRUDITÉS
Épluchez les carottes, puis râpez-les avec le robot ménager muni du disque et de la lame à découper en julienne en vitesse 4. Détaillez les betteraves en petits cubes. Épluchez les avocats et coupez-les en lamelles.

SAUCE
Mélangez tous les ingrédients en les émulsionnant.

DRESSAGE
Dans 4 grands bols, déposez un peu de riz pilaf, ajoutez des pois chiches rôtis, des carottes râpées, de la betterave et de l'avocat. Arrosez les crudités de sauce et saupoudrez de graines de tournesol. Dégustez tout de suite.

VARIANTES & CONSEIL

Variez les céréales : remplacez le riz par du boulgour de blé ou du maïs concassé, du quinoa.
Remplacez les graines de tournesol par des graines de courge grillées, du sésame toasté, des pignons de pin…
Variez les crudités selon la saison.
Vous pouvez également ajouter des dés de patate douce rôtis dans de l'huile de coco.

TARTE FLAMBÉE À L'ALSACIENNE « FLAMMEKUECHE »

Pour 4 personnes

Préparation : 15 min

Cuisson : 15 min

PÂTE

250 g de farine T45

1 pincée de sel

5 cl d'huile

15 cl d'eau tiède

GARNITURE

2 oignons

100 g de fromage blanc

20 cl de crème fraîche épaisse

200 g de lardons fumés

Poivre du moulin

Préchauffez le four à 220 °C (th. 7-8).

Dans le bol du robot muni du batteur à bord flexible, versez la farine et le sel. Mélangez en vitesse 2, puis ajoutez l'huile et l'eau tiède tout en continuant de faire tourner le batteur jusqu'à ce qu'une boule se forme. Farinez-la, divisez-la en 2 parts égales, puis étalez-les au rouleau sur du papier cuisson pour obtenir 2 disques d'environ 25 cm de diamètre. Formez un léger rebord.

Épluchez les oignons, puis tranchez-les avec l'accessoire robot ménager en réglant sur l'épaisseur minimale, à la vitesse 2.

Mélangez le fromage blanc et la crème fraîche. Étalez ce mélange sur la pâte, puis répartissez dessus les oignons et les lardons. Poivrez généreusement.

Enfournez pour 10 min, puis terminez la cuisson au gril pendant 5 min.

CONSEILS

Vous pouvez ajouter un peu de noix de muscade râpée. Si vous préférez une pâte plus mœlleuse, vous pouvez réaliser une pâte à pizza (voir p. 34).

RAVIOLIS ASIATIQUES AU PORC

Pour 4 personnes

Préparation : 25 min

Cuisson : 20 min

Repos : 1h

PÂTE

400 g de farine de blé T45

Sel

FARCE

350 g de porc

1 poireau

2 gousses d'ail

2 c. à s. de sauce nuoc-mâm

2 c. à s. d'huile neutre

Sel

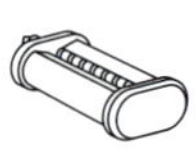

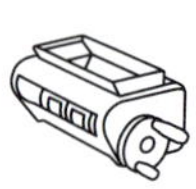

PÂTE
Versez la farine et 1 pincée de sel dans le bol du robot muni du batteur plat. Faites tourner en vitesse 2 et ajoutez de l'eau tiède jusqu'à la formation d'une boule. Remplacez alors le batteur par le crochet et pétrissez en vitesse 4 pendant 3 min. Emballez la pâte obtenue dans du film étirable, puis laissez-la reposer 30 min au réfrigérateur.

FARCE
Pendant ce temps, coupez la viande en gros cubes, épluchez le poireau et les gousses d'ail. Hachez-les ensemble dans le hachoir muni de la grille fine en vitesse 4. Faites chauffer 1 c. à s. d'huile dans une sauteuse et ajoutez la viande hachée. Faites revenir pendant 5 min en mélangeant. Ajoutez la sauce nuoc-mâm, salez légèrement, mélangez et faites revenir 5 min supplémentaires. Laissez bien refroidir.

MONTAGE ET CUISSON DES RAVIOLIS
Installez le laminoir sur le socle du robot et réglez l'épaisseur sur 1. En vitesse 2, passez la pâte plusieurs fois en la pliant après chaque passage pour la rendre plus souple. Passez ensuite à l'épaisseur 2, puis progressivement jusqu'à 4 en prenant soin de bien fariner la pâte pour qu'elle ne soit pas collante. Réalisez plusieurs longues bandes de 15 cm de large et recoupez les bords afin qu'ils soient bien réguliers.

Installez l'accessoire pour la préparation et le remplissage des raviolis. Pliez la pâte en deux et pincez-la entre les rouleaux. Installez la trémie et déposez un peu de farce bien émiettée sur toute la largeur de la pâte. Réalisez des raviolis avec toute la pâte, laissez sécher 10 min, séparez-les et déposez-les sur une surface farinée.

Portez une grande casserole d'eau à ébullition et plongez-y les raviolis pour 5 min de cuisson. Faites chauffer 1 c. à s. d'huile dans une poêle et faites-y dorer les raviolis. Servez-les avec du riz et de la sauce soja.

CONSEILS

Pour réussir vos raviolis, assurez-vous que la farce soit bien froide au moment du garnissage.
Vous pouvez lui ajouter un peu de gingembre pour la parfumer.

RAVIOLIS ÉPINARDS & RICOTTA

Pour 4 personnes

Préparation : 30 min

Cuisson : 20 min

Repos : 30 min

PÂTE

200 g de farine de blé T45

200 g de semoule de blé dur

4 œufs

FARCE

400 g d'épinards surgelés

2 gousses d'ail

100 g de cerneaux de noix

100 g de ricotta

Sel

Poivre

Réalisez la pâte comme indiqué p. 33, puis laissez-la reposer 30 min au réfrigérateur.

FARCE
Faites cuire les épinards encore surgelés dans de l'eau bouillante pendant 10 min. Égouttez-les, puis pressez-les pour retirer le maximum d'eau de cuisson. Épluchez les gousses d'ail. Dans le hachoir muni de la grille fine, hachez les épinards, les noix et les gousses d'ail en vitesse 4. Versez dans le bol du robot muni du batteur à bord flexible, ajoutez la ricotta, le sel et le poivre, puis mélangez en vitesse 4 pendant 2 min. Réservez au réfrigérateur ; le mélange doit être bien froid au moment de la préparation des raviolis.

Installez le laminoir sur le socle du robot et réglez l'épaisseur sur 1. En vitesse 2, passez la pâte plusieurs fois en la pliant après chaque passage pour la rendre plus souple. Passez ensuite à l'épaisseur, 2, puis progressivement jusqu'à 4 en prenant soin de bien fariner la pâte pour qu'elle ne soit pas collante. Réalisez plusieurs longues bandes de 15 cm de large et recoupez les bords afin qu'ils soient bien réguliers.

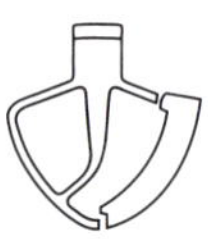

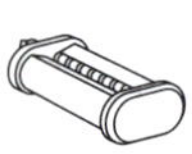

Installez l'accessoire pour la préparation et le remplissage des raviolis. Pliez la pâte en deux et pincez-la entre les rouleaux. Installez la trémie et déposez un peu de farce sur toute la largeur de la pâte. Réalisez des raviolis avec toute la pâte, laissez sécher 10 min, séparez-les et déposez-les sur une surface farinée.

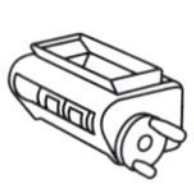

Portez une grande casserole d'eau à ébullition et plongez-y les raviolis pendant 5 min. Servez-les avec un filet de bonne huile d'olive.

VARIANTES

Vous pouvez ajouter une pointe de noix de muscade à la farce et remplacer les noix par des pignons de pin. Vous pouvez aussi y ajouter 50 g de jambon cru, passé au hachoir avec les épinards.

CANNELLONIS

Pour 6 personnes

Préparation : 20 min

Cuisson : 45 min

Repos : 30 min

100 g de parmesan râpé

PÂTE

200 g de farine de blé T45

2 œufs

1/2 c. à c. de sel

FARCE

1 oignon

1 gousse d'ail

1 c. à s. d'huile d'olive

150 g d'épinards surgelés en branches

150 g de champignons de Paris

1/2 bouquet de basilic

1 œuf

200 g de ricotta

Sel

BÉCHAMEL

25 g de beurre

3 c. à s. de farine

70 cl de lait

Sel

Poivre

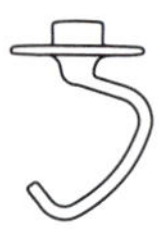

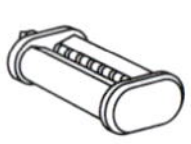

PÂTE

Réalisez la pâte comme indiqué p. 33 avec les ingrédients mentionnés ci-contre, puis laissez-la reposer 30 min au réfrigérateur.

Installez le laminoir sur le socle du robot et réglez l'épaisseur sur 1. En vitesse 2, passez-y la pâte plusieurs fois en la pliant après chaque passage pour la rendre plus souple. Passez ensuite à l'épaisseur 2, puis augmentez progressivement jusqu'à 5 en prenant soin de bien fariner la pâte pour qu'elle ne colle pas. Déposez-la sur le plan de travail, puis détaillez des rectangles de 10 cm de long environ. Laissez-les sécher sur un torchon recouvert de farine pendant la préparation de la farce.

FARCE

Épluchez l'oignon et l'ail, émincez-les grossièrement, puis faites-les revenir dans une sauteuse avec l'huile d'olive. Ajoutez les épinards et les champignons coupés en deux, puis faites revenir pendant 10 min. Mettez le tout dans le bol d'un mixeur, ajoutez les feuilles de basilic, l'œuf, la ricotta et le sel, puis mixez grossièrement.

BÉCHAMEL

Dans une casserole, faites fondre le beurre, puis ajoutez la farine en mélangeant au fouet. Ajoutez ensuite le lait petit à petit sans cesser de fouetter jusqu'à ce que le mélange épaississe. Ajoutez du sel et du poivre. Répartissez la moitié de cette béchamel au fond d'un plat à gratin.

Préchauffez le four à 200 °C (th. 7).

Portez à ébullition une grande casserole d'eau salée. Plongez-y les feuilles de pâte 2 par 2 pendant 3 min, en faisant attention à ce qu'elles ne collent pas entre elles. Égouttez-les, puis posez-les bien à plat. Déposez un peu de farce le long d'un bord, puis roulez-les. Disposez-les au fur et à mesure sur la béchamel dans le plat. Recouvrez de béchamel, saupoudrez de parmesan, puis enfournez pour 35 min. Servez chaud.

VARIANTES

Vous pouvez remplacer la béchamel par une bonne sauce tomate. Vous pouvez également ajouter des petits dés de jambon cru à la farce.

Pour parfumer la béchamel, ajoutez un soupçon de noix de muscade râpée.

SPAGHETTIS SAUCE PASSATA

Pour 4 personnes

Préparation : 15 min

Cuisson : 15 à 20 min

PÂTES

120 g de farine de blé T45

120 g de farine semi-complète

160 g de semoule de blé dur

4 œufs

1/2 c. à c. de sel

SAUCE PASSATA

1 kg de tomates

2 c. à s. d'huile d'olive

Sel

GARNITURE

1 petit bouquet de basilic

50 g de copeaux de parmesan

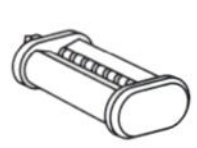

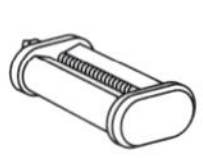

PÂTES
Préparez la pâte comme indiqué p. 33, puis réalisez des spaghettis à l'aide du laminoir, puis du rouleau découpeur pour spaghettis. Déposez-les sur un torchon propre saupoudré de farine ou sur le séchoir à pâtes.

SAUCE PASSATA
Réalisez la sauce comme indiqué p. 31.

Faites cuire les pâtes dans une grande casserole d'eau salée pendant 4-5 min. Égouttez-les, puis servez-les avec la sauce passata chaude, le basilic ciselé et les copeaux de parmesan.

CONSEIL

Vous pouvez ajouter 1 poivron rouge et 1 gousse d'ail à la sauce, elle aura ainsi plus de goût.

ARTISAN

SPAGHETTIS CARBONARA

Pour 4 personnes

Préparation : 20 min

Cuisson : 10 min

PÂTES

200 g de farine de blé T45

200 g de semoule de blé dur

4 œufs

1/2 c. à c. de sel

GARNITURE

200 g de lardons fumés

4 c. à s. de crème fraîche épaisse

120 g de parmesan râpé

4 jaunes d'œufs

Poivre

Réalisez la pâte comme indiqué p. 33, puis mettez-la par petits morceaux dans la presse à pâtes munie de la grille à spaghettis en vitesse 10 pour réaliser des pâtes d'environ 24 cm de long. Déposez-les sur un torchon propre saupoudré de farine.

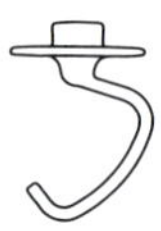

Portez une grande casserole d'eau salée à ébullition. Plongez-y les spaghettis et faites-les cuire pendant environ 5 min en prenant soin de conserver 1 louche d'eau de cuisson.

Dans un bol, mélangez la crème fraîche, le parmesan râpé, les jaunes d'œufs et du poivre. Faites revenir les lardons dans une grande sauteuse. Quand ils sont dorés, ajoutez les pâtes égouttées, puis répartissez dessus le mélange aux œufs. Mélangez et continuez la cuisson pendant 2 min. Ajoutez la louche d'eau de cuisson pour lier le tout. Servez bien chaud.

CONSEIL

Vous pouvez ajouter 1 pincée de noix de muscade.

LASAGNES

Pour 6 personnes

Préparation : 30 min

Cuisson : 1h10

Repos : 30 min

150 g de parmesan

PÂTES

200 g de farine de blé T45

2 œufs

1/2 c. à c. de sel

BOLOGNAISE

400 g viande de bœuf hachée

2 oignons

1 gousse d'ail

1 c. à s. d'huile d'olive

2 carottes

500 g de pulpe de tomate

Sel

Poivre

BÉCHAMEL

25 g de beurre

3 c. à s. de farine

70 cl de lait

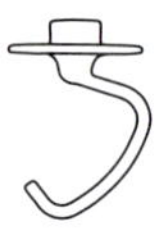

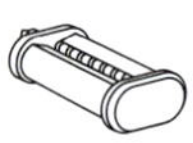

PÂTES
Réalisez la pâte comme indiqué p. 33 avec les ingrédients mentionnés ci-contre, puis laissez-la reposer 30 min au réfrigérateur.
Installez le laminoir sur le socle du robot et réglez l'épaisseur sur 1. En vitesse 2, passez-y la pâte plusieurs fois en la pliant après chaque passage pour la rendre plus souple. Passez ensuite à l'épaisseur 2, puis progressivement jusqu'à 5 en prenant soin de bien fariner la pâte pour qu'elle ne colle pas. Déposez-la sur le plan de travail et détaillez des rectangles de la largeur de votre plat à gratin. Laissez-les sécher sur un torchon recouvert de farine pendant la préparation de la bolognaise.

BOLOGNAISE
Épluchez les oignons et l'ail, hachez-les finement, puis faites-les revenir dans une sauteuse avec l'huile d'olive. Épluchez les carottes, détaillez-les en petits cubes, puis ajoutez-les avec la viande, la pulpe de tomate, du sel et du poivre. Laissez mijoter pendant 15 min.

BÉCHAMEL
Dans une casserole, faites fondre le beurre, puis ajoutez la farine en mélangeant au fouet à la main. Ajoutez ensuite le lait petit à petit sans cesser de fouetter jusqu'à ce que le mélange épaississe. Salez et poivrez.

Préchauffez le four 200 °C (th. 7).
Portez une grande casserole d'eau salée à ébullition. Plongez-y les feuilles de lasagnes 2 par 2 pendant 3 min, en faisant attention à ce qu'elles ne collent pas entre elles. Égouttez-les, puis posez-les bien à plat.

Au fond d'un plat à gratin, déposez une couche de pâtes, recouvrez de bolognaise, de béchamel, puis de parmesan. Recommencez jusqu'à épuisement des ingrédients en terminant par des pâtes recouvertes de béchamel et de parmesan.
Enfournez pour 40 min. Dégustez chaud.

CONSEILS

Vous pouvez ajouter des champignons ou d'autres légumes à la bolognaise.
Vous pouvez hacher la viande, les carottes, les oignons et l'ail à l'aide du hachoir muni de la grille à gros trous.

LASAGNES VÉGÉTARIENNES PATATE DOUCE & CHÈVRE FRAIS

Pour 6 personnes

Préparation : 30 min

Cuisson : 1h10

LASAGNES DE LÉGUMES

2 grosses patates douces

50 g de pecorino râpé

BOLOGNAISE DE LÉGUMES

400 g de potimarron bio

300 g de carottes

2 oignons

2 gousses d'ail

1 c. à s. d'huile d'olive

400 g de coulis de tomate

1 c. à s. d'herbes de Provence

Sel

Poivre

BÉCHAMEL AU CHÈVRE FRAIS

25 g de beurre

3 c. à s. de farine T45

50 cl de lait demi-écrémé

200 g de chèvre frais

Sel

Poivre

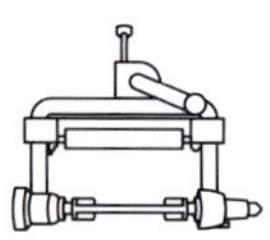

BOLOGNAISE DE LÉGUMES
Lavez le potimarron, épluchez les carottes, les oignons et les gousses d'ail, puis détaillez ces légumes en cubes dans le robot ménager muni du disque et de la lame à découper en dés en vitesse 6. Faites-les revenir avec l'huile d'olive dans une grande sauteuse. Ajoutez le coulis de tomate, les herbes de Provence, du sel et du poivre, mélangez, puis laissez mijoter pendant 30 min à feu doux.

BÉCHAMEL AU CHÈVRE FRAIS
Dans une casserole, faites fondre le beurre, puis ajoutez la farine en mélangeant au fouet. Ajoutez ensuite le lait petit à petit sans cesser de fouetter jusqu'à ce que le mélange épaississe. Ajoutez le chèvre frais émietté et mélangez au fouet pour bien l'incorporer. Salez et poivrez, puis réservez.

LASAGNES DE LÉGUMES
Épluchez les patates douces, puis détaillez-les en feuilles épaisses avec le coupe-lanières en vitesse 4.

MONTAGE
Préchauffez le four à 180 °C (th. 6).

Au fond d'un plat à gratin, déposez une couche de feuilles de patate douce, recouvrez de bolognaise de légumes, puis de béchamel. Recommencez jusqu'à épuisement des ingrédients en terminant par une couche de feuilles de patate douce recouvertes de béchamel et saupoudrez de pecorino râpé. Enfournez pour 40 min. Dégustez bien chaud.

VARIANTES

Pour une version exotique, remplacez la moitié du potimarron par des lentilles corail, les herbes de Provence par du curry, et réalisez une béchamel au lait de coco.
Pour une version sans gluten, réalisez la béchamel avec de la farine de riz.

TAGLIATELLES AU PESTO

Pour 4 personnes

Préparation : 15 min

Cuisson : 5 min

PÂTES

240 g de farine de blé T45

160 g de semoule de blé dur

4 œufs

1/2 c. à c. de sel

PESTO

50 g de basilic

2 gousses d'ail

50 g de pignons de pin

50 g de parmesan

8 cl d'huile d'olive

Sel

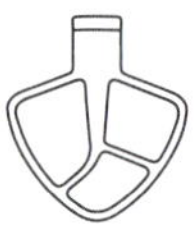

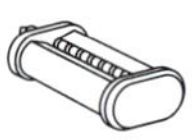

PÂTES
Préparez la pâte comme indiqué p. 33, puis réalisez des tagliatelles à l'aide du laminoir. Déposez-les sur un torchon propre saupoudré de farine ou sur le séchoir à pâtes.

PESTO
Réalisez le pesto comme indiqué p. 31.

Faites cuire les pâtes dans une grande casserole d'eau salée pendant 4-5 min. Servez-les avec le pesto.

BUCATINIS ALL'AMATRICIANA

Pour 4 personnes

Préparation : 15 min

Cuisson : 25 min

Repos : 30 min

PÂTES

200 g de farine de blé T45

200 g de semoule de blé dur

4 œufs

1/2 c. à c. de sel

SAUCE

1 kg de tomates

2 oignons

1 gousse d'ail

150 g de bacon

1 c. à s. d'huile d'olive

1 verre de vin blanc

1 petit piment entier à ajuster selon les goûts

20 g de pecorino râpé

Sel

PÂTES
Réalisez la pâte comme indiqué p. 33, puis mettez-la par petits morceaux dans la presse à pâtes munie de la grille à bucatinis en vitesse 10 pour réaliser des pâtes d'environ 24 cm de long. Déposez-les sur un torchon propre saupoudré de farine.

SAUCE
Lavez les tomates, épluchez les oignons et la gousse d'ail, puis coupez ces éléments en quartiers. Réduisez-les en coulis avec la passoire à fruits et légumes.

Coupez le bacon en fines lamelles, puis mettez-le dans une poêle avec l'huile d'olive. Laissez revenir 2 min en mélangeant. Versez un peu de vin et laissez-le réduire. Ajoutez le coulis de tomate, le reste de vin, le piment et le sel, puis faites mijoter à feu doux pendant 20 min.

Portez une grande casserole d'eau salée à ébullition. Plongez-y les bucatinis et faites-les cuire pendant environ 5 min. Égouttez-les, ajoutez-les dans la poêle contenant la sauce, puis mélangez. Hors du feu, ajoutez le pecorino râpé et servez.

CONSEIL & VARIANTE

Vous pouvez remplacer le bacon par du bon lard fumé et ajouter 1 poivron rouge dans la passoire à fruits et légumes pour parfumer la sauce.

FUSILLIS AUX CREVETTES
ET À LA BURRATA

Pour 4 personnes

Préparation : 15 min

Cuisson : 20 min

PÂTES

200 g de farine de blé T45

200 g de semoule de blé dur

4 œufs

1/2 c. à c. de sel

SAUCE

300 g de crevettes décortiquées (surgelées)

1 carotte

20 g de céleri-rave

1 oignon

2 gousses d'ail

2 c. à s. d'huile d'olive

12 tomates cerises

1 bouquet de basilic

180 g de burrata

Sel

Poivre

Réalisez la pâte comme indiqué p. 33, puis mettez-la par petits morceaux dans la presse à pâtes munie de la grille à fusillis en vitesse 3 pour réaliser des pâtes d'environ 4 cm de long. Déposez-les sur un torchon propre saupoudré de farine.

Laissez décongeler les crevettes. Épluchez la carotte, le céleri, l'oignon et les gousses d'ail, puis détaillez-les en cubes dans le robot ménager muni du disque et de la lame à découper en dés en vitesse 6.

Dans une sauteuse, faites revenir les légumes dans l'huile d'olive pendant 3 min. Coupez les tomates cerises en quatre, ajoutez-les avec les crevettes, puis couvrez d'eau à hauteur. Laissez cuire jusqu'à ce que les légumes soient fondants.

Lavez le basilic, effeuillez-le, puis ciselez les feuilles. Faites cuire les fusillis dans une grande casserole d'eau bouillante salée pendant 5 min. Ajoutez-les à la sauce avec le basilic et mélangez. Coupez la burrata en petits morceaux, ajoutez-les hors du feu, puis servez immédiatement.

MACARONIS AUX CÈPES
ET AU THYM

Pour 4 personnes

Préparation : 15 min

Cuisson : 15 min

PÂTES

200 g de farine de blé T45

200 g de semoule de blé dur

4 œufs

1/2 c. à c. de sel

GARNITURE

1 échalote

250 g de cèpes

1 c. à s. d'huile d'olive vierge extra

1 branche de thym frais

Poivre noir

50 g de parmesan râpé

Réalisez la pâte comme indiqué p. 33, puis mettez-la par petits morceaux dans la presse à pâtes munie de la grille à gros macaronis en vitesse 6 pour réaliser des pâtes d'environ 5 cm de long. Déposez-les sur un torchon propre saupoudré de farine.

Épluchez et ciselez l'échalote. Coupez le pied terreux des cèpes, lavez-les très délicatement à l'aide d'un papier absorbant et émincez-les. Dans une sauteuse, faites suer l'échalote sans coloration dans l'huile d'olive. Ajoutez les cèpes et le thym, et faites cuire jusqu'à coloration.

Portez une grande casserole d'eau salée à ébullition. Plongez-y les macaronis et faites-les cuire environ 5 min. Égouttez-les, ajoutez-les dans la sauteuse avec un peu d'eau de cuisson, puis mélangez. Hors du feu, ajoutez le parmesan râpé, poivrez et servez.

CONSEILS & VARIANTES

Vous pouvez utiliser des cèpes surgelés.
Pour un plat complet, vous pouvez servir ces pâtes avec de fines tranches de jambon cru italien.
Vous pouvez également remplacer le thym par du persil.
Pour un goût plus rustique, remplacez la moitié de la farine T45 par de la farine semi-complète.

MINI-MACARONIS & CHEESE

Pour 4 personnes

Préparation : 15 min

Cuisson : 40 min

Repos : 30 min

PÂTES

150 g de farine de blé T45

150 g de semoule de blé dur

3 œufs

1/2 c. à c. de sel

BÉCHAMEL AU CHEDDAR

25 g de beurre

3 c. à s. de farine

70 cl de lait

100 g de cheddar râpé +
50 g pour la cuisson au four

1 pincée de noix de muscade râpée

Sel

Poivre

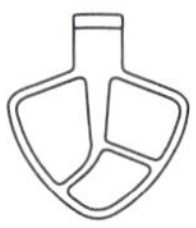

Préchauffez le four à 180 °C (th. 6). Réalisez la pâte comme indiqué p. 33, puis mettez-la par petits morceaux dans la presse à pâtes munie de la grille à mini-macaronis en vitesse 6 pour réaliser des pâtes d'environ 4 cm de long. Déposez-les sur un torchon propre saupoudré de farine.

Dans une casserole, faites fondre le beurre, puis ajoutez la farine en mélangeant au fouet. Ajoutez ensuite le lait petit à petit sans cesser de fouetter jusqu'à ce que le mélange épaississe. Ajoutez enfin le cheddar râpé, la noix de muscade, du sel et du poivre.

Portez une grande casserole d'eau salée à ébullition. Plongez-y les mini-macaronis et faites-les cuire pendant environ 5 min. Ajoutez-les à la béchamel au cheddar et mélangez. Répartissez cette préparation dans un plat à gratin. Ajoutez le restant de cheddar et enfournez pour 30 min. Dégustez bien chaud.

CONSEILS

Vous pouvez ajouter de la chapelure sur le gratin pour apporter du croustillant. Servez avec une salade verte.

RIGATONIS AU FROMAGE ET AU POIVRE

Pour 4 personnes

Préparation : 15 min

Cuisson : 5 min

PÂTES

200 g de farine de blé T45

200 g de semoule de blé dur

4 œufs

1/2 c. à c. de sel

SAUCE FROMAGE-POIVRE

40 g de pecorino râpé

80 g de parmesan râpé

8 g de poivre moulu

20 g d'huile d'olive

FINITIONS

Quelques copeaux de parmesan

PÂTES

Réalisez la pâte comme indiqué p. 33, puis mettez-la par petits morceaux dans la presse à pâtes munie de la grille à rigatonis en vitesse 6 pour réaliser des pâtes d'environ 4 cm de long. Déposez-les sur un torchon propre saupoudré de farine.

Portez une grande casserole d'eau salée à ébullition. Plongez-y les rigatonis et faites-les cuire pendant environ 5 min.

SAUCE FROMAGE-POIVRE

Mettez le pecorino, le parmesan, le poivre et l'huile d'olive dans un bol. Ajoutez un peu d'eau de cuisson des pâtes et mélangez jusqu'à l'obtention d'une préparation homogène.

Égouttez les pâtes et déposez-les dans un grand plat. Versez la sauce dessus et mélangez délicatement afin de bien les enrober de sauce. Ajoutez quelques copeaux de parmesan et servez.

CONSEIL

Pour les papilles sensibles des enfants, remplacez le poivre par un peu d'origan séché.

GNOCCHIS DE POTIMARRON & BEURRE DE SAUGE

Pour 4 personnes

Préparation : 20 min

Cuisson : 35 min

GNOCCHIS

200 g de pommes de terre

300 g de potimarron

1 jaune d'œuf

250 g de farine T45

1 pincée de noix de muscade râpée

Sel

BEURRE DE SAUGE

50 g de beurre

8 feuilles de sauge

Sel

Poivre

FINITIONS

Parmesan râpé

Épluchez les pommes de terre et lavez le potimarron. Coupez-les en cubes, puis faites-les cuire à la vapeur pendant 20 à 30 min. Mettez-les ensuite dans le bol du robot muni du batteur à bord flexible et mélangez en vitesse 2 pendant 2 min. Ajoutez ensuite le jaune d'œuf, puis la farine petit à petit, la muscade, le sel, et laissez tourner 2 min.

Farinez votre plan de travail et la pâte. Formez des boudins de pâte de 1-2 cm de diamètre et coupez des tronçons de 3-4 cm de long. Roulez-les sur le dos d'une fourchette ou sur une planche à gnocchis.

Portez à ébullition une grande casserole d'eau bouillante salée, puis plongez-y les gnocchis et laissez cuire quelques minutes jusqu'à ce qu'ils remontent à la surface. Égouttez-les.

Faites fondre le beurre dans une poêle avec les feuilles de sauge. Ajoutez les gnocchis égouttés, roulez-les dans le beurre de sauge, salez, poivrez et servez avec du parmesan.

VARIANTES & CONSEIL

Vous pouvez remplacer le potimarron par une autre courge. Ajoutez 1 gousse d'ail claquée au beurre de sauge.
Si votre purée est trop humide, vous pouvez la dessécher quelques minutes dans une casserole.

MINI

DOUCEURS

TARTE AUX ABRICOTS & CRÈME DE PISTACHE

Pour 6 personnes

Préparation : 15 min

Cuisson : 50 min

Repos : 1 h

PÂTE SUCRÉE

- **100 g de beurre**
- **70 g de sucre glace**
- **1 pincée de sel**
- **35 g d'œuf**
- **175 g de farine T45**
- **30 g de poudre d'amande**

GARNITURE

- **2 œufs**
- **80 g de beurre fondu**
- **60 g de sucre**
- **80 g de poudre d'amande**
- **20 g de pâte de pistache**
- **12 abricots**
- **50 g de pistaches non salées**
- **1 sachet de sucre vanillé**

PÂTE SUCRÉE

Réalisez la pâte comme indiqué p. 36 et laissez 1 h au réfrigérateur.

Préchauffez le four à 180 °C (th. 6).
Étalez la pâte sur un plan de travail fariné et foncez un moule à tarte de 28 cm de diamètre beurré et fariné. Piquez la pâte à l'aide d'une fourchette, couvrez de papier cuisson et d'un poids (poids de cuisson ou légumes secs) et enfournez pour cuire à blanc pendant 10 min.

GARNITURE

Pendant la cuisson de la pâte, dans le bol du robot muni du batteur à bord flexible, mélangez les œufs, le beurre fondu, le sucre, la poudre d'amande et la pâte de pistache en vitesse 2 pendant 2 min.

Coupez les abricots en deux et dénoyautez-les. Hachez grossièrement les pistaches au couteau. Sortez la pâte du four, garnissez-la de crème de pistache, puis déposez les abricots dessus. Saupoudrez de sucre vanillé et de pistaches concassées. Enfournez pour 40 min. Laissez refroidir avant de servir.

CONSEILS

Si vous n'avez pas de pâte de pistache, mixez finement 20 g de pistaches non salées.
En hiver, vous pouvez réaliser cette tarte avec des poires.

BANOFFEE PIE

Pour une tarte de 22 cm de diamètre

Préparation : 30 min

Cuisson : 3 h 15

Repos : 1 h

CONFITURE DE LAIT

1 boîte de lait concentré sucré (400 g)

PÂTE SUCRÉE

100 g de beurre

80 g de sucre glace

1 œuf

200 g de farine T45

40 g de poudre d'amande

Sel

GARNITURE

30 cl de crème liquide (très froide) à 35 % de MG

30 à 40 g de sucre glace

3 bananes

Cacao en poudre

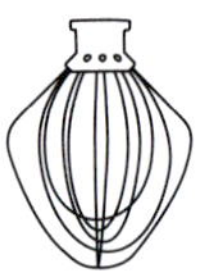

CONFITURE DE LAIT
Placez la boîte de lait concentré fermée dans une casserole assez profonde et recouvrez-la d'eau. Portez à ébullition et poursuivez la cuisson à petits bouillons pendant 3 h. Ajoutez de l'eau chaque fois que cela est nécessaire. Laissez refroidir la boîte sous un filet d'eau froide.

PÂTE SUCRÉE
Mettez le beurre mou et le sucre glace dans le bol du robot muni du batteur plat. Mélangez en vitesse 2 pendant 2 min. Ajoutez l'œuf et mélangez pendant 1 min. Incorporez ensuite la farine, la poudre d'amande et le sel, et laissez tourner jusqu'à ce qu'une boule se forme. Enveloppez-la dans du film alimentaire et réservez-la 1 h au réfrigérateur.

Préchauffez le four à 180 °C (th. 6). Étalez la pâte avec un rouleau à pâtisserie et garnissez-en un moule préalablement beurré de 22 cm de diamètre. Faites cuire à blanc pendant 15 min. Laissez refroidir.

GARNITURE
Versez la crème liquide bien froide dans le bol du robot muni du fouet à fils. Faites tourner en augmentant la vitesse progressivement de 1 à 8. Quand la crème commence à monter, ajoutez le sucre glace et laissez tourner jusqu'à ce qu'elle soit bien ferme.

Répartissez la confiture de lait sur le fond de tarte. Épluchez les bananes, coupez-les en rondelles et disposez-les dessus. Recouvrez généreusement de chantilly et saupoudrez de cacao.

CONSEILS

Si vous êtes pressé, vous pouvez acheter de la confiture de lait dans le commerce. Avec la confiture de lait restante, réalisez une délicieuse crème glacée (voir p. 314).
Les bananes ne doivent pas être exposées à l'air, il faut donc vite les recouvrir de chantilly.
Vous pouvez parfumer le fond de tarte avec de la cannelle ou du mélange quatre épices.

TARTE AUX POMMES
BOUQUET DE ROSES

Pour 8 personnes

Préparation : 30 min

Cuisson : 1h

Repos : 30 min

PÂTE SABLÉE

250 g de farine T45

40 g de sucre semoule

3 pincées de sel

125 g de beurre

1 œuf

COMPOTE

5 pommes

2 c. à s. de sucre semoule

MONTAGE ET FINITIONS

1 kg de pommes acidulées

4 c. à s. de cassonade

PÂTE SABLÉE
Réalisez la pâte comme indiqué p. 36, puis laissez reposer 30 min au frais.

COMPOTE
Épluchez les pommes, coupez-les en quartiers et coupez ceux-ci en cubes avec le robot ménager muni du disque et de la lame à découper en dés en vitesse 6. Mettez-les dans une casserole avec le sucre et 2 c. à s. d'eau. Laissez compoter à feu doux en mélangeant régulièrement pendant 20 min. Laissez refroidir.

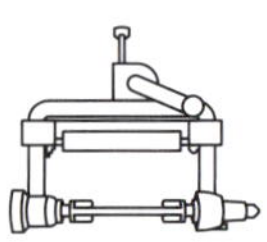

MONTAGE ET FINITIONS
Préchauffez le four à 180 °C (th. 6) en chaleur ventilée.

Sur un plan de travail fariné, abaissez la pâte à l'aide d'un rouleau à pâtisserie. Beurrez un moule à tarte et foncez-le avec le disque de pâte. Répartissez la compote sur le fond de tarte.

Lavez les pommes, mais ne les épluchez pas. Détaillez une première pomme avec le coupe-lanières. Posez la lanière obtenue sur une assiette et faites chauffer 2 min à puissance maximale au four à micro-ondes. Cette opération permet de ramollir les lanières pour pouvoir les manipuler facilement. Détaillez des petites lanières de 10 cm de long et roulez-les sur elles-mêmes pour former un rouleau. Coupez-les en deux de manière à obtenir 2 boutons de fleur. Déposez-les sur la compote. Continuez l'opération pour remplir la tarte.

Saupoudrez de cassonade et enfournez pour 40 min. Servez cette tarte tiède, accompagnée de crème montée ou de glace vanille.

VARIANTES

Vous pouvez remplacer la compote par une crème pâtissière parfumée à la vanille, à la cannelle ou à la fleur d'oranger. Vous pouvez aussi choisir de former une grande rose en enroulant les lanières de pomme en spirales.

TARTE AU CITRON MERINGUÉE

Pour 1 cercle de 20 cm de diamètre

Préparation : 1 h

Cuisson : 15 à 20 min

Repos : 2 h 30

PÂTE SABLÉE

250 g de farine T45

125 g de sucre

125 g de beurre

1 œuf

Sel

APPAREIL AU CITRON

120 g de jus de citron

Le zeste de 1 citron

110 g d'œufs

100 g de sucre semoule

150 g de beurre

MERINGUE ITALIENNE

225 g de meringue (voir p. 42)

FINITIONS

Le zeste de 1 citron vert

Sucre glace

Feuilles de basilic (facultatif)

PÂTE SABLÉE
Préparez la pâte sablée comme indiqué p. 36 et laissez 30 min reposer au frais. Foncez-la. Préchauffez le four à 180 °C (th. 6), enfournez le fond de pâte sablée et laissez-le cuire 15 à 20 min.

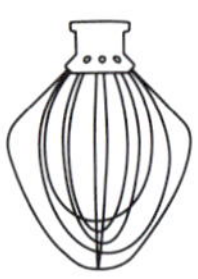

APPAREIL AU CITRON
Préparez un lemon curd comme indiqué p. 41, laissez refroidir 2 h au réfrigérateur.

MERINGUE ITALIENNE
Réalisez une meringue italienne comme indiqué p. 42, puis laissez-la refroidir.

FINITIONS
Pochez harmonieusement la meringue sur toute la surface de la tarte avec une douille unie. Colorez-la légèrement au chalumeau. Râpez le zeste du citron vert à l'aide d'une râpe. Vous pouvez, si vous le souhaitez, ajouter quelques feuilles de basilic.

VARIANTE

Vous pouvez également réaliser une crème au citron-basilic. Pour cela, effeuillez une dizaine de branches de basilic, faites cuire les feuilles avec la crème citron et mixez le tout.

TARTE CHOCOLAT-CARAMEL

Pour 6 personnes

Préparation : 20 min

Cuisson : 25 min

Repos : 1 h 30

PÂTE SUCRÉE

100 g de beurre

70 g de sucre glace

1 pincée de sel

35 g d'œuf

175 g de farine T45

30 g de poudre d'amande

CARAMEL

250 g de sucre

15 cl de crème liquide

100 g de beurre demi-sel

GANACHE CHOCOLAT

200 g de chocolat noir

15 cl de crème liquide

20 g de beurre

PÂTE SUCRÉE
Réalisez la pâte comme indiqué p. 36 et laissez reposer 1 h au frais.

Préchauffez le four à 180 °C (th. 6).
Étalez la pâte sur un plan de travail fariné et foncez un moule à tarte de 28 cm de diamètre beurré et fariné. Piquez la pâte à l'aide d'une fourchette, couvrez de papier cuisson et d'un poids (poids de cuisson ou légumes secs) et enfournez pour cuire à blanc pendant 20 min. Retirez le papier et le poids, et poursuivez la cuisson 5 min. À la fin de la cuisson, laissez tiédir.

CARAMEL
Versez le sucre et 1 c. à s. d'eau dans une casserole et réalisez un caramel. Ajoutez la crème liquide en mélangeant au fouet et en veillant à ne pas vous brûler. Ajoutez enfin le beurre, mélangez, puis versez sur le fond de tarte. Laissez refroidir pendant 30 min au réfrigérateur.

GANACHE CHOCOLAT
Réalisez la ganache comme indiqué p. 41. Garnissez-en la pâte.

VARIANTES

Vous pouvez ajouter au caramel des fruits secs concassés : noisettes, amandes, cacahuètes. Vous pouvez aussi saupoudrer la tarte de graines de sésame.

TARTE RICOTTA ET PIGNONS

Pour 8 personnes

Préparation : 40 min

Cuisson : 40 min

Repos : 30 min

PÂTE SUCRÉE

150 g de beurre mou

100 g de sucre glace

50 g de poudre d'amande

1 œuf battu

250 g de farine T45

GARNITURE

350 g de ricotta

1 c. à s. de crème fraîche épaisse

3 jaunes d'œufs

100 g de sucre

Le jus et le zeste de 1 citron

100 g de pignons de pin

PÂTE SUCRÉE
Déposez le beurre mou, le sucre et la poudre d'amande dans le bol du robot muni du batteur à bord flexible, puis mélangez en vitesse 2 pendant 3 min. Ajoutez l'œuf, puis la farine, et battez jusqu'à ce que la pâte forme une boule. Enveloppez-la dans du film alimentaire et réservez 30 min au réfrigérateur.

Préchauffez le four à 180 °C (th. 6).
Sur un plan de travail fariné, abaissez la pâte et foncez un moule à tarte de 25 cm de diamètre. Piquez la pâte avec une fourchette et faites-la cuire à blanc pendant 10 min.

GARNITURE
Mettez la ricotta, la crème fraîche, les jaunes d'œufs, le sucre, le jus et le zeste du citron dans le bol du robot équipé du fouet à fils. Mélangez en vitesse 2 pendant 3 min. Ajoutez les pignons et mélangez 30 s en vitesse 1. Versez la garniture sur le fond de tarte.

Enfournez pour 30 min. La pâte doit être dorée et la garniture ferme au toucher. Laissez refroidir complètement.

CONSEILS

S'il vous reste de la pâte, vous pouvez faire des petits sablés.
Remplacez le jus et le zeste de citron par de l'orange.

TARTE BOURDALOUE

Pour 1 tarte
de 26 cm de diamètre

Préparation : 30 min

Cuisson : 40 min

Repos : 1 h

3 poires mûres

30 g d'amandes effilées

PÂTE SUCRÉE

100 g de beurre

80 g de sucre glace

1 œuf

200 g de farine T45

40 g de poudre d'amande

Sel

CRÈME D'AMANDE

60 g de beurre

1 pincée de sel

1/2 c. à c. de vanille en poudre

40 g de sucre

1 petit œuf

65 g de poudre d'amande

5 g de farine

50 g de rhum

PÂTE SUCRÉE
Réalisez la pâte sucrée comme indiqué p. 36 et laissez-la reposer 1 h au frais.

CRÈME D'AMANDE
Faites ramollir le beurre, puis mettez-le dans le bol du robot muni du batteur plat à bord flexible. Actionnez le robot en vitesse 1. Ajoutez le sel, la vanille et le sucre, mélangez environ 1 min, puis ajoutez l'œuf. Lorsqu'il est bien incorporé, ajoutez la poudre d'amande, la farine et le rhum.

Pelez les poires, coupez-les en deux et enlevez le trognon avec la pointe d'un couteau. Taillez les demi-poires en lamelles en gardant bien leur forme.

Préchauffez le four à 170 °C (th. 6) en chaleur ventilée et beurrez le moule à tarte.
Étalez la pâte sucrée sur une épaisseur d'environ 3 mm, piquez-la, puis retournez-la pour la mettre dans le moule. Coupez le surplus de pâte qui dépasse avec un petit couteau.
Répartissez la crème d'amande sur le fond de tarte, puis déposez délicatement les demi-poires, pointe vers le haut.
Saupoudrez d'amandes effilées les espaces entre les poires.

Enfournez et laissez cuire environ 40 min.

ASTUCES

Pour aller plus vite, vous n'êtes pas obligés de tailler les poires en lamelles.
L'été, vous pouvez très bien réaliser cette recette avec des pêches bien mûres ; elles se marient très bien avec la crème d'amande.

CRUMBLE POMMES & POIRES

Pour 4 à 6 personnes

Préparation : 10 min

Cuisson : 30 min

5 pommes

3 poires

150 g de farine T45

125 g de poudre d'amande

150 g de cassonade

200 g de beurre demi-sel

1 c. à c. de vanille en poudre

Préchauffez le four à 180 °C (th. 6).

Épluchez les fruits et détaillez-les avec le robot ménager muni du disque à trancher réglé sur la taille minimale en vitesse 1. Beurrez et sucrez un plat de 20 x 30 cm environ, et répartissez-y les tranches de fruits.

Dans le bol du robot muni du batteur plat, mélangez la farine, la poudre d'amande, la cassonade, le beurre demi-sel et la vanille en vitesse 4 pendant 2 min. Recouvrez les fruits de la pâte obtenue en émiettant cette dernière du bout des doigts. Enfournez pour 30 min. Dégustez tiède ou froid, avec de la crème ou une glace vanille.

VARIANTES

Remplacez la poudre d'amande par de la poudre de noisette et ajoutez des noisettes concassées. Vous pouvez ajouter des épices à la préparation : cannelle, gingembre, fève tonka… Variez les fruits selon la saison.

CARROT CAKE

Pour 6 personnes

Préparation : 20 min

Cuisson : 1h

CARROT CAKE
Préchauffez le four à 180 °C (th. 6). Épluchez les carottes et râpez-les dans le robot ménager muni du disque à julienne en vitesse 4. Dans le bol du robot muni du batteur plat, versez la farine, la cassonade, la levure et toutes les épices, puis mélangez en vitesse 1 pendant 1 min. Ajoutez les œufs et l'huile, puis mélangez en vitesse 4 pendant 2 min. Ajoutez la julienne de carottes et mélangez en vitesse 1 pendant 1 min.

Beurrez et farinez un moule à cake, et versez-y la préparation. Enfournez pour 1h. À la fin de la cuisson, laissez refroidir.

GLAÇAGE
Mettez le beurre bien mou dans le bol du robot muni du batteur à bord flexible et faites tourner 1 min en vitesse 4. Ajoutez ensuite le cream cheese et le sucre glace, et mélangez 2 min en vitesse 4. Répartissez uniformément ce glaçage sur le carrot cake à l'aide d'une spatule plate.

CARROT CAKE

300 g de carottes

260 g de farine T45

190 g de sucre cassonade

1 paquet de levure chimique (11 g)

1/2 c. à c. de cannelle moulue

1/2 c. à c. de noix de muscade moulue

1/2 c. à c. de gingembre moulu

1 c. à c. d'extrait de vanille

3 œufs

25 cl d'huile de tournesol

GLAÇAGE

50 g de beurre mou

150 g de cream cheese

150 g de sucre glace

ASTUCE & VARIANTE

Pour vérifier la cuisson du gâteau, plantez-y un couteau : la lame doit en ressortir propre. Vous pouvez ajouter des raisins secs ou bien des noisettes concassées dans ce carrot cake.

PAIN D'ÉPICES

Pour 4 à 6 personnes

Préparation : 15 min

Cuisson : 55 min

7-8 cm de racine de gingembre frais

250 g de farine T45

50 g de cassonade

1 sachet de levure chimique

1 c. à c. de bicarbonate de soude

1 c. à s. d'épices à pain d'épices

10 cl de lait

250 g de miel liquide

2 œufs

Préchauffez le four à 160 °C (th. 5-6). Épluchez le gingembre et râpez-le finement à l'aide du tranchoir/râpe à cylindres.

Dans le bol du robot muni du batteur à bord flexible, mélangez la farine, la cassonade, la levure, le bicarbonate de soude et les épices en vitesse 2 pendant 1 min.

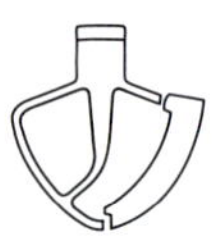

Versez le lait et le miel dans une casserole, et portez à ébullition. Versez dans le bol du robot, ajoutez les œufs entiers, le gingembre râpé, et mélangez en vitesse 4 pendant 2 min.

Chemisez un moule à cake de papier cuisson. Versez la préparation dans le moule et enfournez pour 55 min environ. À la fin de la cuisson, laissez refroidir, puis démoulez.

CONSEILS & VARIANTE

Pour un goût plus prononcé, remplacez la moitié de la farine par de la farine de châtaigne. Vous pouvez ajouter des raisins secs, des noisettes ou des amandes hachées. Emballé dans du film alimentaire, ce pain d'épices se conserve plusieurs jours.

CHEESECAKE AU CITRON

Pour 8 personnes

Préparation : 15 min

Cuisson : 1h

Repos : 12 h

100 g de biscuits (spéculoos p. 304 ou shortbreads p. 76)

35 g de beurre très mou

600 g de cream cheese

150 g de crème fraîche épaisse

180 g de sucre semoule

10 cl de lait demi-écrémé

3 œufs

1 c. à s. bombée de farine T45 (25 g)

1 citron

La veille du jour de dégustation, préchauffez le four à 150 °C (th. 5).

Concassez les biscuits à l'aide d'un rouleau à pâtisserie, puis mettez-les dans un saladier. Faites fondre le beurre, versez-le sur les biscuits et mélangez. Tassez les biscuits au fond d'un moule à charnière assez profond de 20 cm de diamètre, puis laissez au réfrigérateur le temps de préparer la garniture.

Dans le bol du robot muni du fouet à fils, mettez le cream cheese, la crème fraîche et le sucre, puis fouettez en vitesse 2 pendant 2 min. Ajoutez ensuite le lait, puis les œufs un par un en continuant de fouetter en vitesse 2, jusqu'à leur incorporation complète. Ajoutez enfin la farine, le zeste et le jus du citron. Mélangez encore 1 min, puis versez la préparation dans le moule sur le fond de biscuit.

Enfournez pour 1h de cuisson, puis laissez refroidir dans le four éteint jusqu'au complet refroidissement. Couvrez de film alimentaire, puis laissez reposer au réfrigérateur 12 h avant la dégustation.

CONSEIL & VARIANTE

Servez ce cheesecake accompagné d'un coulis de fruit.
Vous pouvez remplacer le citron par 2 c. à s. de vanille liquide.

FRAISIER

Pour un gâteau de 20 cm de diamètre

Préparation : 1 h

Cuisson : 30 min

Repos : 3 h

400 g de fraises

GÉNOISE

85 g de farine T55

3 petits œufs (environ 150 g)

85 g de sucre semoule

CRÈME MOUSSELINE

350 g de lait demi-écrémé

1/2 c. à c. de vanille en poudre

50 g de sucre semoule

3 jaunes d'œufs

35 g de fécule de maïs

150 g de beurre doux mou

1 pincée de sel

DÉCOR & FINITION

20 g de jus de fraise

200 g de pâte d'amande (de la couleur de votre choix)

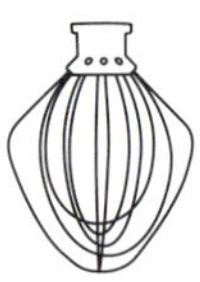

GÉNOISE
Tamisez la farine. Beurrez et farinez l'intérieur d'un cercle en inox de 20 cm de diamètre. Préchauffez le four à 190 °C (th. 6-7). Fouettez les œufs avec le sucre, puis mettez sur un bain-marie. Chauffez le mélange à 50 °C sans cesser de fouetter. Transvasez dans le bol du robot muni du fouet à fils, puis fouettez 2 min en augmentant la vitesse au fur et à mesure, jusqu'à obtenir une belle consistance. Incorporez délicatement la farine tamisée avec une maryse. Déposez le cercle sur une plaque recouverte de papier cuisson, puis versez-y l'appareil à génoise. Enfournez pour 30 min, puis laissez refroidir sur une grille.

CRÈME MOUSSELINE
Faites chauffer le lait avec la vanille et la moitié du sucre. Pendant ce temps, mélangez les jaunes d'œufs avec l'autre moitié du sucre et la fécule de maïs. À ébullition, versez le lait sur le mélange aux œufs sans cesser de mélanger. Transvasez dans la casserole et faites chauffer 3 min en fouettant. Versez dans un plat et rabattez un film alimentaire sur la crème, puis entreposez au réfrigérateur au moins 2 h. Travaillez bien le beurre afin qu'il soit pommade. Mettez la crème dans le bol du robot muni du fouet à fils, ajoutez le sel et fouettez en vitesse 6. Arrêtez le robot, puis ajoutez la moitié du beurre. Fouettez en vitesse 6 pendant 1 min 30. Ajoutez l'autre moitié du beurre, fouettez à nouveau 2-3 min en vitesse 6, puis en vitesse 8 pour bien aérer le mélange.

DÉCOR ET FINITION
Découpez la génoise en trois dans l'épaisseur. Lavez et équeutez les fraises, puis coupez-les dans le sens de la hauteur. Chemisez un cercle en inox de 20 cm de diamètre et de 4,5 cm de hauteur de Rhodoïd®. Déposez-y un disque de génoise, puis imbibez-le de jus de fraise. Disposez les demi-fraises, côté plat contre les parois. Couvrez-les de crème mousseline. Coupez les fraises restantes en petits dés. Déposez une couche de dés, puis de crème sur la génoise. Surmontez d'un deuxième disque de génoise, imbibez-le de jus, puis ajoutez une nouvelle couche de dés, et enfin de crème. Lissez. Laissez reposer au réfrigérateur au moins 1 h. Pendant ce temps, étalez la pâte d'amande sur une épaisseur de 2-3 mm. Découpez un disque de 20 cm de diamètre, puis déposez-le sur le fraisier.

VARIANTES & ASTUCE

Utilisez une spatule pour un lissage parfait.
Lorsque ce n'est pas la saison des fraises, vous pouvez réaliser le même gâteau avec des poires, il devient alors un poirier ! Utilisez des petites poires et taillez des lamelles de 4,5 cm de hauteur. Et remplacez le jus de fraise par du jus de poire !
Vous pouvez utiliser le disque de génoise restant comme fond de tarte, surmonté de crème Chantilly et de fruits frais.

CHARLOTTE POIRES CHOCOLAT

Pour 1 charlotte
de 18 cm de diamètre

Préparation : 1h

Cuisson : 30 min

Repos : 1h

BISCUITS À LA CUILLÈRE

150 g de blancs d'œufs

100 g de sucre semoule

80 g de jaunes d'œufs

1 gousse de vanille fendue et grattée

125 g de farine T45

2 c. à s. de sucre glace

BAVAROISE CHOCOLAT

5 g de feuilles de gélatine

50 g de jaunes d'œufs

50 g de sucre semoule

200 g de lait

100 g de chocolat noir

200 g de crème liquide

SIROP À 30°

100 g d'eau

120 g de sucre semoule

20 g d'alcool de poire

MONTAGE & FINITION

3 poires

Un peu de chocolat râpé

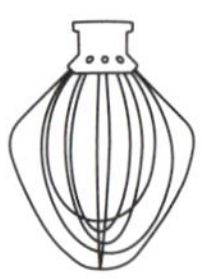

BISCUITS À LA CUILLÈRE

Préchauffez le four à 190 °C (th. 6-7).
Dans le bol du robot muni du fouet à fils, montez les blancs d'œufs en neige ferme en augmentant progressivement la vitesse de 1 à 8. Versez progressivement le sucre semoule quand les blancs sont mi-montés. Tout en continuant de fouetter, ajoutez les jaunes d'œufs et les graines de la gousse de vanille. À l'aide d'une maryse, incorporez délicatement la farine.
Garnissez une poche à douille et pochez des biscuits de 10 cm de long, puis 1 cercle de 20 cm de diamètre et un autre de 15 cm. Saupoudrez de sucre glace et enfournez pour 10 min. Laissez refroidir.

BAVAROISE CHOCOLAT

Faites tremper la gélatine dans un bol d'eau froide. Dans le bol du robot muni du fouet à fils, mélangez les jaunes d'œufs avec le sucre en vitesse 4 pendant 3 min. Versez le lait dans une casserole, ajoutez le chocolat en morceaux et mélangez pour le faire fondre. Quand le mélange est bouillant, versez-le petit à petit sur les jaunes d'œufs tout en continuant de fouetter. Reversez dans la casserole et faites cuire tout en mélangeant, jusqu'à ce que la crème nappe le dos de la cuillère. Ajoutez alors la gélatine essorée, puis laissez refroidir. Lorsque la crème au chocolat a refroidi, versez la crème liquide dans le bol du robot muni du fouet à fils, puis fouettez en augmentant progressivement la vitesse de 1 à 8 jusqu'à l'obtention d'une crème fouettée ferme. À l'aide d'une maryse, incorporez-la délicatement à la crème au chocolat. Réservez au réfrigérateur.

SIROP À 30°

Versez l'eau et le sucre dans une casserole et mélangez bien. Portez à ébullition, puis ajoutez l'alcool de poire. Laissez bouillir quelques minutes.

MONTAGE ET FINITION

Épluchez les poires, puis coupez-les en petits cubes. À l'aide d'un pinceau, imbibez les biscuits de sirop à 30°. Disposez-les contre les parois du moule à charlotte. Versez la moitié de la bavaroise au chocolat, ajoutez la moitié des dés de poire, puis déposez le petit disque de biscuit. Ajoutez la bavaroise restante, les dés de poire restants, et terminez par le grand disque de biscuit. Laissez prendre au réfrigérateur au moins 1h. Avant de servir, saupoudrez de chocolat râpé.

ASTUCES

Pour une version express, optez pour des biscuits à la cuillère de votre pâtissier et réalisez une simple mousse au chocolat (voir p. 92) avec des poires en conserve en utilisant leur sirop pour tremper les biscuits.

ROYAL CHOCOLAT NOISETTE

Pour un gâteau de 20 cm de diamètre

Préparation : 1 h

Repos : 4 h 15

Cuisson : 20 min

DACQUOISE NOISETTE

60 g de sucre glace

70 g de poudre de noisette

15 g de fécule de maïs

90 g de blancs d'œufs

30 g de sucre semoule

Quelques noisettes entières

PRALINÉ CROUSTILLANT

30 g de chocolat au lait

150 g de purée de noisette au sucre de canne

75 g de crêpes dentelle

MOUSSE AU CHOCOLAT

200 g de chocolat noir

400 g de crème liquide

1 pincée de sel

FINITIONS

Cacao en poudre

Noisettes caramélisées (facultatif)

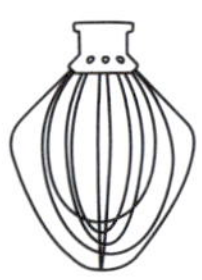

DACQUOISE NOISETTE
Beurrez un cercle en inox de 20 cm de diamètre et préchauffez le four à 160 °C (th. 5-6). Tamisez ensemble le sucre glace, la poudre de noisette et la fécule de maïs. Mettez les blancs d'œufs dans le bol du robot muni du fouet à fils. Actionnez le robot en augmentant la vitesse au fur et à mesure lorsqu'ils sont mi-montés. Ajoutez le sucre en pluie et continuez de fouetter jusqu'à la vitesse 10.
Incorporez délicatement les poudres tamisées aux blancs montés. Versez dans le cercle posé sur une plaque recouverte de papier cuisson, répartissez quelques noisettes entières, puis enfournez pour environ 20 min. Laissez refroidir sur une grille, puis décollez le papier cuisson.

PRALINÉ CROUSTILLANT
Faites fondre le chocolat au lait au bain-marie, puis ajoutez la purée de noisette. Mélangez sur le bain-marie jusqu'à ce que la texture soit bien lisse. Concassez les crêpes dentelle, puis ajoutez-les hors du feu.
Étalez l'appareil sur une feuille de papier cuisson. Recouvrez d'une deuxième feuille de papier cuisson, puis mettez à plat au congélateur au moins 45 min.

MOUSSE AU CHOCOLAT
Faites fondre le chocolat au bain-marie, puis mettez hors du feu.
Versez la crème liquide bien froide dans le bol du robot muni du fouet à fils. Actionnez le robot en augmentant très progressivement la vitesse jusqu'à la vitesse 8. Fouettez environ 3 min, jusqu'à ce que la crème soit montée. Prélevez-en 3 ou 4 c. à s. et mélangez-la avec le chocolat fondu. Lorsque le mélange est lisse, incorporez délicatement le reste de crème montée et le sel à l'aide d'une maryse.

MONTAGE
Chemisez un cercle en Inox de 20 cm de diamètre et de 4,5 cm de hauteur de Rhodoïd®, puis de mousse au chocolat.
Taillez un disque de 18 cm de diamètre dans la dacquoise et dans le praliné feuilleté congelé. Déposez-les l'un après l'autre dans le cercle. Surmontez de mousse au chocolat jusqu'en haut du cercle en Inox. Lissez à l'aide d'une spatule, puis entreposez au congélateur pendant au moins 3 h. Saupoudrez de cacao en poudre, et servez avec des noisettes caramélisées.

VARIANTE

Pour une version un peu moins sucrée et sans gluten, remplacez tout simplement les crêpes dentelle par du riz soufflé ! Vous pouvez aussi ajouter quelques noisettes torréfiées dans la mousse.

TORTA CAPRESE

Pour 1 gâteau
de 6 à 8 personnes

Préparation : 15 min

Cuisson : 30 min

200 g de chocolat noir

100 g de beurre
+ 20 g pour le moule

5 œufs

200 g de sucre semoule

200 g de poudre d'amande

1 pincée de fleur de sel

Sucre glace

Préchauffez le four à 180 °C (th. 6).
Beurrez un moule à manqué. Mettez le chocolat et le beurre dans un saladier, et faites-les fondre au bain-marie, puis laissez tiédir. Séparez les blancs des jaunes d'œufs.

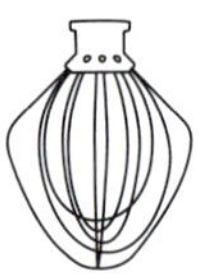

Dans le bol du robot muni du batteur plat, mélangez ensemble les jaunes d'œufs et 100 g de sucre en vitesse 6 pendant 3 min. Passez en vitesse 2, puis ajoutez le beurre et le chocolat. Incorporez alors la poudre d'amande et la fleur de sel, puis laissez tourner pendant 1 min. Réservez dans un saladier et lavez le bol.

Dans le bol du robot muni du fouet à fils, fouettez les blancs d'œufs en commençant en vitesse 1 et en augmentant progressivement jusqu'à la vitesse 8. Ajoutez alors les 100 g de sucre restants et laissez tourner jusqu'à ce que les blancs soient fermes. Repassez alors en vitesse 2, puis ajoutez petit à petit la préparation au chocolat. Lorsque le mélange est homogène, versez-le dans le moule. Enfournez pour 30 min en vérifiant la cuisson avec la pointe d'un couteau. Laissez tiédir avant de démouler et de saupoudrer de sucre glace.

VARIANTE

Remplacez la moitié de la poudre d'amande par de la noix de coco en poudre.

FLAN PÂTISSIER

Pour 6 à 8 personnes

Préparation : 20 min

Cuisson : 1h

Repos : 30 min

PÂTE À FONCER

175 g de farine T45

20 g de sucre semoule

3 g de sel

90 g de beurre

1 jaune d'œuf

20 g de lait

CRÈME À FLAN

80 cl de lait entier

20 cl de crème liquide entière

25 g de beurre

Vanille en poudre

3 œufs

150 g de sucre semoule

120 g de fécule de maïs

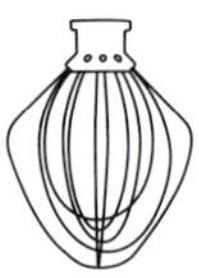

PÂTE À FONCER
Dans le bol du robot équipé du batteur plat, mélangez la farine, le sucre et le sel en vitesse 1 pendant 30 s. Ajoutez le beurre coupé en cubes et mélangez en vitesse 2 pendant 2 min. Ajoutez enfin l'œuf et le lait, puis mélangez jusqu'à ce qu'une boule se forme. Emballez la pâte dans du film alimentaire, puis laissez reposer au réfrigérateur 30 min.

Sur un plan de travail fariné, abaissez la pâte à l'aide d'un rouleau à pâtisserie. Beurrez un moule à tarte et foncez-le avec le disque de pâte.

CRÈME À FLAN
Préchauffez le four à 180 °C (th. 6).
Versez le lait, la crème et le beurre dans une casserole, ajoutez la vanille et portez à ébullition.
Dans le bol du robot muni du fouet à fils, mélangez les œufs et le sucre en vitesse 4 pendant 2 min. Ajoutez la fécule de maïs et mélangez 1 min supplémentaire. En vitesse 2, ajoutez progressivement le lait bouillant. Fouettez 1 min et reversez dans la casserole. Faites cuire la crème sur feu doux en mélangeant sans arrêt jusqu'à ce qu'elle épaississe. Versez sur la pâte et enfournez pour 45 min.

VARIANTES

Pour une version au chocolat, ajoutez 100 g de chocolat fondu et 1 c. à s. de cacao non sucré à la préparation.
Pour une version coco, ajoutez 80 g de noix de coco râpée et remplacez la crème liquide par du lait de coco.

GÂTEAU BRIOCHÉ DE NOËL « STOLLEN »

Pour 6 à 8 personnes

Préparation : 20 min

Cuisson : 45 min

Repos : 2 h 45

LEVAIN

5 cl de lait entier

60 g de farine T45

10 g de levure fraîche de boulanger

PÂTE

380 g de farine T45

1 œuf moyen

80 g de sucre semoule

15 cl de lait entier

100 g de beurre mou

1/2 c. à c. de cannelle moulue

1/2 c. à c. de vanille en poudre

GARNITURE

50 g d'amandes

50 g de noisettes

50 g de raisins secs

100 g d'écorces d'orange et de citron confites

2 c. à s. de rhum

250 g de pâte d'amande

FINITION

30 g de beurre fondu

50 g de sucre glace

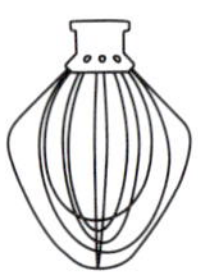

LEVAIN
Dans le bol du robot muni du fouet à fils, mélangez le lait, la farine et la levure fraîche émiettée en vitesse 4 pendant 2 min. Recouvrez des 380 g de farine nécessaires à la pâte et laissez lever pendant 45 min dans un endroit tiède.

PÂTE
Ajoutez tous les ingrédients dans le bol contenant le levain et la farine, et pétrissez pendant 4 min en vitesse 2 à l'aide du crochet pétrisseur. Couvrez d'un linge et laissez lever pendant 1 h à température ambiante.

GARNITURE
Pendant ce temps, hachez grossièrement les fruits secs et les fruits confits, puis faites-les macérer dans le rhum. À la fin du temps de repos de la pâte, ajoutez les fruits secs et les fruits confits. Farinez-la et étalez-la en un rectangle. Roulez la pâte d'amande en un boudin aussi long que le petit côté du rectangle. Déposez-le sur le tiers gauche de la pâte. Pliez la pâte en deux et formez un retour sur le dessus. Couvrez d'un linge et laissez lever 1 h supplémentaire.

Préchauffez le four à 170 °C (th. 6). Déposez la brioche sur une plaque recouverte de papier cuisson et enfournez pour 45 à 50 min.

FINITION
À la sortie du four, badigeonnez la brioche de beurre fondu et saupoudrez-la de sucre glace.

VARIANTES

Ajoutez des noix et des cerises confites à la garniture. Vous pouvez également ajouter un peu d'eau de fleur d'oranger à la pâte.

BRETZELS AU CACAO

Pour 10 bretzels

Préparation : 25 min

Cuisson : 25 min

Repos : 1h à 1h30

10 cl d'eau

20 cl de lait demi-écrémé

15 g de levure fraîche (ou 5 g de levure sèche)

450 g de farine T45

50 g de cacao en poudre non sucré

30 g de sucre

5 g de sel fin

35 g de beurre mou

50 g de bicarbonate de soude

1 jaune d'œuf

Sucre en gros grains

170 g de chocolat noir pâtissier

Versez l'eau et le lait tiède dans le bol du robot muni du crochet pétrisseur. Ajoutez la levure fraîche émiettée et pétrissez en vitesse 1 pendant environ 2 min afin de la dissoudre.
Ajoutez la farine, le cacao, le sucre et le sel, puis pétrissez de nouveau en vitesse 1. Ajoutez le beurre en morceaux et pétrissez environ 5 min, jusqu'à ce que le beurre soit incorporé. Passez à la vitesse 2 et laissez pétrir environ 5 min de plus.
Laissez la pâte à bretzels reposer environ 1h à 1h30 dans le bol, recouvert d'un linge.

Détaillez la pâte à bretzels en 10 morceaux d'environ 85 g. Réalisez avec chacun un boudin d'environ 60 à 70 cm de long.
Façonnez ensuite les bretzels en formant une boucle. Croisez deux fois les extrémités, puis repliez cette partie de l'autre côté, vers le haut. Attachez le tout en appuyant légèrement sur les 2 extrémités.

Préchauffez le four à 200 °C (th. 7) en chaleur ventilée. Faites bouillir de l'eau avec le bicarbonate de soude dans une grande casserole. Pochez les bretzels un à un à l'aide d'une écumoire pendant 20 à 30 s. Dorez les bretzels avec le jaune d'œuf battu. Parsemez de gros grains de sucre la moitié basse des bretzels. Enfournez pour environ 15 min.

Faites fondre le chocolat pâtissier au bain-marie. Trempez la moitié supérieure des bretzels dans le chocolat fondu, puis laissez figer dans un endroit frais.

PAINS AU CHOCOLAT & CROISSANTS

Pour 16 pièces

Préparation : 45 min

Repos : 4 h + 30 min

Cuisson : 13 min

500 g de farine T45

10 g de sel

50 g de sucre

20 g de levure fraîche de boulanger

50 g de beurre doux

1 œuf

220 g de lait

300 g de beurre sec

32 barres pour pains au chocolat

1 jaune d'œuf pour la dorure

Réalisez la pâte levée feuilletée comme indiqué p. 38. À la fin du temps de repos, étalez la pâte en un rectangle d'environ 60 x 40 cm.

POUR DES PAINS AU CHOCOLAT
Détaillez la pâte en 16 petits rectangles. Placez 2 barres de chocolat sur chaque rectangle, puis enroulez la pâte sur elle-même. Déposez les pains au chocolat sur une plaque recouverte de papier cuisson en prenant soin de bien les espacer.

POUR DES CROISSANTS
Détaillez la pâte en 16 petits rectangles. Pliez chaque rectangle en deux pour marquer le centre. Tracez des triangles sur la pâte d'environ 11 cm de large sur 25 cm de long.
À l'aide d'un grand couteau, coupez d'un coup le surplus de pâte. Roulez les croissants, puis déposez-les sur une plaque recouverte de papier cuisson en prenant soin de bien les espacer.

Mettez les pains au chocolat et les croissants à pousser environ 2 h dans un endroit chaud (25-30 °C).
Préchauffez le four à 200 °C (th. 7).
Dorez les croissants et les pains au chocolat à l'aide d'un pinceau trempé dans du jaune d'œuf.
Enfournez pour 5 min, puis baissez le four à 180 °C (th. 6) et continuez la cuisson durant 8 min.
Laissez refroidir sur une grille.

ÉCLAIRS À LA PISTACHE

Pour 10 à 12 éclairs

Préparation : 45 min

Cuisson : 45 min

Repos : 2 h

CRAQUELIN
Mettez tous les ingrédients dans le bol du robot muni du batteur plat. Actionnez le robot en vitesse 1 pendant environ 2 min, jusqu'à ce que la pâte soit sablée. Étalez le craquelin le plus finement possible entre 2 feuilles de papier cuisson. Entreposez au congélateur pendant 1 h.

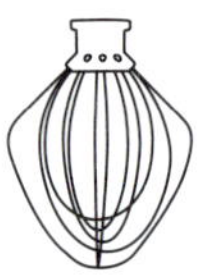

CRÈME PÂTISSIÈRE PISTACHE
Réalisez la crème pâtissière comme indiqué p. 43 en ajoutant la pâte de pistache hors du feu, avec le sel et le beurre. Versez dans un plat et couvrez de film alimentaire directement au contact de la crème. Entreposez au réfrigérateur au moins 1 h.

PÂTE À CHOUX
Préparez la pâte comme indiqué p. 34.
Préchauffez le four à 160 °C (th. 5-6) en chaleur ventilée. Garnissez de pâte à choux une poche munie d'une douille cannelée petit four de 16 mm de diamètre. Sur une plaque beurrée, pochez des éclairs de 12 à 14 cm de long. Détaillez des rectangles de craquelin de la même taille que les éclairs et déposez-les dessus.
Enfournez et laissez cuire pendant environ 45 min. Laissez refroidir sur une grille.

FINITIONS
Fouettez la crème pâtissière pour qu'elle retrouve sa texture crémeuse. À l'aide d'un embout de douille en Inox cannelée n° 6 ou de la pointe d'un couteau, réalisez 3 trous sur la base de chaque éclair. Garnissez-les généreusement de crème, en commençant par les extrémités. Remplissez le trou du milieu jusqu'à ce la crème pâtissière ressorte et retirez l'excédent avec le dos d'un couteau.

CRAQUELIN

75 g de beurre

90 g de sucre

100 g de farine T45

7 g de pâte de pistache

CRÈME PÂTISSIÈRE PISTACHE

55 g de sucre semoule

50 g de fécule de maïs

100 g d'œufs (2 petits)

500 g de lait demi-écrémé

1 gousse de vanille ou 1 c. à c. de vanille en poudre

15 g de pâte de pistache

1 pincée de sel

1 noix de beurre

PÂTE À CHOUX

125 g de lait demi-écrémé

2 g de sel

2 g de sucre

65 g de beurre

75 g de farine T45

140 à 150 g d'œufs

VARIANTE

Les éclairs les plus appréciés restent les grands classiques, au chocolat ou à la vanille ! Pour la version chocolat, remplacez la pâte de pistache du craquelin par 10 g de cacao en poudre, et celle de la crème pâtissière par 180 g de chocolat noir pâtissier. Pour la version vanille, ajoutez un peu de vanille dans le craquelin, et mettez-en plus dans la crème pâtissière, éventuellement avec une pointe de rhum.

CINNAMON ROLLS « KANELBULLAR »

Pour 12 brioches

Préparation : 25 min

Cuisson : 18 min

Repos : 2h45

PÂTE À BRIOCHE
Réalisez la pâte à brioche comme indiqué p. 39 avec les quantités précisées ci-contre. Après le pétrissage, laissez reposer environ 45 min à 1h à température ambiante, le temps que la pâte développe ses arômes.

GARNITURE
Faites ramollir le beurre. Mélangez-le jusqu'à ce qu'il soit pommade. Ajoutez la cassonade, le sel et la cannelle.

FAÇONNAGE
Étalez la pâte à brioche sur un rectangle d'environ 40 x 30 cm.
Répartissez la garniture dessus de manière homogène, en laissant 1 cm vierge sur les bords. Repliez en trois, en portefeuille, puis étalez de nouveau au rouleau à pâtisserie en un rectangle de 40 x 30 cm. Taillez dans la largeur 12 bandes d'environ 3,3 cm.
Enroulez chaque bande sur elle-même pour former des torsades, puis enroulez chaque torsade sur elle-même. Dorez les brioches avec de l'œuf battu.
Entreposez dans un endroit tiède (par exemple, dans le four éteint avec un bol d'eau chaude), entre 25 et 30 °C, et laissez pousser environ 1h45.
Préchauffez le four à 180 °C (th. 6) en chaleur ventilée. Dorez à nouveau avec l'œuf battu. Enfournez et laissez cuire environ 18 min. Laissez refroidir sur une grille.

PÂTE À BRIOCHE

250g de farine de gruau (ou 230g de farine T45 + 20g de gluten de blé)

25g de sucre

5g de sel

15g de levure fraîche

150g d'œufs froids

100g de beurre (si possible, beurre à 82% de MG)

GARNITURE

60g de beurre

80g de sucre cassonade ou de sucre roux

1 pincée de sel

4 c. à c. de cannelle moulue

1 œuf

VARIANTE

Dans la garniture, vous pouvez remplacer la cannelle par de la cardamome ; c'est une brioche également adorée des Scandinaves !

PANCAKES

Pour 4 à 6 personnes

Préparation : 10 min

Cuisson : 10 min

250 g de farine T45

30 g de sucre

1 sachet de levure chimique

30 cl de lait demi-écrémé

3 œufs

Sel

Dans le bol du robot muni du batteur plat, mélangez la farine, le sucre, la levure et le sel en vitesse 2 pendant 1 min. Ajoutez ensuite le lait et les œufs, et mélangez pendant 2 min en vitesse 4.

Faites chauffer une poêle légèrement huilée à feu vif, versez des petits tas de pâte et faites cuire les pancakes 5 min en les retournant à mi-cuisson. Renouvelez l'opération jusqu'à épuisement de la pâte.

VARIANTES

Vous pouvez ajouter des myrtilles à la préparation.
Pour une version vegan, remplacez les œufs par 2 bananes écrasées à la fourchette et le lait par du lait végétal.
Pour une version sans gluten, remplacez la farine de blé par 180 g de farine de riz complet et 70 g de fécule de maïs.

JANHAGEL

Pour 16 sablés de 5 x 5 cm

Préparation : 10 min

Cuisson : 20 min

150 g de beurre

1 pincée de sel

90 g de cassonade

1 œuf

200 g de farine T55

1 c. à c. de levure chimique

1/2 c. à c. de cannelle moulue

30 g de sucre glace

50 g d'amandes effilées

Faites ramollir le beurre sans le faire fondre, puis mettez-le dans le bol du robot muni du batteur à bord flexible.
Ajoutez le sel et la cassonade, puis actionnez le robot en vitesse 1 pendant 1 min. Incorporez le jaune de l'œuf, en prenant soin de réserver le blanc pour le glaçage. Dès que le mélange est homogène, ajoutez la farine préalablement mélangée à la levure et à la cannelle. Dès que la pâte est homogène, arrêtez le robot.
Beurrez un moule de 20 x 20 cm, puis étalez-y la pâte à l'aide d'une spatule.

Préchauffez le four à 180 °C (th. 6) en chaleur ventilée. Mélangez le blanc d'œuf avec le sucre glace et les amandes effilées, puis badigeonnez la pâte à biscuit de ce mélange.
Enfournez pour environ 20 min et servez tiède.

VARIANTE

Pour une version sans gluten, remplacez la farine de blé par 100 g de farine de riz complet, 50 g de fécule de maïs et 50 g de poudre d'amande.

MACARONS FRAMBOISE

Pour 30 macarons

Préparation : 15 min

Cuisson : 15 min

Repos : 30 min

110 g de poudre d'amande

110 g de sucre glace

110 g de blancs d'œufs

120 g de sucre semoule

Colorant rose en poudre

1 pot de confiture de framboise

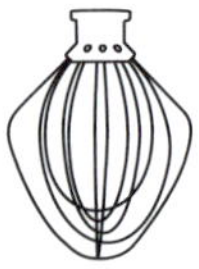

Tamisez la poudre d'amande avec le sucre glace au-dessus d'un saladier.

Mettez les blancs d'œufs dans le bol du robot muni du fouet à fils et montez-les en vitesse 4. Quand ils commencent à mousser, ajoutez le sucre semoule et passez à la vitesse 6. Continuez de fouetter jusqu'à l'obtention d'une texture meringuée. Les blancs doivent former un bec d'oiseau lorsqu'on soulève le fouet à fils.

À l'aide d'une maryse, incorporez délicatement les poudres tamisées aux blancs montés, puis ajoutez le colorant rose. L'appareil doit être lisse et brillant. Mettez-le dans une poche munie d'une douille lisse de 10 ou 12 mm, puis pochez des disques d'appareil réguliers d'environ 2,5 cm de diamètre sur une plaque recouverte de papier cuisson. Laissez sécher 30 min à l'air libre.

Préchauffez le four à 150 °C (th. 5). Enfournez pour 12 à 15 min. À l'issue de la cuisson, laissez les coques refroidir complètement avant de les décoller. Disposez 1 cuillerée de confiture sur la moitié des coques, puis surmontez de la seconde moitié. Laissez reposer les macarons au frais.

AMARETTI

Pour 20 amaretti

Préparation : 10 min

Cuisson : 20 min

3 blancs d'œufs

150 g de sucre semoule

250 g de poudre d'amande

2 gouttes d'extrait d'amande amère

Sucre glace

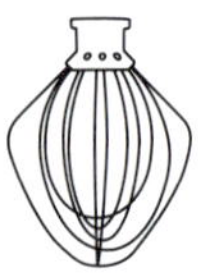

Préchauffez le four à 160 °C (th. 5-6).

Dans le bol du robot muni du fouet à fils, fouettez les blancs d'œufs en augmentant progressivement la vitesse de 1 à 8. Quand ils sont mousseux, après environ 1 min, ajoutez le sucre petit à petit. Lorsque les œufs en neige sont fermes, passez à la vitesse 2, et ajoutez progressivement la poudre d'amande et l'extrait d'amande amère. Stoppez quand le mélange est homogène.

Recouvrez une plaque de papier cuisson. À l'aide d'une cuillère, déposez des petits tas de préparation sur la plaque et aplatissez-les légèrement. Enfournez pour 20 min. Laissez refroidir, saupoudrez-les de sucre glace et dégustez.

VARIANTE

Pour une version plus exotique, remplacez la poudre d'amande par de la noix de coco râpée.

SPÉCULOOS

Pour 40 biscuits

Préparation : 15 min

Cuisson : 10 min

Repos : 2 h

175 g de beurre mou

175 g de vergeoise

250 g de farine T45

1 c. à c. de levure chimique

1 c. à s. de cannelle moulue

1/2 c. à s. de gingembre moulu

1 pincée de sel

1 œuf

Dans le bol du robot muni du batteur plat, mélangez le beurre mou avec la vergeoise en vitesse 2 pendant 2 min. Ajoutez ensuite la farine, la levure, les épices et le sel, et mélangez en vitesse 2 pendant 1 min. Ajoutez l'œuf et mélangez en vitesse 4 pendant 1 min. Rassemblez la pâte, formez-en une boule, aplatissez-la et enveloppez-la dans du film alimentaire. Laissez-la reposer au réfrigérateur pendant 2 h.

Préchauffez le four à 160 °C (th. 5-6). Étalez la pâte à l'aide d'un rouleau à pâtisserie sur un plan de travail fariné et détaillez-la avec des emporte-pièces. Déposez les biscuits sur une plaque recouverte de papier cuisson en les espaçant bien car ils vont s'étaler durant la cuisson. Enfournez pour 10 min. Les spéculoos sont souples en fin de cuisson, ils durciront en refroidissant. Recommencez l'opération avec le reste de pâte.

VARIANTE & CONSEIL

Vous pouvez remplacer la moitié de la cannelle par du mélange quatre épices et ajouter le zeste d'une orange finement râpé. Pour décorer vos spéculoos avec un glaçage maison, diluez du sucre glace dans un peu de jus de citron et utilisez un cornet ou une poche à douille.

ÎLES FLOTTANTES

Pour 4 à 6 personnes

Préparation : 10 min

Cuisson : 5 min

CRÈME ANGLAISE

6 jaunes d'œufs

100 g de sucre

50 cl de lait demi-écrémé

2 c. à c. de praliné

BLANCS EN NEIGE

6 blancs d'œufs

80 g de sucre

DRESSAGE

2 c. à s. de pralin

CRÈME ANGLAISE
Réalisez la crème comme indiqué p. 42.

BLANCS EN NEIGE
Préchauffez le four à 180 °C (th. 6).
Dans le bol du robot muni du fouet à fils, montez les blancs en neige en augmentant progressivement la vitesse de 1 à 8. Quand ils commencent à être mousseux, ajoutez le sucre petit à petit. Quand ils sont bien montés, répartissez-les dans un moule à manqué et enfournez pour 3 min. Laissez refroidir.

DRESSAGE
Répartissez la crème anglaise dans des assiettes creuses ou des bols et ajoutez 1 ou 2 c. à s. de blancs en neige. Saupoudrez de pralin et servez bien frais.

CONSEIL

Vous pouvez saupoudrer les blancs en neige de cacao, de caramel, d'amandes effilées…

MINI

GLACE AUX COOKIES

Pour 6 personnes

Préparation : 10 min

Cuisson : 15 min

Repos : 1 h 20

6 cookies (voir p. 90)

40 cl de lait demi-écrémé

1 c. à s. d'extrait de vanille

6 jaunes d'œufs

150 g de sucre

100 g de mascarpone

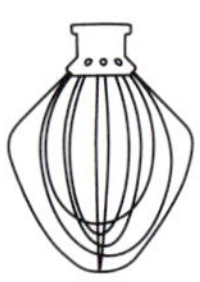

Versez le lait dans une casserole, ajoutez l'extrait de vanille et portez à ébullition.

Pendant ce temps, mettez les jaunes d'œufs et le sucre dans le bol du robot muni du fouet à fils et mélangez en vitesse 4 pendant 3 min jusqu'à ce que le mélange blanchisse. Ajoutez petit à petit le lait bouillant tout en continuant de fouetter. Reversez la préparation dans la casserole et faites chauffer à feu doux en remuant constamment avec une cuillère en bois jusqu'à ce que le mélange épaississe. Lorsque la crème nappe le dos de la cuillère, ôtez la casserole du feu.

Lavez le bol, mettez-y le mascarpone et fouettez-le en vitesse 4 pendant 2 min. Versez ensuite petit à petit la crème chaude et laissez tourner 2 min supplémentaires. Laissez refroidir pendant 1 h.

Une fois le mélange bien refroidi, faites tourner la sorbetière en vitesse 2 et versez-y la préparation. Faites prendre la glace pendant 20 min. Quand la glace est prise, ajoutez les cookies émiettés et faites tourner la sorbetière pendant quelques minutes supplémentaires. Conservez au congélateur.

CONSEIL

Vous pouvez remplacer les cookies par des spéculoos, des biscuits roses de Reims ou encore des sablés bretons.

SORBET FRUITS ROUGES

Pour 6 personnes

Préparation : 10 min

Cuisson : 5 min

Repos : 1h20

450g de fruits rouges (fraises, framboises, mûres)

200g de sucre

Le jus de 1/2 citron

Mettez le sucre et 30cl d'eau dans une casserole, puis faites chauffer à feu doux jusqu'à ce que le sucre soit dissous. Réduisez les fruits rouges en coulis à l'aide de la passoire à fruits et légumes en vitesse 4. Mélangez le coulis avec le sirop de sucre et le jus de citron, puis laissez refroidir pendant 1h.

Une fois le mélange bien refroidi, faites tourner la sorbetière en vitesse 2 et versez-y la préparation. Faites prendre la glace pendant 20 min. Placez la glace dans un récipient et mettez-la au congélateur en attendant de la déguster.

VARIANTE & CONSEIL

Pour une version gourmande, remplacez le sirop de sucre par 20 cl de crème fraîche épaisse. Vous pouvez ajouter des morceaux de fruits ou encore des bonbons lorsque le sorbet est pris et laisser tourner la sorbetière 1 min supplémentaire.
Pour cette recette, vous pouvez utiliser des fruits rouges surgelés.

GLUTEN FREE

GLACE LAIT D'AMANDE & ABRICOT

Pour 4 personnes

Préparation : 20 min

Cuisson : 20 min

Repos : 1h20

8 abricots

20g de beurre

30g de cassonade

1 c. à c. de vanille en poudre

3 jaunes d'œufs

100g de sucre semoule

50cl de lait d'amande

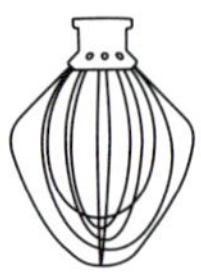

Lavez les abricots et coupez-les en petits dés. Faites revenir le beurre et les abricots dans une poêle pendant 5 min. Ajoutez ensuite la cassonade et la vanille, et laissez caraméliser 5 min. Ôtez la poêle du feu et réservez.

Dans le bol du robot muni du fouet à fils, mélangez les jaunes d'œufs et le sucre en vitesse 4 pendant 2 min. Pendant ce temps, versez le lait d'amande dans une casserole et portez-le à ébullition. Tout en continuant de fouetter, versez progressivement le lait d'amande bouillant sur les jaunes d'œufs. Reversez dans la casserole, puis faites cuire à la nappe sans cesser de mélanger, comme pour une crème anglaise. La crème doit napper le dos de la cuillère. Versez dans un saladier et laissez refroidir pendant 1h.

Une fois le mélange bien refroidi, faites tourner la sorbetière en vitesse 2 et versez-y la préparation. Faites-la prendre pendant 20 min. Quand la glace est prise, ajoutez les dés d'abricot et faites tourner la sorbetière quelques minutes supplémentaires. Conservez au congélateur.

VARIANTES & CONSEILS

Cette glace peut être réalisée avec des pêches ou des nectarines.
Vous pouvez également remplacer le lait d'amande par du lait de riz ou de noisette.
Pour accentuer la saveur de l'amande, vous pouvez ajouter quelques gouttes d'extrait d'amande amère.
Au moment de servir, saupoudrez la glace d'amandes effilées grillées.

GLACE À LA CONFITURE DE LAIT

Pour 4 personnes

Préparation : 30 min

Cuisson : 5 min

Repos : 1h20

380g de confiture de lait

15cl de lait demi-écrémé

40cl de crème liquide entière

3 œufs

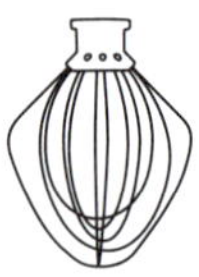

Versez la confiture de lait, le lait et la crème liquide dans une casserole, puis faites chauffer en mélangeant pour faire fondre la confiture.

Pendant ce temps, séparez les blancs des jaunes d'œufs. Fouettez les jaunes dans le bol du robot muni du fouet à fils en vitesse 4 pendant 2 min. Versez progressivement le mélange à la confiture de lait bien chaud en continuant de fouetter. Reversez ensuite dans la casserole, puis faites cuire à feu doux en mélangeant avec une cuillère en bois. La crème doit épaissir, comme une crème anglaise. Vérifiez la cuisson en passant le doigt sur la cuillère recouverte de crème : la trace doit rester visible. Versez dans un saladier et laissez refroidir 1h.

Lavez le bol du robot, puis versez-y les blancs d'œufs. À l'aide du fouet à fils, montez-les en une neige ferme en augmentant progressivement la vitesse de 1 à 8. À l'aide d'une spatule, incorporez-les délicatement à la crème au caramel.

Faites tourner la sorbetière en vitesse 2 et versez-y la préparation. Faites prendre la glace pendant 20 min. Débarrassez et entreposez au congélateur en attendant de la déguster.

CONSEIL

Vous pouvez réaliser vous-même la confiture de lait (voir p. 256) ou l'acheter prête à l'emploi dans le commerce.

FROZEN YOGURT

Pour 4 personnes

Préparation : 25 min

Repos : 20 min

800 g de yaourt de type grec

100 g de sucre glace

1 c. à c. d'extrait de vanille

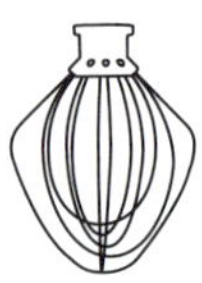

Mettez le yaourt, le sucre glace et l'extrait de vanille dans le bol du robot muni du fouet à fils, puis mélangez en vitesse 4 pendant 2 min.

Faites tourner la sorbetière en vitesse 2 et versez-y la préparation. Faites prendre la glace pendant 20 min. Débarrassez.

Servez ce yaourt glacé avec un coulis de fruit, des pépites de chocolat, des morceaux de fruits, des céréales croustillantes, du gâteau émietté, des bonbons concassés, etc.

VARIANTES

Mixez 300 g de fraises et ajoutez la pulpe obtenue au yaourt glacé.
Vous pouvez également réaliser cette recette avec du yaourt allégé.

NOUGAT GLACÉ MIEL & FRUITS SECS

Pour 6 à 8 personnes

Préparation : 30 min

Cuisson : 10 min

Repos : 12 h

FRUITS SECS CARAMÉLISÉS

75 g d'amandes complètes

75 g de noisettes

50 g de miel liquide

50 g de sucre

NOUGAT GLACÉ

3 œufs

100 g de sucre

100 g de miel liquide

40 cl de crème liquide entière

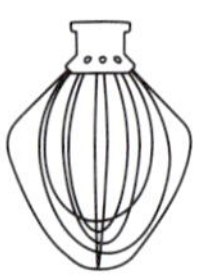

FRUITS SECS CARAMÉLISÉS
Préchauffez le four à 180 °C (th. 6). Disposez les amandes et les noisettes sur une plaque recouverte de papier cuisson et faites-les griller au four pendant environ 5 min.

Dans une petite casserole, réalisez un caramel avec le miel liquide et le sucre. Quand il est bien blond, ajoutez les fruits secs torréfiés, mélangez et versez sur une feuille de papier cuisson. Laissez refroidir, puis hachez grossièrement au couteau.

NOUGAT GLACÉ
Séparez les blancs des jaunes d'œufs. Dans le bol du robot muni du fouet à fils, fouettez les jaunes avec le sucre en vitesse 4 pendant 3 min. Versez dans un saladier et réservez.

Nettoyez le bol du robot, versez-y les blancs d'œufs et montez-les en neige ferme à l'aide du fouet à fils en augmentant progressivement la vitesse de 1 à 8.

Dans une petite casserole, portez le miel liquide à ébullition, puis versez-le en filet sur les blancs en neige tout en fouettant à la vitesse 4. Ajoutez ensuite le mélange jaunes-sucre. Réservez dans un saladier.

Lavez le bol, puis versez-y la crème liquide bien froide. Montez-la en chantilly à l'aide du fouet à fils en augmentant progressivement la vitesse de 1 à 8. Incorporez-la à la préparation précédente. Ajoutez les fruits secs caramélisés et mélangez délicatement.

Versez la préparation dans un grand moule à cake recouvert de film alimentaire. Mettez au congélateur et laissez au moins 12 h avant de servir.

VARIANTE & CONSEIL

Variez les fruits secs : pistaches, raisins secs, pignons…
Servez ce nougat avec un caramel liquide (voir p. 262) ou un coulis de fruits rouges (voir p. 322).

PANNA COTTA & COULIS DE MANGUE

Pour 4 personnes

Préparation : 10 min

Cuisson : 20 min

Repos : 2 h

PANNA COTTA

1/2 feuille de gélatine (3 g)

1 gousse de vanille

80 cl de lait entier

30 cl de crème liquide entière

25 g de sucre

COULIS DE MANGUE

450 g de mangues (fraîches ou surgelées)

25 g de sucre semoule

PANNA COTTA
Plongez les feuilles de gélatine dans un bol d'eau froide. Ouvrez la gousse de vanille et grattez les grains. Versez le lait, la crème et le sucre dans une casserole, ajoutez les grains de vanille, puis portez à ébullition. Hors du feu, ajoutez la gélatine essorée, mélangez, puis versez dans 4 verrines ou ramequins. Couvrez de film alimentaire et laissez prendre au moins 2 h au réfrigérateur.

COULIS DE MANGUE
Pendant ce temps, épluchez les mangues, puis réduisez-les en coulis à l'aide de la passoire à fruits et légumes en vitesse 4. Versez le coulis dans une casserole, ajoutez le sucre, puis laissez cuire à feu doux pendant 15 min. Laissez refroidir.

Avant de servir, répartissez le coulis de mangue sur les panna cotta.

CONSEILS & VARIANTE

Vous pouvez remplacer le coulis de mangue par un coulis de fruits rouges, de pêche, d'abricot… Prenez soin d'adapter la quantité de sucre du coulis en fonction de l'acidité du fruit choisi.
Pour une version vegan, remplacez le lait et la crème par du lait de coco et la gélatine par 1 g d'agar-agar.

TIRAMISU AUX FRUITS ROUGES

Pour 6 personnes

Préparation : 20 min

Cuisson : 5 min

450 g de fruits rouges

70 g de sucre

2 œufs

250 g de mascarpone

12 biscuits à la cuillère (voir p. 278)

Pour réaliser le coulis de fruits rouges, réduisez en purée 300 g de fruits rouges à l'aide de la passoire à fruits et légumes en vitesse 4. Versez dans une casserole, ajoutez 20 g de sucre et portez à ébullition. Laissez refroidir.

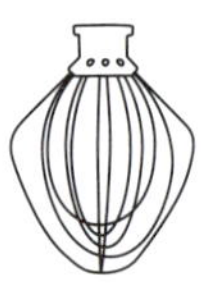

Séparez les blancs des jaunes d'œufs. Dans le bol du robot muni du fouet à fils, mélangez les jaunes avec 25 g de sucre en vitesse 4 pendant 3 min. Ajoutez le mascarpone et continuez de fouetter pendant 2 min. Réservez dans un saladier.

Dans le bol du robot propre, versez les blancs d'œufs, puis fouettez-les en augmentant progressivement la vitesse de 1 à 8. Quand ils commencent à être mousseux, ajoutez petit à petit les 25 g de sucre restants. Quand les blancs sont bien fermes, incorporez-les à l'aide d'une spatule au mélange au mascarpone.

Trempez rapidement les biscuits à la cuillère dans le coulis de fruits rouges.
Dans un verre, déposez un fond de fruits rouges entiers, couvrez de crème, puis ajoutez un biscuit coupé en deux. Ajoutez à nouveau de la crème, un biscuit, du coulis et des fruits frais, et enfin de la crème. Recommencez pour les 5 autres verres. Servez bien frais.

VARIANTE & CONSEIL

Vous pouvez remplacer les biscuits à la cuillère par des biscuits roses de Reims.
Vous pouvez également parfumer la crème à l'eau de rose.

PÂTE À TARTINER À LA NOISETTE

Pour 2 pots

Préparation : 10 min

Cuisson : 10 min

200 g de noisettes

15 cl de crème liquide entière

100 g de chocolat noir

100 g de chocolat au lait

40 g de sucre glace

2 c. à s. d'huile neutre (d'arachide ou de pépins de raisin)

1 c. à c. d'extrait de vanille

Préchauffez le four à 180 °C (th. 6).
Sur une plaque recouverte de papier cuisson, déposez les noisettes. Enfournez et laissez torréfier pendant 15 min en mélangeant à mi-cuisson. Les noisettes doivent être bien dorées.

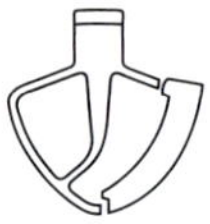

À la sortie du four, passez-les dans le hachoir muni de la grille fine en vitesse 4 pour les réduire en purée. Passez la purée obtenue une seconde fois dans le hachoir afin de bien faire sortir la matière grasse des noisettes.

Dans une casserole, faites chauffer la crème liquide. Ajoutez le chocolat noir et le chocolat au lait en morceaux, laissez reposer 3 min, puis mélangez pour obtenir une préparation homogène.

Dans le bol du robot muni du batteur à bord flexible, mettez la purée de noisette, ajoutez la crème au chocolat fondu, le sucre glace, l'huile et l'extrait de vanille. Mélangez en vitesse 4 pendant 2 min. Versez la préparation dans 2 pots et fermez bien. Conservez au réfrigérateur et consommez sous 15 jours.

CONSEIL & VARIANTE

Vous pouvez ajouter 1 pincée de fleur de sel.
Variez les fruits secs selon vos envies : amandes, noix de cajou, noix de macadamia…
Vous pouvez remplacer l'huile neutre par de l'huile de coco.

ANNEXES

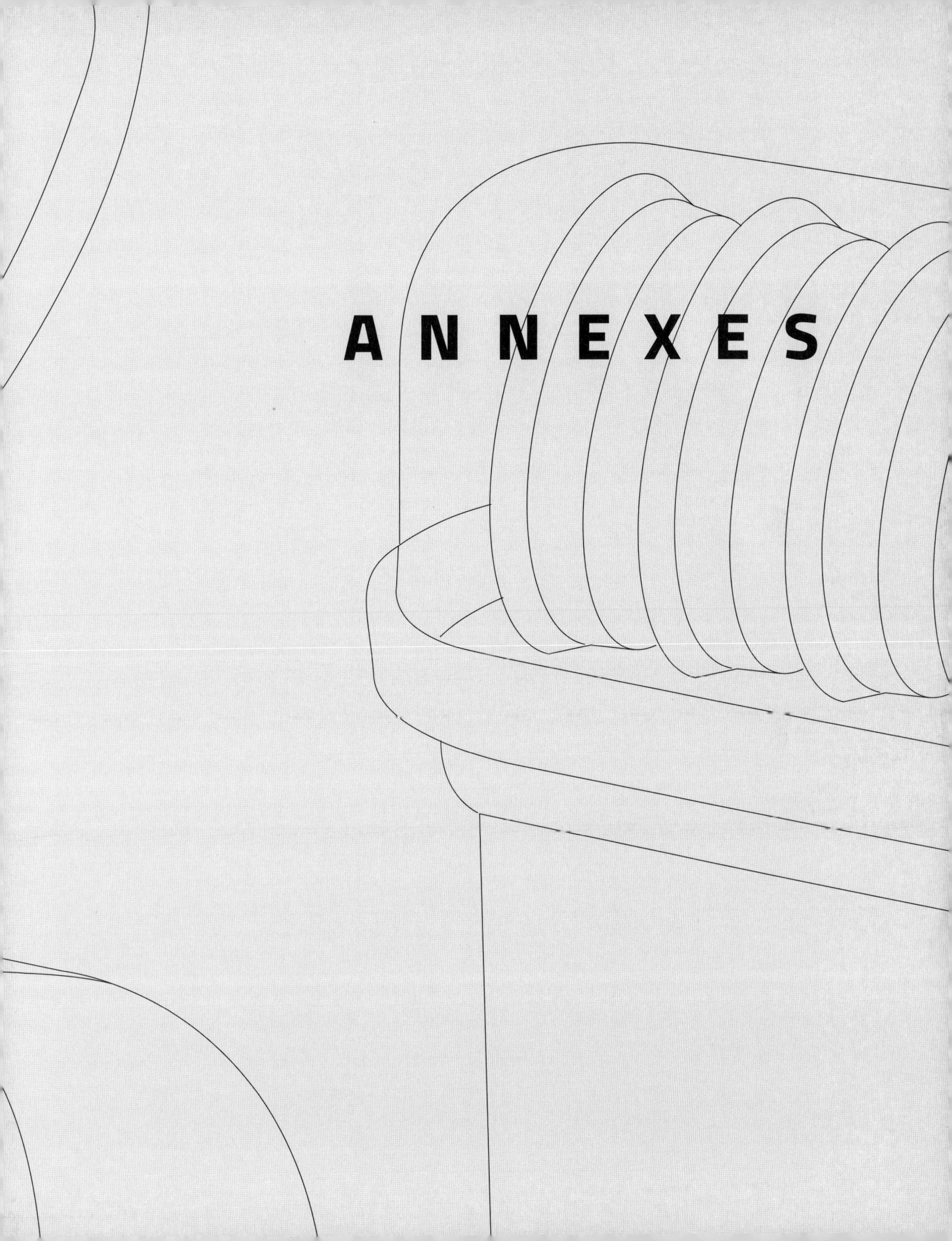

TABLES DES ÉQUIVALENCES

CAPACITÉS MAXIMALES DES BOLS

3,3 L

- 680 g de farine tout usage
- 8 blancs d'œufs (moyens)
- 1,8 kg de pâte à gâteau
- 2 kg de purée de pommes de terre
- 60 cookies

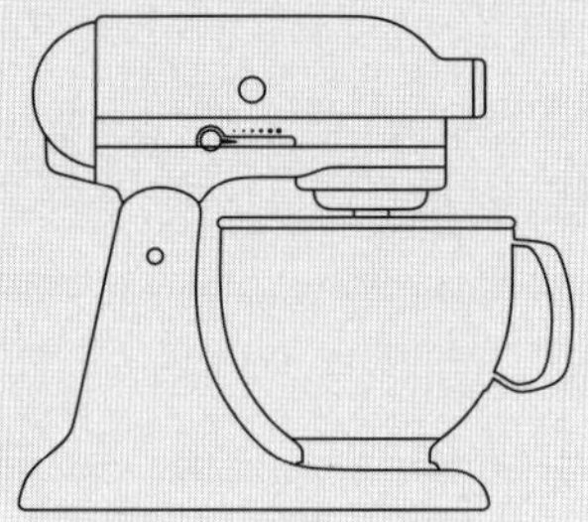

4,8 L

- 1 kg de farine tout usage et 800 g de farine de blé complet
- 12 blancs d'œufs (moyens)
- 1 l de crème fouettée
- 2,7 kg de pâte à gâteau
- 2 kg de pâte à pain (pâte levée ferme)
- 3,2 kg de purée de pommes de terre
- 108 cookies

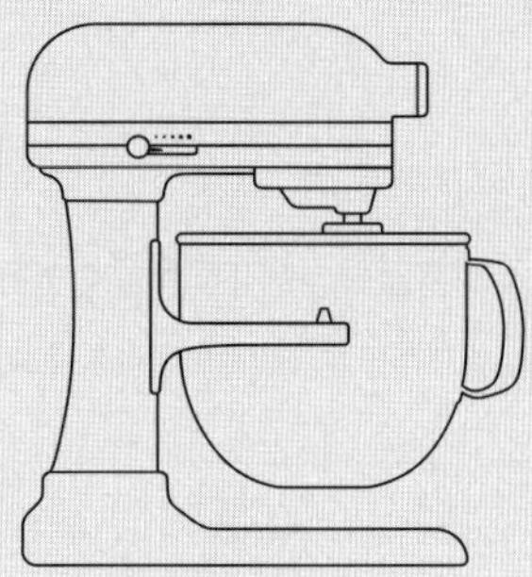

6,9 L

- 2,2 kg de farine tout usage et 1,75 kg de farine de blé complet
- 19 blancs d'œufs (moyens)
- 1,9 l de crème fouettée
- 4,5 kg de pâte à gâteau
- 3,8 kg de pâte à pain (pâte levée ferme)
- 3,6 kg de purée de pommes de terre
- 168 cookies

INGRÉDIENTS

	US	EU
Crème fraîche	1 cup	240 g
Crème épaisse	1 cup	240 g
Crème légère	1 cup	240 g

Sucre brun	1 cup	130 g
Sucre blanc	1 cup	130 g
Sucre en grains	1 cup	200 g
Sucre perlé	1 cup	150 g

VOLUME

US		EU
1 cup		240 ml
1/2 cup		120 ml
1/3 cup		80 ml
1/4 cup	4 tablespoons	60 ml
1 tablespoon	3 teaspoons	15 ml
1 teaspoon		5 ml
1 fluid ounce		30 ml
1 US quart		~1 l

TEMPÉRATURE

F°	C°	Gas mark (FR)
400	200	7
350	180	6
300	150	5

POIDS

US		EU
1 pound	16 ounces	454 g

LONGUEUR

US		EU
1 inch		2,54 cm
1 foot	12 inches	30 cm

Lait	1 cup	240 ml		
Beurre	1/2 cup	113 g	1 stick	4 ounces
Beurre	1 tablespoon	14 g		
Huile	1 cup	200 g		

Sel fin	1 teaspoon	5 g
Farine blanche ou complète	1 cup	130 g

TABLE DES MATIÈRES

BASIQUES

SIMPLE & FRAIS !

COMME UN CHEF !

PÂTES & CÉRÉALES

DOUCEURS

INDEX PAR TYPE DE PLATS

BOULANGERIE / VIENNOISERIE

PETITS DÉJEUNERS

GOÛTERS

BOISSONS

APÉRITIFS

ENTRÉES

PLATS

VIANDE - VOLAILLE

POISSONS - FRUITS DE MER

VEGGIE

TARTES SALÉES

DESSERTS

INDEX PAR TYPE D'ACCESSOIRE PRINCIPAL

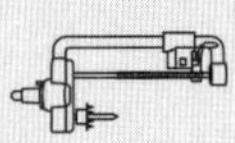

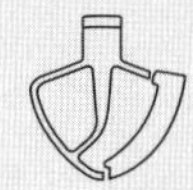

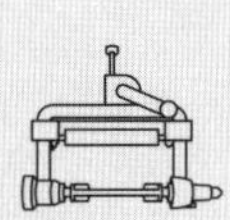

INDEX DES PRODUITS

M

N

O

P

Q

R

S

T

V

W

Y

REMERCIEMENTS

À tous les créateurs passionnés qui nous inspirent depuis 1919.

KitchenAid Europa, Inc. Nijverheidslaan 3, box 5, 1853 Strombeek-Bever, Belgium
https://www.kitchenaid.eu/

DIRECTEUR DE COLLECTION
Alain Ducasse

DIRECTRICE
Aurore Charoy

RESPONSABLE ÉDITORIALE
Alice Gouget

ÉDITRICES
Fanny Morgensztern et Jessica Rostain

PHOTOGRAPHIES
© Rina Nurra

STYLISME CULINAIRE ET ARTS DE LA TABLE
Ayumi Iida

PHOTOGRAVURE
Nord Compo

Imprimé en Espagne par Ingoprint, sur du papier provenant de bois géré de manière responsable.

ISBN : 978-2-84123-963-4
Dépôt légal 3e trimestre 2018

Ducasse Édition
2, rue Paul-Vaillant-Couturier
92532 Levallois-Perret Cedex

Route 66

terra magica

Fotos: Klaus Beer / Erika Beer
Text: Klaus Beer
Bildredaktion: Verlag in Zusammenarbeit mit den Autoren
Gestaltung Umschlag: Wolfgang Heinzel
Übersetzung der Zitate aus dem Englischen: Erika Beer, Klaus Beer, Ingo Spörl
Recherchen: Norbert Diener
Karte Seiten 2/3: Robert «Bob» Waldmire (Copyright R. Waldmire)

Sonderausgabe 2013

Printed in EU
ISBN 978-3-7243-0424-1

Klaus Beer

Route 66 – die Legende lebt

terra magica

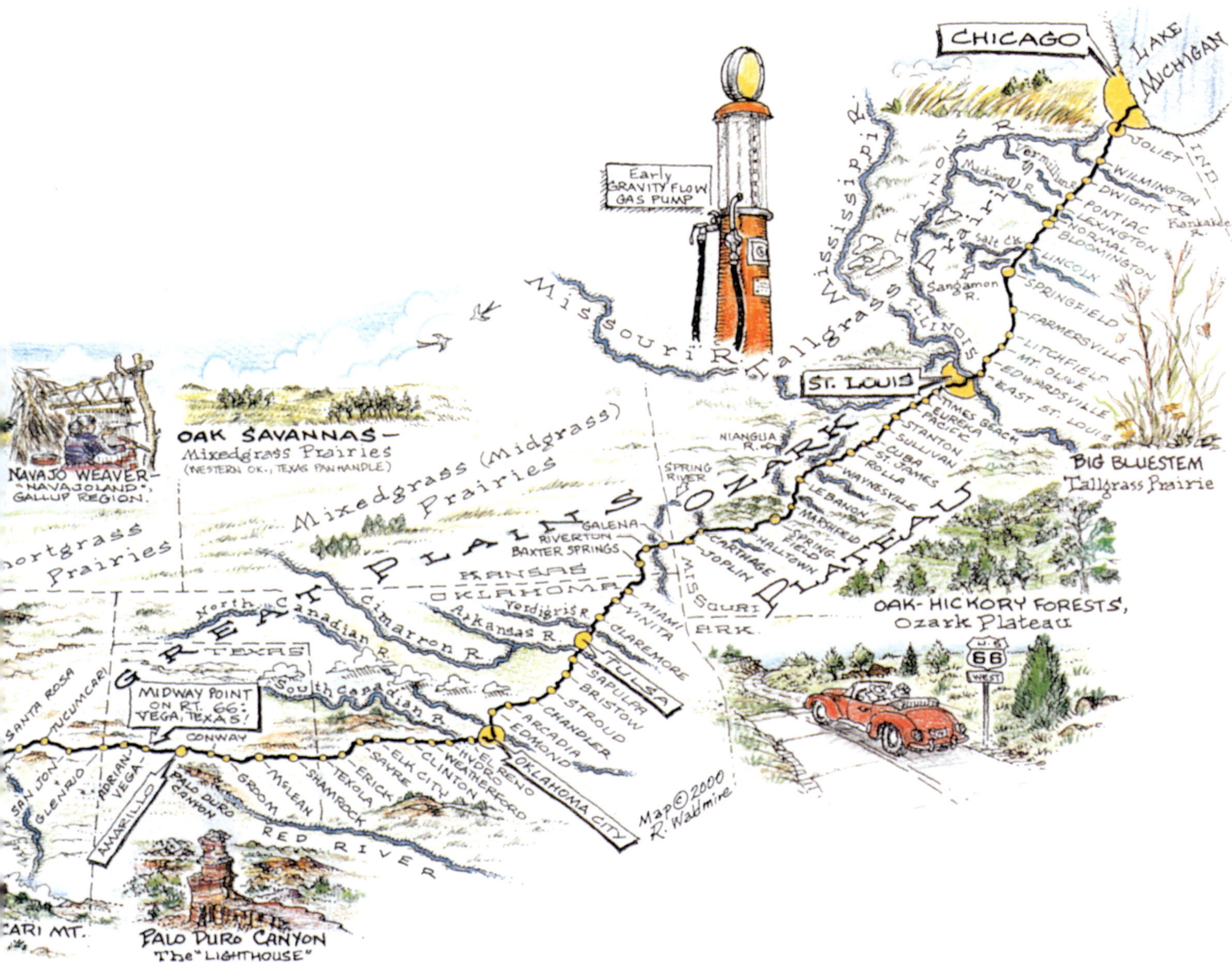

Inhalt und Ortsverzeichnis

terra magica

ILLINOIS

Chicago
Elwood
Wilmington
Braidwood
Gardner
Dwight
Odell
Pontiac
Chenoa
Lexington
Towanda
Normal
Bloomington
Shirley
Funks Grove
McLean
Lincoln
Springfield
Litchfield
St. Louis

MISSOURI

Stanton
Cuba
St. James
Rolla
Devils Elbow
Hazelgreen
Lebanon
Springfield
Halltown
Carthage
Joplin

KANSAS

Galena
Riverton
Baxter Springs

OKLAHOMA

Quapaw
Commerce
Miami
Foyil
Claremore
Catoosa
Tulsa
Sapulpa
Stroud
Chandler
Arcadia
Oklahoma City
Yukon
El Reno
Hydro
Clinton
Texola

TEXAS

Shamrock
McLean
Alanreed
Groom
Amarillo
Vega
Adrian
Glenrio

NEW MEXICO

Tucumcari
Montoya
Santa Rosa
Las Vegas
Rowe
Pecos
Santa Fe
Albuquerque
Laguna
Paraje
Cubero
Acoma Pueblo
Grants
Zuni Pueblo
Prewitt
Gallup
Lupton

ARIZONA

Chambers
Holbrook
Joseph City
Winslow
Two Guns
Winona
Flagstaff
Williams
Ash Fork
Seligman
Peach Springs
Hackberry
Kingman
Oatman
Topock

KALIFORNIEN

Needles
Essex
Chambless
Amboy
Newberry Springs
Barstow
Oro Grande
Victorville
San Bernardino
Los Angeles
Santa Monica

Von Chicago nach St. Louis

Während in Europa bereits ein dichtes Netz gut asphaltierter und betonierter Straßen die Länder näher zusammenrücken ließ, durchzogen den amerikanischen Westen nur Pfade, staubige Pisten, Schlamm- und Morastwege. Treibsandlöcher und Sandstürme erstickten jede Mobilität. So bedeutete am Ende des 19. Jahrhunderts Road immer noch Railroad. Die Eisenbahn beherrschte ausnahmslos den gesamten Reiseverkehr über Land.

Wie alles begann

Als erste Automobile gebaut wurden, De Soto, La Salle, Cadillac und Hudson, versetzten diese «Ungeheuer» die Menschen in Angst und Schrecken. Man war überzeugt, dass kein Mensch so lebensmüde wäre, sich auf eine «Explosion» zu setzen. Doch schnell schlug die Furcht in Begeisterung um. 1899 organisierte sich der Amerikanische Automobilclub (AAA). Um die Jahrhundertwende gab es bereits 8000 Autos, und 1903 gründete Henry Ford seine Autofirma. Ein Jahr später erschien die Rand-McNally-Straßenkarte. Und wiederum nach einem Jahr gab es die erste mit Asphalt befestigte Straßendecke.

Der Siegeszug des Automobils war nicht mehr aufzuhalten. Eine neue Infrastruktur mit Benzinsäulen und Imbissstätten entstand. 1914 fuhren bereits zwei Millionen Autos durch die USA. Entlang der Eisenbahnlinie entstand der National Old Trails Highway, der als Vorläufer der Route 66 gesehen werden kann. Anfang der Zwanzigerjahre wuchs im Westen der Wunsch nach einer durchgehenden Ost-West-Verbindung. Zu den Befürwortern zählten auch die Farmer, die dem diktatorischen Gebaren der Eisenbahngesellschaften ein verbessertes Straßennetz entgegensetzen wollten. Der Automobilclub unterstützte das Vorhaben, der Straßenbau wurde vorangetrieben. Eine neue Freude am Autofahren entstand. Plötzlich waren Orte schnell zu erreichen, feste Straßendecken machten das Reisen zu einem Vergnügen. Eine Automanie nahm ihren Lauf: In den Roaring Twenties bewegten sich zehn Millionen Fahrzeuge durch das Land.

Dann gab es einen Mann, Cyrus Stevens Avery, 1921 zum Präsidenten der Associated Highway Commission gewählt, der von Oklahoma aus begann, fast parallel zu der Linienführung der Eisenbahn die ehemaligen Postkutschenrouten, Handelswege und die bereits vorhandenen Trassen mit Schotter, Ziegeln und Planken zu verbinden. Die «Mainstreet of America» war geboren. Viele Straßen folgten. Doch keine konnte sich «kürzeste und direkteste Route von den Großen Seen bis nach L. A.» nennen. 1923 wurde der erste nationale Highway dem Verkehr übergeben. Der Lincoln Highway, der als Matsch- und Geröllpiste von New York nach San Francisco führte. 1925 begann man in den USA, Ordnung in den Wirrwarr der Überlandstraßen zu bringen und sie zu nummerieren. Ungerade Zahlen für die Nord-Süd-, gerade für die Ost-West-Verbindungen. Der Lincoln Highway zerfiel in eine regionale, unterschiedliche Nummerierung. Die Bezeichnung «66» erhielt am 11. November 1926 eine Straße, die sich aus alten Indianerwegen, vielen Pisten und wenigen asphaltierten Strecken entlang der Eisenbahnlinie von Chicago Richtung Westen zusammensetzte.

1928: Die große Depression hatte Amerika im Würgegriff. Viele Menschen waren obdachlos, hungrig, und ohne einen Penny in der Tasche suchten sie verzweifelt nach Möglichkeiten für einen Aufbruch in ein besseres Leben. Als dann Gerüchte umgingen, dass in Kaliforniens Obstplantagen Arbeiter gesucht würden, sahen viele nur ein Ziel: das «Gelobte Land», das «Eden of the West» am Pazifik zu erreichen. So bestand der erste Treck über die Route 66 Richtung Southern California aus Wirtschaftsflüchtlingen und Arbeitslosen, die sich von Chicago aus durch acht US-Bundesstaaten quälten. Durch Illinois, Missouri, Kansas, Oklahoma, Texas, New Mexico, Arizona, bis sie schließlich Kalifornien erreichten.

Das Geschäft mit dem Highway begann zu florieren. «Food, Fuel and Lodging» war 1930 überall an der Straße zu lesen. «Blickfallen»« sollten Kunden locken. Tankstellen und Diners wurden in kitschig-schrillen Formen gebaut. Dinosaurier, Indianerzelte und überdimensionale Milchflaschen eroberten die Straße. «Roadside kitsch», lustig und amüsant. Am 17. Juni 1935 erreichte die Route 66 ihre heutige Länge von 2448 Meilen, das sind 3940 Kilometer, und führte von der Innenstadt Chicagos bis zu ihrem jetzigen Endpunkt in Santa Monica am Pazifik. Bereits 1908 hatte Henry Ford mit seiner «Tin Lizzy» die Mobilität der Massen möglich gemacht. Neben Chevys, Packards und Buicks dominierten die Fords, und eine Schlange aus Blech, Gummi und Glas wälzte sich nach Kalifornien. Doch nicht alle, die auf der 66 nach Westen fuhren, wollten Arbeit. Auf der Straße waren auch Spekulanten, Glücksritter und zwielichtige Gestalten unterwegs, die auf ihre Weise nach einem besseren Leben suchten. So waren nicht nur «die Straße» und «das Auto» ein Abenteuer.

Nach Illinois und Kansas war Missouri der dritte Staat, dessen Abschnitt der Straße eine vollständige Asphaltdecke aufwies. Doch es dauerte noch weitere sieben Jahre, bis die gesamte Strecke befestigt war. Anfang der Dreißigerjahre wurde Oklahoma von verheerenden Naturkatastrophen heimgesucht. Staubstürme zogen über das Land und vernichteten die ohnehin kümmerliche Ernte. In der zehnjährigen Trockenzeit, während der die rote Erde Oklahomas von gewaltigen Stürmen buchstäblich in den Himmel geblasen wurde, mussten zahlreiche Farmer ihre Höfe verlassen. Machtlos standen die Menschen der Natur gegenüber. Millionen Tonnen Erde verfinsterten den Himmel, puderfeiner Sand drang durch die kleinsten Ritzen der Häuser. Vieh und Pflanzen erstickten in der Geißel Staub.

Nach den Roaring Twenties und der Auswanderungswelle zur Zeit der großen Depression zogen nun zum drit-

«The Monument» in Tucumcari: futuristische Nostalgie

ten Mal Menschen auf der Route 66 Richtung Kalifornien. Diejenigen, die ihr Ziel erreichten, wurden dort oft sehr ungnädig empfangen und manchmal von bewaffneten Männern wieder davongejagt. 1939 beschrieb John Steinbeck in seinem Roman *Früchte des Zorns* die Geschichte der Okies. Er berichtete von Menschen, die, durch die alles zerstörenden Staubstürme, die Missernten und die Überschuldung zur Aufgabe ihrer Farmen gezwungen, in Richtung Westen zogen. Am Schicksal der Familie Joad, die für eine Viertelmillion Menschen steht, schilderte Steinbeck die Suche nach einem Traum am «Ende des Horizonts», den Überlebenskampf von Menschen und ihren Fahrzeugen: «Fünfzigtausend alte Wagen – dampfend und halb kaputt. Autowracks am Rande der Straße, Motorblöcke abmontiert, Reifen geflickt und Wagen, die gleich verwundeten Tieren über die Route 66 humpeln, mühsam und keuchend.» Die US 66 wurde zur «Mutter aller Straßen» (Mother Road). Bereits ein Jahr später verfilmte John Ford Steinbecks Roman.

Eines aber konnten all die Widrigkeiten nicht: die Musik töten. Als die Staubstürme besonders heftig tobten, im Jahr 1935, schrieb der Folksänger Woody Guthrie in Pampa, Texas, seine *Dust Bowl Ballads.* Mitten in der größten Not sang er sich in die Herzen der Menschen und traf mit seinen Liedern den Seelenzustand einer ganzen Nation. «Dust Pneumonia Blues», «Dustbowl Refugee» und «Blowing Down the Road» wurden zu Leitmelodien der flüchtenden Okies. Während des Zweiten Weltkriegs dann fuhren unzählige Truppentransporte und Versorgungskonvois über die Route. Die alte Straße wurde überwiegend von Militärfahrzeugen benutzt, und ihr Zustand verschlechterte sich zunehmend. Für die Zivilbevölkerung wurden Gummi und Benzin knapp, die Rationierung musste durch Coupons geregelt werden.

Nach dem Krieg begann eine Veränderung der US-amerikanischen Kultur. Unzählige Amerikaner, die während des Krieges um den halben Globus gereist waren, begannen ihr eigenes Land zu erforschen. Ex-GIs und Nachkriegsfamilien siedelten sich in Kalifornien an. Es startete eine weitere Karawane auf der Route 66 Richtung Westen, dorthin, «wo die Sonne täglich scheint». Man sagt, dass es mehr «Westward Migrators» gab als nach den Staubstürmen. Eine ungeahnte automobile Reiselust ließ den Tourismus blühen. Zahlungskräftigere und anspruchsvollere Kunden förderten das Konkurrenzdenken. Komfortablere Unterkünfte, Motels mit Klimaanlage, TV und Pool entstanden.

Jetzt lockte der Goldene Westen nicht mehr nur mit Nuggets. Technische Errungenschaften und das Flimmerkino ließen Sehnsüchte ganz anderer Art entstehen. Auf dem Weg nach Hollywood war damals auch Bobby Troup, der auf der Straße sein Lied über die Straße schrieb: Als «Get Your Kicks on Route 66» das erste Mal über den Äther lief, wurde es über Nacht zum Hit. Vielleicht auch, weil so viele Menschen den Highway schon befahren hatten. Für sie waren die aufgezählten Namen mit Erinnerungen verbunden: St. Louis, Oklahoma City, Amarillo, Gallup, Flagstaff, Kingman, Barstow und San Bernardino. Man sagt, dass der Wüstenort Winona nur erwähnt wird, weil es sich so schön reimte.

Im gleichen Jahr, 1946, entstand auch der erste Reiseführer. Jack D. Rittenhouse dokumentierte im *Guidebook to Highway 66* Meile für Meile alle Tankstellen, Restaurants und Sehenswürdigkeiten an der Straße. Ein Büchlein, das bis heute unverändert nachgedruckt wird und zur «Bibel» unzähliger Motorisierter avancierte. Wachsende Verkehrsdichte, die Zunahme der Sportwagen und stetiger Lastwagenverkehr gaben der 66 einen neuen Beinamen: «Bloody 66». Auch die Taufe zum «Will Rogers Highway» 1952 konnte den üblen Beigeschmack nicht versüßen. Dagegen hielt auf der Straße der so genannte «gute Geschmack» Einzug. Nach und nach verschwand das originelle Dekor und an seine Stelle traten Touristenattraktionen wie Picknickplätze mit Zoos, die Tropfsteinhöhlen – und Disneyland. In der Wohlstandsära der Fünfzigerjahre suggerierte die Werbung ein neues Lebensgefühl. Mit schrillen Heckflossen, blitzendem Chrom, Autokinos und Rock 'n' Roll wurden amerikanische Nachkriegsträume ausgelebt. Ein Auto entwickelte sich zum Kultmobil: der zweisitzige Chevrolet Corvette, Amerikas erster Sportwagen.

Neue Pläne sahen vor, die Straße zu einer modernen Verkehrsader auszubauen. Ziel: wenig Kurven, Meilen sparen, Städte umfahren. Eisenhower, der in Deutschland die Autobahn kennen gelernt hatte, war der Verfechter dieser Idee, und 1956 beschloss der Interstate Highway Act, Amerika mit effizienteren, vierspurigen Interstates zu durchziehen. Die Pläne klangen gut. Außer für die Ortschaften, die, von der Lebensader abgeschnitten, zum Sterben verurteilt waren. Über unzählige Motels, Tankstellen und Diners legte sich ein Leichentuch aus Rost. Dann begann die Nostalgiewelle. Den endgültigen Durchbruch als Kultstraße Amerikas brachte eine Fernsehserie, in der Buz und Tod in ihrer Corvette über die «Straße der Sehnsucht» fuhren: «Going somewhere along the backbone of America.» Der Interstate wurde für die Route 66 zum Todesstoß. Peu peu begann er den alten Highway zu überdecken, aufzufressen. 1977 dann wurde in Chicago das letzte 66-Schild abmontiert.

Am 22. September 1984, um drei Uhr mittags, wurde bei Seligman ein neues Teilstück des I-40 eingeweiht. Der Verkehr durch die Stadt brach von einer Stunde auf die andere ab. Bis zu diesem Zeitpunkt durchfuhren den Ort täglich 9000 bis 10 000 Autos. Und dann fielen bei Williams auch die letzten Meilen der alten Straße dem neuen Highway zum Opfer. Mit der Fertigstellung des letzten Streckenabschnitts endete 1984 die Bezeichnung Route 66 auch offiziell, und der geschichtsträchtige Highway wurde in «Historic Route 66» umbenannt. In jedem Bundesstaat, in dem wenigstens ein paar Kilometer alte Straße durch die Landschaft führen, wurden Route-66-Clubs gegründet. Diese Associations werden nur von Spenden und Mitgliedsbeiträgen am Leben erhalten. Alle Straßenschilder, die auf die Historic Route 66 hinweisen, sind von Privatpersonen und Firmen finanziert. Gründer der U. S. Route 66 Association war Tom Snyder, dessen Streckenpilot bereits zum Kultbuch der Route-66-Nostalgiker wurde. Zu den größten Verfechtern der Route-66-Renaissance zählt Angel Delgadillo in Seligman, der nicht müde wird, nach dem Tod der alten Straße die Mythenbildung weiter zu pflegen. Kein Fernsehteam verlässt den alten Highway, ohne mit ihm gesprochen zu haben.

in der ersten Zeitung der Route 66 Association von New Mexico heißt es: «Wir sind dabei, die «Mother Road of America» zu bewahren. Wir tun das wegen der Nostalgie, wegen des Highways, wegen toter und lebendiger Relikte, aber hauptsächlich wegen der Menschen und der Orte, die nicht vergessen werden sollen, wegen der Erinnerungen an einen langen, dünnen Asphaltstreifen, der Route 66 genannt wird.» Lange Zeit schien dies aussichtslos, wo gerade ein Loch gestopft wurde, tat sich ein anderes auf. Doch hier und dort erschien ein Artikel, berichtete ein Fernsehsender, glänzte Nostalgie auf Fotos in bekannten Magazinen, wurde ein 66-Festival oder Oldtimerrennen auf historischem Asphalt abgehalten. Immer mehr Besucher kamen.

Derzeit erlebt die Straße einen regelrechten Boom. Läden und Nostalgie-66-Shops schießen wie Pilze aus dem Boden und immer mehr Touristen begeben sich auf die Suche nach der Vergangenheit der Kultstraße. Der Idealismus von Einzelpersonen und die Bemühungen der Route 66 Associations bringen Menschen auf eine Straße, die es offiziell gar nicht mehr gibt. Ein Erfolg, auf den auch das Weiße Haus aufmerksam wurde – und reagierte: Im August 1999 stellte die US-Regierung 18 Millionen Mark zur Sanierung der, wie es hieß, «einst wichtigsten Fernstraße in den Vereinigten Staaten» zur Verfügung. Mit diesen Mitteln sollen nun markante Straßenabschnitte und Wahrzeichen restauriert werden.

Ein Song geht um die Welt

Die Legendenbildung kommt nicht von ungefähr. Seit der Kolonisierung hat es jede Generation ruhelos nach Westen getrieben. «Go west!» Diesem uramerikanischen Drang folgte nach den Trails der Pioniere und den Tracks der Schienen der Asphalt. So standen Straßen schon immer für Sehnsüchte und Träume, für Freiheit und Abenteuer. Die Seidenstraße zum Beispiel oder die Panamericana, die «Traumstraße der Welt», gehören zu den bekanntesten. Es kommt nicht darauf an, zu einem bestimmten Zeitpunkt an einer bestimmten Stelle zu sein – es genügt, unterwegs zu sein. Die Queen aller magischen Straßen jedoch ist die Route 66. Nirgendwo anders ist der American Dream so tief verwurzelt. Und nirgendwo anders ist es schöner, den Weg zum Ziel zu machen.

Mit dem satten Sound einer Harley in den Ohren auf endloser Straße in die am Horizont versinkende Sonne zu fahren, das Gefühl unendlicher Freiheit unter einem unendlichen Himmel zu erleben, einzutauchen in Neonträume und mit den Relikten der Vergangenheit das Amerika von gestern zu «erfahren», daraus besteht heute der Reiz der Straße, die bereits die Größen der Musikgeschichte inspirierte. Nat King Cole, Bing Crosby, Chuck Berry, Perry

Urbane Leuchtspuren am Lake Shore Drive in Chicago

Como, die Andrew Sisters, Harry James, Manhattan Transfer, die Rolling Stones und viele andere gaben mit diesem einen Song der Straße die Ehre:

If you ever plan to motor west;
Travel my way; take the Highway that's the best;
Get your kicks on route 66!

It winds from Chicago to L. A.,
More than 2000 miles all the way
Get your kicks on route 66!

Now you go through St. Louis and Joplin, Missouri,
and Oklahoma City is mighty pretty
You'll see Amarillo, Gallup, New Mexico,
Flagstaff, Arizona, don't forgot Winona,
Kingman, Barstow, San Bernardino.

Won't you Get hip to this timely tip:
When you make that California trip
Get your kicks on route 66!

Eigentlich hatte Bobby Troup mit der Straße nichts am Hut, als er sie das erste Mal befuhr. Er war auf ihr mit seiner Frau Cynthia nach Los Angeles unterwegs, um dort an seinem ersten Hit «Daddy» anzuknüpfen, der sieben Wochen lang an der Spitze der Hitparade stand. Ein erster Erfolg für den Songschreiber aus Lancaster, Pennsylvania, der es nun dort versuchen wollte, wo alle Möglichkeiten offen standen: in L. A.

Angesporn durch Namen wie Glenn Miller und die Andrew Sisters, die sein Lied spielten und sangen, machte sich das Ehepaar am 17. Februar 1946 mit seinem Buick Cabrio auf nach Westen. Sie fuhren noch auf dem Pennsylvania Turnpike, als Cynthia, die gerade die Landkarte studierte, vorschlug, einen Song über den Highway 40 zu schreiben. Doch Bobby fand das keine so gute Idee, da sie sich ab Chicago auf einer anderen Straße, dem Highway 66, befanden. Zwei Tage später, die beiden waren gerade durch St. Louis gekommen, flüsterte Cynthia ihrem Bobby ins Ohr: «Get your kicks on Route 66!» Bobby war begeistert, ja, wie er sagte, «geradezu elektrisiert», und begann noch während der Fahrt zu komponieren und zu texten: «If you ever plan to motor west ...» Als sie in L. A. ankamen, war der Song zur Hälfte fertig.

Ein früherer Kontakt zu Tommy Dorsey verschaffte Bobby Troup bereits wenige Tage später einen Termin mit Nat King Cole, den er schon immer bewundert hatte. Er konnte es kaum fassen, dass er seinem Idol einige Songs vorspielen durfte: «Baby, Baby, Baby All of Mine» und – das unvollendete «Get Your Kicks ...». Cole war so begeistert, dass er Bobby sofort nach Hause schickte, um den Titel fertig zu schreiben. Da er kein eigenes Piano hatte, ging er in ein Studio, setzte sich mit einer Landkarte an eines der Mietklaviere und komponierte. Noch im gleichen Jahr machte Nat King Cole das Lied zum Hit. Wie Jack Rittenhouse, der ebenfalls 1946 den ersten Reiseführer über die 66 schrieb, kann es auch der Komponist des 66-Kultsongs bis heute nicht verstehen, zu welchem Erfolg sein Werk wurde. In einem Interview bezeichnete Bobby Troup die Route 66 sogar als die schlechteste Straße, auf der er in seinem ganzen Leben gefahren sei – und dass er sie deswegen auch nie wieder benutzen würde.

«the Windy City»

Die Suche nach der Route 66 beginnt in Downtown Chicago, «the Windy City», wie die Metropole am großen Wasser wegen des hier oft heftig pfeifenden Windes, der Wolken, Regen und Kälte über den Lake Michigan in die Hochhausschluchten trägt, auch genannt wird. An der Ecke Michigan Avenue und Jackson Boulevard begann ursprünglich die alte Route, die 1933 nach der Weltausstellung weiter nach Osten zum Grant Park verlegt wurde. Als 1955 der Jackson Boulevard zur Einbahnstraße wurde, erhielt die einen Block nördlich liegende Adams Street die

Bild nächste Doppelseite
Abendstimmung über Chicago, drittgrößte Stadt der USA

übernächste Doppelseite
Buckingham Fountain in Chicago

Ruhmeskrone, offizieller Beginn der Route 66 zu sein. Den Beginn der «Mainstreet of America» Richtung Westen markiert seitdem eine breite Straße mit stetiger Rushhour, flankiert von stuckverzierten Hochhäusern, die Flaggen über den Fenstern tragen. Auf der anderen Seite das Chicago Art Institute mit seinen zwei grünlich schimmernden Löwen – es könnte keinen opulenteren Ausgangspunkt für die lange Reise zum Pazifik geben.

Es ist ein grauer, ungemütlicher Morgen. Der Wind pfeift durch die Straßen, die Wellen des Lake Michigan klatschen gegen die Steinmauer am Ufer. Der Sears Tower, der an klaren Tagen wie eine schwarze Nadel in den Himmel ragt, versteckt sich schon nach wenigen Stockwerken im Nebel. Kein schöner Tag, um am Herzen der Straße dem Puls einer Legende zu folgen. Ein kalter Wintermorgen mit etwas Schnee am Straßenrand und nasskaltem, grauem Himmel war es auch, als am 17. Januar 1977 die beiden Straßenarbeiter John Chesniak und Gus Schultz begannen, ein Schild mit der Aufschrift «End of Route 66» von einem Laternenpfahl an der Ecke Lake Shore Drive und Jackson Boulevard zu schrauben. Nach wenigen Minuten war die Arbeit beendet. Ein Fotograf machte ein Bild. Ein historisches Foto, das eine neue Ära in der Geschichte der Straße einläutete. Die American Association of State Highway Officials schaffte die Route 66 ab. Die «Mainstreet of America» hörte offiziell auf zu existieren.

Vom Lake Michigan führte die alte Strecke in westlicher Richtung zur Ogden Avenue, auf der man Chicago verlässt. Bilder, die nicht in Werbeprospekten erscheinen, begleiten die Fahrt: Ziegelbauten mit verblichenen Aufschriften und eingeschlagenen Fenstern, Lagerhallen, Geleisewüsten. Viele Geschäfte sind geschlossen, Fenster und Türen verbarrikadiert. Zwischen losen Steinen sprießt das Gras. Unter einer rostigen Brücke hat der Wind Plastikbeutel und Einwegbecher zusammengewirbelt. Alle paar Meter sind die Gehsteige aufgebrochen, klaffen mit öligem Wasser gefüllte Krater im Asphalt. Platt gewalzte Coladosen und wilde Graffiti setzen farbige Akzente. Ein paar Schwarze, mit langen Mänteln und Pudelmützen, ziehen die Straße entlang. Cicero heißt der Vorort von Chicago, in dem in den Zwanziger- und Dreißigerjahren die Mafia das Sagen hatte. Capone Country, Hochburg des organisierten Verbrechens. Gangstertunnel unterhöhlten während der Prohibition diesen Teil der Stadt, vernetzten illegale Kneipen und Bordelle miteinander. Glücksspiel und Drogenhandel blühten. Noch immer stehen die alten Schlachthäuser entlang der Straße. Verlassene Ruinen als Mahnmal für schonungslose Profitgier und unmenschliche Arbeits- und Lebensbedingungen der damaligen Fleischmetropole. «Schweinemetzger für die Welt» – immer wieder wird man an Upton Sinclairs Meisterwerk *Der Dschungel* erinnert.

Als es hier am Lake Michigan nur ein paar Zelte der Chippewa-Indianer gab, wuchsen in den weiten Wiesen und Wäldern wilde Zwiebeln. Es waren so viele, dass die Indianer das Land danach benannten: *Shegagh*, «Land der wilden Zwiebeln». Später wurde aus diesem alten Indianerwort «Chicago». Heute ist die Stadt Dreh- und Angelpunkt im Mittleren Westen. Fast im Zentrum des nordamerikanischen Kontinents gelegen, führen alle Wege über die strategisch günstige Nahtstelle zwischen dem dicht besiedelten Osten und den Weiten des amerikanischen Westens. Aus dem einstigen Sumpfloch am großen Wasser und der alten Westerntown wurde eine kosmopolitische Stadt. Nirgendwo anders kann man so schnell die Kultur wechseln wie hier, erlebt italienische, mexikanische, griechische, jüdische, japanische und chinesische Lebensart von einem Straßenzug zum anderen. Eine Ringbahn führt auf ratternden Schienen rund ums Zentrum. An dem sich beinahe über 40 Blocks erstreckenden Loop liegen die noblen Geschäfte, die Shopping Malls, die Boutiquen.

«Downtown» – das ist hier der Loop (Schleife), das Einkaufsparadies auf der Magnificent Mile, das sind 150 Theater, über hundert Blues- und Jazzkneipen, die berühmte Oper und das Chicago Board of Trade, die größte Warenterminbörse der Welt. Doch in Chicago ist auch die Kunst zu Hause. Menschen in Nadelstreifenanzügen, eleganten Kostümen, mit Aktentasche, Kaffeebecher und Handy bewaffnet, suchen in der Mittagspause Entspannung zwischen modernen Plastiken und bei Ausstellungen berühmter Künstler. Eine 16 Meter hohe Skulptur von Pablo Picasso, die «rote Riesenspinne» des Alexander Calder oder das 20 Meter lange Mosaik von Marc Chagall vor der First National Bank gehören zu den bedeutendsten Werken, mit denen Chicago sein Unterweltimage abzuschütteln versucht.

Als 1871 ein verheerender Brand fast die ganze Stadt in Schutt und Asche legte, wagte ein Architekt mit einer zehnstöckigen Konstruktion aus Stahlrahmen und Backsteinen einen Neuanfang. Der Wolkenkratzer war geboren. Nach William Le Baron Jenney strömten weitere avantgardistische Baumeister aus aller Welt in die Stadt. Chicago wurde zur Spielwiese experimentierfreudiger Architekten, die griechische Säulen, Marmortempel und riesige Kathedralen aus Stahl und Glas am Lake Michigan errichteten. 1974 bauten Sears, Roebuck & Co. ein Warenhaus, das mit 443 Metern und 110 Stockwerken sogar die Architektur von Big Apple New York übertrumpfte und bis 1996 als höchstes Gebäude der Welt galt.

Den besten Blick über das Meer von Wolkenkratzern hat man vom Ende der Sechzigerjahre erbauten John Hancock Center. Vom obersten Stockwerk des dunklen Riesen wirkt der nie enden wollende Autostrom entlang dem Lake Shore Drive wie ein phosphoreszierendes Band. Wenn bei klarem Wetter die untergehende Sonne den Himmel wie Feuer erglühen lässt, drücken sich viele Besucher die Nasen an den Scheiben platt, um das gigantische Lichterspektakel der Skyscrapers (Wolkenkratzer) zu erleben.

Das Benzin mit den zwei Sechsen

Die Ogden Avenue zeigt das echte, schonungslose Bild der Stadt. Es geht durch heruntergekommene Viertel mit Fabriken und Zementwerken, aber auch durch hübsche kleine Vororte mit säulenbesetzten Einfamilienhäusern im Zuckerbäckerstil. Ende Oktober kann man hier die verrück-

Bilder rechts
• Chicago – my kind of town
• Chicago Bulls – Footballwerbung auf Sightseeing-Bussen

SEE CHICA
6-11 YRS $5.00
$9.
FROM THE
BULLS
DOUBLE DECKER
BUS TOUR $9.
SERVICE WITH
A SMILE!
14 133 H
ZHV 755

Seit 1927 mit der 66 verbunden: Benzinreklame «Phillips 66»

testen Halloween-Geschichten erleben. Lebensgroße Puppen mit ausgehöhlten Kürbisköpfen, Särge in den Vorgärten, ja ganze Häuser sind in Spinnweben eingehüllt. Je weiter man jedoch nach Westen kommt, desto mehr lässt der Halloween-Spuk nach.

Die Joliet Road, teilweise vom I-55 überdeckt, führt endgültig aus der Stadt hinaus. Bei der Ausfahrt Joliet Road South lockt erstes altes Pflaster. Doch echtes Route-66-Feeling will sich noch immer nicht einstellen. Schon jetzt kristallisiert sich eines heraus: Hat man den Ehrgeiz, so viel wie nur möglich auf altem Asphalt zu fahren, muss man «hüpfen»: runter vom Interstate und wieder zurück – wenn sonst gar nichts mehr geht. Ein unentbehrlicher Helfer für die Suche nach dem alten Highway ist Tom Snyders Route-66-Streckenpilot, der, wie der Autor selber sagt, «nicht für die Konversation am Kaffeetisch geschrieben wurde». Wie meint er noch? «Er sollte eine Menge Eselsohren haben und braune Ecken und ein paar Fruchtsaftflecken ...»

Ein Wunsch, der sich sicher schnell erfüllen wird. «Und wenn die Seiten wirklich schlimm aussehen, streichen Sie den Führer mit Goldbronze an. Das ist vielleicht die beste Art und Weise, Ihren Erlebnissen ein Denkmal zu setzen.» Eine Empfehlung Tom Snyders nach Erreichen des Pazifiks, doch für den Start sollte man eines auf jeden Fall beherzigen: nicht zu viel vorplanen. Das tötet jedes persönliche Abenteuer, jegliche Romantik und verunmöglicht all die Entdeckungen, die man macht, wenn man die alte Straße selbst erforscht. Das Ziel jedes Führers und auch dieses Buches ist es, eine Balance zu finden zwischen Vorinformation und spontanem Erleben. Bitte glauben Sie es: Die interessantesten Dinge erlebt man oft dann, wenn man sich verfahren hat.

Auch jetzt ist es nicht mehr auszumachen, welches Pflaster den Rädern so viel Freude bereitet, dass sie regelrecht hüpfen, dann wieder zufrieden summen und plötzlich ohne Vorwarnung einen Beat aufs Parkett legen, so dass Coladose und Streckenpilot kräftig mittanzen. Keine Fruchtsaftflecken – Colaspritzer sinds also in unserem Fall ...

Plötzlich taucht ein «Phillips 66»-Schild an einer Tankstelle auf. Ein erstes Zeichen, das auf die US 66 hinweist und eng mit dem Highway verbunden ist. Als 1927 die Gesellschaft ihre erste Raffinerie nahe der 66 gründete und zur Vermarktung einen werbewirksamen Namen benötigte, reiste zu diesem Zweck ein Vertreter an. Während der Fahrt meinte dieser beiläufig zu seinem Chauffeur, dass der Wagen mit dem neuen Benzin den Anschein erwecke, «wie 60» zu fahren. «60, nein, wir fahren 66», entgegnete der Chauffeur. Beim Treffen in Tulsa wurde die Unterhaltung über die Schnelligkeit des Fahrzeugs mit dem neuen Benzin erwähnt – «66 auf der 66», das klang gut. Der Name stand fest. Nichts lag näher, als ein Firmenzeichen in der Form der Highway-Ausschilderung zu wählen. Jetzt fehlte nur noch die Farbe. Man einigte sich auf einen orangen Untergrund mit schräg gestellten Sechsen. «Phillips 66» war geboren.

Auf der Suche nach der Route

Es wird ländlicher. Kornfelder, ein Fluss. Der Kankakee River und eine Kleinstadt, die nach William Shakespeare benannt worden sein soll. Oder war es der 1673 hier aufgetauchte kanadische Forscher Louis Joliet? Egal, die ersten Orte an der alten 66 werden natürlich eingehender betrachtet. Erstmals rollt man bewusst auf der Original-Route, die jedoch die Bezeichnung IL 53 trägt und auf der Ostseite des Interstate 55 verläuft. Es ist eine Landstraße mit den typischen Merkmalen des Old Highway: verwitterte Telegrafenmasten und die Schienen der Eisenbahn. «Die Route 66 verläuft meist parallel zum Schienenstrang», sagt Doug Stark, der eine kleine Autoreparaturwerkstätte an der Straße betreibt. Er ist Harley-Fan, was schon an den Stickern auf seiner verwaschenen Jeansjacke zu erkennen ist. Wie er erzählt, ist er die ganze Strecke Chicago–L. A. schon mal auf seiner Maschine abgeritten. «Sie machen es genau richtig. Vom Lake Michigan zum Pazifik. Nicht umgekehrt. Das verliert an Reiz. Sie müssen den gleichen Drang wie die Pioniere verspüren. Immer nach Westen.» Dougs Augen glitzern, während er erzählt. Er ist Biker mit Haut und Haaren. Im Moment ist seine Maschine jedoch in viele Einzelteile zerlegt. «war eigentlich nicht nötig, macht aber Spaß, daran rumzufummeln. Jetzt muss ich halt mit dem Schlitten da fahren.» Er deutet in Richtung eines Autos, das anstelle der Motorhaube von einem Garten geziert wird, der aus dem Motorblock wächst. Daneben steht ein Chrysler New Yorker, Baujahr 56, auf dessen vorderem Nummernschild «STARK» zu lesen ist. «Mit dem anderen fahre ich nicht», sagt Doug und grinst, «wäre etwas schwierig.» Dann wünscht er gute Fahrt und ruft zur Erinnerung nach: «Nicht vergessen, haben Sie sich einmal verfahren, brauchen Sie nur die Kombination von Eisenbahn und Masten zu suchen. So finden Sie mit Sicherheit die alte Straße.»

Rostbraun gestrichene Scheunen stehen inmitten von weiten Alfalfafeldern. Auf der Straße herrscht kaum Verkehr – der rollt auf dem I-55 Richtung Bloomington. Die Fahrt auf altem Asphalt führt über Elwood, Wilmington, Braidwood und Gardener nach Dwight. Hier lohnt es sich, etwas länger zu verweilen. Der Ort besitzt eine von weißen Säulen gestützte, pompös wirkende City Hall, hübsche historische Backsteinhäuser und hat mit der aus den Dreißigerjahren stammenden Marathon Oil Station einen Route-66-Klassiker aufzuweisen. Auch das legendäre Carefree Motel stammt aus dieser Zeit. Auf der anderen Straßenseite liegt Feddersen's Pizza Garage. Das weiß gestrichene Gebäude ist mit Blech- und Emailschildern für «Gas» und «Oil» tapeziert, und drei davor aufgestellte Zapfsäulen stillen den ersten Hunger auf die Relikte der Vergangenheit. Doch bald genügen die für Touristen aufpolierten Erinnerungen nicht mehr. Das hinter einem Schuppen von Gras und Gestrüpp überwucherte, rostzerfressene Coca-Cola-Schild ist «echte Route». Wer sich entschlossen hat, entlang der «Mother Road» auf die Suche nach dem Amerika von gestern zu gehen, hat meist Mickymaus und Frisco, den Grand Canyon und Vegas schon gesehen. Für ihn ist es Zeit, jene Dinge zu suchen, die bei der ersten Reise in die Staaten vielleicht kopfschüttelnd als Schrott abgetan wurden. Jetzt ist man so weit, um sich mit Neon, Rost und Reklame sein eigenes, individuelles 66-Mosaik zusammenzusetzen. Dabei ist es ein besonderer Reiz, dass jedes Steinchen dazu erst gesucht, teilweise sogar regelrecht aufgespürt werden muss. Der Weg wird zum Ziel.

Nach Dwight besteht die 66 aus hellen, löchrigen Betonplatten, aus denen kleine Pflanzen und Blumen sprießen. Direkt am alten Highway weist an einer Scheune eine verwitterte Schrift erstmals auf die Meramec-Höhlen in Missouri hin. Wenn sich die Straße etwas vom Interstate entfernt und die Trucks wie Spielzeugautos am Horizont dahinziehen, sind dies Bilder aus einer fast schon vergessenen Welt. Man bräuchte nur Minuten, um wieder an dieser Lebensader angeschlossen zu sein. Doch die Zeitreise hat bereits Spuren hinterlassen. Man verspürt den Wunsch, nicht mehr dorthin zurückzukehren. Immer mehr verfällt man der Faszination der alltäglichen Kleinigkeiten aus einer anderen Zeit.

Auf Zeitreise

Der Himmel ist bedeckt. Bleierne, graue Wolken lassen die Landschaft wie in einem blass kolorierten Film erscheinen. Leicht streicht der Wind über Getreide und Mais. Drei Generationen von Masten ragen am grauen Band der Straße in den Himmel: lange dünne Pfosten, wie Palmen, denen ein Orkan die Kronen abgedreht hat, mittelhohe, die sich, zum Teil schon altersschwach, beängstigend zu Seite neigen, und windschiefe, verdrehte, verwitterte, scheinbar wahllos in die Erde gerammte, auf denen weiße und türkisfarbene Glasisolatoren wie Kerzenhalter sitzen. Hinter den sich in der Unendlichkeit der Straße verlierenden Pfosten ragen die Kathedralen der Körner in den aufziehenden Dunst des Abends: weißgraue Getreidesilos, an denen sich Rost in langen Streifen herabzieht.

Einsam führt der alte Highway durch das Land. Die kleinen Orte an der Strecke wirken wie aus einem Märchen, in dem ein geheimnisvoller Zauber die Zeiger der Uhren festzuhalten scheint. Ab und zu ein Auto, Hundegebell. Ein Schulbus fährt die Straße entlang, hält kurz an, Kinder steigen aus. Der Wind trägt ihr Lachen herüber. Dann sind sie in geheimnisvollen Gängen durch die Felder verschwunden. Nur ab und zu rascheln die trockenen Blätter des Maises. Es ist kühler geworden. Ein modrig feuchter Grasgeruch zieht über die Straße. Im Westen zeichnet sich die Sonne als roter Feuerball im Dunst des Himmels ab. Langsam stellt sich Roadfeeling ein. Das Scheppern auf alten Betonplatten, das Holpern über porösen Asphalt und der schnarrende, sägende Ton der Grillen werden zum Lied der Straße. Weiterfahren, ein Motel suchen. Die ersten Tage auf der Old 66 enden in Melancholie.

Von Pontiac, dessen Name nicht auf eine Automarke, sondern auf einen Häuptling der Ottawa-Indianer zurückgeht, führt die Strecke über Chenoa, Lexington, Towanda und Normal in die knapp 100 000 Einwohner zählende Stadt Bloomington, die größte Stadt seit Chicago. An der Straße erstreckt sich typisch amerikanischer Fast-Food-Schilderwald: Burger King, Kentucky Fried Chicken, Pizza-Hut, Taco-Bells, Wendy's und natürlich McDonald's. Dazwischen Shopping Malls. In den Außenbezirken reihen sich die Einfamilienhäuser wie Ausstellungsstücke liebenswerter Auswüchse amerikanischer Architektur aneinander. Nur die Blumen in den Gärten sind überall gleich, zeitlos, blühen vom Frühling bis in den Herbst. Sie sind aus Kunststoff. Rosa Flamingos und Vögel mit sich im Wind drehenden Flügeln runden das bunte Plastikspektakel ab. Doch es gibt noch echte Natur. Auch in Bloomington wird amerikanischer Rasenkult getrieben. Die Halme sind fingerbreit geschnitten und mit Perlen aus den Bewässerungsanlagen besetzt.

«Einmal im Jahr ist hier der Teufel los», erzählt ein Tankstellenbesitzer. Wie Heuschrecken fallen dann die Corvette-Fahrer mit ihren bis zur letzten Schraube polierten Autos in Bloomington ein. «Wissen Sie, wenn wir schon an der historischen Straße liegen, wollen wir auch etwas für sie tun.»

Nach Shirley, das scherzhafterweise als Vorname des nicht weit entfernten McLean bezeichnet wird, gibt es Leckeres zu erstehen. Inmitten eines kleinen Waldes von uralten Ahornbäumen liegt Funks Grove. Die Bäume werden schon seit Generationen von der deutschen Einwande-

Bilder nächste Doppelseite
• American-Truck «Stars & Stripes»
• Harley-Davidson und Route 66 – Traum vieler Biker
• Blitzendes Chrom Ehrensache

INTERNATIO

Bob
Gilbert & Trucking
Sons
Deus Alit Eos
Tecumseh, OK
Gvw 80,000

rerfamilie Funk ihres Saftes wegen angezapft. Da Wald und Wasser für eine gute Bleibe sprachen, ließ sich hier 1824 ein gewisser Isaac Funk nieder. Von den Indianern lernten die Pioniere die Gewinnung des Ahornsafts, der der einzige Süßstoff im Mittleren Westen war. Die in kleine Krüge abgefüllte Köstlichkeit wurde so berühmt, dass man den ganzen Ort danach benannte.

Sirup, nicht nur für Pancakes

In dem kleinen Häuschen unter Bäumen verkauft Steve Funk seinen Funk's Pure Maple Sirup. Steve betreibt das Geschäft in der sechsten Generation und beliefert sogar Kunden in Übersee. «Die meisten Leute, die direkt hier einkaufen, sind Fremde, die über die 66 fahren, und der Ahornsirup gehört nun mal dazu. Vom Interstate biegt keiner extra ab, doch es kommen auch Kunden von Chicago und St. Louis, die extra mal einen Ausflug machen, um den Sirup für besondere Anlässe mitzunehmen. Er wird nicht nur für Pancakes verwendet, über die Hälfte wird verschenkt, denn der Sirup der Funks ist das Beste, was man seinen Freunden mitbringen kann», sagt Steve.

«Jeder Baum sondert täglich bis zu 15 Liter Saft ab, doch man benötigt 50 Liter, um nach langem Kochen einen einzigen Liter Sirup zu erhalten. Sie sollten mal im Frühjahr kommen, da hängen fast 3000 Eimer an den Bäumen», erklärt Steves Frau Glaida, die während der ganzen Zeit damit beschäftigt ist, kleine, cremefarbene Plastikkrüge, in denen der Sirup verkauft wird, in Packpapier zu wickeln. Auf der Rückseite der Krüge, die mit einem hübschen Bild von Funks Grove versehen sind, ist über die vielfältigen Verwendungsmöglichkeiten zu lesen: «Delicious on pancakes, waffles, French toast, hot and cold cereals, ice cream, yogurt and fruit ... in baked beans and as a glaze for ham and vegetables... in place of sugar in baked goods.»

Am Ortseingang von Funks Grove steht neben einem verlassenen Antique & Country Store eine windschiefe Tanksäule. Die rosarote Farbe ist teilweise abgeblättert, Rostflecken zieren das Blech. Das mystische Licht des hereinbrechenden Abends lässt die Farbe besonders intensiv leuchten. Eine echte Route-66-Schönheit. Warum sie bislang noch nicht den Weg in das kleine Route-66-Museum in McLean gefunden hat, verwundert ein wenig.

In dem berühmten Tixie Trucker Home, das so alt ist wie die Straße selbst und von sich behaupten kann, bis zum heutigen Tag durchgehend 24 Stunden geöffnet gehabt zu haben, hängen alte Fotografien und vergilbte Zeitungsausschnitte unter Glas an der Wand. Hall of Fame nennt sich das Minimuseum, das eigentlich nur einen kleinen, schmalen Nebenraum einnimmt, und doch so viel zum Schauen bietet. «Es stimmt nicht ganz, einen Tag hatte es einmal geschlossen», erzählt die Bedienung, die gerade dabei ist, einem Gast eine Riesenportion Hushbrowns, Eier, Speck und honigbraunen Toast zu servieren. «Nämlich 1965, als es niederbrannte, doch einen Tag später machte man bereits in einem Provisorium weiter.»

Das Tixie Trucker Home profitiert von der Nähe des großen Highways. Selbst als die 66 nicht mehr Hauptverkehrsstraße war, konnte man sich über mangelnde Gäste nicht beklagen. Auch heute stehen auf dem Parkplatz chromblitzende Trucks in Reih und Glied. Bärtige Typen in Cowboystiefeln, ölverschmierten Jeans und großen Hüten sitzen vor Riesensteaks. In den Essnischen sind Telefone angebracht, so dass man gleich von seinem Platz aus mit seiner Liebsten turteln oder mit dem Boss eine neue Fuhre ausmachen kann. Aus der Jukebox erklingt Willie Nelson. Ein 66-Neonschild flimmert blutrot in der Nacht. Ein einsamer Trucker mit James-Dean-Locke schaut der Bedienung tief in die Augen. Im Tixie Trucker Home hat man das Gefühl, mittendrin zu sein in der Legende der alten Straße.

Land of Lincoln

Als Abraham Lincoln die Dokumente zur Stadtgründung von Lincoln ausstellte, war er noch ein junger Rechtsanwalt und niemand dachte daran, dass er einmal zu einem der bekanntesten Präsidenten der USA werden würde. So berichtet eine Geschichte, dass er bei der Einweihungszeremonie den Ort «taufte», indem er einen Mund voll Kürbiskerne in die Gegend spuckte. Weit patriotischer geht es heute schon Meilen vor seinem Wohnort zu. Die vielen Hinweise entlang der Straße bringen einen dazu, über einen bestimmten Teil der Geschichte der Vereinigten Staaten nachzudenken.

Illinois trägt den Beinamen «Land of Lincoln», und in Springfield, Illinois, ist er allgegenwärtig, der 16. Präsident der USA. Hier gründete er seine Familie, hier arbeitete er als Rechtsanwalt und hier wohnte er, bis er 1871 ins Weiße Haus nach Washington umzog. An der hellbraunen Holztür seines Hauses an der Ecke Eigth Street und Jackson Street ist das Namensschild «A. Lincoln» ein viel fotografiertes Objekt, und seine letzte Ruhestätte auf dem Oak Ridge Cemetery ist Pilgerziel für Patrioten. Auf Schritt und Tritt wird man in dieser Stadt mit den Taten des in Kentucky in einfachen Verhältnissen aufgewachsenen späteren Präsidenten konfrontiert, dessen Porträt sogar die Telefonzellen des Ortes ziert. Zudem gibt es einen Abe's Coffee Shop, ein Lincoln Motel und einen Mr Lincolns Campground. Alles wird vermarktet, wo Lincoln angeblich einmal schlief, einkehrte oder auch nur an einer Ecke stand. Wie kaum woanders schwebt der Kommerzhammer über Lincoln County. Auch an der Route 66 ist Abe nicht spurlos vorübergegangen. Die alte Straße vereinigt sich hier, wie kann es anders sein, mit dem Lincoln Historical Trail.

Eds «Schmusewürstchen»

Am Ortsende von Springfield liegt das Restaurant von Buz Waldmire, das Cozy Dog Drive-In, das seit 1946 mit einem schmusenden Wurstpärchen für etwas ganz Besonderes wirbt. Hier gibt es «Hot-Dog am Stiel», den Cozy Corn Dog, den Buz' Vater, Ed Waldmire, kreierte und sogar patentieren ließ. Ed schuf mit diesen Würstchen, die vor der Zubereitung in Maisteig getaucht werden, nicht nur eine Fast-Food-Originalität, sondern beeinflusste mit seiner Familie die 66 bis weit in den Westen, bis hinunter nach Hackberry, Arizona. Das Diner von Ed Waldmire ist etwas Besonderes, steht aber auch für die vielen anderen Ge-

Wohnhaus von Abraham Lincoln in Springfield/Missouri

schäfte, die mehr waren als reine Verdienstmöglichkeit. In den Betrieben der alten Cafés, Tankstellen und Diners war die ganze Familie mit einbezogen. Die Eltern verdienten hier den Lebensunterhalt, und auch Großvater und Großmutter halfen tüchtig mit, wo sie nur konnten. Und nach der Schule bekamen die Kinder guten Unterricht im Erkennen des Wertes von harter Arbeit, Freundlichkeit und Dienstbereitschaft – gutes Training für ein eigenes Geschäft in der Zukunft. Das Einkommen war oft schlecht, die Arbeit hart und der Tag lang.

Einer von denen, die an den Erfolg seiner Hände Arbeit und vor allem an seine Ideen glaubte, war Edwin Waldmire jr., der im Jahr 1946 in Springfield einen dieser Familienbetriebe, das Cozy Drive-In, ins Leben rief.

Alles begann 1945. Nach seinem Studium in Wirtschaft und Landwirtschaft an der Universität von Illinois erhielt er in der Armee eine Stelle als Angestellter der Amarillo Air Force Base in Texas. Als er sich eines Tages auf einem Wochenendausflug von Amarillo nach Muskogee, Oklahoma, befand, kehrte er in einem kleinen Café ein, wo es Hot Dogs gab, die in eine Waffel eingewickelt waren. Die schmeckten sehr gut, doch man buk die Waffeln in einem Waffeleisen, so dass es bis zu 15 Minuten dauerte, bis eine fertig war. Ed überlegte, ob es nicht einen Weg gäbe, das Ganze schneller an den Kunden zu bringen. Er kam auf die Idee, dass man die Wurst auf ein Stäbchen stecken und gleich mit dem Teig backen könnte.

Er erzählte seinen Plan einem befreundeten Bäcker und bat ihn, darüber nachzudenken, wie seine Idee zu verwirklichen wäre. Bald schon starteten sie in einer Kantine einen Probelauf. Die in Teig gerollten und knusprig gebackenen Würste wurden ihnen förmlich aus der Hand gerissen. Aufgrund des Erfolges stellte Ed 1946 den Cozy Dog erstmals an der State Fair in Springfield vor, wo er von einem Doppeldecker-Kiosk aus verkaufte. Die Nachfrage nach den in Teig gebackenen Wurstpärchen war so groß, dass er beschloss, zusammen mit seiner Frau Ginny ein richtiges Geschäft daraus zu machen. Da zu einem guten Start ein guter Name gehört, tüftelten die beiden lange an einem originellen und einprägsamen Markenzeichen. Ed schlug vor, die Wurstkreation Crusty Curs, «Knusprige Flüche», zu nennen, aber Ginny bezweifelte, dass jemand etwas mit diesem Namen essen würde und schlug stattdessen Snuggle Puppies, «Kuschelige Welpen», vor. Doch das gefiel wiederum Ed nicht. Sie einigten sich schließlich auf Cozy Dog, die «behagliche, gemütliche, umschlungene Wurst». Dann kam ihnen die Idee mit den Wurst-Pärchen: Eine «Gentleman-Wurst» überreicht einer «Damen-Wurst» Blumen. «Ein Cozy Dog ruft nach einem andern», lautete fortan ihr Slogan, der auch dazu anregen sollte, gleich zwei Portionen zu verdrücken.

Ed, der erste Koch im Cozy Dog, hielt die an einem Stäbchen steckende Wurst zuerst in den Teig und dann ins Fett. Das ging zwar viel schneller als mit dem Waffeleisen, war aber für ihn immer noch zu arbeitsintensiv. So entwickelte er eine Halterung, mit der gleichzeitig drei Würste frittiert werden konnten. 1950 eröffnete er in Springfield the Cozy Drive-In, mit offenen, überdachten Essensplätzen neben einem Dairy Queen. Der Erfolg war überwältigend. In wenigen Jahren gab es überall im Mittleren Westen Franchise-Unternehmen des Cozy Drive. Die Idee, sich mit Würstchenbraten den Lebensunterhalt zu verdienen, wurde Wirklichkeit. Ed interessierte sich aber nicht nur für Würstchen. Er hatte viele Vorbilder wie Thomas Jefferson, Thomas Paine und Mark Twain. Er stand in Korrespondenz mit Dwight Eisenhower – während dessen Amtszeit als Präsident und auch danach. Und er war aktives Mitglied der Worlds Federalists, die für den Frieden mit politischen Mitteln, durch Gesetze eintraten.

Zur Zeit der ersten Erfolge des Cozy Dog herrschte noch Rassentrennung, und es gab viele Restaurants, die sich «das Recht vorbehielten, ihren Gästen die Plätze zuzuteilen». Als der Geschäftsführer des benachbarten Dairy Queen vor seinem Restaurant solch ein Schild aufstellte, entfernte es Ed immer wieder. Er zog in den Kampf gegen den Rassismus. Mit befreundeten Schwarzen begann Ed, die Restaurants von Springfield aufzusuchen und deren Politik der Platzzuweisung zu überprüfen. Bald wurde er zum ersten Commissioner für Menschenrechte in Springfield. Während des Vietnamkriegs bekannte sich Ed öffentlich dagegen. Er schloss das Drive-In für zwei Tage und hielt ein «peace write in» ab, wobei er jedem kostenlos Kaffee und selbst gemachte Donuts anbot, der einen Protestbrief an den Kongress schrieb. Das machte ihn nicht unbedingt beliebt. Aber Ed vertrat immer seine Meinung und richtete sich nach niemandem.

18 Jahre später verkaufte Ed das Cozy Drive-In und ging in den Ruhestand. Zusammen mit Ginny renovierte er eine jahrhundertealte Maiskammer in Rochester und eröffnete den Kerzen- und Kunsthandwerksladen Cardinal Hill. Während Ginny Kerzen herstellte, experimentierte Ed mit Solarreflektoren, durch die er so viel Wärme ins Haus leitete, dass der Ofen überflüssig wurde.

Als Ed 1993 starb, wurde sein Vermächtnis von jedem seiner fünf Söhne auf unterschiedliche Weise weitergetragen. Thomas Paine Waldmire ist ein selbständiger Unternehmer. Jeff kreiert Werbetexte und ist Teilzeitpastor. Bill und seine Frau betreiben den Kunsthandwerksladen in der alten Maiskammer weiter. Das Route-66-Erbe der Waldmires wird gleich von zwei Söhnen, Buz und Bob, fortgeführt. Edwin «Buz» Waldmire III. ist der einzige Sohn, der Interesse für das Restaurant zeigte. Er begann bereits mit sechs Jahren im Cozy Drive-In mitzuhelfen, die Tische sauber zu halten und die Fliegen zu verscheuchen. Als Ed sich zur Ruhe setzte, hatte er für das Geschäft bereits einen Interessenten, aber er bot Buz an, für ein Jahr das Restaurant probehalber zu übernehmen. Buz blieb und Ed freute sich riesig, dass einer seiner Söhne sein Lebenswerk weiterführte.

Im Cozy hat sich nicht viel verändert, seit Ed sich zurückgezogen hat. Neben dem Eingang stehen wie immer die Tabletts, und ein metallenes Geländer führt zum Schalter, wo die Bestellungen entgegengenommen werden. Neben dem berühmten Cozy Dog stehen weitere Spezialitäten auf der Speisekarte, wie Bohnensuppe und Chili. Buz besitzt die Lebensphilosophie seines Vaters und auch seine Aufrichtigkeit. Auf die Frage eines Reporters, warum er das Cozy Dog übernommen habe, antwortete er: «Ich war betrunken, geschieden und arbeitslos. Ich musste etwas machen. Da es zudem der Wille meines Vaters war, fiel die Entscheidung nicht schwer.» «Folge mir nicht nach», steht auf einem Schild im Diner, «ich tappe vielleicht in etwas hinein.» Buz soll aber auch gesagt haben: «A corn dog a day keeps your doctor in the hay.» – «Einen Corndog am Tag, der Doktor schlafen mag.» Auch Buz' Söhne arbeiten heute im Drive-In mit und sind somit die dritte Generation der Waldmires im Cozy Dog.

«Cozy Dog West»

Neben Fotografien der alten 66 werden im Diner auch Zeichnungen im Postkartenformat angeboten, auf denen mit spitzer Feder Route-66-Szenen akribisch genau und in einer solchen Bilderfülle dargestellt sind, dass man immer wieder Neues darauf entdecken kann. Es sind die Werke von Robert «Bob» Waldmire, der in Huckberry, Arizona bis 1998 ein Route-66-Informationscenter unterhielt. Es war ein Juwel an der alten Straße, das besonders durch das Charisma des berühmten Route-66-Künstlers geprägt war.

Bob Waldmire erbte die Wanderlust seines Vaters; vielleicht ist sie der Grund, dass Bob niemals ein College besuchte oder einem geregelten Beruf nachging. Bereits in jungen Jahren war er auf der Straße unterwegs, meistens Richtung Westen. Bob schrieb schon als Kind die Speisekarten und malte die Schilder für das Cozy. Als er ständig unterwegs war, nutzte er sein Talent zum Malen von Postern. Wenn eine Stadt ihn einlud, meist eine, in der es ein College gab, verbrachte er einen Monat oder länger dort, um die Stadt und ihre Menschen kennen zu lernen. Dann zeichnete er ein Bild des Ortes aus der Vogelperspektive. Insgesamt porträtierte er 34 Städte.

Dann kaufte er einen Chevrolet-Schulbus, Baujahr 1966. Er reiste damit entlang der 66 und begann zu sammeln. Die kleinen Kostbarkeiten der Straße, Relikte der Vergangenheit, und verwandelte den Bus in einen «rollenden Palast». 1987 hatte er eine Idee, die sein Leben verändern und vor allem den Bekanntheitsgrad der Route 66 steigern sollte. Er begann eine Karte des alten Highways zu zeichnen, in der er alle Besonderheiten der 66 festhielt. Bob lebte all die Jahre hinter dem Lenkrad oder dem Zeichenstift nach seiner Lebensphilosophie. Auf einem seiner Poster ist sie zusammengefasst: «Klein ist schön, langsam ist schön. Alt ist schön. Keine Person, kein Ding sollte größer sein als nötig. Eile nimmt dem Moment den Wert. Und nichts ist so alt wie die Natur, und doch jeden Tag so neu.» Aus Respekt vor der Schöpfung wurde Bob Vegetarier und trägt niemals Kleidung oder Schuhe aus Tierprodukten.

Nachdem Bob sein Werk vollendet hatte, wollte er einfach nicht mehr fahren, er wollte irgendwo zu Hause sein. Er fand einen alten General Store in Hackberry, den er renovierte und in dem er sich niederließ. Doch Bobs Weg

Edelstein neben Fast-Food-Ketten: legendäres Ariston-Cafe

führte wieder in den Westen. Diesmal für längere Zeit. Kurz vor seiner Abreise erzählte er: «Viele Jahrzehnte sehnte ich mich nach einem Ort, wo ich pflanzen und sehen könnte, wie es wächst. Nun hab ich ihn gefunden. Ich plane ein internationales, bioregionales Old 66 Visitor Center, wo ich sowohl meine Arbeiten verkaufen kann als auch biologische Erzeugnisse von Betrieben an der 66, zum Beispiel Sirup von Funks Grove oder Nüsse von Cabin Crees. Im Außenbereich soll es einen Kaktusgarten und einen Naturlehrpfad geben.»

Nach dem Tod seines Vaters schaffte er dessen Bücher nach Hackberry und richtete die Edwin Waldmire Memorial Peace Library ein. Obwohl er trotz seines Wunsches, endlich einmal sesshaft zu sein, manchmal die Sehnsucht nach der Straße verspürte, konnte er nicht mehr spontan seinen Drang nach unendlicher Freiheit ausleben. Durch das Besucherzentrum war er angebunden. Reisende aus allen 50 US-Staaten und über 60 Nationen der ganzen Welt besuchten ihn und wurden stets willkommen geheißen. Er wurde schon zu Lebzeiten zur Legende. Und untrennbar mit der Route 66 verbunden. Wenn einmal keine Reisenden bei seinem Besucherzentrum hielten, ging er wie ein König durch sein Reich, entdeckte eine neue Pflanze oder beobachtete ein Tier. Die Prärie konnte Bob Waldmire nicht festhalten, doch in der Wüste hat er seine Wurzeln gefunden. Wie sagte er doch damals? «Nennt mich einfach Cozy Dog West.»

«Remember where good Food is served»

Nach Springfield überwiegt wieder ländliche Gegend. In weiten Feldern, meist Mais und Hirse, liegen kleine Farmen, deren Silos wie auf dem Kopf stehende, silbrig glänzende Luftschiffe schon aus der Ferne leuchten.

In Litchfield, auf halber Strecke zwischen Springfield und St. Louis, liegt ein weiterer Route-66-Klassiker, das Ariston Cafe, das zu den besten Diners an der gesamten Strecke zählt. Über der geschnitzten Art-déco-Theke ist ein mit rotem und grünem Neon verziertes Schild angebracht, auf dem steht, dass man sich daran erinnern solle, wo gutes Essen serviert wird. Nick Adams, mit Schlips und blauem Jackett eher einem Banker als einem Wirt ähnelnd, ist stolz auf das historische Diner, das er von seinem Vater übernommen hat. Bereits 1924 hatte Pete Adams ein Ariston in Carlinville eröffnet. Als dann die 66 durch den Ort führte, erbaute er hier des lockenden Geschäfts wegen ein Zweites, erzählt Nick, der an der Route 66 aufwuchs und sich mit der Straße identifizieren kann. Er hat es vorgezogen, in dem kleinen Ort zu bleiben, obwohl er manchmal schon fast verzweifelt, wenn sich nur ab und zu ein paar Fremde in das Café verirren. «Meist sind es 66-Fans, die sich mit einem Führer in der Hand umsehen, fotografieren und dann wieder gehen. Selten nehmen sie sich die Zeit, bei uns zu essen.» Nick Adams steht gerne jedem Rede und Antwort. Aber davon allein kann er nicht leben. Wie lange das Ariston noch existieren kann, vermag Nick nicht zu sagen. Doch es besteht die Hoffnung, dass er die Flinte nicht so schnell ins Korn wirft. «Ein paar Jahre nur wollte ich meinen Vater unterstützen, doch jetzt bin ich schon über 30 Jahre hier», sagt er und streicht dabei mehrmals über die Tischdecke, die eigentlich ohne Falten ist.

Bei Hamel steht ein Neonkreuz an der Strecke. Besonders in der Dämmerung, bei diffusem Licht oder aufziehendem Nebel hinterlässt die blau strahlende Erscheinung einen mystischen Eindruck. Das Neonkreuz wurde von der Familie Brunnworth im Gedenken an ihren aus dem Zweiten Weltkrieg nicht mehr heimgekehrten Sohn vor der St. Paul's Church aufgestellt. Milchfarmen, Schafe und Alfalfafelder, deren Halme meist zu Viehfutter verarbeitet werden, bestimmen die Landschaft bis zum Tal des Mississippi. Kurz vor St. Louis erinnern die Hügel des Cahokia Mounds State Historic Site an eine blühende Indianerkultur. Mehr als 60 grasbewachsene Erderhebungen unterschiedlicher Größe zeugen von der umfangreichsten prähistorischen Indianerstadt nördlich von Mexiko.

Von St. Louis nach Oklahoma City

Die Stadt mit dem «Tor zum Westen» empfängt den Besucher mit bekannten Bildern aus weniger attraktiven Vierteln amerikanischer Großstädte. Venice und East St. Louis haben schon bessere Tage gesehen. Bröckelnder Putz an den Häuserfassaden, geschlossene Geschäfte, herumlungernde Typen. Besonders in der Nacht sollte man hier keinen platten Reifen oder leeren Benzintank haben, denken hier bestimmt von Hollywood vorgeprägte Filmfreaks, denen auf der Fahrt durch dieses Viertel sicher der Actionknaller *Judgement Night* in den Sinn kommt.

Tor zum Westen

Von der Madison Avenue, die in Venice zur Broadway Avenue wird, gelangt man über die 4th Street geradeaus auf die McKinley-Brücke, die über den «Vater der Flüsse» führt. Von der Romantik des «Ol' Man River» jedoch keine Spur. Als braungrüne Brühe fließt der allein durch seinen Namen verklärte Fluss träge dahin. Die anderen Brücken sind nicht mehr befahrbar, und nur für einen Film erhielt eine davon einen neuen Asphaltbelag. Seit der Stilllegung in den Sechzigerjahren ist die 1927 erbaute Chains-of-Rocks-Brücke filigraner Schrott, doch einmal stand sie noch im Rampenlicht. In John Carpenters 1981 gedrehtem SF-Streifen *Escape from New York*, in dem sie Kurt Russel alias Snake Plissken als Fluchtweg aus dem zum Gefängnis gewordenen Manhattan diente.

In Laclede's Landing ging 1764 der französische Pelzhändler Pierre Laclede Liguest an Land, der als Gründer von St. Louis gilt. Hier, am Zusammenfluss von Mississippi und Missouri, trafen sich die Pelzhändler in einem kleinen Trading Post, der Keimzelle der Stadt, die sich dank der strategisch und handelspolitisch günstigen Lage zu einer geschäftigen Metropole entwickelte. Im Jahr 1803 kaufte Thomas Jefferson das Louisiana Territory von Napoleon und gliederte es den Vereinigten Staaten von Amerika ein. Louisiana wurde «amerikanisch» und verlor innerhalb kurzer Zeit seinen französischen Charakter. Unzählige Dampfschiffe beherrschten zehn Jahre später die Stadt. Doch noch vor dem Bürgerkrieg (1861–1865) wurde St. Louis zum Eisenbahnknotenpunkt, und der Handel verlagerte sich von den Schiffen auf die Schiene. Nur knapp 60 Jahre dauerte das goldene Zeitalter der Dampfschifffahrt.

Heute ist Laclede's Landing die «Night Life Attraction» von St. Louis. In den alten victorianischen Backsteingebäuden an der River Front sind viele Restaurants und Shops untergebracht. Die Abende in den Kneipen und Bars sind geprägt von der Musik des tiefen Südens. Kleine Combos spielen Blues, Jazz und Ragtime, so als würde der mächtige Mississippi die Atmosphäre von New Orleans mit sich führen. Eng mit der Stadt verbunden sind große Namen: Josephine Baker, Grace Bumbry, Tina Turner sowie der Rock-'n'-Roll-Pionier Chuck Berry. Weltweite Werbung für die Stadt am Mississippi betrieb Charles Lindbergh, als er mit der *Spirit of St. Louis* über den Atlantik flog. In St. Louis befindet sich auch das «Home of Budweiser» – die Anheuser Brewery.

Westward Ho

1803 starteten die Pioniere Meriwether Lewis und William Clark von St. Louis aus ihre Expedition in den Nordwesten der USA. Auch war die Stadt Ausgangspunkt für den legendären Oregon Trail, auf dem im 19. Jahrhundert eine Viertelmillion Menschen nach Nordwesten zogen. In Richtung Südwesten gab es damals nur ein paar Indianerpfade, die hundert Jahre später zur Route 66 werden sollten. Pioniere, Trapper, Abenteurer und Siedler, ab den Dreißigerjahren des 19. Jahrhunderts auch viele Deutsche, brachen von hier zu der Besiedelung des Westens auf. Die «Westward Expansion» bezeichnete den Aufbruch eines ganzen Kontinents. Als Symbol dafür steht am Ufer des Mississippi das «Tor zum Westen», der Gateway Arch, der wie ein zu Silber erstarrter Regenbogen die imposante Skyline der Stadt beherrscht. Das 200 Meter hohe Monument aus rostfreiem Stahl verändert sein farbliches Erscheinungsbild entsprechend den Tageszeiten. Es wirkt silbrig kalt am Morgen, gleißend weiß zur Mittagszeit und schimmert im Abendlicht wie pures Gold. Ähnlich den Eingängen zu Ägyptens Kolossalbauten führen zwei bombastische Schneisen in den Schoß des Memorials. Dort ist im Museum of Westward Expansion die Besiedelung des Westens mit den Expeditionen von Lewis und Clark dargestellt.

Neben dem Museumsbesuch ist es ein besonderes Erlebnis, von der Spitze des Monuments über die Stadt und den mächtigen Mississippi zu blicken. Hierzu können die Besucher im Innern des Bogens zur höchsten Spitze hinauffahren. Wie in einem Riesenrad werden dabei die in dem Aufzug eingehängten Gondeln immer senkrecht ausbalanciert. Hat man nach wenigen Minuten unter dem Ächzen und Knarren der Stahlseile die Spitze erreicht, führt ein etwa zwei Meter breiter Gang zu den beidseitig eingelassenen Sehschlitzen. Der Ausblick ist grandios. Wie ein Spielzeughaus wirkt das zwischen den hoch aufragenden Glas- und Spiegelbauten liegende Old Courthouse, das im Greek-Revival-Stil erbaut wurde und zur Zeit der Dampfschifffahrt das höchste Gebäude der Stadt war. Zum Blickfang jedoch wird die große Sportarena, in der die berühmten Cardinals Baseball spielen. Auf der anderen Seite dümpeln am Ufer des Mississippi ein paar Schiffe. Im goldenen Zeitalter der Dampfschifffahrt legten hier im Hafen von St. Louis unzählige Schaufelraddampfer an und entluden Baumwolle und andere Güter des tiefen Südens. Heute sind die schwimmenden Paläste zu einem nie den Ankerplatz verlassenden Fast-Food-Restaurant und anderen Einrichtungen umfunktioniert. Da das Glückspiel an Land, nicht jedoch auf dem Wasser verboten ist, fahren die Casinodampfer der «Riverboat Gaming Industry» von hier bis New Orleans.

Gateway Arch, St. Louis – Tor zum Westen

Milchshake «down under» und andere «Sünden»

Neben der Route 66 steht ein weiterer Highway für einen amerikanischen Traum. Der Highway 50, der auf 3073 Meilen durch zwölf Bundesstaaten von Ocean City, Maryland, bis San Francisco, Kalifornien, führt. Im Gegensatz zur Route 66, die den Inbegriff von Nostalgie und Mythos verkörpert, präsentiert dieser Highway in lebendigster Form die schillernde Vielfalt Amerikas «coast to coast». Hier in St. Louis treffen beide aufeinander, so gegensätzlich und doch so gleich. Denn beide Straßen führen in ein altes Amerika, viele Jahrzehnte zurück.

Die Route 66 beispielsweise ins Jahr 1929, als Ted Drewes Frozen Custard für seine dicksten Milchshakes entlang der Route 66 berühmt wurde. Ted Drewes erzählt mit Stolz: «Unser Custard ist ein Milchshake, der mit Eiern und Honig angereichert wird und jede Energiebombe in den Schatten stellt. Und wenn jemand den extradicken Concrete bestellt, bekommt er einen Milchshake, der so dickflüssig ist, dass man ihn auf den Kopf stellen kann.» Gerne demonstriert die Bedienung im gelben T-Shirt die Festigkeit des «Beton»-Shakes, indem sie ihn einfach «down under» serviert. Auf der Karte des «Eiscremekönigs von St. Louis» stehen aber noch weitere kalte Köstlichkeiten wie der Dutchman's Delight aus Schokolade mit Pecannüssen und Butterkaramell. Zur Krönung sitzt eine rote Kirsche obendrauf. Verführung des Gaumens, seit Jahrzehnten. Zu einer «Sünde» ganz anderer Art zählte das etwa fünf Meilen südwestlich der Stadtgrenze an der Watson Road gelegene Coral Court Motel. Dieses 1941 im Art-déco-Stil erbaute Motel mit den gelben Wandfliesen und eingezogenen Glasbausteinen stand als Symbol für die Klassiker der Moderne: surreale Schönheit als erste Blüte des automobilen Zeitalters, bekannt auch als Herberge für eine Sünde am Nachmittag.

Als jedoch immer weniger Autos in den diskreten, blickgeschützten Parknischen verschwanden, gab der letzte Inhaber das Motel auf. Als auch kein Protest seitens der Stadt erfolgte, wurde das Motel im Frühjahr 1995 dem Erdboden gleichgemacht.

Land der Hillbillys

Über die Manchester Road geht es nach Südwesten. Die Route 66 verläuft wieder parallel zum I-44. Wälder und grüne Wiesen beherrschen das Landschaftsbild. Die Straße windet sich durch ein bewaldetes Mittelgebirge, es geht bergauf und bergab. Verträumte Dörfer und kleine Farmen verbreiten ländliche Idylle. Route 66 in Missouri – der alte Highway folgt hier einer alten Postkutschenroute, dem

Bild nächste Doppelseite
Courthouse (Gerichtsgebäude) und Gateway Arch in St. Louis

Adam's
Mark Hotel

Osage Trail, der früher einer der Hauptverkehrswege der Indianer war. Während des amerikanischen Bürgerkriegs wurden erste Telegrafenstationen gebaut, und die Strecke erhielt einen weiteren Namen: «Old Wire Road».

Heute wird entlang der Straße Wein angebaut. Besonders die Gegend um St. James ist für schmackhafte Tafeltrauben bekannt. An der Route sind kleine Verkaufsstände mit handgeschriebenen Werbetafeln aufgestellt, auf denen geschäftstüchtige Farmer die roten, dicken Trauben anpreisen. Auf der anderen Seite sagt man den hier lebenden Bergbauern eine gewisse Einfältigkeit und hinterwäldlerische Lebensart nach. Denn man hält hier viel vom Geschichtenerzählen, vom Tanzen und Fiedeln, so dass die jungen Burschen auch *Hillbillys* genannt werden. Viele bekannte Gestalten des Wilden Westens sollen sich hier in den Wäldern der Ozarks herumgetrieben haben. Mitte des 19. Jahrhunderts war Missouri die Heimat vieler Gesetzloser. Jesse und Frank James, die Younger-Brüder und James Butler Hickok, den man aus Westernlegenden als Wild Bill Hickok kennt, geistern hier durch die Geschichte. Doch irgendwie lässt sich das Bild der Landschaft nicht mit diesen Namen in Einklang bringen. Vorgeprägt durch viele Westernfilme hätte man diese Gestalten eher in wilden, roten Canyon- und Wüstengegenden gesucht.

Ozark, aus dem französischen *Aux Arcs* (Zu den Bögen), beschreibt die Region einer frühen Handelsniederlassung in Missouri. Heutzutage ist «Ozark» ein Begriff voller Rätsel geworden. Überhaupt: Man ist hin- und hergerissen in Missouri, es fällt schwer, all die starken Kontraste irgendwo einzuordnen. Die lieblichen, weichen Landschaften, sanfte Hügel, der Pulverrauch der Westernlegenden, der Geist Tom Sawyers, der hier überall präsent ist, die zurückhaltenden, abwartenden Menschen mit so viel Bauernschläue, geprägt vom Bürgerkrieg mit allem Streit zwischen Nord und Süd, den Auseinandersetzungen mit den «verdammten Yankees», das alles führt in sich verwoben zu einem Slogan, der nach langem Suchen für Missouri gefunden wurde: «Kein anderer Staat ist wie dieser.» Man muss Missouri selbst entdecken, muss herumstöbern, wie in den vielen Antique Shops der kleinen Orte oder im 1934 in Pacific erbauten Red Cedar In, in dem vergilbte Zeitungsausschnitte an den Wänden an alte Zeiten erinnern. Und wenn zum Lied der Grillen am höher gelegenen Interstate die vorbeizischenden Rückleuchten der Trucks im grauvioletten Himmel verschwinden, könnte ein Tag an der alten Straße nicht schöner enden.

Jesse James und die Höhle

In der Jura- und der Kreidezeit wurden hier riesige Höhlensysteme geschaffen. Ton und Kalkstein begünstigten die unterirdischen Gewölbe, von denen es 5000 geben soll. Flüsse fraßen sich in die Hochebene und schufen neben Tropfsteinhöhlen die hügelige Landschaft der Ozarks.

Stanton, Missouri. Seit Meilen schon künden Werbetafeln an der Straße von einer Sehenswürdigkeit, die schon in der Blütezeit der Route 66 zu den größten Touristenattraktionen zwischen Chicago und Los Angeles zählte: die Meramec Caverns. Lester B. Dill, ein cleverer Farmer, der schon als Kind mit einer Kerosinlaterne Touristen durch die unterirdischen Tunnel führte, vermarktete die Tropfsteinhöhlen professionell. Er zog persönlich durchs Land und versprach jedem Farmer einen neuen Anstrich für seine Scheune, wenn er sie als Werbefläche für die Höhlen zur Verfügung stellte. Viele ließen sich nicht lange darum bitten. Ihnen war die Schrift egal und die kostenlose Imprägnierung lockte. Bald prangte von Hunderten von Scheunen der Hinweis auf die Tropfsteinhöhlen. Dann ließ Dill Millionen von Handzetteln drucken und im weiten Umkreis verteilen. Selbst die Stoßstangen der Autos waren vor seiner Reklame nicht sicher. Heute sind die so genannten Pumper Stickers aus Amerika nicht mehr wegzudenken, für die Dill als Erfinder gilt.

In 30 Bundesstaaten waren die Spuren seiner Public Relations sichtbar. Er bezeichnete die Höhlen als die «größte Show unter der Erde» und konnte von sich behaupten, «mehr Menschen als sonst wer unter die Erde gebracht – und sie wieder lebendig ans Tageslicht befördert zu haben». Der Mythos um die Höhle wurde durch zwei verrostete Revolver und eine leere Geldkiste geschürt, die Lester Dill Jesse James und seiner Bande andichtete. Dem so bezeichneten «Jesse James Hideout» aber setzte einer von Dills Schwiegersöhnen noch eins drauf. Dieser traf nämlich den totgeglaubten Jesse James höchstpersönlich, einen hundertjährigen Greis namens J. Frank Dalton, der allen Ernstes behauptete, der legendäre Bandit zu sein. Angeblich wäre seine Ermordung von Bob Ford nur inszeniert gewesen, um die Behörden irrezuführen. Wie dem auch sei, der Greis wurde überredet, in eine Hütte in der Nähe der Höhlen zu ziehen, und der Werberummel schlug Kapriolen. Als Dalton 1951 mit 103 Jahren starb, nahm er die Wahrheit mit ins Grab. Gut für die Meramec Caverns, in denen zur Zeit des amerikanischen Bürgerkriegs eigentlich nur Salpeter zur Schießpulverherstellung abgebaut wurde und die nichts Spezielleres an sich hätten als andere Tropfsteinhöhlen, würde ihnen nicht bis heute Mythos und Legende des berühmten Outlaw anhaften.

Nach Bourbon erwartet den Reisenden ein weiterer Route-66-Klassiker, das Wagon Wheel Motel in Cuba, das aus Bruchsteinen des Ozark-Gesteins gebaut wurde. Bereits im zweiten Route-66-Staat hat man eine hübsche Sammlung legendärer Namen und Bauten beieinander: die Marathon-Tankstelle, das Carefree Motel, das Tixie Trucker Home, das Cozy Dog, das Ariston, das Frozen Custard oder eben das Wagon Wheel Motel. Ohne Neonfeuerwerk, meist eher schlicht und einfach, verkörpern sie die Seele der legendären Straße.

Der Flaggensammler

Betritt man Bernard Underwoods Laden, braucht man einige Zeit, um herauszufinden, unter welches Motto er sein Geschäft gestellt hat. Hier ist nicht der sonst übliche Trödel zu finden. Und es ist auch kein Touristenladen. Souvenirs und Postkarten findet man nicht bei ihm. Es scheint sich eher um eine Art Postergeschäft oder Zeitschriften-Antiquariat zu handeln. Auf dem Tisch sind Magazine ausgelegt, und in einem Regal stapeln sich Rollen mit nicht er-

Rostige Romantik für Genießer, nicht für Trucks

sichtlichem Inhalt. Wie ein Baldachin wölbt sich die amerikanische Flagge unter der Decke, und auch eine Fahne mit der 66 dekoriert eine Wand.

«So, Sie reisen entlang der Route 66? Schön, dass Sie hier Halt machen. St. James befindet sich direkt an der alten 66 und ist besonders durch den Zweiten Weltkrieg sehr bekannt geworden, da wir viele Armeestützpunkte und auch ein Kriegsgefangenenlager für deutsche Soldaten in dieser Gegend hatten. Einige von ihnen waren letzte Woche hier, und wir boten ihnen einen angenehmen Aufenthalt ...» Bernard Underwood ist knappe 60, trägt Jeans, Turnschuhe, Safariweste und Baseballkappe, und es scheint ihm wichtig zu sein, deutschen Besuchern von dem Gefangenenlager und der Gastfreundschaft des Ortes zu erzählen. Mister Underwood fährt mit der Hand über seinen kurz geschnittenen, weißen Schnurrbart und deutet auf die Rollen im Regal. «Fahnen, Flaggen, das sind alles Flaggen der Vereinigten Staaten von Amerika. Wollen Sie eine von Missouri? Oder von Kalifornien? Dort fahren Sie doch hin, zum Endpunkt der Route 66, oder?»

Während Bernard Underwood diese und jene Fahne herauszieht, erzählt er von seinem Hobby. Die verschiedenen Symbole auf den Fahnen haben ihn schon seit seiner Kindheit fasziniert, ihn geradezu gereizt, alle Flaggen der Staaten zu besitzen. Natürlich hat er mit jener von Missouri zu sammeln begonnen und irgendwann sein Hobby zum Beruf gemacht. In seinem kleinen Laden verkauft er die Aushängeschilder der US-Bundesstaaten, aber auch Kappen, auf denen ebenfalls Flaggen aufgenäht sind. Blättert man ein wenig in den ausliegenden Magazinen, öffnet sich eine weitere Schublade seiner Leidenschaft. Underwood kann auch die ausgefallensten Wimpel, Pins und Patches besorgen, egal, ob es sich um die Navy oder um einen Kleintierzuchtverein handelt. «Mein Geschäft liegt ideal, direkt an dieser Kreuzung, wo die Verkehrsschilder und das große Zeichen der Route 66 angebracht sind. Da halten viele Fremde, fotografieren, und kommen dann unweigerlich in mein Geschäft, in dem sie alle Flaggen der Staaten bekommen, durch die die 66 führt.»

Von Benzinsauriern und des Teufels Ellbogen

Eine Reise über die Route 66 bedeutet, täglich ein energisches Nein zu vielen Andenken und Souvenirs sagen zu müssen. Besonders in Missouri. Kaum woanders trifft man auf so viele Läden mit Schätzen vergangener Tage. Kurz vor Rolla gibt es eine Verführung der besonderen Art. Sinclair, der grüne Benzinsaurier, grüßt von einem Werbeschild, alte Zapfsäulen neigen sich so zueinander, als würden sie ihre Köpfe zu einem Plausch über alte Zeiten zusammenstecken. Aus einem Studebaker wächst das Gras, ein rostiger Dodge steht mit platten Reifen in der Wiese. Nur die zwei Coca-Cola-Automaten, die an dem mit vielen Schildern verzierten Holzhaus lehnen, haben ihre leuchtend rote Farbe behalten.

1985 gründeten Wayne und Patricia Bales in Rolla den Route 66 Motors and Nostalgia Gift Shop. Sie restaurierten die 50 Jahre alte Tankstelle, platzierten die angerosteten und glänzenden Oldtimer in Sichtweite des Interstate und warten nun auf Besucher, die den Highway verlassen, eine Meile zurückfahren und in die Vergangenheit eintauchen. Diese gibt es auf der Weiterfahrt zur Genüge. Kurz bevor man den Big Piney River überquert, führt ein besonders romantisches Stück der alten Straße zu einer alten Eisenbrücke. Der Name Devils Elbow, «Teufels Ellbogen», erinnert an eine Stelle, an der früher fast täglich schreckliche Unfälle geschahen. Heute ist die vierspurige, gut erhaltene Betonpiste leer. Instinktiv erwartet man dicke Trucks, die jedoch auf der Rennstrecke I-44 Richtung Oklahoma City donnern.

Weiter windet sich das alte Asphaltband durch hügeliges Terrain. Dann heißt es wieder einmal den Interstate zu kreuzen, jetzt innerhalb weniger Meilen gleich zweimal rauf auf den schnellen Highway, und dann, wenn es wieder auf der alten Straße vorwärts geht, in Orten wie St. Robert, Waynesville, Laquey oder Hazelgreen eine Stadtrundfahrt zu machen. Reisepraxis von Route-66-Roadys. «Stadtrundfahrt» nennen wir jeweils das Rauf- und Runterrollen der zwei bis drei Straßen in den kleinen Orten, die oft nur aus wenigen Häusern bestehen und doch so manch liebenswerte Erinnerung beherbergen. Lebanon ist die nächstgrößere Stadt. Rund 10 000 Einwohner, typischer Schilderwald, ein paar schöne Neonschilder und viele alte Autos. Die früheren Pferdebesitzer haben sich der Zeit angepasst, ein paar PS zugelegt und machen in Sachen Auto. Dem unschönen Eindruck unzähliger Gebrauchtwagenshops haben pfiffige Leute einen Namen verpasst. Lebanon, Missouri, behauptet von sich, die «Used Car Capital of the World» zu sein. Und in der Hall-Moore Stuff Company, direkt an der alten Route zwischen den Ausfahrten 130 und 135, gibt es wieder ein Eldorado für Flohmarktfans. Die große alte Scheune aus Stein ist voll gestopft mit Antiquitäten und Trödel.

Der Mann, der die Autos zersägt

Um Autos der besonderen Art geht es in Springfield, der «Queen City of the Ozarks». Hier treibt ein gewisser Dan Mitchell sein Unwesen. Er zersägt Cadillacs, Lincoln-Towncars und auch Mercedes-Benz, setzt Stücke ein und verlängert die Schlitten zu riesigen Raupen, die besonders später in L. A. das Stadtbild prägen. Bis zu «drei Meter mehr Auto» werden zwischen den auseinander gesägten Teilen eingesetzt, und fertig ist eine wunderschöne Stretchlimo. Dan Mitchell hat sich mit seiner Firma in der Produktion von Luxuslimousinen einen Namen gemacht. «Wir liefern die Fahrzeuge nach Europa, in den Mittleren Osten und natürlich überall in die USA. Springfield, Missouri, kann man die Welthauptstadt der Limousinen nennen», sagt Boss Mitchell, der beim Anblick der 16-mm-Kamera alles vorfährt, was Rang und Namen hat. Er schickt sogar einen Lehrling weg, um vom anderen Ende der Stadt eine ganz besondere Stretchlimo zu holen. Ein Monsterding. Fast acht Meter lang, mit verdunkelten Scheiben.

Wer die bestellt hat? «Jemand in Bel Air, L. A.», sagt er. Der Name wird natürlich nicht verraten. Seinen Kunden, Ölscheichs, Filmstars, Produzenten und Wirtschaftsbosse, aber auch Reiseunternehmen, die ganz normalen Touristen die Möglichkeit bieten wollen, einmal wie ein Millionär chauffiert zu werden, erfüllt Mitchell fast alle Wünsche. Er öffnet die Tür zu dem Gefährt und deutet in den Innenraum. «In dieser Limouse können bequem zehn Leute sitzen. Diese Version ist für Geschäftstreffen gedacht. Sehen Sie die Ledersitze? Wir verwenden nur Leder von allerhöchster Qualität. Es ist für alle Annehmlichkeiten gesorgt. Der Wagen besitzt zwei Fernseher, eine Hi-Fi-Anlage, eine Bar und einen doppelten Kühlschrank, in dem 16 verschiedene Gläser untergebracht sind. Damit man mit dem Fahrer sprechen kann, gibt es natürlich auch ein Telefon.»

Auf die Frage, wie lange die Metamorphose eines normalen Autos zu solch einer Nobelkarosse dauert, antwortet er: «Vier bis fünf Mann brauchen ungefähr fünf Wochen, um aus einer normalen Limousine eine Stretchlimo zu machen.» Kostenpunkt? «60 000 bis 80 000 Dollar.» «Wir haben auch Trennwände eingebaut, eine aus Glas und eine undurchsichtige, die für das ganz Private sorgt.» Er betätigt einen Knopf, und schon fährt eine dunkle Scheibe zwischen Passagierraum und Cockpit hoch. Dan Mitchell schmunzelt. «Nicht immer werden solche Stretchlimos nur für Firmengespräche gemietet.»

Auch vor der Shrine Mosque parkt solch ein Luxusgefährt. Fast fühlt man sich in die Arabischen Emirate versetzt. Doch das Gebäude mit der prächtig verzierten Kuppel ist kein Gebetshaus für Moslems, sondern Stammhaus einer schlagenden Verbindung. In besseren Zeiten gastierten hier namhafte Künstler. Doch diese Zeiten scheint Springfield schon lange hinter sich gelassen. Backsteinbauten mit zerschlagenen Fenstern, triste Hinterhöfe und verwaiste Straßen bestimmen das Bild. Irgendwie passen da die Nobelkarossen nicht dazu. Schon eher die Geschichte von Wild Bill Hickok, der hier auf der Straße seinen Mitspieler Dave Tutt erschoss. Hickok hatte beim Pokern viel Geld an Tutt verloren und verpfändete ihm seine Taschenuhr, allerdings mit dem Versprechen, diese nicht in der Öffentlichkeit zu tragen. Doch Tutt zeigte sich damit auf der Straße – und Hickok schoss, ohne lange zu fackeln. Pech für Tutt, Glück für Hickok, denn er wurde wegen «Notwehr» freigesprochen, erhielt die Uhr zurück und sah auch plötzlich all seine Spielschulden getilgt. Am Central Square, in der Nähe des alten Gefängnisses, erinnert eine kleine Gedenkplakette an die Stelle, an der Hickok und Tutt aufeinander trafen.

Während die kleinen Ortschaften wahre Fundgruben der Geschichte Amerikas sind, präsentieren sich die Mittelstädte eher gesichtslos. Die Diskrepanz zwischen der

Bilder rechts
• Springfield, Missouri – Stretchlimo Capitol of the World
• Bei den Dillingham's grüßt Lady Liberty den Postmann

LINCOLN

The Dillingham's
Dean & Sandra

In Halltown ist die Filmkulisse Realität

Tristesse der Städte und der Nostalgie kleiner Dörfer ist frappant.

Wilder Westen inklusive

Die Erinnerungen an Wild Bill Hickoks Schießerei werden im nahen Halltown lebendig. Hier scheint noch Pulverrauch in der Luft zu liegen, und man glaubt, das Klacken von Stiefeln auf hohlen Bohlen zu hören. Mittagszeit in Halltown. Der Wind jagt dickbäuchige, weißgraue Wolken über den Himmel und taucht die Mainstreet mit den hohen, verwitterten Häuserfassaden in ein Wechselbad von Sonne und Schatten. Im monotonen Rhythmus schlägt ein loses Schild gegen die Wand des Saloons. Eine Tür quietscht in den Angeln. High-Noon-Melodie. Halltown macht Spaß. Wildwestatmosphäre, mitten im braven Hügelland von Missouri.

In langer Reihe ziehen sich Antique Shops entlang der Straße. Halltown scheint eigentlich nur aus solchen Läden, voll gestopft mit den unmöglichsten Dingen, zu bestehen: Katzenfelle und Puppenköpfe, Bärentatzen, Ballerinas aus filigranem Porzellan, Geschirr, Suppenlöffel und ausgelatschte Boots. Lady Liberty aus Plastik, Revolvergürtel und Schellackplatten. Und natürlich die Flagge der Vereinigten Staaten von Amerika. Es gibt kaum einen Laden, in dem sie nicht in einer Ecke lehnt, an der Wand hängt oder einem von der Decke über das Gesicht streicht. Meist sitzen unbewegliche Gestalten inmitten des Trödels. Nur wenn der Fernseher flimmert oder das Popcorn knackt, erkennt man, dass es sich nicht um Dekorationsstücke handelt. Eine alte Dame mit borstiger, hochtoupierter Perücke und knallrotem Lippenstiftmund sitzt am Fenster und starrt durch staubige Scheiben hinaus auf die Straße, so interessiert, als würde dort die Welt flanieren. Eine Katze streicht um ihre Füße und huscht zwischen altem Mobilar in den dunklen Schlund des Raums, in dem sich Bücher und Hefte bis zur Decke stapeln. Man fragt sich, wer wohl die Käufer von all diesem antiken Kram sein sollen, sieht man doch Außer den Geschäftsinhabern in Halltown selbst keine einzige Menschenseele.

Nach Halltown verabschiedet sich die 66 für ein paar Meilen vom Interstate und führt durch Orte aus Wellblechhütten, Holzhäusern, halb verfallenen Schuppen und Trailern. Die auf der Karte eingezeichneten Orte wie Albatross, Phelps, Rescue, Log City oder Stone City sind nur noch Schatten ihrer selbst. Auch Carthage, einst Heimat der «Bandit Queens» Belle Star und Annie Baxter, sowie Carterville und Webb City können nach der starken Westernatmosphäre von Halltown nicht so recht reizen – Außer, man hat Lust auf ein leckeres Schokoladensoda bekommen. Dann ist der Bradbury-Bishop Drugstore in Webb City, an der Ecke Main Street und Daugherty Street, genau die richtige Adresse. In Joplin bestimmen plötzlich wieder Tankstellen, Gebrauchtwagenläden, Reparaturwerkstätten und

Die Rinderzucht ist einer der wichtigsten Erwerbszweige in Kansas

Fast-Food-Ketten das Bild. Kaum ein paar Meilen im Schilderdschungel, sehnt man sich schon wieder nach der Atmosphäre der verschlafenen Nester.

Doch auch Joplin hat eine amüsante Vergangenheit. Der örtliche Richter und ein Prediger namens Joplin waren gerade dabei, den Bretterbuden entlang der staubigen Mainstreet ein ordentliches Gesicht zu geben, als auf der anderen Seite des Turkey Creek eine Stadt namens Murphysburg entstand. Dem Richter gefiel das gar nicht und den Stadtvätern auf der anderen Seite erging das ebenso. Plötzlich erschien ein Bursche namens «Drei Finger-Pete» auf der Bildfläche. Gleichzeitig heuerte man in Murphysburg einen Schläger an, den man «Grober Bill» nannte. Das Resultat war eine explosive Situation, bei der die zwei Streithähne zu beiden Seiten des Flusses den Finger am Abzug hatten. Damit das Ganze nicht eskalierte, schritt die Regierung ein. Sie fügte beide Städte zu einer zusammen, setzte den Namen Joplin fest und befahl, sich «gefälligst zu benehmen», da der Ort sonst keinen Eisenbahnanschluss bekommen würde.

Kansas – wo bitte geht's zum Notausgang?

Die Route 66 kratzt Kansas nur ein wenig. Genau 13,2 Meilen führt die historische Straße durch diesen US-Bundesstaat, der in diesem Streckenabschnitt den Reisenden geradewegs in die Vergangenheit katapultiert. Alles wirkt so ursprünglich, so alt, so kaputt, so rostig. Breite, einsame Straßen, hochgezogene Häuserfassaden, Wasserhydranten, die wie Gnomen an der Straße stehen. Man reibt sich unwillkürlich die Augen, fragt sich, in welchem Film man sich gerade befindet, sucht nach dem Notausgang, um wieder Herr seiner Sinne zu werden. In Wirklichkeit aber will man bleiben in diesem Amerika, in dem die Route in ihrer ursprünglichsten Form zu erleben ist.

Vielleicht gerade wegen der wenigen Meilen hat der Anrainerstaat viel für die Straße getan, sie als erstes Land mit einem festen Belag versehen und eine Route 66 Association gegründet. Jetzt «blühen» an der Strecke Sonnenblumen auf Schildern, auf denen die 66 mittendrin sitzt. Die beiden magischen Sechsen findet man aber auch auf der Straßendecke. Bei Riverton hat man dem alten Highway die beiden Sechsen wie mit einem Stempel aufgedrückt. Ein paar Meilen zuvor, in Galena, «Amerika von gestern»: hochgezogene Häuserfassaden, deren Fenster jedoch mit Brettern vernagelt sind. Der Himmel hat sich bezogen und ein Windstoß fegt Papier und Plastikbecher die Straße entlang. Unweigerlich wartet man auf rollendes Tumble Weed. Ein Köter verzieht sich mit eingekniffenem Schwanz hinter einen Schuppen. Das Schild im Schaufenster eines noch recht passabel aussehenden Diners scheint für den ganzen Ort zu sprechen: «Sorry, we're closed».

Die Fahrbahn ist in viele Teile zerrissen. Wie die Mäanderlinie eines Flusses führen Sprünge vom verblassten Mittelstreifen aus in alle Richtungen. Gegen alle Natur hat sich eine kleine Sonnenblume in einem Riss festgekrallt und blüht in voller Pracht. Die Gegend um Galena heißt «Hell's Half Acre», ein halber Morgen Hölle. Aus mehr als

«Einsamkeit» singt der Wind in den Straßen von Galena, Kansas

1400 Schächten wurden in dieser Ecke von Kansas Blei, Kadmium und Zink gefördert. Nach 80 Jahren erzählen davon nur noch giftige Halden. Als die letzte Schwermetallschmelze schloss, verließen die Bergarbeiter die Stadt. Saloons, Spielhöllen und Freudenhäuser schlossen. Die Zahl der Einwohner sank von 15 000 auf 4000. Ausnahmsweise war diesmal nicht der neue Highway daran schuld.

«Amerika im Kopf»

Eine Reise über die Route 66 bedeutet nicht nur das Erleben von Attributen der Nostalgie im Farbprospekt. Pinkfarbene Cadillacs, farbensprühende Neons und dunkelrote Canyons sind zwar anzutreffen – aber auch die Schattenseiten des Landes treten offen hervor. So kann der Reisende, der nur Romantik und Traumlandschaften sucht, enttäuscht werden. Das Förderband der Nostalgie bringt nun mal auch ein Amerika zutage, das aus Verfall und Rost besteht. Gerade dieses kann für Liebhaber euphorisierend wirken. Alter, poröser Asphalt, der nach ein paar Meilen im Nirgendwo endet, ist für Freaks «heilige Erde». Ein Schild «Road closed», zerbrochen, zertreten, zerschlagen, mit abblätternder Farbe, bringt ein 66-Herz dazu, schneller zu schlagen. Blinkendes Neon wirkt wie Adrenalin. Wer die Fahrt über den alten Highway wählt, bewusst nach all diesen Dingen Ausschau hält, liebt die Ästhetik des Verfalls, saugt die kleinsten Relikte der Vergangenheit gierig in sich auf, hat einfach nur «Amerika im Kopf». Insbesondere, wie es einmal war.

In Baxter Springs kommt der Reisende, der sich sozusagen «back to the roots» seinen persönlichen Kick holen will, auf seine Kosten. Hier war der Wilde Westen besonders wild. Schlägereien, Gun Fights, öffentliche Hinrichtungen waren an der Tagesordnung. Nicht nur in Murphey's Restaurant kennt jeder die Geschichte von Jesse James und Cole Younger, die im Jahr 1876 die Bank des Ortes um knapp 3000 Dollar erleichterten und dann den vom Sheriff zusammengestellten Suchtrupp so schnell entwaffneten, dass der Sargmacher ausnahmsweise einmal arbeitslos blieb. Das fundierte Wissen im Diner kommt nicht von ungefähr. Das Restaurant war früher ebendiese Bank, die Jesse James mit seinem Besuch beehrte.

Der «Vater der Straße»

Einer Schlange gleich, windet sich die Route 66 auf den ersten Meilen durch Oklahoma. Die Straße folgt den Konturen der Landschaft, in deren weichem Hügelland verstreute Farmen liegen. Neben friedlich grasenden Kühen und in weiträumig angelegten Corrals weidenden Longhorn-Rindern hauchen auf einem Hof auch zottelige Büffel ihren heißen Atem in die frische Morgenluft. Quapaw, Commerce und Miami heißen die ersten Orte in diesem Staat. Nichts ähnelt auch nur im Geringsten der Touristenstadt im Sonnenstaat Florida. Nur ein wunderschönes Diner mit knallig rot, gelb und grün glühendem 66-Neon, das wie das Restaurant allerdings neueren Datums ist, begrüßt gleich am Ortsanfang den Besucher. Etwas abseits der Straße steht eine überdimensional große Reklametafel im Feld. Beim Näherkommen entpuppt sie sich als hölzerne Projektionswand, die schon lange keine Filme mehr gesehen hat. Man kann sich leicht die Halbstarken mit der Schmalztolle und einem Mädchen im Arm in den schwanzflossigen Autos vorstellen, und auch die Filme, die damals über die Leinwand liefen.

Während der Weiterfahrt kommen einem unweigerlich die traurigen Augen von Jimmy Dean in den Sinn und Bilder von Oklahoma selbst, das so viel zu erzählen hat. Vom einstigen Territorium der Indianer, vom Land Rush, von der Entdeckung des Öls, vom Exodus während des Dust Bowls in den Dreißigerjahren. Und es ist der Staat, der als eigentliche Geburtsstätte der Route 66 bezeichnet werden kann. Der Vater des Highways kam aus Tulsa: Cyrus Stevens Avery, ein Versicherungs- und Immobilienmakler, der noch mit dem Planwagen von Pennsylvania nach Oklahoma gekommen war. Die unbefestigten Pfade, Schlaglöcher und all die Schinderei über die rüttelnden Pisten noch gut vor Augen, gab es für ihn nur einen Traum: eine ebene, glatte Straße.

Und mehr noch. Sie sollte an keiner Gemeindegrenze enden, sondern die großen Städte Chicago und Los Angeles miteinander verbinden. Avery kämpfte für seine Vision einer Hauptverkehrsverbindung quer durch Amerika und wurde 1921 zum Präsidenten der Associated Highway Associations of America gewählt. Nach fünf Jahren harter Arbeit waren seine Bemühungen von Erfolg gekrönt. Am 11. November 1926 wurde der Highway 66 von Chicago nach Los Angeles offiziell bestätigt. Die Namensgebung führte dabei zu heftigen Kontroversen. Die Staaten Kentucky und Virginia nämlich hatten die für diese Strecke geplante «60» schon für sich beansprucht. So einigte man sich schließlich auf «66». Die «Mainstreet of America» war geboren, obwohl sie in vielen Abschnitten noch gar keine richtige Straße war, aus Schotter bestand und teilweise nur mit Ziegeln und Holzplanken belegt war. Nur ganze 800 Meilen waren 1926 wirklich befestigt.

Als Ziel eine ebene Straße vor Augen, wurden Vorgaben festgelegt. Beide Spuren sollten je neun Fuß (2,70 Meter) breit sein, und der Belag musste aus Betonplatten bestehen, 15 bis 25 Zentimeter dick, je nach Untergrund. Doch es sollte noch zwölf Jahre dauern, bis der Highway auf seiner ganzen Länge befestigt war. Obwohl es noch kein Vergnügen war, über die 66 zu fahren, lief die Promotion für eine erste Verbindung des Mittleren Westens mit dem Pazifik auf vollen Touren. Es wurde ein transkontinentaler Marathon ausgeschrieben, von Los Angeles nach Chicago und dann weiter bis New York. Am 4. März 1928 gingen 275 Läufer an den Start, denen für hundert Dollar Startgebühr 25 000 Dollar am Zielband winkten. Ein Bauernjunge aus Oklahoma, mit dem Blut der Cherokee-Indianer in den Adern, wurde Sieger. Obwohl er noch nie ein Rennen gelaufen war, erreichte Andrew Hartley Payne nach 87 Tagen als Erster das Ziel. Der Highway war in aller Munde, und in Oklahoma wurde Payne als Volksheld gefeiert.

Will Rogers Home Place

Die Geschichte zum Zweitnamen der 66 findet man nicht auf der Schnellstraße, sondern auf dem alten Asphalt, wo in Claremore dem berühmtesten Kind Oklahomas ein Museum eingerichtet wurde, das Will Rogers Memorial. Der in Europa eher unbekannte Cowboystar und Entertainer spielte in mehr als 70 Filmen mit, verfasste unzählige Geschichten, und niemand konnte sich rühmen, das Lasso so sicher zu werfen wie er. Als der beliebte Unterhaltungskünstler 1935 bei einem Flugzeugabsturz in Alaska ums Leben kam, lebte er in den Herzen der Amerikaner weiter. 1952 erhielt der Highway 66 ihm zu Ehren eine weitere Bezeichnung: «Will Rogers Highway». Am Endpunkt der 66, in Santa Monica, ist auf einer silbergrauen Gedenkplatte zu lesen: «In honor of Oklahoma's beloved native son, a modest, unspoiled child of the plains, cowboy, actor, humorist, and world traveler.»

Moby Dick und seine Freunde

Trotz der bewegenden Geschichte des Landes findet man in Oklahoma immer wieder Gelegenheit, über so manch typisch Amerikanisches zu schmunzeln. Unweit von Catoosa liegt in einem Tümpel ein blassblauer Wal. Er ist der zu Beton gewordene Traum des Inhabers Hugh Davis, der Ende der Sechzigerjahre hier eine Art Freizeitpark, Schwimmbad und Reptilienzoo errichtete. Heute blättert die Farbe von dem noch immer grinsenden Blauwal, den man durch das Maul betreten konnte, um dann über die Flossen in den Teich zu rutschen. Eine Route-66-Attraktion, die jedoch 1983 endgültig geschlossen wurde. Sieht man heute Moby Dick in der Landschaft liegen, ist das eigentlich nichts Besonderes. Die USA sind bekannt für ihre skurrilen Figuren, die für Diners, Benzin, Rock Shops oder Motels werben. Neben meterhohen Dinosauriern, Fred und Wilma Feuerstein, dem Jackrabbit bei Joseph City oder dem grinsenden Astronauten «Gemini Giant» vor dem Launching Pad Drive-In in Wilmington reiht sich Mister Davis' Phantasiegeschöpf nahtlos in den Reigen amerikanischer Verrücktheiten ein.

Land Rush

Ein schwarzes Kapitel in der Geschichte Amerikas ist der Umgang des «weißen Mannes» mit den Ureinwohnern des Landes, den Native Americans, für die Oklahoma die letzte Zufluchtsstätte war. Zahlreiche Stämme der Cherokee, Choctaw, Chickasaw, Creek und Seminolen wurden 1838 aus ihrer ursprünglichen Heimat vertrieben und über

Bilder nächste Doppelseite

Verlorenes Land:

- **Noch rollt der Verkehr über den alten Asphalt**
- **Wo manchmal die Straße stirbt, kehrt Leben zurück**
- **Wie eine Schlange windet sich die 66 durch Oklahoma**

Econo Lodge
9 Blocks
FINA
CAFE

den «Trail of Tears» nach Oklahoma umgesiedelt. Über ein Viertel der knapp 18 000 Indianer starb auf dem leidvollen Marsch. Die «lästigen Indianer» aus dem Südosten dorthin abzuschieben lag auf der Hand. Das Land lag so weit weg, dass es für Siedler uninteressant schien. Man erklärte das Gebiet zum Indian Territory und verbot allen *Anglos*, sich dort anzusiedeln. Mit welchem Gedankengut man den Ureinwohnern Amerikas gegenüberstand, zeigt ein Ausspruch des damaligen US-Präsidenten Martin Van Buren: «Kein Staat kann es je zu Kultur, Zivilisation und friedlichen Entwicklungen bringen, solange man den Indianern erlaubt, dort zu bleiben, wo sie sind.» Doch dann wurde im Zug der immer weiteren Ausdehnung der Vereinigten Staaten das den Indianern überlassene Land wieder interessant. Zunächst kaufte die Regierung Teile zurück, dann wurden Versprechen gebrochen. Auf die Wut der Indianer antwortete man mit militärischen Aktionen. Mit der folgenden Ausrottung der Büffel wurde den Indianern die letzte Lebensgrundlage entzogen.

Auf dem Weg zu den Verladestationen in Texas kreuzten zudem Viehherden das den Indianern verbliebene Land. Konfrontationen blieben nicht aus. Die Besiedelung des Westens war nicht mehr aufzuhalten. Am 22. April 1889 wurde seitens der Regierung das Land im so genannten Land Rush freigegeben. Für 15 Dollar durfte man sich 160 Acres abstecken. 50 000 Menschen strömten auf Ochsenkarren und Planwagen, zu Pferd und zu Fuß ins Land. Über Nacht entstanden ganze Zeltstädte, darunter Oklahoma City. Man sagt, dass die Stadt an nur einem Tag gegründet wurde. Schlitzohren, die sich noch vor dem Startschuss über die Grenze schlichen, um das beste Land zu ergattern, wurden «Sooners» genannt. Ein Jahr später war nur noch der östliche Teil des Gebiets Indian Territory, der Rest befand sich fest in weißer Hand. Der letzte Versuch der Indianer, mit einem eigenen Staat die endgültige Annexion zu verhindern, kam im Kongress nie zur Sprache. 1907 erklärte Präsident Theodor Roosevelt Oklahoma zum 46. Bundesstaat der USA, der wegen der «vorschnellen Siedler» auch den Beinamen «the Sooner State» erhielt.

Plastiktomahawks und intergalaktischer Gaumenspaß

Auf der Reise durch Oklahoma wird die leidvolle Geschichte der Indianer meist totgeschwiegen, mehr noch, verniedlicht und verkitscht. In den Trading Posts und Curios Shops gibt es Halsketten mit Kunststoff-Bärenkrallen und Tomahawks aus Plastik. Bei Foyil, wenige Meilen vor Claremore, bildet ein 30 Meter hohes «Kunstwerk», der «größte Totempfahl der Welt», zusammen mit anderen, von indianischer Kultur inspirierten Objekten ein buntes Panoptikum. 25 Jahre lang arbeitete der Volkskünstler Edward Galloway mit viel Beton, Farbe und noch mehr Phantasie an seinem Totem Pole Park, den er als Denkmal für die Indianer schuf. Im Gegensatz dazu stehen die vielen Kirchen, die der «weiße Mann» als Zeichen seines Glaubens setzte. In Oklahoma konzentriert sich die größte Ansammlung von Kirchen der unterschiedlichsten Namen und Glaubensrichtungen.

Als 1901 in dieser Gegend Öl gefunden wurde, begann der nächste Ansturm auf Oklahoma. Tulsey Town erwachte aus seinem Dornröschenschlaf und warb mit dem Slogan «Oil Capital of the World» als Geschäftsstadt. Heute ragen in Downtown Tulsa, der mit rund 370 000 Einwohnern (Agglomeration: 700 000 Einwohner) nächstgrößeren Stadt vor Oklahoma City, Hochhäuser in den Himmel, garniert mit Bauten vergangener Art-déco-Zeit und hübschen kleinen Motels und Diners. Ein wahrer «Neon-Augenschmaus» ist hier das im Stil der alten Drive-Ins gebaute Metro Diner.

Wie auf einem Leitstrahl schleust der Will Rogers Turnpike Reisende ohne Zeit durch das Land. Bilder von Meilen fressenden Trucks auf endloser Betonwüste verwischen jegliche Erinnerung an das Leben abseits des singenden Asphalts, dessen Lied von Time und Money das Zirpen der Grillen übertönt. An der schnellen Straße liegen die großen Truck Stops, Motels und Supermärkte. Fast Food der großen Ketten wird handgeriebenen Kartoffeln vorgezogen. Den Inhaber mit Schürze, der zu einem Plausch an den Tisch kommt, ersetzt das Telefon in der Sitzgruppe. Und die selbst gemachte Torte aus dem alten Kramladen mit den schlichten Sahnehäubchen hat im modernen Food Mart unschlagbare Konkurrenz bekommen: Grellbuntes Zuckerzeug mit den irrsten Formen und Aufschriften: «For Dad» mit pappig rotem Zuckerherz, «Happy Birthday» mit blautürkisem Lebensalter, ja ganze Landschaften mit Marzipankühen und Lasso schwingenden Cowboys. Und für den Sciencefictionfan gibt es die intergalaktische Torte, garniert mit Ufos und olivgrünen Geleemännchen. Auch die auf dem Backwerk angebrachten Fotos von Mom, Dad und den Kids sind nicht nur Dekoration, sondern können auch gegessen werden. Neben solchen Gaumenspäßen hat der Kuchen aus dem Tante-Emma-Laden keine Chance. Fast kann man vom großen Highway herübersehen, zusehen, wie das alte Amerika mit den General Stores und den von Familien betriebenen Motels verkommt.

Kurz nach Tulsa, in Sapulpa, gibt es die 66 sogar in zweifacher Ausführung. Eine mit dicken Nieten befestigte Stahlbrücke überspannt den Old Highway 66, dessen Belag noch aus roten Backsteinziegeln besteht. Einen Vorgeschmack von echtem altem Straßenbelag hat man schon in Foyil erhalten, wo ebenfalls noch ein Stück blassrosa Old 66 durch den Ort führt. Das Gefühl, auf wirklich alter Straße zu stehen, währt jedoch auch auf dieser Brücke nur kurz. Bereits nach wenigen Meilen führt der Old Highway zurück auf die 66, die bis Oklahoma City parallel zum Interstate verläuft. Mit der Genugtuung, das zu erleben, was Interstate-Reisenden verwehrt bleibt, freut man sich auf die kleinen, verträumten Ortschaften, die bis zur großen Stadt an der alten Strecke liegen.

«I'm proud to be red»

Stroud ist solch ein verschlafenes Nest. Die Straßen sind so breit und leer, dass man glaubt, jeden Moment einen Gun Fight miterleben zu können. Der Gedanke kommt nicht von ungefähr, da sich in Stroud früher Saloon an Saloon reihte und sich manch zwielichtige Gestalten im Ort

Im Jahr 2000 noch im Alltagsgebrauch: Ford Edsel, früher auch ein in Europa bekanntes Straßenschlachtschiff

herumtrieben. Heute fahren ab und zu Pick-ups und rostbepackte Straßenkreuzer die Mainstreet entlang. Ihre Stoßstangen sind mit Stickern übersät: «Disneyland Orlando» ist darauf zu lesen oder «I like Chicago Bulls». Vor dem aus Pflastersteinen des alten Highways gebauten Rock Cafe, einem inzwischen geschlossenen Route-66-Klassiker aus dem Jahr 1939, parkt ein klappriger Pick-up. Auf der Ladefläche ein Sammelsurium aus Plastikplanen, Ketten, Kanistern und leeren, zusammengedrückten Coladosen. Auch dieses Fahrzeug trägt einen Aufkleber: «I'm proud to be red», verkündet der Fahrer stolz seinen Mitmenschen.

Vielleicht von einer Coca-Cola-Reklame inspiriert, die die Breitseite eines ganzen Hauses überzieht, hat ein Mann vor einer Bar einen Schemel vors Fenster gestellt und begonnen, einen neuen Schriftzug auf das Glas zu malen. Erst mit dunkelgrüner Farbe, dann verfeinert mit dünneren, gelben Pinselstrichen. Er lässt sich Zeit. Was soll man hier an einem langen Nachmittag auch anderes tun? Doch er hat Zuschauer. Gleich neben dem Laternenmast glotzen ausgehöhlte Kürbisköpfe von aufgestellten Strohballen.

Am Ortsausgang von Stroud wurden bei einer Tankstelle die Scheiben eingeschlagen. Im Innern des sonst leeren Raumes steht ein zerschlitztes Sofa, in dessen Umkreis ein Dutzend Autoreifen liegen. Ein Haus weiter weht eine verblichene amerikanische Flagge aus dem Fenster. Ein Patriot hat sein Heim verlassen und die Fahne als Vorhang im Skelett des Hauses zurückgelassen. Der Postkasten wurde bereits von jemand anderem in Besitz genommen. Ein Vogel ist dort eingezogen und gerade dabei, sich ein gemütliches Nest zu bauen. «Das alles könnt ihr kaufen, wenn ihr wollt!»

Ein klappriger Dodge hat angehalten. Der Fahrer streckt seinen Kopf aus dem Fenster und deutet grinsend auf das Haus und auf die geschundene Tankstelle. «Ich bin euer erster Kunde», fügt er noch hinzu, gibt Gas und röhrt mit qualmendem Auspuff davon. Schnell verebbt das Knattern des Fahrzeugs im Lied der Heimchen. Es ist wieder still geworden. Die Hitze des Tages hat nachgelassen und eine würzig-milde Luft steht zwischen den schon stark verfärbten Kronen der Ahornbäume.

Nickende Ölpumpen

Bei Chandler nicken Ölpumpen im Feld. Sie ähneln mit ihren sich gegen den immer röter werdenden Abendhimmel abzeichnenden Silhouetten riesigen, fremdartigen Insekten. Das monotone Flutschen der Kolben, das Reiben und Ächzen der Förderbänder und das metallische Sägen

Bild nächste Doppelseite
Bei Reno: John Elderman – ein Farmer nach altem Schrot und Korn

B/E
RANCH

der Zikaden fügen sich mit den abfackelnden Flammen zu einem fast surrealistischen Bühnenbild. John Eldermans Postkasten ist ein kleiner Traktor. Er steht direkt am alten Highway und weist den Weg zu seinem Farmhaus, über dessen Eingang ein Schild mit der «66» prangt.

Farmer an der 66

Als die Sonne in den Boden Oklahomas eintaucht, kommt Mister Elderman auf einem Schimmel in den Corral geritten. Das Brüllen der rund zwei Dutzend Rinder, die sich frei auf dem Gelände vor der karminrot gestrichenen Scheune bewegen, wird lauter. John Elderman schwingt sich aus dem Sattel, packt das Pferd am Zaum und kommt ans Gatter. Auf die Frage, wie lange er seine Farm direkt an der 66 schon betreibe, antwortet er, gegen das Brüllen der Rinder ankämpfend: «Das mache ich schon, solange ich denken kann. Mir gefällt die Landwirtschaft, eintönig wird es für uns hier draußen nie. Da wir so dicht an der Straße liegen, gibt es immer was zu sehen. Oft kommen Oldtimer-Rallyes durch, erst letzthin fuhren über hundert alte Autos hier vorbei.»

Bauer Elderman wirbelt beim Erzählen den Riemen des Zaumzeugs durch die Hände. Dabei schlägt das Leder immer wieder gegen seine fast handtellergroße, golden schimmernde Gürtelschnalle. «Und wissen Sie», sagt John, «das Heimkommen bei Sonnenuntergang, wie jetzt, und das Hinausreiten, wenn gerade die Sonne aufgeht, das ist es, was mir am Leben da draußen so gefällt. Dass man zwischendurch schuftet wie ein Hund, daran denkt man bei einem solchen Anblick nicht.» John schiebt seine Baseballmütze aus der Stirn und schaut in den Himmel, der von leuchtend roten Federwolken durchzogen ist und nun zu brennen scheint.

Chandler selbst besticht mit seinem klassischen Lincoln Motel aus dem Jahr 1939, mit einer restaurierten Phillips-66-Tankstelle und einem Hausgemälde auf einer rosafarbenen Backsteinwand, auf der sich der silbrig glänzende Highway in der Unendlichkeit verliert. Mehr über die Straße, frühere Pfade und Indianertrails erfährt man im Museum of Pioneer History, in dem auf engstem Raum die Geschichte Amerikas wie in einem Bilderbuch aufgeschlagen ist.

Scheune oder Carnegie Hall?

Wenige Meilen vor Oklahoma City erwartet den Route-66-Reisenden eine Besonderheit. In Arcadia steht eine Scheune, die durch ihre außergewöhnliche Form zu einem Wahrzeichen an der 66 wurde: die Round Barn. Wegen der berüchtigten Wirbelstürme wurde sie findigerweise rund gebaut, ein Versuch, dem Wind keine Angriffsflächen zu bieten. Obwohl sie bislang alle Tornados überstanden hat, war die Scheune jahrelang in einem traurigen Zustand, wie eine Zeichnung von Bob Waldmire zeigt. Doch dann wurde sie mit Spendengeldern wieder restauriert, im Innern eine Zwischenebene eingezogen und der Rundbau in zwei Hälften geteilt. Heute werden im oberen Teil Banketts und Tanzveranstaltungen durchgeführt, für die die Scheune schon früher bekannt war, als der Erbauer W. H. Odor zur Finanzierung des Baus so genannte «Scheunentänze» veranstaltete. Schon damals wurde man auf die besondere Akustik aufmerksam. Sie soll derjenigen großer Odeons gleichen und sogar so gut wie im Mormonentempel von Salt Lake City sein. Und würde man eine Stecknadel fallen lassen, könnte man den Klang klar und deutlich hören.

Als der Wind die Felder verwehte

Nach Arcadia schimmern die Halme und Gräser, der Seitenstreifen der Route, die Häuserwände, ja die ganze Landschaft in einem rosaroten Ton. Der letzte Regen hat den Staub auf die Blätter geklebt und die Vertiefungen der grob verputzten Häuser mit der Erde Oklahomas gefüllt. Spätestens jetzt klebt roter Lehm an den Schuhen, und die Reifen der Autos haben die Farbe der Felder angenommen. Die hier lebenden Ureinwohner vom Stamme der *Choctaw* gaben dem Land und dem späteren Gliedstaat seinen Namen. *Okla* heißt Mensch, *homma* heißt rot. Mit *oklahomma* bezeichneten sie das Land, das so rot war wie die Menschen selbst. Und diese Erde «im Land der roten Menschen» wurde zum Anlass für eine der größten Völkerwanderungen in der Geschichte Amerikas.

Mitte der Dreißigerjahre fegten Staubstürme über Oklahoma, Texas, Arkansas, Kansas und Colorado und wirbelten die trockene Erde buchstäblich in den Himmel. 300 Millionen Tonnen fruchtbarer Boden wurden von den Naturgewalten in die Lüfte geblasen und gingen für immer verloren. Jahre der Trockenheit und Fehler in der Anbaumethode summierten sich zu der ersten Ökokatastrophe in der Geschichte der USA. Menschen, die diese Zeit erlebten, berichteten Folgendes:

Im Februar 1934 begann der Wind zu blasen, und zwei Monate später erhob sich eine gewaltige dunkle Wolke aus den Feldern des östlichen Colorado und begann ihren zerstörerischen Weg Richtung Süden. Es herrschte totale Dunkelheit, Finsternis, die noch Stunden nach dem Sturm andauerte. Tausende von Menschen verschanzten sich in den Kirchen, beteten und erwarteten das Jüngste Gericht. Der feine Staub drang durch alle Ritzen und Löcher und hinterließ totale Verwüstung. Die Mütter drückten ihren Kindern nasse Tücher vor das Gesicht, damit sie nicht erstickten. Als der Sturm abgezogen war und sich der Staub ein wenig lichtete, war die Gegend von toten Vögeln und Hasen übersät. Pferde und Rinder, die man nicht rechtzeitig in Sicherheit hatte bringen können, lagen verendet im Staub. Verwehungen von über zwei Meter Höhe waren keine Seltenheit. Und die Stürme kamen wieder. Es war sinnlos, Häuser und Äcker wieder herzurichten. Ein ganzes Jahr lang fegten die Staubstürme über die Plains. Die Menschen erkannten an den Farben, woher sie kamen: braune Erde aus Kansas, gelber Staub aus Texas und New Mexico. Vor den Augen der hilflosen Farmer bliesen die Stürme ganze Felder davon. Das war das Ende vieler Bauernfamilien, denen die Natur ihre Lebensgrundlage raubte.

Doch nicht allein der Wind vertrieb die Menschen. Durch die Minderung der Einnahmen waren die Familien

Round Barn in Arcadia – einst Scheune, heute Odeon

nicht mehr in der Lage, die Pacht für das Land zu bezahlen. Die Banken strichen die Kredite, die Besitzer kündigten die Verträge und trieben die Farmer oft mit Gewalt von ihrem Grund. Um ihr Leben und ihre Existenz zu retten, gab es nur einen Weg: die Flucht. Die Flucht vor dem Dust Bowl, die Flucht vor den mit Traktoren auffahrenden Großgrundbesitzern, die ihre Gehöfte zermalmten, die Flucht vor der eigenen Erde ins Land ihrer Träume, dorthin, wo man sagte, dass «Milch und Honig fließt». Tausende machten sich auf in das «Gelobte Land»: Kalifornien.

Auf der Flucht vor dem Dust Bowl

Nach der ersten Auswanderungswelle zur Zeit der großen Depression zogen nun zum zweiten Mal obdachlose Menschen auf der Route 66 Richtung Westen. In Kalifornien erhofften sie sich Arbeit auf den Obstplantagen und bessere Chancen zum Überleben. Für einen der mehr als 300 000 Okies steht Tom Joad mit seiner Familie, deren Reise über die Straße der Literaturnobelpreisträger John Steinbeck in seinem Roman Früchte des Zorns eindrücklich beschrieb.

In einem alten Hudson Super Six, dessen Oberteil man entfernt hatte, machte sich die Familie mit nur 150 Dollar in der Tasche auf den weiten Weg von Oklahoma nach Kalifornien. Alle, die über die «Mother Road» fuhren, wie Steinbeck die 66 nannte, standen vor dem wirtschaftlichen Scherbenhaufen ihres Lebens. Ein Bild des Jammers auf der «Straße der Sehnsucht». Die Wagen voll gepackt, die Matratzen auf dem Dach, die Kinder auf dem Rücksitz, schleppten die schnaufenden und dampfenden Wagen noch Anhänger, in denen die letzten Habseligkeiten mitgeführt wurden. Krankheit, Entbehrung und die unvorstellbaren Anstrengungen zehrten an den Kräften.

Das Hauptproblem aber waren die Fahrzeuge, die laut Steinbecks Schilderungen «verwundeten Tieren gleich über die Route 66 krochen», über lange Bergstrecken, durch brennend heiße Wüsten, dann wieder über das Gebirge und hinunter in die Täler. Tausende erreichten die Orangen- und Pfirsichplantagen nie. Sie siedelten sich dort an, wo der Wagen seinen Geist aufgab. Diejenigen, die es schafften, bis in das Land ihrer Träume vorzudringen, wurden von bewaffneten Männern wieder vertrieben und in Lagern für einen Hungerlohn ausgebeutet.

Im Angesicht von Flucht und Leid schrieb der Folksänger Woody Guthrie am 14. April 1935 eine Ballade. Der Song von den von Staubstürmen geplagten Okies auf ihrem Weg nach Westen: «So long, it's been good to known you, this dusty Old dust is a-getting my home and I've got to be drifting along.»

Von Oklahoma City nach Amarillo

In Bobby Troups Song wird diese Stadt gerühmt: «Oklahoma City ist mighty pretty ...», wobei zweifellos der Reim und nicht der besondere Charme der Stadt gemeint war. Sonntagvormittag in Oklahoma City. Ein dunkelblauer Himmel spannt sich über die Glaspaläste in der Downtown. Das Sonnenlicht verwandelt den vor dem Old Courthouse plätschernden Springbrunnen in ein Silber sprühendes Kunstwerk. Vögel zwitschern in den Bäumen. Bis jetzt könnte der Song zutreffen. Doch zwischen den Hochhäusern der Banken und Geschäftszentralen sind die Straßen leer. Kein Auto, keine Menschenseele.

«Oklahoma City is mighty pretty ...»

In den fetten Zwanzigerjahren wurde Oklahoma City zur Boomtown, als man direkt unter der Stadt ein riesiges Ölfeld entdeckte. Heute gibt es innerhalb der Stadtgrenzen noch über 2000 Bohrstellen, und selbst auf dem Rasen vor dem Kapitol wird gebohrt. Es fällt schwer, in Anbetracht des schrecklichen Bombenattentats von 1995 auf die nostalgischen Besonderheiten der Stadt einzugehen, die trotz der in den Himmel ragenden Häuser stolz auf ihre Westernvergangenheit ist.

Im National Cowboy Hall of Fame and Western Heritage Center wurde der Pionierzeit des amerikanischen Westens ein Denkmal gesetzt. Hier kann bestaunt werden, was es zum Thema Wilder Westen alles so gibt: prächtige silberbeschlagene Sättel und Zaumzeug, Waffen, Planwagen, Indianerschmuck und eine komplett aufgebaute Westernstadt. Das Museum ehrt auch verdienstvolle Westernstars, darunter natürlich die Westernlegende John Wayne. Galerien mit Gemälden berühmter Westernmaler wie Charles M. Russel, Thomas Moran oder Frederic Remington fehlen ebenso wenig wie die 1915 von James E. Fraser entworfene Skulptur *End of the Trail.* Die überlebensgroße Figur des auf einem Pferd nach vorn gebeugten Cherokee-Indianers mit hängendem Speer zählt zu den populärsten US-Statuen des 20. Jahrhunderts und steht sinnbildlich für den Untergang der indianischen Kultur in Amerika.

Ein Memorial anderer Art wurde für die Opfer des Terroranschlags vom 19. April 1995 errichtet, bei dem 168 Menschen ums Leben kamen. Drei Eingänge sollen die drei Minuten des Bombenattentats von 9.01 bis 9.03 Uhr symbolisieren, und ein Zaun mit Blumenkränzen und persönlichen Gegenständen erinnert an die Toten.

Im Land der «roten Menschen»

Vorbei an einer gigantischen Milchflasche, die auf dem Dach eines kleinen Diners steht, führt die Straße aus der Stadt hinaus. Bevor man jedoch auf die I-44 fährt, sollte man einen Laden besuchen, der einen riesigen Schatz an Sammlerstücken des alten Highways beherbergt. Im dritten Stockwerk des Penn Place Nr. 50, gegenüber der Penn Square Mall (State Road 3A), befindet sich der Route-66-Shop. Hier gibt es alles, was ein Route-66-Herz begehrt. Ist man vom Schauen müde geworden, laden ein Neonsessel oder eine Couch, die aus dem Hinterteil eines Fünfzigerjahreautos konstruiert wurde, zum Ausruhen ein. Blutrot leuchtet die Erde Oklahomas, wenn Traktoren ihre Spuren in die Felder graben. Auf den weiten Ebenen wird heute Baumwolle angebaut. Bis zum Horizont ziehen sich die dunkelgrünen Büsche dahin, auf denen weiße Büschel wie Zuckerwatte sitzen.

Vor Jim Johnsons Oil Companie parken zwei fahrtüchtige Oldtimer. Genau wie Missouri war auch Oklahoma einst ein wildes Land. Doch auch heute scheint hier der Colt noch locker zu sitzen, wie ein Einschussloch in der Scheibe des einen Edsel beweist. Das stört den Fahrer offenbar nicht. Das Fahrzeug weist ein gültiges Nummernschild auf, auf dem die Abbildung eines Federschmucks für den großen indianischen Bevölkerungsanteil in Oklahoma steht. Gegenüber von Getreidesilos und der Mehlfabrik Yukon's Best Flower & Grain Co. hilft ein Country-Superstar das Image des Ortes zu verbessern. Ein großes Schild kündet von Yukons ganzem Stolz: «Home of Garth Brooks».

Von historischer Vergangenheit zeugt der Chisholm Trail (1867–1884), auf dem Millionen von Rindern über das Weideland des Indian Territory gezogen waren. Als die Eisenbahn dann die Viehtransporte übernahm, verlor auch dieser «Rinder-Highway» an Bedeutung. Auf dem Weg nach El Reno werden die Bilder lebendig, als die braunen Leiber der Büffel den Himmel verfinsterten und Longhorn-Rinder über die Weiten der Prärie trotteten.

In El Reno weist ein Motel-Schild auf Amarillo hin, das jedoch noch über 250 Meilen entfernt ist. «Amarillo's Finest» ist unter dem Big 8 Motel zu lesen. Hollywood hat Spuren hinterlassen. Das Schild stammt noch aus dem Film *Rain Man*, für den im Juni 1988 einige Szenen hier gedreht wurden. «Das Zimmer Nummer 117 ist noch genau so eingerichtet, wie es Dustin Hoffman und Tom Cruise nach den Dreharbeiten verlassen haben», sagt der Mann an der Rezeption. «Es kostet 25 Dollar die Nacht und ist ständig ausgebucht. Wenn Sie es möchten, sollten Sie sich gleich entscheiden. Im Moment ist es noch frei.»

Bei Lucille

38 kleine Rundbogen schmücken eine Brücke über dem South Canadian River. Das breite Flussbett mit den rotbraunen Sandbänken führt nur wenig Wasser, so dass sich darin Büsche und kleine Bäume angesiedelt haben. Wenn der Morgen noch jung ist, die Luft kühl und die Vö-

Bilder rechts
• Fast wie in den Dreißigern: Roadside Werbung
• Das «Big 8 Motel», durch den Film «Rain Man» zu Ruhm gelangt

Townley's
MIL
Bánh Mì
BALE

Big 8
MOTEL
Amarillo's
FINEST
TEXACO
Rain Man
Big 8
MOTEL
16 95
FREE COFFEE

Alt, aber sicher: Eisenbrücken bei Shamrock

gel zwitschern, ist es ein besonderes Erlebnis, am Ende der Brücke anzuhalten und ein paar Meter zurückzulaufen zu einem der Rundbogen, die die Landschaft regelrecht einrahmen.

«HYDRO, OKLA, COOP». Nach Bridgeport künden die Insignien von Hydro auf einer Reihe von weißen Silos den Ort am South Canadian River an. Während der große Highway die auf ihm Reisenden anonym zum Ziel bringt, berührt die nur wenige Meter daneben verlaufende 66 Land und Menschen. Schon seit 1941 verkauft Lucille Hamons in Lucille's Gas Station Benzin und Snacks an die Einkehrer. Als man 1966 den großen Interstate baute, wurde die kleine Tankstelle ins Abseits gedrängt, obwohl der Verkehr nur knappe 50 Meter von ihr entfernt vorbeirauscht. Der dünne Stacheldrahtzaun, der 66 und I-40 voneinander trennt, schuf zwei Welten.

Mit Lucille hat man die seltene Gelegenheit, jemanden zu treffen, der die gesamte Geschichte der Straße miterlebt hat. An die Zeit der Staubstürme kann sie sich noch gut erinnern. Damals half sie, wo sie nur konnte, war der gute Engel der Straße. «Die Tage des Dust Bowl waren fast schon vorbei, als wir unsere kleine Tankstelle eröffneten, aber es gab noch immer tüchtig zu tun. Viele Flüchtlinge haben es gerade noch bis hierher geschafft. Da manche keinen Cent mehr besaßen, musste ich ihnen ihr Auto abkaufen. Manchmal habe ich auch Benzin verschenkt, ja, und viele habe ich eben durchgefüttert», erzählt die kleine, zerbrechlich wirkende Frau. Und stolz fügt sie hinzu: «Ich hatte auch den Ruf, das kälteste Bier im ganzen Staat zu verkaufen, da schwammen manchmal sogar kleine Eisstückchen drin.»

Lucille Hamons' Tankstelle ist von zehn Uhr morgens bis Mitternacht geöffnet. «Ich brauche wenig Schlaf», sagt sie, »mir gefällt es einfach, wenn Leute kommen, die auf der Suche nach den Erinnerungen an die Straße sind. Wer mit offenen Augen unterwegs ist, wird sie auf der 66 auch finden.» Eine konzentrierte Sammlung davon gibt es bereits im übernächsten Ort. In Clinton befindet sich das offizielle Oklahoma-Route-66-Museum. Gegründet von verschiedenen staatlichen und örtlichen Stellen, wurde es nach einer Renovierungsphase 1995 wieder eröffnet und gilt als das definitiv beste an der Straße. Sammler aus dem ganzen Land stifteten Schilder und Artefakte, die zu einer konzentrierten Präsentation der Geschichte des Highways zusammengestellt wurden. Und im Trade Winds Courtyard Inn kann man in einem Zimmer schlafen, in dem schon Elvis genächtigt hat.

In Sayre gibt es wieder ein schönes Wandgemälde. Ein Künstler lässt hier die «Root 66», wie sie auf seinem Schild heißt, durch eine rotbraune Canyonlandschaft ziehen. Kakteen, eine sich ringelnde Klapperschlange und ein über die Straße hoppelnder Hase sind ebenfalls darauf abgebildet. Und über allem strahlt der Mond vom sternenübersäten Route-66-Himmel.

«Be happy»

Mit Lucille Hamons' Worten im Ohr, sich sein Amerika selbst zu suchen, taucht der Route-66-Reisende bald in echte Vergangenheit ein. Texola, ein von der Sonne verbrannter Ort, vom Wind ausgetrocknet, durch den Interstate vom Leben abgenabelt, gehört heute den Grillen und Zikaden. Bei jedem Schritt durch das dürre Gras ergießt sich ein Sprühregen von Insekten über den Eindringling. In diesem totesten aller «Tote-Hose-Orte» fühlt man sich wirklich ins Nirgendwo versetzt. An der breiten Mainstreet steht eine halb verfallene Tankstelle, 50 Meter weiter ein Saloon – bei dem ein Schild mit Pfeil «Beer» verspricht – mit Brettern vernagelt. Auf der anderen Seite steht ein zerschlissenes Sofa vor einem handbemalten Schild, dessen Schriftzüge kaum noch zu lesen sind. «Happy Fatherday» könnte es einmal geheißen haben. Ein Muss, sich auf die alten Federn zu setzen und ein Bud zu knacken. «Be happy.» Warum sollte man das auch nicht sein? Man steht schließlich an der Grenze zu Texas und sollte die Leichtigkeit des Seins von dem Ort übernehmen. Der Name Texola wurde einfach aus den Anfangsbuchstaben des folgenden Bundesstaates und mit ein paar des aktuellen gebildet. Doch halt, Texola hat noch mehr zu bieten. Ein schmuckes Postamt gibt es noch, gerade so groß wie ein Gartenhaus, mit einer wehenden amerikanischen Flagge davor. Und fast genauso groß ist der Einzimmerknast von 1910, durch dessen Gitterfenster jeder sehen konnte, wer gerade darin saß.

«No Beer»

Würde man das Staatenschild von Texas übersehen, könnte man doch an der sich verändernden Landschaft erkennen, dass man sich im Panhandle befindet, denn die Natur hat hier schon vor dem Menschen eine optische Trennung der beiden Staaten vorgenommen. Bereits nach wenigen Meilen erinnert nichts mehr an die hügeligen, bewaldeten Landschaften Oklahomas. Urplötzlich ist der Pflanzenbewuchs niedriger geworden. Graugrüne Büsche, struppig und widerborstig, ducken sich unter einem blassblauen Cinemascope-Himmel. Der Blick wandert über einen endlosen Horizont. Ein heißer Wind fegt über weite Grasebenen, die man Prärie nennt. «Beer? No Beer! Da musst du schon zurück nach Oklahoma.» Im legendären U-Drop Inn in Shamrock gibt es nichts dergleichen. Deshalb also war dieses Wort in Texola so groß neben dem Diner angeschrieben. Die Bedienung, keine Frau großer Worte, schüttelt nochmals den Kopf und meint: «Sorry folks, no Bud, no Coors.»

An der Kreuzung Highway 66 und Highway 83 ragen zwei futuristisch wirkende Türme in den Himmel. Sie ähneln Raketenabschussrampen und repräsentieren den Art-déco-Stil. In der Blütezeit des Neons, in den Dreißigern, schoss das U-Drop Inn mit seinen Neons den Vogel ab. Kein anderes Motel war so mit Leuchtstoffröhren gespickt wie das in Shamrock. «Meilenweit hat man es damals schon strahlen sehen, sogar von McLean aus bemerkte man den Lichterglanz», erzählt man im Diner. Zwischen Oklahoma und Amarillo war das Café mit der angegliederten Tankstelle ein Renner, zum Schlager an der Route 66 aber wurde es durch seinen roten und grünen Neonglanz. Man kam am U-drop Inn einfach nicht vorbei. Der Name, woher kam der sonderbare Name? «Den hat ein kleiner Junge erfunden», erinnert sich ein alter Mann im Café, «um einen Namen zu finden, wurde damals ein Wettbewerb ausgeschrieben, und der Junge gewann dafür fünf Dollar.»

Panhandle

Es war in jenen Tagen, als Gott die Erde schuf. Er arbeitete gerade an Texas, als es Nacht wurde und er sein Werk beenden musste. Er strich die großen Ebenen von Westtexas glatt und sagte zu sich selbst: «Morgen mache ich das Land so schön wie den Rest der Welt, mit Seen, Flüssen, Bergen und Bäumen.» Als er jedoch am Morgen zurückkam, war alles hart wie Zement geworden. Gerade als er darüber nachdachte, alles zu zerstören, hatte er eine gute Idee. «Ich weiß, was ich tun werde», sagte er, «ich mache Menschen, die dieses Land lieben!» Nichts könnte besser als diese Fabel den Norden des größten Bundesstaates der USA beschreiben, in dem alles so weit und flach, so trocken und ein bisschen größer ist. Auch die Wüstenhasen (Jackrabbits), auf denen man reiten kann, oder Heuschrecken, die man wie ein erlegtes Reh an Stangen transportiert. So jedenfalls sehen es die Karikaturisten auf den Postkarten für die Touristen. Der Name «Panhandle» kommt nicht von ungefähr. Ein Blick auf die Landkarte zeigt, dass die Konturen des nördlichsten Zipfels des «Lone Star State» dem Stiel einer Riesenpfanne ähneln.

Francisco Coronado war der erste Europäer, der die Weiten des amerikanischen Westens durchstreifte. Er erreichte die Plains im Jahr 1541, 80 Jahre bevor die Pilgerväter mit der *Mayflower* am Plymouth Rock landeten. Den Spaniern folgten Rancher, die gutes Weideland für ihre Rinder suchten. Der bekannteste von ihnen war Charles Goodnight, der Erfinder des «Chuck Wagon», der Planwagen-Feldküche, und eine Hauptfigur in McMurphys *Streets of Lorado*. Goodnight war der Erste, der seine Riesenherden hierher trieb. Bald bemerkte man, dass sich unter der Grasnarbe fruchtbare Erde befand, und begann, das Weideland für Baumwoll- und Getreidefelder zu nutzen. Als im Ersten Weltkrieg die Weizennachfrage zunahm, pflügte man immer weitere Flächen um. Nun war die Erde der High Plains dem Wind ungeschützt ausgeliefert.

Für Indianer und Entdecker, für Bergläufer und Büffeljäger, für Siedler und Cowboys, für Desperados und Abenteurer war das Land am Rande der unendlichen Plains «ihr Land». Der endlos weite Himmel, die klare Luft, die faszinierenden Sonnenauf- und -untergänge. Das Lied der Prärie waren der immer wehende Wind und das Pfeifen der Prairie Dogs, der possierlichen Erdhörnchen, die zu Millionen in ihren Erdlöchern hausten. Zum Schutz vor den tückischen Winden und oft plötzlich hereinbrechenden Wirbelstürmen machten es die ersten Siedler den Erdmännchen nach. Sie bauten ihre Behausungen unterirdisch. Am meisten hatten die Frauen unter dem Wind zu leiden. Allein zu Hause, hielten sie das ewige Pfeifen, Singen und Heulen nicht mehr aus. Um nicht verrückt zu werden, verließen

Palo Duro Canyon

viele die Gegend. Doch immer wieder lockten die Reichtümer des Bodens. Als Öl gefunden wurde, begann in Texas der Run auf das «flüssige Gold».

Nach dem Zweiten Weltkrieg siedelte sich neben einiger Schwerindustrie auch petrochemische Industrie im Norden an, aber die Landwirtschaft nimmt noch immer einen hohen Stellenwert ein. Doch neben Öl und Rindern gibt es einen weiteren Erwerbszweig. In jüngerer Zeit erkannten die Rancher in der wilden Landschaft ihre Chance für den Tourismus. Sie bieten für Wildwest-Enthusiasten Cowboyfeeling im «Cowboystaat».

Die Route 66 durchquert den «Lone Star State» allerdings nur da, wo er am schmalsten ist. Strohgelb schimmert das Gras der High Plains, einer weiten, baumlosen Hochebene, die bis nach New Mexico hineinreicht. Güterzüge, mit oft über hundert Waggons und fünf Loks, ziehen neben der Straße durch das unendliche Gras. McLean ist ein Ort, wo man den Tagträumen vom Westen nachhängen kann. Entlang der einsamen Main Street haben ein paar Läden ausgeharrt, ein Friseur, ein Stiefelgeschäft und einige Motels, unter ihnen eines mit einer schönen Neonreklame in der Form von Texas. Ein Backsteinhäuschen mit rotem Ziegeldach und gelber, abbröckelnder Farbe ist die Tankstelle des Ortes. Auf den orangefarbenen Zapfsäulen prangt noch ein «Phillips 66»-Zeichen. Die Historic Route 66 Association, die hier ihren Sitz hat, ist auf dieses Relikt besonders stolz.

Auch im wenige Meilen entfernten Alanreed gibt es etwas, um den 66-Adrenalinspiegel auf dem richtigen Pegel zu halten: eine weitere Super Phillips 66 Service Station. «Pavement ends». Der Asphalt des alten Highways verläuft bei Alanreed durch Dornen und Gestrüpp. Über weite Flächen hat die Sonne den lehmigen Boden wie ein riesiges Mosaik zerrissen. Eidechsen zischen über sandigen Grund. Ein Schild weist nach «Pampa». Der Name trifft den Nagel auf den Kopf. Windräder und Wasserpumpen begleiten den Weg nach Amarillo. In Groom steht der Name eines Motels für die Bewässerung des Landes. Es nennt sich Golden Spread. Als man aus dem Desaster der Staubstürme Lehren zog und Windschutz und Bewässerungsmethoden ersann, begann Texas zu ergrünen. So gehört heute der Panhandle dank seiner ausgeprägten Bewässerungskunst zu den fruchtbarsten Gebieten der USA.

Im Canyon des «harten Holzes»

Bretteben führt der Texas Plains Trail durch die Landschaft. Ein paar Farmen, Corrals, einige windschiefe Postkästen an der Straße. An einem ist der Winker hochgestellt. Hinweis für den Postboten, dass ein Brief oder Päckchen zum Mitnehmen bereitliegt. Es ist nicht leicht, die richtige Straße zum Palo Duro Canyon State Park zu finden. Rauf auf den I-27 Richtung Süden und dann in dem kleinen Ort Canyon wieder nach Osten auf die State Road 217. Von dort ist es etwa noch eine halbe Stunde bis zum Canyon. Doch wo soll der überhaupt sein? Ähnlich wie am Grand Canyon deutet nichts darauf hin, dass sich hier plötzlich die Erde spaltet und eine Schlucht gewaltigen Ausmaßes öffnet. Doch nach einigen Meilen zeigen sich rotbraune Furchen. Erosion hat die Erde aufgerissen. Dann offenbart sich dem Besucher ein erster Eindruck jener gewaltigen Landschaften, die es nur im Südwesten der USA gibt. Ein Seitenarm des Red River ist es gewesen, der den zweitgrößten Canyon der USA in die hoch gelegenen Plains gegraben hat. Der heutige Park umfasst jedoch nur einen Teil des weitläufigen Canyons, in dem Nomaden schon vor 12 000 Jahren Büffel jagten. Doch schon auf der Fahrt hinunter in die Schlucht bezeugen farbige Felsschichten Millionen Jahre geologischer Entwicklung.

Kleine, gelb blühende Büsche ziehen sich entlang der gut geteerten Straße, auf der man in einem Loop einen ersten Eindruck des Canyons erhält. Doch nur zu Fuß sind die überwältigende Szenerie und Natur zu erleben: die von farbigen Streifen durchzogenen Canyonwände, die durch Wind und Erosion herausgemeißelten Steinpfähle (Hoodoos), die Opuntienfelder auf dunkelroter Erde und die Roadrunner, die entlang der Straße einem imaginären Ziel entgegensprinten. Seinen Namen verdankt der Canyon den zähen Wacholder- und Mesquite-Sträuchern, die sich in die Felswände krallen. «Palo Duro» ist Spanisch und bedeutet «hartes Holz».

Das «Monstersteak»

Erreicht man vom Palo Duro Canyon kommend auf der Washington Street Amarillo, trifft man geradewegs auf die SW 6th Avenue, die alte 66, an der zwischen der Georgia und Western Street der «Historic Route 66 Antique District» Old San Jacinto liegt. Hier reiht sich ein Antiquitätenladen an den anderen. Puppen, Porzellan, Bücher, Schallplatten, Magazine mit Marilyn und Elvis auf den Titelseiten. Es ist fast alles zu finden, was vom alten Amerika übrig blieb. Und es gibt wunderschöne Neonschilder wie jenes des Circus Room mit einem Clownsgesicht und Diners wie aus dem Bilderbuch. Das fliederfarbige Amigos Cafe zum Beispiel oder das Golden Light, in dem auf einem Schild über einer Essnische zu lesen ist, dass das Essen zwar nicht schnell fertig, dafür aber gut ist. Und Phil, der Inhaber eines Antique Shop, drückt jedem Besucher einen Filzstift in die Hand und lässt ihn seinen Namen auf die Tapete kritzeln.

Jeden Dienstag ist in der Big Texan Steak Ranch and Opry die Hölle los. Countrymusic ist angesagt. Nicht gerade in der Güte von Kinky Freidman, schon mal eher schräg, aber unheimlich echt. Country Fiddler, einheimische Bands und Solosänger, alles Amateure, geben ihr Bestes. Da singt schon mal ein kleiner Junge, gerade elf Jahre alt, und wandert anschließend von Tisch zu Tisch, weist verstohlen auf seine Autogrammkarten und freut sich riesig, wenn jemand ein Bild haben will. Natürlich darf im Repertoire eines echten Countrystars das Lied der «Yellow Rose of Texas» nicht fehlen, wie die ortsansäßigen ihre Stadt gerne bezeichnen. «Amarillo» ist das spanische Wort für «gelb» und bezieht sich auf das gelb gefärbte Wasser des nahen Creek. Man sagt, dass auch das gleichfarbige Steppengras zum Namen beigetragen haben soll.

Im Big Texan Steakhouse, mit dem großen, ausgestopften Grizzly am Eingang, ist man mitten im alten Westen gelandet. Das Lokal ist Saloon und Tanzboden zugleich. Für jeden sichtbar werden die Gerichte über offenem Feuer zubereitet. Es gibt verschiedene Biere, darunter auch mexikanisches. Das dunkle Shiner Bock wird speziell in gläsernen Westernstiefeln serviert. Die besten Steaks aus dem Land der Rinder kommen hier auf den Tisch, aber auch Büffelsteaks und Klapperschlange. Cowboys und Trucker, die an gewaltige Portionen gewöhnt sind, können hier zeigen, was sie alles zu vertilgen vermögen. Denn die größte Attraktion des Hauses ist ein Steakmonster, 72 Unzen schwer. Wer in einer Stunde die zwei Kilogramm Rindfleisch schafft, braucht nichts zu bezahlen. Doch nicht zu früh gefreut. Zu dem Fleischberg gibt es noch Baked Potatoes, Shrimps-Cocktail, Salat und Brötchen. Und die Bedienung wacht mit Argusaugen darüber, dass alles aufgegessen wird. Seit 1959 haben sich über 22 000 Gäste an der Riesenportion versucht, doch nur 4000 schafften es. Darunter eine 63-jährige Großmutter und ein elfjähriger Junge, «dessen Augen wirklich nicht größer waren als sein Magen», sagt Bob Lee, der Besitzer des Big Texan Steakhouse. Doch wie kam man darauf, gerade 72 Unzen als oberstes Limit zu setzen?

Als Bob Lee 1959 nach Amarillo kam und ein richtiges Steak essen wollte, fand er zu seiner Verwunderung in der ganzen Stadt kein einziges Steakhouse vor. Da entschloss er sich, ein eigenes Restaurant zu eröffnen, in dem es die größten, saftigsten und dicksten Steaks von ganz Texas geben sollte. Um zu testen, wie viel ein Mann verzehren kann, suchte er im ganzen Umkreis nach dem hungrigsten Cowboy. «Und ich fand den Cowboy mit dem größten Appetit, den ich je gesehen hatte», sagt Bob. «Ich sagte, setz dich hin und iss. Und ich brachte ihm Steak um Steak, die er alle vertilgte. Als er nicht mehr konnte, rechnete ich das Gewicht der Fleischstücke zusammen. Es waren genau 72 Unzen. An diesem Gewicht kann sich nun jeder messen.»

Als 1970 der Interstate eingeweiht wurde, verlegte Bob das Restaurant direkt an den Highway, an die Ostseite der Stadt. Laut «Holiday Magazine» entwickelte sich das Steakhouse innerhalb von zwei Jahren zu einem der außergewöhnlichsten in ganz Nordamerika. Als 1976 ein Feuer das Lokal zerstörte, wurde es zu einem riesigen Speise- und Tanzsaloon ausgebaut. Heute sind dem 450 Sitzplätze bietenden Steakhouse ein Motel mit der Fassade einer Westerntown und ein Swimmingpool mit dem Umriss von Texas angegliedert. Die größte Attraktion des Big Texan Steakhouse aber wird das 72-Unzen-Steak bleiben. Im Stockyard Cafe sitzen «echte» Cowboys beim Lunch zusammen. Hier

Bild nächste Doppelseite
Im Palo Duro Canyon fand die letzte Indianerschlacht von Texas statt

finden die größten Rinderversteigerungen von Texas statt. Nach einem guten Geschäft hocken die dreckverschmierten, nach Rindviechern stinkenden Viehtreiber vor riesigen Portionen und reden über nichts anderes als über Bullen und harte Dollars. Fast 80 Prozent aller texanischen Rinder wechseln hier in Amarillo den Besitzer.

This is the way to Amarillo!

Cadillac-Ranch

Wenn es in Amarillo einmal regnet, sind sie endlich ungestört. Keine Fußtritte, keine Gewehrsalven, kein Sprühregen von Farben, kein Klicken von Fotoapparaten. Allein das Trommeln der Regentropfen auf dem Blech ist jetzt zu hören, manchmal das Hupen der Trucks vom nahen Interstate. Beschwerlich ist jetzt der Weg zu ihnen. Zirka 200 Meter schlammiger Trampelpfad, quer durch das Feld eines Farmers, muss man schon in Kauf nehmen, möchte man sie sehen: zehn schwanzflossige Cadillacs, Baujahr 1949 bis 1964, im gleichen Winkel in einen Acker gepflanzt, modernes Stonehenge von Amerika. Jetzt im Regen recken sie ihre Schwänze wie Enten aus dem sich im Feld bildenden Tümpel.

1974 hatte der in Amarillo lebende, wohlhabende Farmer und Kunstsammler Stanley Marsh III. die Idee, ein Kunstwerk zu schaffen, das den amerikanischen Traum symbolisiert. Er gab einer Gruppe von experimentellen Architekten, der so genannten «Ant Farm» aus San Francisco, den Auftrag, den Fünfzigerjahren ein Denkmal zu setzen. Die Künstler meinten, dass diese Ära Amerikas nichts besser symbolisieren könnte als die Schlachtschiffe jener Zeit. Volumen, Chrom, Leder und Heckflossen standen für den Glauben an das aufwärts strebende Amerika, das zu einem Bild verdichtet wurde: eine kesse Blondine, ein Cadillac, und auf der Route 66 unterwegs an die Beach von Kalifornien. Zwei Wochen lang durchkämmten die Leute von «Ant Farm», Chip Lord, Doug Michels und Hudson Marquez, Schrottplätze, Hinterhöfe und die Gelände von Gebrauchtwagenhändlern, bis sie für etwa 4000 Dollar ihre Kunstobjekte, zehn verschiedene Haifischflossenmodelle, fanden. Kopfüber rammten sie die Caddys in die Erde, gossen sie in Beton, schweißten Radkappen und Türen fest, und fertig war das 40 Meter lange Werk.

Die Heckflossen beginnen ganz klein, steigern sich vom 48er bis ins Jahr 1959, in dem sie steil und scharf geschnitten den Wagen futuristische Formen geben. 1964 waren sie wieder fast ganz verschwunden. Die Reihe der Caddys im Land der Ranches erhielt einen Namen, der besser nicht passen könnte: Cadillac-Ranch. Die Weltpresse reagierte. So etwas gab es bisher nicht. Über Nacht wurde das Kunstwerk vor den Toren Amarillos bekannt. Nachem die Dinosaurier der Autoindustrie eines Nachts von Unbekannten rot bepinselt worden waren, spielte Stanley March mit dem Gedanken, auch die Freiheitsstatue und die Sphinx in dieser Farbe glänzen zu lassen. Die für ihn größten Kunstwerke der Welt sollten alle die gleiche Farbe tragen. Doch die wie Heuschrecken ins Feld einfallenden Besucher zerstreuten seine Idee schnell. Wie ein Chamäleon wechselten die Cadillacs ihr Erscheinungsbild. Bunte Graffiti und flotte Sprüche zierten das Blech, und bis heute packen viele Route-66-Reisende extra eine Spraydose für Amarillo ins Gepäck.

Alle paar Monate werden die Caddys nun neu überpinselt und glänzen dann in anderer Pracht: mal pink, mal blau oder golden. Und wenn sie die Heckflossen der Sonne entgegenstrecken, die Trucks auf dem Interstate beim Vorüberfahren hupen und die Besucher ihren Namen auf das Blech sprühen, übersieht man die Fußtritte, Einschusslöcher und ramponierten Fahrzeugteile. Meist sind es Fremde, die es sich nicht nehmen lassen, wenige Meilen nach Amarillo den Interstate zu verlassen, um auf einer kleinen Straße zu dem Denkmal aus Schrott zurückzufahren. Denn viele Amerikaner kennen die Kunst im Acker nicht. «Jahrelang bretterte ich hier vorbei und wunderte mich über die alten Autos, die wie Abschussrampen in den Himmel ragen», sagt Russel, der nach vielen Jahren als Trucker nun Touristen durch die USA chauffiert. Als er das erste Mal vor den in die Erde gerammten Caddys steht und die Begeisterung der Besucher erfährt, kann auch er nicht widerstehen, auf den Auslöser seiner Plastikkamera zu drücken.

Bilder rechts
• Amigos Cafe in Amarillo
• Golden Light Cafe:
«Wir servieren kein schnelles, sondern gutes Essen»

übernächste Doppelseite
Kunst im Feld –
die Cadillac Ranch bei Amarillo, Texas

Amigo's Cafe
OPEN
Amigo's
CAFE

ZIMA
IF OUR RESTAURANT LOOKS FULL, PLEASE INQUIRE ABOUT HOW LONG THE WAIT WILL BE
WE APPRECIATE YOUR BUSINESS!
THANK YOU
WE SERVE GOOD FOOD NOT FAST FOOD
PLEASE BE PATIENT
THANKS!
JJW 454
HH 8798

ROUTE
66

Von Amarillo nach Santa Fe

Der Interstate 40 hat hier bei Amarillo die 66 überdeckt und führt durch flaches, weites Land. Auf der linken Seite tauchen Zäune auf, große Silos und Kühe, die, so weit das Auge reicht, in großen Parzellen zusammengepfercht sind. Jede Koppel hat eine kleine Erhebung, auf der immer ein oder zwei Tiere stehen. Diese haben einen besonderen Namen. Es sind die «Könige der Berge», wie die Cowboys der Wildorado Cattle Gard Company die Bullen nennen, die sich immer den höchsten Punkt auf den Weiden suchen.

Die «Könige der Berge»

Viele Monate hatten die Rinder Zeit, beim Grasen auf den weiten Ebenen kräftig Fleisch anzusetzen, doch jetzt werden sie vor dem Schlachten ihrer «grenzenlosen Freiheit» beraubt, zwischen Gattern zusammengepfercht und noch einmal tüchtig mit Mastfutter versorgt. Diese Massentierhaltung der «Corporate Farms» mit ihren hoch technisierten Versorgungsparks zwangen so manchen kleinen Ranchbetrieb zur Aufgabe. Viele Familien konnten bei der Technisierung nicht mithalten. So ist nicht allein der Interstate für das Sterben an der Straße verantwortlich.

Vorbei an Vega und Adrian führt der große Highway durch eine flache, mit gelbem Präriegras bewachsene Ebene. Ab hier gibt es einen Grund zum Feiern: Die halbe Strecke Chicago–L. A. ist geschafft! In Adrian könnte man sich unter einem Schild mit der Aufschrift «Midpoint» fotografieren lassen. Auf der Gegenfahrbahn rauschen Trucks wie aus dem Bilderbuch vorbei. Sie glänzen und funkeln im Sonnenlicht um die Wette. Ihre Farben, die Palette eines Malers: dunkelrot, türkis, marineblau, gelb wie ein Zitronenfalter. Rechts und links des I-40 führen Business Loops vom Highway weg in die kleinen Ortschaften. Sie sollen die vergessenen Flecken mit der Lebensader, der großen Straße, verbinden. Einzige Möglichkeit, aus dem Strom der chromblitzenden Trucks auszubrechen und einzutauchen in eine andere, vergessene Welt.

Ein letzter Abstecher auf der Business Road in den Staat der Rinder führt nach Glenrio. Doch von der Möglichkeit einer Einkehr, geschweige denn Business, kann nicht die Rede sein. An dem breiten Straßenstück, das nach zirka eineinhalb Meilen zwischen Disteln endet, liegen auf der rechten Seite die Überreste des Ortes. Zwei scheinbar noch immer bewohnte Häuser, die Ruine einer Tankstelle. Einige vor sich hin rostende Autos sind an der Straße abgestellt. Kunstwerke der Zeit aus ockerfarbenem, porösem Blech. Es ist ein heißer Nachmittag in «Noch-Texas». Zu dem Flirren des Lichts auf dem alten Asphalt gesellt sich das lautstarke Zirpen der Zikaden. Bei jedem Schritt durch das dürre Gras springen Hunderte von Heuschrecken auf. Einem Uraltsofa, aus dem rostige Sprungfedern sprießen, haben Hunde den Rest gegeben. Das Gewebe ist zerbissen, zerrissen, über den Boden verstreut. Daneben eine verrottete Matratze, Glasscherben. Zwei Burschen machen sich an einem Zaun zu schaffen. Bei allen bisherigen Besuchen waren in Glenrio noch nie Menschen zu sehen gewesen. Nur ihre Mitbewohner begrüßten immer lautstark die Fremden. Wild bellend, die Zähne fletschend, ziehen auch heute die Hunde immer engere Kreise. «Nur ruhig dastehen, die Augen auf das alte Motel richten, so, als ginge einen das Gewusel um die Stiefel gar nichts an», ist die beste Möglichkeit, nicht in Panik zu geraten.

First/Last Motel in Texas

Glenrio», der Name des Ortes an der Grenze von Texas und New Mexico weist auf die hiesige Sprache hin, eine Mischung aus Englisch und Spanisch, «Spanglish» eben. So heißt das Motel auch First/Last Motel in Texas, je nach dem, in welche Richtung man sich gerade bewegt. Beim letzten Mal war er noch da, der lange Pfosten, auf dem «Texas» und «New Mexico» geschrieben stand und der zwischen den Schildern I-40 und R 66 in den Himmel ragte. Heute ist er verschwunden. Dafür hat das First/Last-Motel-Schild ein paar Einschusslöcher mehr abbekommen. Ein paar Meter weiter endet die Straße im Gestrüpp. «Dead End ahead» ist am westlichen Ende von Glenrio, eigentlich schon New Mexico, zu lesen. Als die Route 66 noch Lebensader war, war diese Straße so stark befahren, dass man Mühe hatte, sie zu überqueren. Heute wiegt sich in dem aufgerissenen Asphalt nur noch Steppengras, schimmern rosa Halme wilder Gerste.

Die beiden Männer haben begonnen, Strohballen von ihren Pick-ups zu hieven und in den Corral zu tragen. Während sich der eine nach einem kurzen Brummen, das ein Gruß sein sollte, weiter der Arbeit widmet, ruht sich der andere Bursche auf seine Forke gestützt aus. «Hi, es ist das erste Mal, dass wir hier in Glenrio Leute zu Gesicht bekommen.» Der Cowboy mit der dicken Nickelbrille und dem großen weißen Hut schaut erstaunt auf. «Warum kommen Sie überhaupt nach Glenrio», will er wissen, «hier ist doch nichts los.» – «Wenn wir auf der 66 unterwegs sind, schauen wir jedes Mal hier vorbei. Der Ort ist ein typisches Beispiel dafür, was der Interstate den Orten am alten Highway angetan hat. Jedes Mal wirkt Glenrio kaputter, das Schild ‹New Mexico›, das letztes Mal noch da oben stand, ist auch verschwunden, und der T-Bird-Roadster ist auch nicht mehr da. Er war dort neben dem Haus abgestellt. War ein tolles Bild, so silberglänzend in der Sonne, mit den roten, runden Heckleuchten und dem Nummernschild von Texas.»

«Jim, mein Name ist Jim», sagt der Cowboy, und streckt die Hand zum Gruß entgegen, «wir erinnern uns nicht an

Bilder rechts
• Cowboy auf dem Feed Yard von Wildorado
• Texas – Rinderland, Steakland

Glenrio starb, als die große Straße kam

das Auto, wir bringen nur das Stroh und fahren dann weiter nach Tucumcari wo wir wohnen. Die Leute dort drüben haben das Stroh gekauft.» Er weist mit einer Kopfbewegung in Richtung der Hunde, die im Schatten der Bäume liegen. «Mehr weiß ich auch nicht. In der nächsten halben Stunde sind wir wieder weg.» Jim bohrt mit seinen roten Stiefeln ein Loch in die Erde, so, als wolle er eine Kippe austreten, rückt den Hut aus dem Gesicht und geht zu seinem Pick-up. Das Knacken einer Bierdose ist zu hören.

Zurück an der Tankstelle mit dem großen Wagenrad an der Mauer, schon wieder spielen die Hunde verrückt. Schon acht Köter sind es jetzt, die um die Wette kläffen. Hinter einem Fenster ist kurz eine Bewegung zu erkennen. Dann sind die Vorhänge wieder ruhig. Warum sollen die Bewohner auch in der Tür erscheinen. Die Fremden, die sich hierher verirren, sind für sie sowieso verrückt. Wer kommt schon wegen all des alten Zeugs nach Glenrio, wegen des kaputten Motelschilds, auf dem der Schriftzug, von Kugeln zerfetzt, nur noch zu erahnen ist. Wieder flattern die Heuschrecken, Schmetterlingen mit roten Flügeln ähnelnd, aus dem Gestrüpp. Leicht bewegt der Wind die roten Ähren am Straßenrand. Glenrio, einer der einsamsten Orte an der alten 66, hat seinen besonderen, eigenen Reiz.

Tocom und Cari

Das Gebiet um Tucumcari zählt zu den am längsten besiedelten Regionen des amerikanischen Westens. Am Ufer des Lake Tucumcari wurden die ältesten Zeichen menschlicher Zivilisation und Kultur in Nordamerika gefunden. Knochen von Dinosauriern und fossile Reste von Höhlenmenschen. Goodnight, Chisholm und Commanchero Trail führten am Tucumcari Mountain, einem 260 Meter hohen Tafelberg, vorbei, der zum Wahrzeichen der Stadt wurde. Um ihn ranken sich viele Geschichten der Indianer, auch die Entstehung des Namens wurde von Generation zu Generation in ähnlicher Form weitergegeben:

Als der Apachenhäuptling Wautonomah spürte, dass seine Zeit gekommen war, in die ewigen Jagdgründe einzugehen, quälte ihn eine große Sorge. Die Frage um seinen Nachfolger war noch nicht entschieden. Zwei seiner fähigsten Krieger, Tonopah und Tocom, waren Feinde und tödliche Rivalen, da beide Cari, die Tochter des Häuptlings, zur Frau haben wollten. Cari jedoch hatte ihr Herz bereits an Tocom verloren. Wautonomah rief Tonopah und Tocom zu sich und sprach: «Ich spüre, dass die Stunde des Todes gekommen ist. Einer von euch muss mein Nachfolger werden. Heute Nacht sollt ihr mit dem Messer kämpfen, wer überlebt, soll der Häuptling unseres Stammes werden und Cari, meine Tochter, zur Frau erhalten.»

So standen sich die beiden Rivalen gegenüber, und schon bald entbrannte ein tödliches Gefecht. Heimlich schlich Cari zur Kampfstätte und beobachtete die Entscheidung. Als sie sah, dass das Messer Tonopahs ins Herz Tocoms drang, rannte sie zum Sieger und stieß ihm das Messer ins Herz, dann brachte sie sich selbst auf die gleiche Weise um. Wautonomah beobachtete das Geschehen und voller Herzeleid tötete er sich mit Caris Messer. Mit den letzten Worten auf den Lippen «Tocom-Cari» verschied der große Häuptling der Apachen.

Seit diesem Tag steht der Berg als Symbol für eine unerfüllte Liebe, und auch die weißen Siedler gaben der Stadt diesen Namen: Tucumcari. Ihre Entstehung geht auf das Jahr 1900 zurück, als während eines fürchterlichen Schneesturms, der mehrere Tage tobte, zwei Männer auf einer Farm Unterschlupf fanden. Als Dank für die Gastfreundschaft veranlassten sie, dass die Schienen der Eisenbahn sechs Kilometer vom Anwesen Six Shooter Siding von A. D. Goldenberg entfernt verlegt werden sollten. Goldenberg, sein Bruder Max und zwei weitere Geschäftsmänner kauften schnell das Land. Der Plan ging auf. Die Schienen führten bis in die Nähe von Goldenbergs Haus, wo ein Haltepunkt eingerichtet wurde. 1902 stoppten die ersten Personen-, Post- und Frachtzüge in dem neuen Ort, und 1910 hatten sich in Tucumcari bereits 70 Geschäfte angesiedelt. Dann führte eine Straße, die Chicago mit Los Angeles verband, mitten durch die Stadt, und Tucumcari wurde zu einem beliebten Übernachtungsort. Noch heute besitzt die Stadt der Neonlichter 2000 Motelzimmer bei gerade 8000 Einwohnern, ein Verhältnisrekord, der nur von Las Vegas, Nevada, überboten wird.

«Juwelen der Nacht»

Wenn es Nacht wird in Tucumcari, färbt sich der Himmel purpurrot. Kleine Wölkchen werden zu gefiederten Flammen, und die im Westen aufziehende Wolkenwand ist wie von einer leuchtenden Korona umgeben. Noch während die untergehende Sonne den Asphalt der breiten Mainstreet orangerot beleuchtet, entflammen die «Juwelen der Nacht». Neonreklamen, schrill, bunt, flackernd, wie aus den Fifties. Die Berühmteste ist eine blaue Schwalbe, die man schon von weitem blinken sieht. Wie an einer Perlenkette sind die Neonzeichen am nicht enden wollenden Tucumcari Boulevard aufgereiht: das Buckaroo Motel mit dem Bild eines reitenden Rodeo-Cowboys am westlichen Ende der Straße, das Trails West, das Americana, das Apache, das Safari-Motel und das Ranch House Cafe. Noch immer vergoldet die untergehende Sonne die Stadt. In diesen letzten Minuten vor der hereinbrechenden Nacht wirkt die rostbepackte Fläche dieser Werbetafel wie ein dunkelgelbes Nugget.

In der Mitte der Straße steht ein gemauertes, weiß gestrichenes Tipi. Es bildet den Eingang zum Curios, zu dem ein herrlich verwaschenes Reklameschild mit Indianerzelt und Saguaro-Kaktus weist. Der Inhaber, Mike Callens, ist ein Freund von Bob Waldmire. «Bob ist zurzeit in Illinois, bei Freunden», sagt Mike. «Er ist dabei, seine Zelte in Arizona abzubrechen, ihm ist es an der 66 zu laut geworden.» – «Beim letzten Besuch, vor sechs Monaten, hat er noch ein Klapperschlangenbaby aufgezogen», wissen wir zu berichten. «Wenn es ihn nicht mehr gibt, ist die Route 66 um ein Stück ärmer geworden.» – «Er möchte nur ein paar Tage bleiben», erwidert Mike, «bis Sie in Hackberry sind, ist er vielleicht wieder zurück.» Mike hat gutmütige Augen, wie Bob. Sein langer, weißer Bart ist gepflegt und unterstreicht seinen entspannten, friedvollen Gesichtsausdruck. Offensichtlich haben die beiden das gefunden, wonach andere ihr Leben lang suchen.

Die Blaue Schwalbe

Nicht weit vom Curios entfernt, fast auf der gegenüberliegenden Straßenseite, steht eine alte 66-Legende, das wohl klassischste Route-66-Motel, das Blue Swallow. 1958 schenkte Floyd Redman seiner Lillian das Motel. Es hieß damals noch Blue Bird und bestand aus vielen kleinen Häuschen. Floyd und Lillian bauten Garagen dazwischen und verbanden die Gebäude zu einer Einheit. Als die Stadt zwischen 1930 und 1960 ein beliebter Übernachtungsort für Route-66-Reisende war, verbrachten hier Tausende von Pilgern des amerikanischen Westens die Nacht. Lillian Redman war der gute Geist des Motels, sie unterhielt sich mit ihren Gästen über Gott und die Welt und gab allen eine kleine Karte mit auf den Weg. Darin war zu lesen, dass es ihr Wunsch sei, dass Gott ihnen Ruhe und Frieden schenken möge, während sie unter ihrem Dach weilen, und dass sie sich in den Stunden der Einkehr so wohl fühlen sollten wie in ihrem eigenen Heim. Jeder wurde von ihr persönlich mit einem Klopfen an der Tür und einem freundlichen «Good morning» geweckt.

«Wir sind alle Reisende, von der Geburt bis zum Tod, wir reisen zwischen den Unendlichkeiten ...» Mit diesen Worten verabschiedete sie sich von ihren Gästen, und man glaubte ihr, dass sie alle in Gedanken ein Stück ihres Weges begleitete. Heute hat das wohl schönste Überbleibsel der uramerikanischen Institution Motel einen neuen Besitzer gefunden. Dale Bakke kam von Colorado nach Tucumcari, war sofort verliebt in dieses Relikt aus der 66-Vergangenheit und erzählt von seiner Frau, die bald nachkommen werde. «Im Moment führe ich das Motel allein, doch bald ist auch Hilda da.» Dale ist ein zurückhaltender, stiller Mann, der zuhören kann und intensiv beobachtet. Er spürt sofort, warum der Reisende das Motel betreten hat, nicht unbedingt um hier zu übernachten, sondern einfach nur, um einmal da gewesen zu sein, im Blue Swallow, an der alten Route 66. «Ich will überall noch mehr Lämpchen anbringen», sagt er, «für mich als Elektriker kein Problem. Es gibt noch so viel zu tun.» Während er erzählt, ist er nach draußen gegangen und steht im rotblauen Licht des Motels. Noch immer ist am Horizont hinter dem Safari Inn ein orangeroter Streifen zu sehen. Auf dem Tucumcari Boulevard röhren zwei Harleys vorbei. Einer der Fahrer hebt kurz die Hand. Grüßt die Blaue Schwalbe. Die Fransen an seiner Lederjacke flattern im Wind ...

Land der Verzauberung

Am Stadtrand von Tucumcari wurde der Route 66 ein neues Denkmal gesetzt. In blitzendem Chrom leuchtet der mit schwungvollen Lettern gestaltete Schriftzug auf einem aus rotem Sandstein errichteten Sockel. Kurz nach der Stadt wird die Landschaft hügeliger. Ockerfarbene Felsen

Bilder nächste Doppelseite

- **Steaks vom Feinsten verspricht das La Cita in Tucumcari**
- **Reklame-Nostalgie – Begrabene Träume?**
- **Mike Callens, Inhaber des Curios**
- **Apache Motel für Reisende, die Atmosphäre suchen**

LA CITA
La Cita
DON'T
For LESS COME
To THE BEST
OPEN
ABIERTO

HISTORIC
ROUTE
66

RANCH HOUSE
CAFE
MEXICAN FOOD

TEPEE
CURIOS

APACHE
MOTEL
CLEAN ROOMS
D.D. PHONES
$18 ROOMS
KING & QUEEN BEDS
REMOTE COLOR CABLE T.V.
TRUCK & U-HAUL PARKING
AARP & SEN. CIT. DISCOUNT
VACANCY
MOTEL
ENTRANCE

tauchen auf. Die 66 führt durch den Westrand der Staked Plains, des Llano Estacado. Kugelige Wacholdersträuche und die darüber hinausragenden Kiefernbüsche bestimmen das Bild. Alte Schuppen, eine Hausruine mit eingestürztem Dach, an deren abblätterndem Verputz man gerade noch den Schriftzug «Cold Beer» erahnen kann, und ein völlig mit schwarzbraunem Rost überzogenes Reklameschild ziehen an einem vorüber. Bis Montoya muss man auf dem Interstate fahren, dann gibt es bis zum 50 Meilen entfernten Santa Rosa wieder einige Teilstücke der 66.

New Mexico hat der Himmel geboren, sagt man. Besonders zur Zeit des Indian Summer überspannt ein tiefes, transparentes Kobaltblau die Landschaft. Der Himmel ist weit, so unendlich weit geworden. Wolken, an der Unterseite wie mit einem Messer glatt geschabt, hängen buchstäblich zum Greifen nahe über der Straße. Man kann es nicht erklären, man spürt es einfach, dass man jetzt wirklich im Westen ist. Dieses besondere Licht, die unendliche Weite, die Wolken, die aussehen, als würden Wattebäuschchen auf einem grauen Tablett serviert, alles scheint zu stimulieren. «Land of Enchantment», Land der Verzauberung, wird dieser Staat auch genannt, in dem die Comanchen den großen Büffelherden folgten.

Auf der Suche nach den sieben Goldenen Städten erkundete 1540 der spanische Eroberer Francisco Vasquez de Coronado dieses riesige Plateau. Doch es sollte noch rund 300 Jahre dauern, bis die ersten Siedler in die Weiten New Mexicos vordrangen. Konfrontationen mit den Comanchen, die zu den gefürchtetsten Indianerstämmen des Westens zählten, blieben nicht aus. Gedanken an die Geschichte des Landes, während man sich auf summendem Asphalt Santa Rosa nähert.

«The Fat Man»

In den Bezirken Quay County und Guadalupe County ragen insgesamt 29 Tafelberge auf – die Mesas (spanisch für «Tisch»). Die Berge mit ihrer meist flachen Hochtafel und den steil abfallenden Flanken sind eine typische Landschaftsform im Südwesten der USA und in Nordmexiko. Eine extrem große Mesa ist mit rund 32 000 Quadratmeilen der Llano Estacado, der weit bis nach Westtexas reicht. Das spanische «Llano Estacado» bedeutet «Ebene mit Stangen». Einerseits trugen die Männer, die mit Stangen und Pfählen die Wege markierten, zu dem Namen bei, andererseits beschreibt er auch das Land mit seinen unzähligen Yuccapflanzen, deren Blüten und Fruchtstände wie Speere in den Himmel ragen. Während der Besiedelung des Westens waren die Mesas beliebte Rastplätze in den weiten Ebenen, dort gab es Schatten, Wasser und Schutz vor dem ewigen Wind. Es gab Tiere zum Jagen, aber auch Unterschlupfmöglichkeiten für Galgenvögel.

Santa Rosa, New Mexico. Unendlich lang scheint der Ort sich hinzuziehen. Die 66 führt rasch bergab, passiert eine Kreuzung und schwingt sich dann wieder mutig bergan. Nicht zu übersehen ist auf der linken Straßenseite die «Sonne New Mexicos», das gelbe Zeichen von New Mexico auf dem Schild des Sun & Sand. «Ich habe die größten Kürbisse der Region. Bald ist Halloween, und da können die Kürbisköpfe nicht groß genug sein.» Manuel Ulibaro hat an diesem Morgen seinen Wagen direkt vor das Restaurant gefahren und ist sich seiner Sache ganz gewiss. «Der Standort ist gut, meine Kürbisse sind groß, es wird sicher ein guter Tag.» Er schiebt mit einem Finger den Hut aus der Stirn und beginnt, die bereits dekorativ aufgeschichteten Kürbisse hier und dort noch ein bisschen zu drehen und zurechtzurücken. Auf dem Weg zum Club Cafe taucht auf der rechten Straßenseite das Reklamezeichen «Sahara» mit einer kleinen grünen Palme auf, das in der Sammelliste der Neonschilder nicht fehlen darf.

Dann endlich das Club Cafe, das seit 1935 exzellentes Essen bot. Phillip und Ruby Craig servierten Köstlichkeiten, die Gäste von weit her anlockten: hausgemachtes Chili con carne, echte, aus Rinderhackfleisch gemachte Hamburger und leckere Biscuits. Man sagte, es wären die besten zwischen Amarillo und Los Angeles. 1973 übernahm Ron Chavez das legendäre Restaurant, das er in den Zeiten der aus dem Boden schießenden Fast-Food-Ketten in alter Tradition fortführte. Bei ihm sollte es wie früher nur «richtiges Essen» geben. Nicht umsonst kamen alle, die schon als Kinder mit ihren Eltern im Club Cafe eingekehrt waren, nun mit eigener Familie immer wieder. «Nichts Tiefgefrorenes, keine Mikrowelle», lautete seine Devise. Noch bis 1992 warb für das berühmte Hausgemachte eine ebenso berühmte Reklamefigur: «the Fat Man», dessen einladendem, zufriedenem Lächeln jedoch immer weniger Gäste folgten. Heute lebt die Stadt nur noch von der Erinnerung an das legendäre Club Cafe. Das große Schild «Restaurant» ist abmontiert und lehnt an einer Mauer auf dem Parkplatz, die Tür wurde mit Brettern verbarrikadiert. Wieder hat ein Route-66-Klassiker den Kampf verloren – doch man munkelt, dass es einen Interessenten gibt, der in Anbetracht des großen Interesses an der Straße wieder eröffnen will.

Vor dem Supermarkt parkt ein alter Pontiac, dessen Kühlerhaube großflächige Rostflecken zieren. Ein Angestellter mit weißer Kittelschürze fährt den Einkaufswagen aus dem Geschäft und reicht einige prall gefüllte Papiertüten ins Auto. Im Laden hängen auch einige Taucherbrillen und Schnorchel. Vorboten von Halloween? Keinesfalls, denn hier gibt es einige unterirdische Wasserreservoirs, die in Quellen und Pools Angler, Schwimmer und Taucher anziehen. Die Blue-Hole-Quelle, eine 20 Meter breite und 24 Meter tiefe artesische Quelle, ist mit so klarem Wasser gefüllt, dass Taucher aus den gesamten westlichen Staaten zum Üben hierher kommen. Werbung für einen Ort, wie sie besser nicht sein könnte. Auch an Manuel Ulibaris Pick-up prangt ein Phantasieummernschild, das mit der Aufschrift «Santa Rosa – the City of Natural Lakes» auf diese Besonderheit in der sonst knochentrockenen Region aufmerksam macht.

Ab Santa Rosa führt die 66 deckungsgleich mit dem Interstate 40 schnurgerade nach Albuquerque. Wer zur Hot Air Balloon Fiesta möchte, könnte auf dem großen Highway schnell die 460 000 Einwohner zählende Stadt am Rio Grande erreichen. Die weitaus ansprechendere Route jedoch ist die Strecke über Dilia, Romeroville und Pecos, die bis 1937 die offizielle 66-Routenführung war. Das Land zu beiden Seiten der schmalen Straße ist weit und mit gelbem

Holzwagen mit Vogelscheuche bei Santa Rosa

Präriegras bewachsen. Schnurgerade führt das graue Band nach Norden. Wie Fremdkörper ragen hier mitten in weiter Ebene Antennen in die Landschaft, in Stahlbeton verankert. Hilfsmittel für die internationalen Flugnavigatoren, die ihre Autopiloten danach ausrichten.

«Fat Boy, Big Boy, King of the Road», animiert von der schnurgerade durch die Landschaft führenden Straße und noch in Gedanken an die Reklamefigur des Club Cafes, kommt einem unweigerlich der Song von «Highlander» in den Sinn. «Fat Man, Big Man ...» In weiter Ferne zeichnen sich die Konturen von Bergen ab. Dann tauchen Büsche auf, Wacholder, kleine Bäume. Immer näher rücken die Gebirgszüge der Sangre de Cristo Mountains. Hinter Romeroville trifft der Highway 84 auf den I-25. Bevor man jedoch links nach Pecos abbiegt, sollte man die paar Meilen bis nach Las Vegas nicht versäumen. Mit ihrer berühmten Namensschwester in Nevada hat diese Stadt aber nichts gemein. Während dort Glimmer und Glamour vorherrschen und laufend Neues entsteht, wurden hier historische Gebäude bewahrt.

Die wildeste Stadt im Wilden Westen

Las Vegas, New Mexico, hatte den Ruf, die wildeste Stadt im Wilden Westen zu sein. Nur die Geschichten von Dodge City, Deadwood und Tombstone reichen an die von Las Vegas heran. Mörder, Räuber, Spieler, Schwindler, Prostituierte und Revolvermänner fanden sich in dem Ort ein, als 1879 die Eisenbahn Las Vegas zum Handelszentrum machte und damit zur größten Stadt am alten Santa Fe Trail. Ralph Emerson Twitchel, Historiker und Bewohner des früheren Las Vegas, schrieb:

Während des Baues der Santa Fe Railway in den Südwesten gab es nicht eine einzige Stadt, in der mehr streitbare Banden, Gesetzlose und Banditen ihr Unwesen trieben, als in Las Vegas. Sie kontrollierten den Friedensrichter, die Tanzhallen; und die öffentlichen Gebäude waren oft Schauplatz von Überfällen und Schießereien ...

Um die Bürger zu schützen, wurden für ein «Komitee», die Bürgerwehr, hundert «ehrbare» Männer rekrutiert. Diese nahmen das Recht selbst in die Hand. Sie holten in der Nacht die Gefangenen aus dem Gefängnis und knüpften sie an der Windmühle, die an der Plaza im Stadtzentrum stand, auf. Zeitweise hingen dort gleich drei Galgenvögel auf einmal. Auf Flugblättern wurde bald zu so genannten «Krawattenpartys» eingeladen, bei denen man Banditen mit dem Strick um den Hals begaffen durfte. Doch die Windmühle begann einen schlechten Einfluss auf die Kinder auszuüben, die bereits mit Hunden das Hängen übten ...

Bild nächste Doppelseite
Wir stehen vor dem Eingang zur Kiva – eine unterirdische kultische Versammlungsstätte der Ureinwohner – bei der Kathedralen-Ruine von Pecos, Zeichen der Auflehnung gegen die Spanier im 17. Jahrhundert

Goldener Indianersommer bei Pecos

Heute gliedert sich die Stadt in zwei Hälften. Es gibt eine Einkaufsstraße mit typisch amerikanischen Läden, Artsy-Crafts, einen riesigen Antique Shop und den historischen Distrikt mit Häuserfassaden, die an 50 Jahre wildesten Westen erinnern. Bekannte Revolverhelden wie Wyatt Earp und Doc Holliday waren hier anzutreffen. Auch Jesse James geistert wieder durch die Geschichte. Und Pat Garrett brachte Billy the Kid hier in Las Vegas hinter Gitter. Im Plaza Hotel gibt es noch eine Einrichtung, die für die damalige Zeit überlebenswichtig war. Auf den Männertoiletten sind Spiegel angebracht, so dass man bei seinem Geschäft sehen kann, wer hinter einem steht.

Nuestra Se ora de los Dolores de Las Vegas Grandes, kurz Las Vegas, nach seiner Blütezeit in den vergangenen 50 Jahren ein «no name place» im Schatten von Taos und Santa Fe, ist der Geheimtipp an der alten 66. Hier wird ein Stück amerikanischer Geschichte zum Augenschmaus. Nicht umsonst stehen rund 9000 Gebäude unter Denkmalschutz. Man hat gut daran getan, Denkmalpflege so zu verstehen, dass nicht alles piekfein herausgeputzt werden muss. Der alte Distrikt wirkt deshalb nicht so aufgeräumt. Und genau das macht Old Town Las Vegas so sehenswert.

Die Rache der Indianer

Auf dem Weg nach Pecos passiert die Old 66 einige Siedlungen, oder das, was von ihnen übrig blieb. Zerbröselnde Adobe-Bauten mit Blechdächern, abblätternder Putz, Corrals mit zerbrochenen Zäunen. Autowracks, verrostet, stehen gelassen, wo sie gerade ihren Geist aufgaben. Indianerland. Dann Häuser, die eine Besonderheit aufweisen. Die Wände bestehen aus senkrecht in den Boden gerammten Holzpfählen, deren Zwischenräume mit Lehm und Steinen aufgefüllt sind. Da hier der Boden nicht genügend Lehm für den Adobe-Bau hergibt, musste man von der für diese Region typischen Bauweise abweichen.

Die Gehöfte liegen inmitten des Santa Fe National Forest, in dem die Laubbäume wegen der Höhe im ersten zarten Grün oder in den Farben des Indian Summer besonders intensiv leuchten. Nach langen Wüstenstrecken ist dieser Abschnitt, egal zu welcher Jahreszeit, immer eine wohltuende Abwechslung. In Rowe dann führt die Straße zum Pecos National Historical Park. Während seiner Blütezeit war Pecos mit 2000 Bewohnern ein geschäftigter Ort und Handelszentrum für die hier lebenden Indianer. Wie eine mittelalterliche Stadt war das Pueblo von einer festen Mauer umgeben. Während des Tages durften sich die Handel treibenden Plain-Indianer innerhalb der Mauern aufhalten, nachts jedoch mussten sie die Stadt verlassen und sich in ihre Tipis vor dem Pueblo zurückziehen. Mit Stolz verkündeten die Pueblo-Indianer, dass «niemand die Chance besass, sie zu unterwerfen». Doch dann wurde 1540 eine spanische Expedition mit Trommeln und Flötenmusik willkommen geheißen. Die Fremden erklärten, dass ihr König die Indianer zu seinen Untertanen machen und ihnen den Gott der Christen bringen möchte. Das Leben von Pecos veränderte sich – für immer. 1598 kehrten die Spanier zurück, um sich hier niederzulassen. Mit den Siedlern kamen Franziskanermönche, die eine Mission errichteten. Während der ersten Missionierungsbemühungen akzeptierten viele Pueblos den Gott der Christen als ein übernatürliches Wesen, aber sie wollten nicht ausschließlich ihm dienen und ihre traditionellen Rituale aufgeben. Für die Missionare widerum waren die Kivas der Indianer Zeichen heidnischen Götzendienstes. Es konnte keine klare Grenze zwischen den beiden Glaubensrichtungen gezogen werden.

Als New Mexico um 1660 von Trockenheit, Hungersnot und Krankheiten heimgesucht wurde, gaben die Pueblo-Indianer den Spaniern die Schuld. Die Indianer kehrten zu ihren traditionellen Zeremonien zurück, die die Spanier mit Waffengewalt zu bekämpfen versuchten. Als 1675 die religiösen Führer öffentlich bestraft wurden, begannen die Pueblos sich heimlich zu organisieren. Die Pueblo-Revolte im August 1680 wurde die erfolgreichste Rebellion amerikanischer Ureinwohner gegen die Europäer. Die Indianer brannten Pecos nieder und zerstörten die Mission. Als Zeichen des Trotzes und der Wiederkehr der Naturreligion errichteten sie inmitten der Klosteranlage aus den Steinen der Kirche eine Kiva. Als zwölf Jahre später die Franziskanermönche zurückkehrten, zerstörten sie ihrerseits wieder das religiöse Sinnbild der Indianer.

Ein schmaler, steingesäumter Weg führt hinauf zur Mission. Wie ins Erdreich gepflanzte Lanzen ragen die verblühten Stängel der Königskerzen in den Himmel. Hier, auf über 2000 Meter Höhe, färben schon bald erste Fröste die Blätter. Zusammen mit den prächtig blühenden Chamisabüschen bestimmen die warmen Farben des Herbstes das Landschaftsbild. Der Weg zur Ruine der Missionsstation führt vorbei an einer restaurierten Kiva. Dies war ein Ort der Riten und Zeremonien, die das Leben der Pueblo-Indianer bestimmten. In dem runden, unterirdischen Raum mit den in die Wände gehauenen Sitzmöglichkeiten wurde für zahlreiches Wild gebetet, für eine erfolgreiche Jagd oder für eine gute Ernte. Auch wurden uralte Rituale zur Heilung von Kranken vollzogen. Überreste von Webstühlen zeigen, dass hier aber ebenso gearbeitet wurde. In der Kiva webten die Männer Tücher und Schals, die die Tänzer bei feierlichen Anlässen trugen.

Old Santa Fe Trail

Kurz vor Santa Fe trennt sich die Old Route 66 von der schnellen Transitstrecke. Gleich drei Pfade und Wege erinnern an die Ursprünge: Der Old Las Vegas Highway, der Old Pecos Trail und der Santa Fe Trail. Es gibt wohl keine stimmungsvollere Variante, als über diese letztere, geschichtsträchtige Route anzureisen. Als sich 1821 Mexiko von Spanien löste, entstand sie als erste «Hauptstraße» in den Westen der USA. William Becknell galt als Wegbereiter des Trails. Er brach in Franklin, Missouri, auf und quälte sich 870 Meilen durch Kansas, Oklahoma und Colorado, um seine Waren in Santa Fe zu verkaufen. 48 Tage war er dafür unterwegs. Nun brachten die Händler die feinen Artikel des Ostens, Glas, Baumwollprodukte, Toilettenartikel und Champagner nach Santa Fe und kamen mit Büffelhäuten, Pelzen und Silber zurück. Als 1879 die Atchinson, Topeka and Santa Fe Railroad fertig gestellt war, übernahm die Schiene den Transport. Der alte Ochsentrail gehörte der Vergangenheit an. Vorbei an gelbbraunen Lehmburgen mit blauen Türrahmen und Fenstern, geschmückt mit Kunsthandwerk und geflochtenen Kränzen aus rotem Paprika, führt der Old Santa Fe Trail ins Herz der Stadt. An der alten San-Miguel-Kirche vorbei zur Plaza und zu seinem Endpunkt, wo ein Gedenkstein an den geschichtsträchtigen Pfad erinnert.

Indian Summer in Santa Fe. Gibt es einen schöneren Ort, an dem man sich niederlassen könnte? Sind es die so anderen Häuser aus dem sonnengebackenen Naturbaustoff mit diesem den Pueblos nachempfundenen, klassischen Design? Oder sind es die Menschen mit ihrer Ausstrahlung, ihrer Lebensweise, die diese Faszination ausmachen? Menschen, die Berufsstress mit Selbstbesinnung tauschen. Menschen, die es verstehen, sich von der hier anzutreffenden Atmosphäre inspirieren zu lassen, um ihre Kreativität zu entfalten: Bildhauer, Maler, Schriftsteller, Musiker, Künstler – Lebenskünstler. Um das Flair dieser Stadt auf sich wirken zu lassen, sollte man Zeit und Muße haben, zu bummeln oder einfach auf der Plaza in der Sonne zu sitzen. Nur schauen, beobachten. Allein die Menschen, die einem hier begegnen, sind der Studien wert. Über und über mit Ketten, Ringen, Tüchern und luftigen Schals hat sich eine Frau geschmückt, deren Alter um die 50 liegen dürfte. Mit einer braunen Einkaufstüte, auf der ein exklusiver Markenname prangt, schlendert sie durch die Straßen. Ihre Augen sind hinter einer dicken Sonnenbrille versteckt. Sie spricht kein Wort, lächelt nur vor sich hin. Ein Blick in die Tasche, sie ist leer. Aber es macht sich gut, mit einem Nobelnamen beim Bummel durch die extravaganten Boutiquen gesehen zu werden. Ab 700 Dollar ist ein Paar Stiefel zu haben. Mit der Haut von Klapperschlangen überzogen oder als Stars & Stripes gearbeitet – der Kreativität sind keine Grenzen gesetzt.

Vor dem Gouverneurspalast bieten unter den Arkaden Indianer ihre Waren an. Fein gearbeiteten Silberschmuck, fast immer mit Türkisen besetzt. Die Auswahl an Ringen, Ketten und Armreifen ist unerschöpflich. Auf einem Zeitungsautomaten sitzt ein etwa 50-jähriger Mann mit indianischem Einschlag. Er verkauft Lavendel, den er zu kleinen Kränzen gebunden hat. Er bricht ein Ästchen ab, zerreibt es

Bild nächste Doppelseite
Santa Fe, älteste Hauptstadt Nordamerikas, Stadt der Architektur im Pueblo-Stil, der Künstler und Touristen

CAMERA SHOP
STOP

zwischen den Fingern und hält es den Vorübergehenden unter die Nase. Wie aus Hollywood eingeflogen, posieren drei wild aussehende Outlaws mit langen Bärten, speckigen Hüten und Staubmänteln auf der Plaza. Drehpause bei einem Westernfilm oder nur Show, um als Fotomotiv bei den Touristen Kohle zu machen? Doch sie wollen kein Geld. Sie haben sich nur so angezogen, weil es ihnen Spaß macht. Auch ein ehemaliger Atomwissenschaftler aus Los Alamos soll hier einen Hot-Dog-Stand betreiben. Muße und Lebensfreude statt Karriere um jeden Preis.

In Santa Fe sind alle friedlich vereint anzutreffen. Aussteiger, Künstler, Schöngeister und Touristen. Auch der spanische König Juan Carlos ließ es sich nicht nehmen, auf einer Amerikareise Stippvisite bei den Nachfahren seines Volkes zu machen und dabei die St. Francis Cathedral im Herzen der Stadt zu besuchen. Erholung vom Schauen und Shopping in den exklusiven Läden und Boutiquen bieten nette Straßencafés, wo man mit seinem Gegenüber schnell in ein Gespräch über Gott und die Welt vertieft ist. Doch Vorsicht. Neben Kaffee und Kuchen locken auch so manche Cocktails, bei deren Genuss man eines bedenken sollte: Santa Fe liegt 2130 Meter hoch, und ein einziger Drink ist deren drei auf Meereshöhe gleichzusetzen.

Ein Bummel durch diese Stadt ist nicht an einem Tag zu bewältigen. Zu groß ist das Angebot indianischen und spanischen Erbes in den Museen und Galerien. Ein Paradies für Kultur-Gourmets sind auch die kleinen Seitenstraßen, vorbei an getrockneten Paprikazöpfen, Skulpturen und filigranen Schnitzereien. Kaum ein Laden, in dem es nicht nach geheimnisvollen Essenzen duftet, nach Lavendel, Kiefern und schwerem Parfüm. Asiatische Geschäfte mit Schnitzkunst aus Indien und Nepal liegen Tür an Tür mit kunsthandwerklichen Arbeiten der indianischen Bevölkerung aus den umliegenden Pueblos. In diesen Gassen und in den teilweise miteinander verbundenen Geschäften verlieren sich auch die zahlreichen Touristen, die besonders während der Hot Air Balloon Fiesta die Zeit zwischen den Starts nutzen, um das nur eine Stunde entfernte Santa Fe zu besuchen.

Zum Flair der Stadt tragen besonders auch die Gebäude bei, die alle im Adobe-Stil errichtet sind. Hochhäuser sind verboten, die Bauhöhe ist beschränkt. So verwöhnen Lehm, Holz und weiche Formen in sanften Erdtönen das Auge. Ähnlich dem Erscheinungsbild von Taos Pueblo ist das Hotel Loretto erbaut – und sogar das Parkhaus und die Bank sind mit dem ockerfarbenen Lehm-Stroh-Gemisch verkleidet. Für Gebäude, die besonders tragfähig sein müssen, wird jedoch Stahlbeton verwendet. Die Außenfassade ist aber immer, wenn auch nur als Verkleidung, der Lehmziegelbauweise der Pueblo-Indianer nachempfunden. Santa Fe ist ein anderes, ein besonderes Amerika, das die Würde der Ureinwohner auch architektonisch respektiert.

Die Geschichte des «Heiligen Glaubens»

Santa Fe, die älteste Hauptstadt in Nordamerika, darf sich auch die älteste europäische Siedlung westlich des Mississippi nennen. «Heiliger Glaube», so die Übersetzung des Namens, hat eine wechselhafte Geschichte: Im Gebiet um Santa Fe gab es einige Indianer-Pueblos, die zwischen 1050 und 1150 gebaut wurden. Diese waren bis ungefähr 200 Jahre vor Ankunft der Spanier bewohnt. Im Jahr 1540 beanspruchte der Eroberer Don Francisco Vasques de Coronado das «Königreich von New Mexico» für die spanische Krone. Don Juan de Onate, der erste Gouverneur von New Mexico, errichtete 1598 im San Juan Pueblo (25 Meilen nördlich von Santa Fe) die erste Hauptstadt des Landes. Sein Nachfolger, Don Pedro de Peralta ernannte jedoch elf Jahre später, 1609, Santa Fe zur Hauptstadt.

Dieser Stein markiert das Ende des Santa Fe Trail

Für einen Zeitraum von 70 Jahren, in der ersten Hälfte des 17. Jahrhunderts, versuchten spanische Soldaten und französische Missionare die Indianer der Pueblo-Region zu unterjochen und zu bekehren. Neun Sprachen unterschieden die fast 100 000 amerikanischen Ureinwohner, die in ungefähr 70 mehrstöckigen Adobe-Pueblos lebten. 1680 erhoben sich die Pueblo-Bewohner gegen die ungefähr 2500 spanischen Kolonialisten in New Mexico, töteten 400 von ihnen und jagten die Übrigen nach Mexiko zurück. Sie plünderten Santa Fe und brannten die Stadt nieder. 1692 eroberte Don Diego de Vargas das Gebiet zurück und nahm Santa Fe ohne Blutvergießen in seinen Besitz. Santa Fe wuchs. Spanische Edelmänner und Missionare schlossen

Bilder rechts
• «Outlaws» auf der Plaza in Santa Fe
• Santa Fe fasziniert mit Geschichte und (Chili)-Küche

Schmuckverkäufer auf der Plaza in Santa Fe

nach blutigen Kriegen mit Comanchen, Apachen und Navajos ein Bündnis zum Erhalt einer friedlichen religiösen und politischen Koexistenz.

Nachdem Mexiko seine Unabhängkeit von Spanien erreicht hatte, wurde Santa Fe die Hauptstadt der Provinz New Mexico. Die Politik des Königreiches Spanien endete, und amerikanische Trapper und Händler zogen in die Region. William Becknell erschloss den knapp 870 Meilen langen Santa Fe Trail. Zu Beginn des Mexikanischen Krieges nahm der amerikanische Armeegeneral Stephen Watts Kearny im August 1846 Santa Fe ein und hisste die Flagge auf der Plaza. Zwei Jahre später unterzeichnete Mexiko den Vertrag von Guadalupe Hidalgo, nach dem New Mexico und Kalifornien zu den Vereinigten Staaten kamen.

Mit der Telegrafenleitung und der Atchinson, Topeka and Santa Fe Railroad erfuhren Santa Fe und ganz New Mexico eine wirtschaftliche Revolution. Korruption in der Regierung begleitete das Wirtschaftswachstum, und Präsident Rutherford B. Hayes ernannte Lewis Wallace zum Gouverneur, um «im Land aufzuräumen». Wallace tat dies so gründlich, dass Billy the Kid sich anerbot, ihn umzubringen. Glücklicherweise kam der Revolvermann nicht zum Zug. Der Gouveneur konnte unbehelligt seinen Roman *Ben Hur* fertig schreiben.

Als New Mexico 1912 zum US-Bundesstaat erklärt wurde, kamen viele Menschen nach Santa Fe, um im trockenen Klima ihre Krankheiten zu kurieren. 1909 wurde das Museum of New Mexico gegründet und 1917 das Museum of Fine Arts. Die beiden Häuser engagierten sich sehr in der Aufarbeitung der Ortsgeschichte und für die Kultur der Ureinwohner. Santa Fes Ruf, eine «exotische» Stadt zu sein, wuchs. 1958 wurde angeordnet, dass alle Gebäude der Innenstadt im Pueblo-Stil errichtet werden müssen.

Südlich der Stadt durchzieht der Interstate das breite Tal des Rio Grande, begrenzt von den Sangre de Cristo Mountains im Osten und den Jemez Mountains im Westen. Auf der Karte entdeckt man klangvolle Namen: Santo Domingo oder Cochiti Pueblo. Indianerdörfer, in denen noch immer Pueblo-Indianer in teilweise strenger Tradition leben. Bei Domingo, auf halbem Weg nach Algodones, liegt der 1883 errichtete Santo Domingo Trading Post, über den vor vielen Jahren einmal das «Life Magazin» berichtete, worauf sogar Präsident Kennedy auftauchte, um dort ein Soda zu trinken.

Mit Blick auf die Sandia Mountains auf der linken Seite führt der Highway als Central Avenue direkt hinein nach Albuquerque. Im modernen Schilderwald der mit 460 000 Einwohnern größten Stadt New Mexicos, findet man auch Motels, Diners und Neonzauber aus der Blütezeit des alten Highways. An der gut acht Meilen langen Route liegen das Monterey, die Zia Lodge, die De Anza Motor Lodge und das El Vado Motel, das seit Jahrzehnten mit einem besonders schönen Neon-Indianerkopf wirbt. Eine nostalgische Erinnerung an das Amerika der Petticoats, Straßenkreuzer und des Rock 'n' Roll ist das 66-Diner, das Ende der Achtzigerjahre in einer alten Phillips-66-Tankstelle entstanden ist.

Von Santa Fe nach Gallup

Untrennbar mit der Route 66 verbunden ist der Mann, der 1946 den ersten Reiseführer über den Highway schrieb und hier in Albuquerque, nur wenige Blocks von der Central Avenue entfernt, lebte: Jack Rittenhouse.

Rittenhouse, der schon immer in Bücher vernarrt war, verbrachte seine letzten Lebensjahre mit dem Verkauf antiquarischer Sammlerstücke. Wie er auf die Idee kam, einen Reiseführer über die Route 66 zu schreiben, erklärte er folgendermaßen: «Wenn ich etwas nicht wusste, las ich einfach ein Buch. Da es einen Reiseführer über die 66 damals nicht gab, musste er geschrieben werden. So einfach war das.»

Einen Dollar kostete der kleine Führer damals. Mittlerweile wurde er von der University of New Mexico Press nachgedruckt und ist, siebenmal teurer, überall im amerikanischen Buchhandel erhältlich.

Mit Notizblock und Schreibmaschine unterwegs

Rittenhouse kannte die Route 66 wie seine Westentasche. Sechsmal war er sie schon rauf- und runtergefahren. Als er die Idee für das Buch hatte, arbeitete er als Werbetexter in Los Angeles. Im März 1946 machte er sich dann noch einmal auf den Weg. Mit einem American Bantam Coupé, Baujahr 1939, mit einem Notizblock auf dem Beifahrersitz und einer Schreibmaschine im Gepäck. Um noch einmal gründlich zu recherchieren, fuhr er von Sonnenaufgang bis Sonnenuntergang. Nachts tippte er dann seine Notizen in die Maschine und schickte sie alle paar Tage zu seiner Frau nach Hause. Dass aus dem Highway einmal eine Legende werden würde, hat sich Jack Rittenhouse damals nicht träumen lassen. Und dass er bis zu seinem Tod 1991 als der Route-66-Experte galt, davon wollte er eigentlich auch nichts wissen. Wie äußerte er sich doch einmal einem Reporter gegenüber: «Ich bin nur mit einem Notizblock losgefahren und habe aufgeschrieben, was ich gesehen habe. Jeder andere hätte das auch machen können.»

Albuquerque ist eine außergewöhnliche Stadt, in der Alt und Neu aufeinander treffen. Wildweststadt und kosmopolitisch zugleich, hektisch, modern und dann wieder geruhsam. Die hübsche Old Town erinnert mit ihrer Adobe-Bauweise und den in der Sonne glänzenden, dunkelroten Paprikagebinden an Santa Fe. Herzstück an der baumbestandenen Plaza ist eine Kirche, die 1706 erbaute San Felipe de Neri. Auch hier bieten Indianer unter Arkadengängen Schmuck an, und die verwunschenen Gassen mit plätschernden Springbrunnen und herrlichem Blumenschmuck ziehen jeden Besucher in ihren Bann. Es ist ein besonderes Vergnügen, bei leiser, mexikanischer Musik und Weihnachtsklängen aus dem Santa Claus Shop die Vielfalt der kunsthandwerklichen Produkte in den Läden zu erleben und sich von der Beschaulichkeit des Örtchens verzaubern zu lassen.

Der Duke von Alburquerque

Wie Santa Fe, so kann auch Albuquerque auf eine bewegte Geschichte zurückblicken. Nach Francisco Vasquez de Coronado kamen viele spanische Siedler, die 1706 ein Anwesen mit dem Namen Bosque Grande de San Francisco Xavier errichteten. Don Francisco Cuervo y Valdez, der Gouverneur des Gebietes, wollte die kleine Siedlung als *villa* eintragen lassen. Doch in einer *villa* (Stadt) mussten mindestens 30 Familien leben, und in Bosque (spanisch: dichte Vegetation auf einer Flussinsel) waren es gerade 18. Bei der Anwerbung für mehr Einwohner bekam Valdez Hilfe vom Duke von Alburquerque. Es wurde ihm versprochen, dass der neue Ort seinen Namen tragen sollte, würde er genügend Menschen dazu bewegen, ins Indianerland zu ziehen. Als 35 Familien am Rio Grande siedelten, erhielt die Siedlung seinen Namen: Alburquerque. Das erste «r» wurde nicht richtig ausgesprochen und ging irgendwann im Laufe der Geschichte «verloren».

1880 erreichte die Eisenbahn die Stadt. Mit ihr kamen viele Geschäftsleute, einflussreiche Familien, neue Bewohner. Dann nahm ein anderes Transportmittel eine wichtige Rolle ein, das Flugzeug. 1928 wurde der Flugplatz Sunport eröffnet. Charles Lindbergh landete ein Jahr nach seiner Atlantiküberquerung in der Stadt und brachte Albuquerque in die Schlagzeilen. Auch der Schauspieler James Stewart kam öfters hierher, meistens ins La Posada Hotel, um dort einen Hamburger zu essen. Als 1934 die Route 66 mitten durch das Herz von Albuquerque führte, wurde als Arbeitsbeschaffungsmassnahme die Straße ausgebaut. Bereits drei Jahre später war der Highway die kürzeste Ost-West-Durchquerung von New Mexico – und die erste vollständig asphaltierte Straße des Staates.

Außer Eisenbahn, Flugzeug und Auto aber machte noch ein anderes «Fortbewegungsmittel» die Stadt berühmt: der Heißluftballon, der seit über 25 Jahren die Stadt neun Tage im Jahr in die Schlagzeilen bringt. Einmal jährlich, in den ersten Oktobertagen, steht Albuquerque ganz im Zeichen der Ballons.

Auftritt der Ballonmonster

Look, a tractor.» – «No, it's a Pick-up.» – «No, it's becoming a tractor.» Heftig streiten sich zwei kleine Jungen um die Form eines sonderbaren Dings, das sich bereits meterhoch zwischen den staunenden Zuschauermassen erhebt. Schon kann man die Profile der Reifen erkennen, dann das Nummernschild, schließlich das ganze wogende Kuriosum, das sich bald detailgetreu als überdimensionaler Traktor entpuppt. Nicht in der Höhe, aber im Volumen ist

Bilder nächste und übernächste Doppelseite

Weltsensation – Heißluftballonfestival in Albuquerque: fast 1000 Ballone und 200 000 «Ameisen-Menschen»

ERON
F-GKOR
THUNDER & COLT

er der größte der Riesenballons, «Special Shapes» genannt, die heute am späten Nachmittag beim Special Shape Rodeo starten. Um den Traktor verwandelt sich das staubige Wüstenfeld vor den Toren Albuquerques in ein wahres Märchen- und Horrorkabinett. Da bläht sich eine giftgrüne Nase, hier zucken sich streckende Finger, dort wird ein Riesenauge sichtbar. Alles gerät außer Form und Maß. Man zweifelt an seiner Wahrnehmung. Ein langes, unförmiges Gebilde entpuppt sich als 40 Meter hohe Whiskyflasche; die grüne Nase gehört zur Hexe Hilda aus Mitchell, South Dakota, die bald auf einem Besen durch die Luft reiten wird; da dehnt und streckt sich ein Hamburger, knackig zum Anbeißen für Riesen in der Wolkenwelt. Zähnefletschend schießt nach einem langen Feuerstoß der Kopf eines Dinosauriers in die Höhe, gefolgt von einem rosa Drachen, der sich scheinbar auf den Hot-Dog mit der Senfverzierung stürzen will. Hoch oben am Himmel steht bereits ein Kaktus, so grün und dick und schön, wie gerade aus Arizona geholt. Und im Westen bläht sich eine Kuh mit großem Euter, die für das Milchland Wisconsin wirbt.

Um die 30 000 Dollar kostet ein «normaler» Ballon, bis zu 180 000 Dollar eine Spezialausführung, die nur an fast windstillen Tagen und nur von alten Hasen gefahren werden kann. Als die Sonne am Horizont versinkt, steht wie aus einem Sciencefictionfilm bereits eine zweite goldene Scheibe am Himmel, mit Augen, Nase und lachendem Mund. Ihr nähern sich ein Schneemann und die Arche Noah, aus der ein ganzer Haufen lustiger Tiere guckt. Als sich dann noch der Einkaufskorb von Safeway, der Scheich Suleiman, Santa Claus, ein Handy und Klondike, der Eisbär, mit stolzen 22 Meter Höhe, einem Volumen von 2550 Kubikmetern und einem Gewicht von über 280 Kilo in die Lüfte erheben, kennt das Staunen der Zuschauer keine Grenzen mehr. Doch nicht genug: Der Dino nähert sich beängstigend einem Ufo, dem gerade ein grünes Männchen entsteigt – eine Konstellation, die Zufall und Wind ersonnen haben.

Es war das Jahr 1974, als die TV-Gesellschaft KOB 4 New Mexico die Idee hatte, zum Geburtstag des Senders ein Ballonfestival zu veranstalten. Was mit gerade 13 Ballons begann, hat sich zum größten und bedeutendsten Ballonspektakel der USA, ja zum Mekka der Ballonfahrer entwickelt. Rund 500 Presseleute aus der ganzen Welt reisen jedes Jahr zu diesem Festival der Superlative nach Albuquerque. So ist dies nicht nur ein Eldorado der Ballons, sondern auch ein Medienspektakel. Van Anderson ist einer der «Media-Piloten», die es Journalisten und Kameraleuten ermöglichen, «Bilder von oben» in den Kasten zu bringen.

Es ist früh am Morgen und noch bitterkalt. Noch blinken einige Sterne, und ganz langsam beginnt sich der Horizont hinter den Sandia Mountains rosa zu färben. Einige Ballons stehen schon am Himmel, nur sichtbar, wenn der Brenner für Sekunden wie funkelnde Edelsteine erglüht. Diese Piloten prüfen Wind und Strömung und geben die Werte für das Piloten-Briefing an die Bodenstation weiter. Schnell klettert die Sonne höher und sendet erste Strahlen über die Bergspitzen. Bald steht auch Van Andersons Ballon, der prall und fest an den Seilen zerrt, im besten Licht. Doch noch immer hält die «Chase Crew» den Korb am Boden; er wartet nur darauf, von den Kräften des Ballons entführt zu werden. Immer mehr Himmelsritter entschweben gen Himmel, leuchtend wie buntes Konfetti. Doch Van muss auf die Anweisung seines «Launch Director» warten, der den Start freigibt. Auch bei der «Mass Ascension», bei der sich fast tausend Ballons in die Lüfte erheben, wird nicht auf einmal, sondern gestaffelt gestartet. Das Chaos wäre sonst perfekt. Endlich wird Startfreigabe erteilt. Plötzlich geht alles blitzschnell. Fauchend schießt die Feuerflamme in das Innere des Ballons, die Crew lässt den Korb los und der Ballon entschwebt dem Feld. Innerhalb weniger Sekunden sehen die am Boden verbliebenen Ballons der nächsten Startwelle wie kleine, bunte Bälle aus. Dazwischen einige, noch flach wie Flundern, wie von Ameisen umlagert. Tausende winzig kleiner Menschen. 180 000 werden es heute wohl wieder sein, wie fast jeden Tag hier auf dem Ballongelände.

Schweben, nur ein Gefühl des Dahingleitens nimmt man wahr. In der Gondel ist kein Luftzug zu verspüren, denn man fährt mit dem Wind. Laute von unten sind kristallklar zu vernehmen. Das Bellen eines Hundes, das leise Rauschen des Flusses. Man empfindet Töne intensiver als je zuvor. Van wirft einen Blick nach unten. Einige Ballons beginnen zu sinken, nähern sich gefährlich nahe dem Wasser des Rio Grande. «Splash», sagt er, «die machen Splash, ein kurzes Aufsetzen mit dem Korb auf dem Wasser, aber so, dass sie keine nassen Füße bekommen. Das ist so ein Sport. Aber mit der Kuh würde ich das nicht machen.» Da ein Special-Shape-Ballon schwieriger zu fahren ist als eine normale Form, gehört ein besonderes Geschick dazu, solch einen Monsterballon gezielt abzusenken. Die Kuh riskiert's – und bekommt nicht mal ein nasses Euter.

Die Albuquerque Box

Eine weitere Herausforderung für die Piloten ist es, nicht einfach zu starten und nach den Launen des Windes irgendwo zu landen, sondern so lange wie nur möglich im Luftkorridor über den Köpfen der Zuschauer zu kreuzen. Nicht nur wegen des Traums, in Albuquerque dabei gewesen zu sein, sondern auch wegen des Erlebnisses, einmal die berühmte Albuquerque Box gefahren zu sein, sind Piloten aus der ganzen Welt in die Stadt am Rio Grande gekommen.

«Ground eight knots, wind north ten degrees.» (Am Boden Wind mit acht Knoten aus 10 Grad Nord.) «Puuh!» Aus Hunderten von Kehlen erschallt die Missfallensäußerung der Piloten, die den Wettermann mit dem Megaphon umringen. Das scheint ihnen zu viel zu sein. Aber dann ein lautstarkes «Aah!» und «Ooh!» – und Beifall. Wie eine Theaterinszenierung erscheinen die Äußerungen der Piloten

Bild rechts
Das größte Mobiltelefon der Welt – «Handy» kann man da wohl nicht mehr sagen

nächste und übernächste Doppelseite
• Beim «Key Grap» schweben die Ballone niedrig ein
• Ob Kaktus, Milchkuh, Sektkübel, Uncle Sam, Whiskyflasche: Kein Ding gibts, das nicht gen Himmel schwebt

MICRO T·A·C
MICROTAC
1
2 ABC
3 DEF
4 GHI
5 JKL
6 MNO
7 PRS
8 TUV
9 WXY
0 QZ
MR
M+
C
MENU
MOTOROLA

Santa

IN JESUS
GLAUBE
N57024
152

Creamland

EARLY TIMES
Old Style
Kentucky Whisky

beim Briefing. «3000 feet, ten knots, 180 degree south.» In 1000 Meter Höhe bläst der Wind mit 10 Knoten aus südlicher Richtung. Das ist die Chance für die berühmte Albuquerque Box, die es hier zwischen den Bergen, dem Rio Grande und der Wüste gibt. Um die Albuquerque Box zu fahren, wird durch Betätigen des Brenners in einen anderen Luftkorridor gestiegen, in dem der Wind in die entgegengesetzte Richtung bläst. So wird durch Steigen und Fallen in den verschiedenen Windrichtungen gekreuzt.

Wenn ein «riesiges Herz» zu schlagen beginnt ...

Volle neun Tage dauert die internationale Ballon-Fiesta. Mit Mass Ascension und Special Shape Rodeo, Key Grap, Balloon Glow und großer Parade in Albuquerque Town. Es spielen verschiedene Highschool-Bands, und auch die Leap Frogs, die besten Fallschirmspringer der U. S. Navy zeigen ihr Können. «Ballooningtime in Albuquerque town ...», tönt es aus dem Festzelt, in dem japanische Kameraleute mit belgischen und kanadischen Piloten zum Lied einer Musikantengruppe aus dem Tirol schunkeln. Diese sind natürlich auch mit einem Ballon gekommen. Der ist blau, mit einer Weltkarte drauf, mittendrin ein roter Punkt. Dort, wo das Tirol liegt, natürlich. Und als sich tags darauf der Ballon *Le Reveillon* von Jean-Fran ois Sim ons aus Brüssel in die Lüfte erhebt, erinnert man sich an die Gebrüder Joseph und Jacques Montgolfier, die am 5. Juni 1783 auf der Place des Cordeliers in Annonay bei Lyon einen Ballon mit dem Rauch von feuchtem Stroh und zerhackter Schafswolle in die Lüfte schickten.

Für die Bürger von Annonay war das eine Art Zauberei, solch eine mit Papier gefütterte Leinwandkugel in die Lüfte zu schicken – aber sie waren begeistert. Für die Zuschauer in Albuquerque hat es nichts mit Magie zu tun, wenn sich die bunten Himmelsritter in die Lüfte erheben, aber die Begeisterung und Faszination ist seit über 200 Jahren geblieben, und eine andere Art von Magie, der man sich nicht entziehen kann. Wie sagte doch ein Ballonfahrer? «An inflating balloon is like a giant heart beginning to beat.» Als eines Abends der glutrote Sonnenball die grüne Figur der Lady Liberty beleuchtet, die wie ein Denkmal am Himmel thronend, langsam in Richtung der Berge entschwebt, kann man den Mann verstehen, der seine Mütze mit den vielen Ballonpins vom Kopf nimmt und regungslos in den Himmel starrt ...

Durch Indianerland

Albuquerque, morgens neun Uhr. Auch heute fauchten bereits um sechs Uhr die Brenner, und Tausende von Menschen wärmten sich an Kaffeebechern die Finger. Mass Ascension der Special Shapes und Key Crab standen auf dem Programm. Nachdem die Sonderballons mit den ersten Sonnenstrahlen in den Morgenhimmel entschwebt waren, starteten die normalen Ballons von außerhalb liegenden Plätzen. Wie eine Invasion der Himmelsritter erfolgte der Angriff auf die im Hot-Air-Balloon-Gelände aufgestellten Stangen, an denen Kuverts mit Geldpreisen und einem Autoschlüssel angebracht waren, die es zu erwischen galt. Dicht an dicht drängten sich die Ballons, die wie schnaubende und fauchende Ungetüme dicht über den Köpfen der Zuschauer einschwebten. Wer die Preise und den heiß ersehnten Autogewinn nicht erhaschen konnte, gab Gas, kletterte in höhere Luftschichten und versuchte in der Strömung der Albuquerque Box, noch lange Zeit den Ansturm der Ballons unter sich beobachten zu können. Ein grandioses Bild auch für die Zuschauer, über deren Köpfen sich jetzt fast tausend Ballons tummelten.

Beim Verlassen der Stadt stehen noch immer die Ballons wie buntes Konfetti am Himmel. Links und rechts des Alameda Boulevard landen nach und nach die Himmelsritter, und noch weit hinter dem Rio Grande werden die halb aufgeblähten Hüllen vom Wind über den Wüstenboden geschleift. Spontan stoppen Autofahrer, eilen zu den Ballons, hängen sich an die Körbe und versuchen, sie am Boden zu halten. Im Westen der Stadt führt eine Brücke über den großen Fluss. Auf dem originalen Straßenverlauf der Route 66 erreicht man Los Lunas und Mesita. Die Silhouetten von Bergen und Mesas zeichnen sich im Dunst des Horizonts ab. Kleine «Washes» durchfurchen den hellen Sand- und Schuttbelag, in dem Glimmer und, direkt an der Straße, Glasscherben blinken.

Die endlosen Ebenen sind mit vereinzelten Wacholder- und Pinonbüschen betupft und ziehen sich zum 4000 Meter hohen Mount Taylor hinauf, dem heiligen Berg der Navajo-Indianer. Am Fahrbahnrand, wo sich nach Regenfällen die Feuchtigkeit länger hält, blühen gelbe Chamisabüsche. Wie aus Stein gemeißelt steht plötzlich ein Kojote an der Straße. Sein weißgraues Fell ist kaum vom flimmernden Asphalt zu unterscheiden. Erst als das Auto dicht an ihm vorbeifährt, trollt er sich in die Wüste davon. Die weiß getünchte Adobe-Kirche des Old Laguna Pueblo leuchtet von Laguna herüber. Ein Zeichen, die Ausfahrt State Road 124 zu nehmen, um auf der alten Strecke die Atmosphäre des Südwestens zu «erfahren». Eine kleine Schleife nur, die jedoch viel Vergangenheit in die Landschaft packt.

Es folgen Paraje und Cubero. In diesen Ort zog sich Hemingway zurück, um in der Villa de Cubero *Der alte Mann und das Meer* zu schreiben. Nach San Fidel klebt die kleine Kirche Santa Maria de Acoma im Felsgestein. Schwarze Lava setzt hier eine weitere Nuance in das Farbenspiel der Halbwüste New Mexicos. Spätestens seit Santa Fe wird der Route-66-Reisende auch optisch mit indianischem Erbe konfrontiert. Da einige Pueblos von Touristen besucht werden können, sollte man sich als Gast mit den Benimm- und Verhaltensregeln der Native Americans, wie die Indianer in den USA genannt werden, auseinander setzen. «Sagen Sie niemals Indians.» Das wäre genauso verwerflich und peinlich, wie nach der Toilette anstatt nach dem Rest Room zu fragen. Obwohl die Indianer die Touristen als Erwerbsquelle entdeckt haben, bleiben bestimmte Bereiche für Fremde tabu. Bei den farbenprächtigen, zeremoniellen Powwows zum Beispiel herrscht für Besucher grundsätzlich Film- und Fotografierverbot, obwohl für Letz-

Bilder rechts

• Stolzer Bewohner von Acoma Pueblo (Sky City)

• Jahrhunderte alte Häuser im Acoma Pueblo

teres ab einem bestimmten Dollarbetrag auch Ausnahmen gelten. Die Tänze, die man normalerweise zu sehen bekommt, sind rein touristische Show. Geschichte, Kultur und heutiges Leben in Einklang zu bringen, geht nicht ohne bitteren Nachgeschmack.

Die in den Pueblos lebenden Indianer versuchen, Tradition und Kultur gegen den auch bis hierher vordringenden Fortschritt zu erhalten, dessen Reiz besonders die Jugendlichen erliegen. Zugeständnisse an soziale Veränderungen, Wasser-, Strom- und Kanalisationsanschlüsse sowie die Bewirtschaftung der Landflächen kosten Geld, das außerhalb der Siedlungen verdient werden muss. So treibt nicht nur die Verführung durch die Städte, sondern auch die Notwendigkeit, dort Geld verdienen zu müssen, Familien und Generationen auseinander. Nur zum Wochenende oder zu religiösen Festen kehrt die Jugend in die Pueblos zurück, in denen bis zum heutigen Tag an Traditionen festgehalten wird. So ist zum Beispiel im Santo Domingo Pueblo zweisprachiger Unterricht untersagt, und niemand darf Indianer anderer Pueblos heiraten. Siegt doch einmal die Liebe über die Gesetze der Alten, muss das Ehepaar außerhalb des Dorfes wohnen.

Auf der anderen Seite haben die Indianerstämme neben horrenden Preisen für Führungen und regelrechter Touristen-Abzocke eine weitere Einnahmequelle entdeckt: das Glücksspiel. Da dies auf Reservatboden erlaubt ist, entstehen dort immer mehr Spielcasinos. Dies verstößt zwar gegen Staats-, nicht aber gegen Bundesgesetz, an das allein die Native Americans gebunden sind.

In der «Himmelsstadt»

Etwas abseits, über die Indian 38 zu erreichen, liegt das wohl schönste und interessanteste Pueblo, das wie ein Schloss auf einem Bergkoloss errichtet wurde, das Acoma Pueblo, die «Himmelsstadt». Auch hier ist das Betreten nur mit indianischer Führung möglich. In einem Visitor Center muss sich der Besucher anmelden, für eine Fotoerlaubnis bezahlen und dann auf den nächsten Kleinbus warten, der ihn hinauf zur «Sky City» fährt. Videokameras dürfen nicht mitgenommen werden. Ein demonstrativ zur Schau gestellter Videobandsalat zeigt, was passiert, wenn eine verbotene Kamera entdeckt wird.

Das Acoma Pueblo ist das älteste, ständig bewohnte Indianer-Pueblo Nordamerikas, das über die Jahrhunderte unverändert erhalten blieb. Schon von weitem sieht man den über hundert Meter hohen Sandsteinmonolithen vor dem Panorama der Enchanted Mesa in den Himmel ragen. Auf dem Berg *dar akó*, dem «Ort der Bereitschaft», leben die Menschen wie seit alter Zeit: ohne fließendes Wasser, ohne Elektrizität und ohne die vielen Annehmlichkeiten, ohne die wir nicht auszukommen glauben. Das Brot wird nach wie vor in großen Rundöfen aus Lehmziegeln gebacken. Für einen Dollar erhält man köstliche, ofenfrische Brotfladen. An den aus Lehmziegeln erbauten Häusern lehnen Leitern, über die die Bewohner auf die flachen Dächer gelangen. Hier wird gearbeitet; hier werden die Früchte zum Trocknen ausgelegt, die auf den Terrassenfeldern unten im Tal angebaut werden.

Die Bewohner von «Sky City» pflanzen Gemüse, hauptsächlich Mais und Kürbis in so genannten «Waffelgärten». Diese sind trichterförmig, messen ungefähr 60 Zentimeter im Durchmesser und sind von einer Lehmmauer oder von Baumstämmen umgeben. Das Wasser sickert in die Mitte zu den Pflanzen, so dass kein wertvolles Nass verloren geht. Die einzigen Wasserreservoirs im Pueblo selbst sind in den Sandstein eingelassene Zisternen, in denen Regenwasser aufgefangen wird. Nicht weit von der wie eine Trutzburg errichteten San-Esteban-del-Rey-Mission, welche die Spanier die Indianer von Acoma Pueblo zu bauen zwangen, schichtet ein etwa 40-jähriger Indianer Brennholz. Sein langes, schwarzes Haar ist zu einem Zopf gebunden. Wie die Ziegelsteine der Mission muss auch das Holz, heute allerdings mit dem Pick-up, zur «Sky City» hochgeschafft werden. Zur Arbeit klingen moderne Rhythmen aus dem Radio seines Wagens.

Wind ist aufgekommen. Die stechende Sonne hat sich hinter dunklen Wolken versteckt. Plötzlich fallen erste, schwere Tropfen, formen Krater in den sandigen, staubigen Boden. Dann peitscht der Wind den Regen. Die im Umkreis der «Himmelsstadt» aufragenden rotbraunen Felsformationen und Mesas versinken im Grau der Wolken. Nach knapp einer halben Stunde ist der Spuk vorbei. Der Indianer, der in einem Hauseingang auf dem Boden kauert, erhebt sich, klopft den Sand von den Jeans und greift wieder zur Axt. Die Frage nach einem Foto ist der Indianer gewöhnt. Der Ballanceakt zwischen Tradition und Tourismus ist ein zweischneidiges Schwert. Auf der einen Seite eine gute Einnahmequelle, ist andererseits der Glaube, mit einem Bild auch die «Seele zu verkaufen», groß. Touristische Vorführungen oder Fotos für Geld hinterlassen immer ein schales Gefühl, auf beiden Seiten.

«No Video», sagt der Indianer, aber ein Foto ist o. k.: «Five Bucks.» Nachdem er die Dollar erhalten hat, dreht er fotogen seine Hand mit dem Türkisring dem Objektiv zu. Dabei hört er genau auf das Klicken des Verschlusses. Heutzutage weiß man nie, unter welchem äußeren Erscheinungsbild sich ein Videoband drehen könnte. Eine teure Aufnahme, zumal schon am Visitor Center für jede einzelne Kamera zehn Dollar für die Erlaubnis zu fotografieren bezahlt werden mussten.

Die alte Lady und das Schild

Zwischen McCartys und Grants zwingen die Fragmente der alten Straße zum ständigen Pendeln. Doch für Grants sollte man den Interstate unbedingt verlassen. In diesem Ort wurde ein wunderschönes Reklameschild mit der Aufschrift «Roarin' 20's» direkt an die Mainstreet gepflanzt. Es scheint aus dem alten Las Vegas der Sechzigerjahre entführt worden zu sein, als noch schwungvolle Formen die Glitzerstadt beherrschten. Das dazugehörige Motel jedoch hat nicht überlebt. Die Fenster sind vernagelt, die Bierreklame baumelt am Kabel im Wind.

Wenige Schritte weiter parkt ein alter Schlitten vor Pat's Cocktail Lounge. Beim Öffnen der Tür erscheint das einfallende gleißende Sonnenlicht so störend, als würde man Vampire mit einem Kruzifix konfrontieren. Die Luft ist geschwängert von Dunst und Zigarettenqualm. Kaum kann man bis zum Ende des schlauchförmigen Raumes sehen, wo unter einer schummrigen Lampe ein Billardtisch steht. Zwei Burschen in dreckigen Jeans und zerlöcherten T-Shirts stoßen die Kugeln an. Am Tresen sitzen drei Männer vor halb vollen Gläsern. Ihre Augen fixieren drei Gegenstände. Ein Bündel Dollars, eine Schachtel Zigaretten und ein Plastik-Einwegfeuerzeug, das der eine ab und zu durch die Finger gleiten lässt. Es scheint schon alles gesagt worden zu sein. Im Radio sind die letzten Takte eines Countrysongs zu hören, jetzt wechselt die Musik zu Soft Rock.

«Beer, cold beer?», fragt eine zierliche alte Dame, hinter der ein kaputtes Neonschild seine braungrauen Röhren wie die Schlingarme eines Kraken an die Wand krallt. Die Lady trägt eine auftoupierte, blond glänzende Perücke, die an das Haar eines Rauschgoldengels erinnert. Der Schlitten vor dem Haus, die alte Dame und das «Roarin'»-Schild – in Grants könnte man glauben, mit einer Zeitmaschine in die Fünfziger eingetaucht zu sein.

Von Grants aus ist es nicht weit zum Zuni Pueblo, das zu den größten Indianersiedlungen New Mexicos zählt. Es ist auf den Ruinen einer Stadt gebaut, die einst zu den geheimnisvollen «Sieben Städten aus Gold» zählte. Auf fast halber Strecke nach Gallup liegt ein großer See, der Blue Water Lake, den man in der Hochwüste New Mexicos nicht vermuten würde. Er ist ein wichtiges Frischwasserreservoir in den Zuni Mountains bei der Kontinentalen Wasserscheide, von wo die einen Flüsse durch den Golf von Mexiko in den Atlantik, die anderen in den Pazifik fließen.

Wie Spinnweben im Tau glitzern die Telefonleitungen im Dunst des Nachmittags. Die Köpfe der Isolatoren sind aus weißem und grünem Glas. Am milchigen Horizont türmen sich die Wolken zu weißgrauen Bergen. Ihre anfänglichen Pausbäckchen mutieren schnell zu bedrohlichen Ungetümen. Schon liegt ein leises Grollen in der Luft, das jedoch vom Rattern eines nahenden Zuges übertönt wird. Die Route 66 verläuft wieder einmal parallel zu den Schienen der Santa Fe Railroad. Wie eine dahinkriechende Raupe bewegt sich ein überlanger Zug mit drei Lokomotiven und 123 Waggons durch die Landschaft.

Von Alcatraz zum alten Eisen

Auf der Fahrt nach Prewitt zieren verfallene Häuser, verlassene Corrals und dunkelbrauner Autoschrott die Strecke. Einsam steht die Ruine eines Diners mit zerschossenem Plastikreklameschild an der Straße. «Livemusic – Saturday» ist darauf gerade noch zu lesen. Jetzt muss man aufpassen. Nur noch wenige Meilen, dann erscheint auf der linken Straßenseite das Swap Meet. Was auf den ersten Blick wie einer der vielen Gerümpelhaufen aussieht, entpuppt sich als Kleinod an der Route 66. Spiegelnde Radkappen zieren einen Schuppen, an dem ein zugenageltes Fenster als Rahmen für Automarkenschilder dient. «Pontiac», «Dodge», «Mercury» und «Cadillac» sind neben anderen Autoteilen dekorativ aufgepinnt. Man sagt, dass Thomas Lomance absichtlich Rillen in die 66 harkte, damit den vorbeifahrenden Autos die Radkappen wegfliegen, die er dann aufpoliert und wieder verkauft. Wie er das jedoch mit den vielen Nummernschildern macht, mit denen er das nebenan stehende kleine Häuschen regelrecht tapeziert hat, ist nicht bekannt.

Auf dem gesamten Grundstück sind Stoßstangen, Autoteile, Reifen und undefinierbarer Schrott dekorativ verstreut. Dort, wo man etwas aufhängen kann, an Zäunen und Steinmauern, gibt es kaum einen Fleck, der nicht mit «Auto» verziert ist. «Welcome to my home.» Thomas Lomance ist aus dem Haus gekommen und streckt seinen Besuchern die Hand entgegen. Er trägt blaue Arbeitshosen und eine gleichfarbige Kappe. Seine groben, rissigen Arbeiterhände sind ölverschmiert. «Oh, Germany, a far trip», sagt er. «Sie sind nur wegen der 66 hier, nicht wahr? Sonst wären Sie auf dem Interstate sicher an mir vorbeigerauscht.»

Thomas Lomance freut sich über die Begeisterung für seinen Schrott. Die Frage, wie lange er den Handel damit schon betreibt, wird zur verbalen Rundreise durch sein halbes Leben. «Im Jahr 1928 zogen meine Eltern zusammen mit mir und meinen vier Brüdern in Waggons von Oklahoma in diese Gegend. Wir waren 31 Tage unterwegs, und meine Eltern wurden unten in Elmore sesshaft. 1950 ging ich dann nach Kalifornien. Und vor 17 Jahren kam ich hierher zurück, um in meinem Ruhestand mit diesem Schrott zu handeln.» Thomas Lomance hat sich während des Erzählens am Drahtzaun, der Nummernschildhaus und Gerümpel-Ausstellungsfläche trennt, abgestützt. An seinem Finger glänzt ein Ring mit einem großen Türkis. «Ja, auch ich bin mehrmals auf der Route 66 gereist», sagt er, «im Jahr 1934 trampte ich von Oklahoma hierher. Fünf Tage war ich unterwegs. Als ich loszog, hatte ich ein bisschen mehr als einen Dollar in der Tasche. In der ersten Nacht übernachtete ich in einem Gefängnis. Irgendwo musste ich ja schlafen.»

Auf dem knapp hundert Meter entfernten Interstate rauschen pausenlos die schönsten Trucks vorbei. Thomas Lomance muss mit seiner Stimme gegen deren Dröhnen ankämpfen. «Als ich in Grants ankam, hatte ich noch 25 Cents und konnte mir dafür Pfannkuchen und eine Tasse Kaffee kaufen. Ich war nur noch etwa 50 Meilen von zu Hause entfernt, also ging ich den Rest zu Fuss.» Auf die Frage nach seinem eigentlichen Beruf wackelt er leicht mit dem Kopf, und antwortet, mit einem Blick hinüber zum I-40, wo sich jetzt Pkws, Wohnmobile und Trucks schön verteilen: «Als ich aus der Armee entlassen wurde, zog ich nach Texas, wo ich zwei Jahre lang lebte. Dann kehrte ich hierher zurück. Im Jahr 1949 ging ich nach Kansas City, wo ich eine Ausbildung als Schlosser anfing. Ich blieb neun Monate dort. Und 1950 zog es mich nach Kalifornien. Dort war ich in Alcatraz.»

Thomas Lomance macht eine kurze Pause, wackelt wieder ein wenig mit dem Kopf, grinst, und fährt dann fort: «Nicht wie Sie vielleicht glauben. Ich arbeitete dort, war Gefängniswärter. 1973 lebte ich dann ein Jahr in Phoenix, bevor ich wieder nach Kalifornien ging. Das Klima war dort

Bilder nächste Doppelseite
• Landschaft bei Gallup
• Blick von der «Himmelsstadt» Acoma Pueblo
• Bilderbuchlandschaft – Filmkulisse für Klassik-Western

Neben Schrott sammelt Thomas Lomance auch Nummernschilder

besser. In Phoenix war es einfach zu heiß, zu heiß.» Auf die Frage nach seinem Alter macht er ein spitzbübisches Gesicht und schweigt. «Sie wohnen seit 1928 hier, also müssen Sie wohl über 70 Jahre alt sein?» Thomas Lomance lächelt und entgegnet nach einigen Augenblicken. «An meinem nächsten Geburtstag werde ich 84 Jahre alt sein.»

«Und Sie leben gerne hier, direkt an der alten Route 66?» Thomas schiebt seine Kappe aus der Stirn, deutet mit dem Kopf hinüber zum Highway. «Der Verkehr stört mich nicht. Wie Sie sehen, ist hier viel los, viele Trucks, aber ich habe keine Nachbarn in meiner Nähe, das ist was wert. Ich bin gern allein. Na ja, nicht immer.» Dabei schmunzelt er ein wenig. «Halten viele Menschen hier?» Thomas antwortet spontan: «Viele Menschen. Wenn ich an einer Ausfahrt stehen würde, würden zwar mehr kommen. Gestern übrigens hielt auch jemand aus Germany an, ein junger Mann. Er kaufte für 127 Dollar ein.» Thomas Lomance handelt nicht nur mit Schrott. In seiner Hütte ist jeder Raum mit Büchern, Schallplatten, Zeitungen und Heften voll gestopft. Irgendwann hat er sich einmal die Mühe gemacht, jedes Buch mit einer Nummer zu versehen. Von der Decke baumeln Baseballkappen. Zeitungsausschnitte und Bilder von Elvis stehen eingerahmt an den Fenstern. In einem Nebenraum liegen die etwas freizügigeren Magazine aus den Sechzigerjahren. Sehr frivol, für die damalige Zeit. Ob er bis an sein Lebensende in diesem Gerümpel leben will? «Ich mache auch Urlaub», sagt er, «zusammen mit meiner Freundin, wir fahren demnächst mit meinem alten Pontiac, der draußen vor der Tür steht, nach Kalifornien. So vier, fünf Wochen wollen wir wieder unterwegs sein. Wie vor zwei Jahren, das war damals sehr schön.»

Ein Rinderschädel, aufgespießt auf einem Pfosten am Zaun des Swap Meet, schaut geradewegs hinüber zu den roten Bergen. Wenige Meilen nach Lomances Haus wird der Asphalt der 66 bröseliger und führt parallel zu einer sich am Horizont entlangziehenden orangeroten Felsenkulisse. Bald ist die Continental Divide erreicht. Auf der Tafel auf dem Parkplatz vor einem Souvenirshop ist zu lesen, dass Regen, der im Westen der Wasserscheide fällt, in den Pazifik fließt, östliche Niederschläge dagegen zum Atlantik geführt werden. Doch kaum jemand verlässt den I-40, um dies zu erfahren. Die wenigen Autos, die ihre Fahrt Richtung Gallup unterbrechen, fahren an dem Schild vorbei direkt zum Einkaufsshop, in dem es Getränke, Snacks, Postkarten, Schmuck – die ganze Palette touristischer Souvenirs gibt.

Von Gallup nach Flagstaff

1880 schlug David L. Gallup, ein Zahlmeister der Atlantic and Pacific Railroad, an der südlichen Trasse der transkontinentalen Eisenbahn sein Hauptquartier bei einer Postkutschenstation auf. Der Haltepunkt der Westward Overland Stage nannte sich «Blue Goose» (Blaue Gans) und war Saloon und Gemischtwarenladen zugleich. Die Eisenbahnarbeiter begannen «zu Gallup» zu gehen, um dort ihren Lohn in Empfang zu nehmen. Bald gesellte sich Hütte zu Hütte. Eine Stadt war geboren.

«Heart of the Indian Country»

Während der ersten Jahre war Gallup eine typische Westernstadt an der Grenze der Zivilisation. Doch wilde Schießereien, Auseinandersetzungen mit Indianern und raue Sitten waren hier selten, denn die Soldaten des nahe gelegenen Fort Wingate sorgten für Ruhe und Ordnung. Als die Eisenbahn nach Gallup kam, arbeiteten Europäer, Asiaten und Mexikaner an dem Schienenstrang. Viele blieben in der Stadt, da sie in den nahe gelegenen Minen neue Arbeit fanden und Kohle für die Dampflokomotiven förderten. So prägt ethnische Vielfalt das rund 20 000 Einwohner zählende Gallup, das inmitten der Ureinwohner-Siedlungsgebiete der Acoma, Hopi und Zuni liegt und den Beinamen «Heart of the Indian Country» (Herz des Indianerlandes) trägt.

Auf der Fahrt nach Gallup wandeln sich die Felsen zu rosa bis dunkelrot schimmernden Kuppen und gelbweißen Felsnadeln. Bilderbuchlandschaft, wie man sie aus den Western kennt. «Red Rock Country». Diese imposante Landschaft diente als Kulisse für viele Filme. 1915 kamen die ersten Schauspieler aus Hollywood. Der Film *Gallup Romance* entstand. Fünf Jahre später wurde das erste Kino gebaut und 1929 der erste Tonfilm gezeigt. Das ursprüngliche Strand Theater verschönte man mit ägyptischen Dekorationen und gab ihm den Namen Cairo, bis es Anfang der Dreißigerjahre von R. E. «Griff» Griffith, dem Bruder des berühmten Filmmagnaten D. W. Griffith übernommen und im regionalen Pueblo-déco-Stil neu gestaltet wurde. Es erhielt den Namen Chief Theater.

Die Verbindung zu Hollywood, das Hotel der Stars – viele Jahrzehnte zweifelte niemand an der Geschichte der Griffith-Brüder. Doch der Filmpionier Griffith hatte nie einen Bruder namens R. E. Man sagt, dass die ganze Geschichte von einem Komödienschreiber ersonnen und in Umlauf gebracht worden war. Nur um zu testen, ob man ihm auch alles glauben würde, dachte sich der Schreiber und Produzent die unglaublichsten Geschichten aus, die oft so plausibel klangen, dass niemand auch nur auf den Gedanken kam, daran zu zweifeln. Oder war der rätselhafte R. E. Griffith vielleicht jemand ganz anderes? Doch eigentlich ist das egal. Es ist eine schöne Geschichte, an die diejenigen gerne glauben, die in Kino und Filmstorys vernarrt sind.

Home of the Movie Stars

Fast alle namhaften Stars wie Kirk Douglas, Robert Mitchum oder James Stewart drehten hier. Übernachtet haben sie alle im El Rancho, dem «Haus der Movie-Stars». Fast jeder Besucher, der das El Rancho betritt, bleibt zuerst einmal staunend stehen. Kein Wunder, dass sich hier die Stars wohl fühlten. In der großen Eingangshalle steht ein aus Bruchsteinen gemauerter Kamin, in dem ein munteres Feuer prasselt. Viel Holz und Stehlampen tragen zu der gemütlichen Atmosphäre bei. Zwei geschwungene Treppen führen in den ersten Stock. An den Wänden erinnern unzählige Bilder an Schauspieler, die auf den Fotos Widmungen für das Haus hinterlassen haben. «Sehen Sie sich in aller Ruhe um», meint ein Angestellter, «alles, was damals Rang und Namen hatte, übernachtete hier. Humphrey Bogart, May West, Eroll Flynn und James Cagney. Auch Ronald Reagan», sagt er und deutet im gleichen Atemzug auf ein Foto des wohl bekanntesten Westernstars. «Übrigens, John Wayne soll nach einem anstrengenden Drehtag auf seinem Pferd durch den Andalusischen Raum geritten sein.»

Jeder Raum trägt den Namen eines Stars, der hier übernachtet hat. Wir schlafen im Zimmer von Spencer Tracy, unten im Parterre. Für 55 Dollar. In der Unterkunft mit dem breiten Bett und dem hohen Spiegel spürt man den Charme der alten Zeit. Gerade das im Bad abblätternde Email und das alte Holz der Möbel schaffen Atmosphäre. Und wenn dann in der Nacht der Santa-Fe-Zug heulend an Gallup vorbeifährt, kuschelt man sich gerne in die Kissen, nippt vielleicht mal von der Cola auf dem Nachttisch und freut sich einfach, in Amerika zu sein.

Um die luxusgewöhnten Filmstars stilgerecht unterbringen zu können, baute R. E. Griffith nach dem Pueblo-Kino auch dieses Hotel, das am 17. Dezember 1937 eröffnet wurde. Doch auch das El Rancho wurde vom Interstate gebeutelt. Die Gäste blieben aus, und 1987 musste es verkauft werden. Heute gehört das Haus Armand Otega, einem reichen Geschäftsmann aus Gallup, der es für 1,3 Millionen Dollar renovieren ließ. Seit vier Generationen wohnen die Otegas im Südwesten und treiben Handel mit den Indianern der Region. Armand Otegas Erfahrung mit der spanisch-indianischen Lebensart gaben dem 1988 wieder eröffneten El Rancho sein besonderes Ambiente. Im Hotel selbst können in der hauseigenen Galerie außergewöhnliche Gegenstände indianischer Künstler erworben werden.

Gallup, im Herzen des Indianerlandes, wird auch «Indianerhauptstadt» genannt. Sie ist das Zentrum indianischen Kunsthandwerks. In vielen Trading Posts, den früheren Handelszentren zwischen Weißen und Indianern, werden ausschließlich Kunstgegenstände der Navajo, Zuni, Acoma, Laguna und Hopi verkauft. Unerschöpflich ist die Vielfalt an Teppichen, Töpfereien, Schnitzereien, Kachina-

Puppen, Sandbildern und Schmuck. Man kann sich darauf verlassen, handgefertigte Stücke zu erhalten, denn nach einem Gesetz von New Mexico muss maschinell hergestellter Indianerschmuck als «machine manufactured» gekennzeichnet werden.

Die Pfandleihe

Die schönsten Stücke, garantiert echt und getragen, kann man in so genannten Pawn Shops erstehen. Falls man auf der Reise knapp bei Kasse wird und auch die Kreditkarte kein Bares mehr ausspuckt, kann die Lösung des Problems hinter der Tür eines Pfandleihers liegen. Meist ist der Begriff «Pfandleiher» verbunden mit dunklen, kleinen Läden in Seitenstraßen, wo dubiose Geschäfte abgewickelt werden, wenigstens in einschlägigen Filmen. In Amerika jedoch gehört ein Pawn Shop zum Alltag. In Gallup zum Beispiel gibt es moderne Pfandleiher, geachtete Geschäftsleute, die jede Gesellschaftsgruppe zu ihren Kunden zählen. «Die Leute betrachten uns als eine Art Bank, und das sind wir in gewisser Weise ja auch», sagt Michelle McCord, eine Pfandleiherin.

Da Pfandleiher mit Werten umgehen müssen, besitzen sie große Stahlkammern, in denen die Gegenstände sicher deponiert werden. Viele Kunden verleihen deswegen ihren Schmuck gegen eine geringe Gebühr in dem Wissen, dass er zu Hause wesentlich leichter gestohlen werden kann.

Einen Wertgegenstand zu verleihen, geht problemlos vonstatten. Zuerst wird das gute Stück von einem Angestellten der Leihe geschätzt. Bevor der festgelegte Betrag ausgezahlt wird, bekommt der Gegenstand ein Identifikationspapier und eine Sicherheitsnummer. Diese Information wird im Computer gespeichert und Kunde und Pfandleihe erhalten einen Ausdruck. Im ersten Monat erhält der Pfandleiher zehn Prozent des Wertes, jeden weiteren Monat vier Prozent. Nach vier Monaten wird dem Kunden schriftlich mitgeteilt, dass sich der Gegenstand noch in der Leihe befindet. Falls immer noch keine Zahlung erfolgt, wird er nach einem Jahr zum Verkauf freigegeben. «Bei uns werden besondere Stücke auch über mehrere Jahre aufbewahrt. Es handelt sich dabei jedoch meist um Gegenstände, die vererbt werden sollen oder die als Sicherheit hinterlegt werden. Meist sind es indianische Schmuckgegenstände, die einen Großteil unserer Waren ausmachen. Aber manche Familien bringen auch einfachen Schmuck, wenn sie kurzfristig Geld brauchen», sagt Mrs McCord. «Wir nehmen aber auch Gitarren, Fernseher, Kameras, Sättel, Teppiche, Decken und Körbe. Aber keine Waffen. Wir sind hier zu nahe an der Bank. Bei anderen Leihen aber können auch Gewehre beliehen werden.»

Zum Verkauf freigegebene Stücke sind jedoch keineswegs billiger als in anderen Geschäften, da dem Leihbetrag noch Aufbewahrungsgebühr und weitere Kosten zugeschlagen werden. Doch Pfandleihen sind ein Ort, wo man außergewöhnliche Stücke erhält und allein schon die Suche nach Raritäten einen gewissen Reiz hat. Direkt an der 66 Avenue liegt die Richardson Cash Pawn – Zuni Jewelry, eine echte Indianer-Pfandleihe. Hier bersten die Glasvitrinen fast unter der Fülle der Armreife, Ketten und Ringe, alles handgefertigte Stücke aus Silber und Türkis. An vielen Gegenständen hängt ein Zettel mit dem Preis des Pfandstücks, das nicht wieder eingelöst wurde und nun zum Verkauf freigegeben ist. Hinter den Vitrinen stehen dicht an dicht Gewehre. Im angrenzenden Raum stapeln sich in hohen Regalen Sättel und Zaumzeug. Fast immer halten sich Indianer im Laden auf. Frauen in bunten Röcken bringen Ketten und Armreife oder lassen sich aus dem angrenzenden Raum ihren hinterlegten Schmuck aushändigen. Die dicke Tresortür steht bei Publikumsverkehr immer offen, und das Spähen in den Raum wirkt wie ein Blick in ein Märchenland. Hier biegen sich die Regale regelrecht unter der Last der Geschmeide.

Good Guy – Bad Guy

In der Parallelstraße zur 66, der Coal Avenue, präsentiert sich die Stadt in einem anderen Licht. Schon vor der American Bar lungern ein paar Indianer auf wackeligen Beinen herum. Die Bar ist bereits nachmittags gut besucht. Es gibt keinen freien Platz an der Theke, und auch die Seitentische sind fast alle besetzt. Ganz hinten im Raum spielt ein bulliger Indianer Billard. Einmal auszuprobieren, was passiert, wenn man in einer mit Indianern voll besetzten Bar nach einem Foto fragt, reizt. Der Alte, der mit einem roten Kopftuch vor einem Bier am Tresen sitzt, stimmt der Sache zu. «Okay, okay, why not.» Doch der junge Indianer neben ihm ist anderer Meinung. «No Foto.» – «We are Navajos.» Ein Satz wie ein Faustschlag. Die Erklärung, dass der Mann einverstanden ist, verfliegt so schnell im Dunst des Raums wie die Rauchringe, die der Bursche ganz cool in Richtung Schnapsflaschen jagt. Rückzug ist angesagt. Doch wohltuendes Sonnenlicht und Aufatmen in frischer Luft sind nur von kurzer Dauer. Eine schwere Hand legt sich auf die Schulter. «Hey, no Foto.»

Der Indianer ist von kräftiger Statur. Unter seinem T-Shirt mit der Aufschrift «Budweiser» spielen die Muskeln. Er hat ein dunkles, pockennarbiges Gesicht, und die pechschwarzen Haare hängen ihm ölig in die Stirn. Die Aussage «I don't take a picture» scheint nie sein Ohr zu erreichen. Eine heikle Situation. Oft entschärfen ein entwaffnendes Lächeln und freundliche Worte die Lage. Einfach reden, bis irgendwann eine gemeinsame Basis gefunden ist. Und die ist diesmal Mel Gibson, der in *Lethal Weapon IV* gerade im wenige Meter entfernten El Morro als Actionheld über die Leinwand fegt. Dass der Mann aus Germany den Film schon auf Video gesehen hat, scheint den Navajo zu beeindrucken. «pretty stunts», sagt er, «Gibson is a good actor.» Der Navajo scheint sich für Kino zu interessieren. Das gemeinsame Interesse bekräftigt ein fester Händedruck. «Good Guy», sagt er. «Doch Navajos fotografieren, das geht einfach nicht ...»

Der nächste Laden, ein Antique Shop, bietet willkommene Gelegenheit, für einige Zeit von der Bildfläche zu

Bilder rechts
• Übernachtung der besonderen Art: Beton-Tipis in Holbrook
• Kino «El Morro» in Gallup

verschwinden. Könnte ja sein, dass sich der Indiander anders besinnt. Hinter den großen Standuhren und Schränken kann man gut versteckt in Platten, Magazinen, Plastikautos und zerschlissenen Damenhandtaschen wühlen. Zwischen Vasen, Spiegeln und Rasierpinseln steht eine Skulptur von Abe Lincoln aus massivem Metall. Drei Dollar wechseln den Besitzer. Dem Verkäufer tropft während des Einpackens roter Kautabak auf Lincoln. Er wischt die Büste mit seinem Hemdsärmel blank. Ein «Have a nice day» kommt dabei zischelnd über seine Lippen.

Wieder auf der Straße, liegt Gallup im herrlichen Abendlicht. Das reich verzierte, im «Spanish Colonial Revival»-Stil erbaute El Morro Theater leuchtet in der Sonne. Plötzlich wird der Sucher der Kamera dunkel. Ein ziemlich angetrunkener Indianer stellt sich direkt vors Bild. «Make picture!» Irgendwie kann er nicht verstehen, dass der weiße Mann keine Lust hat, ihn zu fotografieren. Gallup, die Stadt der Gegensätze. Während im Drake Hotel an der Historic Route 66 in den wilden Zwanzigern aus den Hähnen Wein statt Wasser geflossen sein soll und auch heute noch viele Fassaden mit Verzierungen und Stuck an den Glanz der Zwanziger- und Dreißigerjahre erinnern, glänzen die Hinterhöfe mit anderen Blickfängen. In kaum einer anderen amerikanischen Stadt ist das Gewirr der Telefon- und Stromleitungen so fotogen.

Gallup im warmen Licht des Abends. Wie glänzt jetzt die «Avenue der Reklameschilder», die sich gleich nach dem El Rancho die Straße entlangzieht. Voll im Sonnenlicht liegt auch das «Motel Blautanne», die Blue Spruce Lodge. Der Verkehr um diese Zeit ist jedoch fürchterlich. Kaum kann man die 66 überqueren, die parallel zur Trasse der Santa Fe Railroad durch Gallup führt. Im Route 66 Drive-In and Diner 1301 am West Highway 66 liest sich nicht nur die Speisekarte gut. Es gibt Tacos, Fajitas und Burritos sowie den Doppeldecker-Hamburger Big Treat Combo, den Big Guy, den Good Guy und den Little Guy. Doch die Frage, wie denn vielleicht ein Bad Guy schmeckt, kann der Bedienung kein Lächeln abgewinnen.

Wo der Wald auf dem Boden liegt

Bei Lupton verlässt die Route 66 New Mexico und überschreitet die Grenze zu Arizona, dem «Grand Canyon State». Doch noch vor der großen Schlucht kann Geschichtsunterricht in Sachen Erde auf eine weitere, farbenprächtige Art genossen werden. Im Petrified Forest, etwa 20 Meilen hinter Chambers, liegen 225 Millionen Jahre Erdgeschichte offen wie ein illustriertes Buch.

Es ist früher Morgen in der Farbigen Wüste. Die ersten Strahlen goldenen Sonnenlichts haben sich in ein milchigfahles Morgenlicht verwandelt und lassen die braun und rot getönte Erde pastellfarben erscheinen. So, als würde ein Aquarellmaler Farben in zu viel Wasser lösen, verwischen die Kuppeln und Hügel der Landschaft ineinander. Es fehlen die Schatten, die Konturen meißeln. Dann aber konzentrieren sich die rubin- und scharlachroten Töne zu intensiven Farben. Als hätten Kinder von Riesen in der Erde gebuddelt und den Aushub säuberlich zu Pyramiden gehäuft, überziehen rosa-, rot- und rostfarbene Berge die Landschaft, die Painted Desert. Wenige Meilen weiter ragen, wie von Malerhand angepinselt, blauweiß gestreifte Hügel auf. Verschiedene Mineralschichten durchziehen waagrecht das Gestein und verleihen dieser Gegend ein phantastisches Aussehen. Der Weg hinunter zur Blue Mesa ist wie ein Ausflug in eine andere Welt. Zerrissene Erde, rot und grau oder intensiv blau, dazwischen versteinertes Holz. Ockerfarben, dunkelrot.

Normalerweise erwartet man in einem Wald aufrecht stehende Bäume, doch im Petrified Forest ist alles ganz anders. Der Wald liegt auf dem Boden, er ist 200 Millionen Jahre alt, und die dicken Stämme sind aus Stein. Als habe ein Tornado sein Unwesen getrieben, liegen die Überreste einer untergegangenen Landschaft im Wüstensand. Besonderer Anziehungspunkt im «Regenbogenwald» ist die Agate Bridge, ein etwa 30 Meter langer, versteinerter Urstamm, der über einer Schlucht liegt. 1868 soll ein Cowboy namens Paine mit seinem Pferd über den versteinerten Baumstamm geritten sein. Angeblich hat ihm dieses Bravourstück zehn Dollar eingebracht.

Land der Dinosaurier

Dieses trockene Hochplateau im Osten Arizonas war einst ein ausgedehntes Dschungelstromgebiet mit tropisch feuchtem Klima, in dem Pflanzen im Überfluss gediehen. Krokodilartige Reptilien, kleine Dinosaurier und Fisch fressende Amphibien lebten zwischen Farngewächsen, Zykas und anderen Pflanzen und Tieren, die uns heute nur noch als Fossilien bekannt sind. Die hohen Bäume – Araukarien, Farnpalmen und Koniferenarten – stürzten um und wurden von Schlick, Schlamm und vulkanischer Asche bedeckt. Dies alles geschah vor 180 bis 200 Millionen Jahren. Der durch den dicken Deckmantel von Ablagerungen entstandene hohe Druck, der starke Siliziumgehalt des Wassers sowie der völlige Luftabschluss ließen das Holz nicht verfaulen, sondern die gelösten Mineralien in die organischen Zellsubstanzen der Bäume und Pflanzen eindringen und letztendlich dort auskristallisieren. Damit entwickelte sich eine Form echter Versteinerung, die Jahrmillionen überdauern konnte. Später, in jüngerer geologischer Zeit, trugen Wind und Wasser die Schichten erhärteter Sedimente wieder ab, so dass die versteinerten Baumstämme heute an der Erdoberfläche liegen.

Manche Bäume sehen in Färbung und Struktur hölzernen täuschend ähnlich. Fast so, als hätten soeben Holzhacker ihre Arbeit beendet. Besonders an den Bruchstellen glaubt man, frisches Holzes riechen zu können. Die helle Farbe dieser Versteinerungen ist darauf zurückzuführen, dass das Holz nur Silikate enthält. Spuren verschiedener anderer Mineralien ergeben die bunte Färbung des Gesteins.

Im Kristallwald

Im grauweiß glitzernden Sand des Kristallwaldes liegen die schönsten Stämme aus Stein. Diese Gegend wurde 1851 erstmals von Captain Sitgreaves beschrieben: «Der Boden war übersät mit Brocken von Achat, Jaspis und Chal-

Wie Perlmutt schimmern die Stämme im Kristallwald des Petrified Forest National Park

zedon – und Massen von versteinerten Baumstümpfen, die sich zu Jaspis mit herrlich roten, blauweißen und gelben Streifen umgewandelt hatten.» Die Kunde von diesen Funden verbreitete sich schnell. Erste Touristen kamen, aber auch Leute, die gute Geschäfte witterten, die Baumstämme sprengten und Tonnen versteinerten Holzes abtransportierten. 1906 schließlich wurde der Petrified Forest geschützt und durch Präsident Theodore Roosevelt zum zweiten Nationalmonument der USA erklärt.

Im Kristallwald trifft man auf ein wahres Feuerwerk kristalliner Farben. Zu Beginn des Versteinerungsprozesses lag noch keine Farbveränderung des Holzes vor. Erst durch das Eindringen anderer Mineralien und durch Metallverbindungen während der Verfestigungszeit, vor allem Kupfer, Mangan, Eisen und Kohle, entstanden die Färbungseffekte, die von Gelb, Orange über Rot und Purpur zu Blau und Schwarz reichen. Quarze und quarzähnliche Mineralien zählen zu den härtesten und sind scharf wie Glas. Das versteinerte Holz lässt sich nur mit Topas und Diamant schneiden und ist etwa fünfmal so schwer wie Kiefernholz.

Wenn die untergehende Sonne die Farbenpracht des versteinerten Holzes zusätzlich wie aus dem Innern beleuchtet erglühen lässt, sitzen gerne kleine Echsen auf den Stämmen. Kaum sind sie zu erkennen, da sie die Farbe der Steine haben. Orangerot, bläulich schimmernd und türkis. Doch heute wird der Sonnenball von dunklen Wolken verschluckt. Eine Gewitterfront zieht über den Petrified Forest. Weiße Wolkentürme haben sich zu grauschwarzen Bergen verdichtet, und plötzlich schüttet es wie aus Eimern. Blitze zucken auf die Erde, und der Donner grollt mit Urgewalt über dem Versteinerten Wald. Doch bereits nach wenigen Meilen Fahrt reisst die Wolkenwand auf. Während der Petrified Forest noch in tiefster Schwärze liegt, erstreckt sich auf der anderen Seite ein strahlend blauer Himmel. Die Sonne bricht hervor, und ein Regenbogen wetteifert mit den kristallinen Farben der Stämme.

Wo der Westen besonders wild war

Wieder einmal bringt der Business Loop den Reisenden von der Interstate weg in eine Stadt. Die Route 66 führt als Navajo Boulevard und als Hopi Drive mitten durch Holbrook, das 1880 «Frontier Town» (Ort an der Grenze der Zivilisation) genannt wurde. Cowboys, Rinderzüchter und Eisenbahner machten Holbrook zum Zentrum des Rinderlandes in Arizona. Spielhöllen und Freudenhäuser schossen aus dem Boden. Kein Wunder, dass hier der

Bild nächste Doppelseite
Bäume aus Stein – wie von einer Kettensäge zertrennt, 220 Millionen Jahre alt

übernächste Doppelseite
• Die Wüste lebt
• Das versteinerte Holz ist hart wie Glas
• Blue Mesa im Petrified Forest

Wilde Westen besonders wild war. So klingt es auch nicht außergewöhnlich, dass in diesem Ort 1888 der Sheriff Perry Owens eine Bande von Viehdieben erschoss. Was heute auf den ersten Blick als abgewirtschafteter, vergessener Ort erscheint, entpuppt sich bei der Suche nach der Legende als Fundgrube für 66-Schilder-Sammler.

Wie überall in den Orten entlang der Old 66, gehört das Stöbern nach den Relikten der Vergangenheit zu den besonderen Erlebnissen. Das Fahrzeug irgendwo stehen zu lassen, loszuziehen und Ausschau zu halten nach alten Gebäuden, Schildern und Reklamezeichen ist wie Nuggets suchen. Auch in Holbrook wird man schnell fündig. Da gibt es noch immer ein «berüchtigtes Haus», den Bucket of Blood Saloon, dann das Desert Inn, weiter das Historical-66-Motel und ein wunderschönes Office-Schild mit Leuchtpfeil. Ein Highlight ist auch das Butterfield Steakhouse, über dessen Leuchtschrift ein schwarzer Cowboyhut und daneben ein schwarzes Herz mit der Aufschrift «Get your kicks here on Route 66» angebracht ist. Das schönste Schild aber ist sicher ein großer Neon-Indianerkopf, der heute allerdings zweckentfremdet für Tapes und CDs wirbt.

Direkt an der Mainstreet steht ein wunderschönes Diner, Joe's & Aggie's Cafe, das 1943 erbaut wurde und sich seit dieser Zeit kaum verändert hat. Rosa gestrichen und mit der amerikanischen Flagge vor der Tür, wirkt es wie ein Bonbon aus der 66-Zeit. Der heutige Besitzer, Stanley Galegos, bietet traditionelle mexikanische Küche an. So trifft man in den Sitzecken aus rotem Knautschlack meist dunkelhäutige Mexikaner bei Tacos, Chili und Coke. In der Glasvitrine bei der Kasse gibt es Gürtelschnallen mit dem Route-66-Zeichen, einige Ketten und Armreife sowie Pink Cadillacs aus Pappmaché. Auf den Bildern an der Wand sind Fotos der alten Straße, von Lincoln und von Kennedy zu sehen.

Im Roadrunner Shop auf der anderen Straßenseite geht es weit moderner zu. Hier verkauft Ted Julien alles, was auch nur annähernd mit der 66 zu tun hat. Und war einem Gegenstand wirklich nichts Nostalgisches abzugewinnen, bekam er einfach das Route-66-Zeichen aufgepropft. Erste Blüten des Route-66-Booms. Damit man sich auch am PC immer an die zwei magischen Ziffern erinnert, gibt es natürlich auch Mouse-Pads mit entsprechendem Design. Darüber scheinen sich sogar die mehrere Meter großen giftgrünen Dinosaurier zu amüsieren, die grinsend vor dem nicht weit davon entfernten Rainbow Rock Shop am Navajo Boulevard für versteinertes Holz und andere Steine und Mineralien werben.

«Sleep in a Wigwam»

Unter dem Eindruck der Dinos verwundern die plötzlich am Hopi Drive auftauchenden Indianerzelte kaum. Sie sind aus Beton und bieten ein gemütliches Bett, Waschgelegenheit und Fernseher. «Sleep in a Wigwam», ist auf einer großen Tafel vor dem Motel zu lesen. «25 Dollar die Nacht.» Die Idee, Tipis aus Beton als Motel-Werbegag zu nutzen, entstand 1933 in Kentucky, wo Frank Redford in Horse Cave mit dem ersten Wigwam Village auf Gästefang ging. Diese kuriose Übernachtungsmöglichkeit fand einige Nachahmer, so dass zwischen 1933 und 1950 weitere sieben Wigwam-Motels entstanden.

Am 1. Juni 1950 wurde das Motel an der Route 66 eröffnet, das Chester E. Lewis mit 15 Schlafzelten eigenhändig erbaute. Als Holbrook in den Siebzigerjahren nur noch über den Business Loop verbunden war, fielen die Tipis der Entwicklung zum Opfer. Sie verfielen zusehends, bis sich Chesters Kinder ihrer erbarmten und sie im Jahre 1988 renovierten.

Jackrabbit

Richtung Joseph City sind Teilstücke der alten 66 neben dem Interstate zu sehen. Ein Befahren jedoch ist unmöglich. Die Asphaltfetzen sind mit Pflanzen und Büschen überwachsen und enden in Sand und Gestrüpp. Wieder tauchen Indianerzelte auf. Überbleibsel aus den Anfängen des Tourismus. Doch den Tipis vor Geronimo's Trading Post haben Wind und Wetter arg zugesetzt. Wahrscheinlich ist es der Zähigkeit eines Wüstenhasen zuzuschreiben, dass es den bekanntesten Ulk-Souvenirshop an der 66 noch immer gibt. Wer Hasen mag und selbst gemachten Kirschsaft, ist beim Jackrabbit Trading Post genau richtig. Und wer endlich den kauernden Hasen in natura sehen will, nun: Here it is! Auf einer gelben Werbetafel sitzen kleine Häschen in Reih und Glied, und vor dem Gebäude hockt zudem ein überdimensionaler, grauer, dicker Jackrabbit aus Plastik, den man für ein Foto wie einen Gaul besteigen kann.

In einem Nebenzimmer des seit 1949 bestehenden Trading Post ist ein Mini-66-Museum mit alten Werbeschildern, Colaflaschen und allerlei Krimskrams eingerichtet. Eine Besonderheit und echte Leckerei ist der selbst gemachte Kirschsaft, den man auch in Gallonen abgefüllt erhält. Wer einen Abstecher zum Grand Canyon plant und den Anblick der aufgehenden Sonne über der größten Schlucht unserer Erde besonders genießen will, sollte sich im Jackrabbit Trading Post mit dem guten Saft eindecken.

«Standing on a corner»

Als graue Wellenlinie verliert sich die 66 am Horizont. Im Dunst des Nachmittags erscheinen drei Lichter, die langsam größer werden. Ein langer Güterzug der Santa Fe Railroad rattert direkt der Straße entlang. «Standing on a corner in Winslow Arizona, such a fine sight to see, it's a girl my Lord in a flatbed Ford, slowing down to take a look at me.» Jetzt die Kassette mit dem Song von den Eagles parat haben ...

Obwohl der Ort es nicht geschafft hat, in Bobby Troups 66-Song unterzukommen, hat eine Generation später eine Popgruppe dem Wüstennest zu Popularität verholfen. Nur allein wegen des Songs biegen so manche vom Interstate ab und suchen jene sagenhafte Ecke auf. Doch außer ein paar Motels und Fast-Food-Restaurants hat Winslow nicht viel zu bieten. Natürlich hat der Ort Kapital aus dem Lied geschlagen. Über dem Diner an der Ecke Kinsley und Essex Road prangt ein großes Schild: «Standing on a corner, in Winslow Arizona».

Trainingslandschaft für die NASA – Meteor Crater bei Winslow, Arizona

Das große Loch

Zwischen Winslow und Winona, das man laut Bobby Troups Song auf der Fahrt über die 66 «nicht vergessen darf», lockt ein großes Loch. Eine gut geteerte Straße führt hier fünf Meilen nach Süden durch die Wüste zu einem Krater, in dem die NASA für die Mondlandung trainierte. Als im Jahre 1871 die ersten Weißen den riesigen Krater sahen, dachten sie, am Rand eines erloschenen Vulkans zu stehen. Dann fand man 1890 in der Umgebung Nickel-Eisen-Verbindungen, die den Verdacht erhärteten, dass der Krater durch einen Meteoriten entstanden sein könnte. Im Visitor Center, in dem auch das größte Meteoritenstück von fast 640 Kilogramm Gewicht zu sehen ist, sind Bildtafeln angebracht, auf denen die Entstehung des Kraters dargestellt ist.

Vor etwa 30000 Jahren schlug hier ein Meteorit von zirka 30 Meter Durchmesser ein und hinterließ ein 175 Meter tiefes Loch, das vom einen Rand bis zum andern 1,2 Kilometer misst. Bei gutem Wetter ist es möglich, den Krater zu umrunden. Doch oft ist diese Strecke gesperrt. Wegen des hier meist heftig wehenden Windes ist ein Gang auf der ungesicherten Höhe des Kraterrands zu gefährlich. Im Innenhof zu Museum und Gift Shop sind die Winde ausgesperrt. Ein ins Ziegelgemäuer geschnittenes Fenster umrahmt wie ein Gemälde den Ausblick auf den Humphreys Peak, den mit 3860 Metern höchsten Berg Arizonas, vor dem in weiter Prärie die Windhosen tanzen.

Two Guns & Twin Arrows

Wieder auf dem I-40 donnern die Trucks Richtung Kalifornien. Eine Ausfahrt weist nach Two Guns, durch dessen Ruinen der Geist der Vergangenheit weht. Besonders in den Abendstunden, wenn die Schatten länger werden und sich der Wind in den verfallenen Zapfsäulen verfängt, ist das Spiel von Einsamkeit und Vergänglichkeit perfekt. Zu dieser Zeit glaubt man, das Brüllen der hier eingesperrten und zur Schau gestellten Berglöwen vernehmen zu können. Als Roadside-Attraktion beherbergte Two Guns einst einen Zoo mit Roadrunner, Gila Monster und Kojoten. Und an einem Gebäude kann man auf einem Schild noch immer «Mountain Lions» lesen. Heute jedoch warnt der Sheriff vor dem Betreten der einsturzgefährdeten Gemäuer: «No Trespassing by Order of Two Guns Sheriff Department».

Legendärer Truck Stop Twin Arrows

Wenige Meilen hinter Two Guns liegt der legendäre Truck Stop Twin Arrows (Zwillingspfeile). Hier stecken zwei acht Meter lange gelbe Pfeile mit roten Spitzen und Schäften in spitzem Winkel in der Erde. Ein kurioses Bild, wenn zwischen den Pfeilen die dicken Trucks wie Spielzeugautos am Horizont entlangkriechen. Nach Winona («Don't forget ...») fahren wir von heißer Wüste in kühlere Waldregionen. Am Horizont zeichnet sich ein Bergmassiv ab. Mehr als 4000 Meter ragen die San Francisco Mountains in den Himmel. Stetig führt der Interstate nun bergan durch die hügelige Landschaft des Coconino National Forest. Je weiter man sich Flagstaff nähert, desto dichter wird der Kiefernwald. Die Landschaft, vor kurzem noch braungraue, flache Prärie, wandelt sich in eine fast alpenländisch anmutende Szenerie mit hügeligen, saftig grünen Weiden.

Ein Gag wird zum Namen

Als 1876 jemand auf die Idee kam, einen in der Gegend herumstehenden, geschälten Kiefernstamm mit einer US-Flagge zu verzieren, hatte der Ort seinen Namen weg: «Flagstaff» (Fahnenstange). Flagstaff ist heute ein quirliger Touristenort, der ein bisschen an Aspen erinnert und vom größten Anziehungspunkt Arizonas, dem Grand Canyon, lebt. Die jährlich zu Millionen in die Stadt strömenden Besucher sind Touristen aus aller Welt, die den Ort als Anlaufstelle für einen Ausflug zu der berühmtesten Schlucht unserer Erde nutzen.

In Flagstaff ist die Route 66 wieder Hauptverkehrsstraße. Martin Zanzucchi, der Besitzer des Museum Club, ist ein alter Route-66-Fan. Mit einer Petition schaffte er es, dass die Santa Fe Avenue, die mitten durch die Stadt führt, wieder Route 66 heißt. «Die Straße war ein Teil meiner Kindheit», sagt er, und er ist stolz, der heutige Besitzer des 1931 erbauten Roadhouse zu sein, in dem viele bekannte Countrystars auftraten. Die Luft hier in Flagstaff ist klar und kalt. Wenn die Blätter sich gerade zu färben beginnen, kann es sein, dass schon am nächsten Morgen die Bergspitzen mit frisch gefallenem Schnee überpudert sind. Flagstaff ist ein Schneeloch, gerade recht, um sich auf die Extreme der knapp zwei Stunden Fahrzeit entfernten rosaroten Schlucht einzustellen.

Von Flagstaff nach Kingman

Im Südwesten der USA, zwischen den Bergen Kaliforniens und den Rocky Mountains, liegt die trockene, regenarme Hochebene des Colorado-Plateaus. Dieses Gebiet wird vom Colorado River durchschnitten, dem «farbigen Fluss», wie ihn die Spanier wegen seines gelbbraunen Wassers nannten. Der Colorado fließt von den Rocky Mountains zum Golf von Kalifornien. Dabei schnitt er im Lauf von Millionen Jahren 19 Canyons in die Erosionslandschaft, wobei der Grand Canyon das heute wohl großartigste und eines der eindrucksvollsten Naturwunder der Welt ist.

Eine «nutzlose Schlucht» mausert sich

Das Plateau lag vor zehn Millionen Jahren erheblich tiefer. Doch dann hob es sich um tausend Meter. Der Colorado begann, sich mit Hilfe von mitgeführtem Geröll ins Gestein zu fräsen. Bis zu 1800 Meter Tiefe, bis hinunter zu den frühesten Erdschichten. So ist der Grand Canyon heute ein Lehrstück der Geologie. Aus der Vogelperspektive sieht man alle Erdschichten offen liegen. Ganz oben erstreckt sich eine Lavadecke, die erst vor tausend Jahren gebildet wurde. Dann kommen die weißgrauen Kalksteine des Erdmittelalters – das war die Zeit der Saurier. Es folgen dunkle Schichten von Muschelkalk, Keuper und grünlichem Schiefer. Ab einer Tiefe von etwa tausend Metern hat sich der Colorado River in die harten, braunen und roten Gneise und Granite eingegraben, bis zu den ältesten Schichten. Nirgendwo sonst liegt ein so betagtes Stück Mutter Erde derart frei. Den tiefsten Teil der Schlucht, der besonders eng ist, nennt man Inner Gorge. Dort braust der wilde Colorado dem Golf von Kalifornien entgegen. Staudämme bremsen sein Ungestüm. Noch zu Beginn unseres Jahrhunderts trieb der Fluss unglaubliche Mengen an Sand und Gestein zum Meer, schmirgelte die Felsen ab und grub die Schlucht tiefer.

Der Colorado teilt das Parkgebiet in zwei Hälften. Die nördliche ist herber, wenig erschlossen und nur im Sommer für Reisegäste zugänglich. 1857 kam ein Leutnant der amerikanischen Armee, um den Grand Canyon zu untersuchen. Er war enttäuscht und hielt ihn für völlig unbrauchbar. Er schrieb: «Die Schlucht ist so nutzlos, dass ich wohl der letzte Weiße gewesen bin, der sie besucht hat.» Heute sind es jährlich zwischen zwei und drei Millionen Menschen, die den Grand Canyon bestaunen.

Fünf Uhr dreißig an der Bright Angel Lodge. Die Nacht hüllt die Schlucht in ein tiefes Schwarz. Es ist bitterkalt, und doch reizt die gut drei Kilometer lange Strecke des Rim Nature Trails dazu, am Rand der Schlucht entlang zum nächsten Overlook zu gehen. Noch funkeln ein paar Sterne am Himmel. Ab und zu vernimmt man die Laute eines Vogels. Manchmal führt der Weg vom Rand der Schlucht weg in den Wald, dem der würzige Geruch von Kiefernholz entströmt. Wenn die Stämme sich lichten und den Blick in die Finsternis der Schlucht zulassen, streicheln warme Luftschichten, die vom Grund des Canyons aufsteigen, das Gesicht. Vom Plateau bis hinunter zum Fluss herrschen zwei Klimazonen. Während es oben noch schneit, blühen unten am Colorado schon die Blumen.

Langsam beginnen sich in zaghaftem Rosa erste Konturen der Felswände abzuzeichnen. Der Weg windet sich wieder durch Wald, um bei der nächsten Biegung einen weiteren Annäherungsversuch an die Schlucht zu wagen. Wie von grauen Seidentüchern verhüllt, zeichnen sich die Silhouetten der Wände vor dem immer röter werdenden Himmel ab. Meter um Meter schraubt sich ein Vogel mit ausgebreiteten Flügeln aus der Schlucht in die Höhe. Dann brechen die Sonnenstrahlen hervor, erfassen die obersten Spitzen der Canyonwände und lassen sie wie feurige Schlote erglühen. Am Mather Point haben sich einige Frühaufsteher versammelt. Niemand spricht ein Wort. Nur ab und zu hört man das Klicken einer Kamera. Etwas abseits sitzt eine junge Frau auf einem Stein, liest ein paar Zeilen in einem Buch und sieht dann wieder andächtig in die Schlucht hinunter.

Immer schneller meißelt die Sonne Konturen und Farben aus dem Gestein. Wie im Panoramakino breitet sich der Canyon mit seinen vielen Nebentälern, Türmen und Spitzen – nun von einem Ende bis zum anderen orangerot gefärbt – vor einem aus. Squirrels huschen von Stein zu Stein. Jetzt hat die Sonne auch die blühenden Büsche, knorrigen Wurzeln und vom Wind pittoresk verdrehten Äste am Kraterrand erreicht, die der Szenerie einen überdimensionalen Bilderrahmen geben.

Ob sich dunkle Wolkenberge über der Schlucht türmen, ein strahlend blauer Himmel die Schlucht wie in einem Spielzeug-Schüttelglas überwölbt, ob ein Gewittersturm das letzte Licht aus dem Canyon peitscht oder frisch gefallener Schnee das Gestein überzuckert, in jeder Laune der Natur ist der Grand Canyon faszinierend. Nur zur Mittagszeit, wenn die Hitze über dem Gestein wabert und die senkrecht am Himmel stehende Sonne kaum Konturen erkennen lässt, ist die Schlucht, zumindest fotografisch, nicht so interessant. Jetzt kann man die Zeit für einen Besuch im Kolb Studio nutzen, das eine besondere Geschichte über den Grand Canyon zu erzählen weiß.

Wettlauf zur Dunkelkammer

Direkt am Rand des Grand Canyons steht ein Holzhaus wie ein Relikt aus vergangener Zeit: das Kolb Studio, dessen Geschichte 1901 begann. Die Brüder Ellsworth und Emery Kolb wurden in Pennsylvania geboren. Sie interessierten sich für Fotografie, Abenteuer, den Wilden Westen und besaßen eine tüchtige Portion Geschäftssinn. So lag es nahe, ihre Interessen und Fähigkeiten in dem Staat einzubringen, der «den Westen» und grandiose Landschaft zugleich in sich vereinigt. Sie reisten nach Arizona und drehten im Winter 1911 ihren ersten Film über eine abenteuer-

und heute nicht mehr befahrbare Betonband verschwindet nach rechts in der Landschaft führt als Crookton Road Richtung Seligman. Kaum woanders liegen die geschichtsträchtigen Asphaltbänder so anschaulich im Blickfeld.

«Birthplace of the Route 66»

Seligman. Wenn der Zündschlüssel umgedreht und der Motor abgestellt ist, stellt sich das Gefühl ein, zu Hause angekommen zu sein. In Seligman, dem kleinen 850-Seelen-Örtchen, das seinen Namen zwei Bankiersbrüdern verdankt, die als Geldgeber der Atlantic and Pacific Railroad fungierten, ist man der Straße ganz nah. Schon weit vor der Stadt weist ein Schild auf den «Birthplace of the Route 66» hin. Dieses Attribut ist dem Wirken eines Barbiers zu verdanken, der nicht müde wird, alles zu unternehmen, um die legendäre Straße nicht in Vergessenheit geraten zu lassen.

«Willkommen, seid herzlich willkommen, schön, dass ihr wieder da seid.» Angel Delgadillo strahlt über das ganze Gesicht und ruft sofort nach Wilma, seiner Frau, mit der zusammen er seit dem 22. Mai 1950 den Barber Shop betreibt. Nicht zu zählen sind all die Menschen, die sich in dem von seinem Vater geerbten Frisierstuhl schon die Haare schneiden oder die Bartstoppeln aus dem Gesicht schaben ließen. Doch das ist nicht der richtige Ausdruck. Sich bei Angel rasieren zu lassen, ist das Erleben einer Zeremonie. Zuerst wird der Frisierstuhl mit dem Kunden in die richtige Position, das heißt in die Waagrechte gebracht. Da die Rasur schon gut eine halbe Stunde dauern kann, soll der Kunde so entspannt wie nur möglich die Prozedur als Erlebnis empfinden.

Um die Poren der Haut zu öffen, wird zuerst das Gesicht mit heißen Tüchern bedeckt. Ein lustiges Bild inmitten des mit Hunderten von Visitenkarten tapezierten Raums. Fernsehstationen aus aller Welt, von Japan bis Neuseeland, haben schon über Angel berichtet. Unter den Karten sind bekannte Namen von Magazinen und Redakteuren zu entdecken. Direkt neben der Eingangstür ist die Visitenkarte von Winfried Scharlau an die Wand gepinnt. Man sagt, dass der Barbier von Seligman öfter im Fernsehen war als der Bürgermeister von L. A. Denn Angel Delgadillo ist nicht nur der Friseur des Ortes, sondern auch der erste Präsident der Route 66 Association von Arizona. Am 18. Februar 1987 wurde der Verein gegründet und Angel zum Vorsitzenden gewählt. Bis heute ist es Ziel der Vereinigung, die Route 66 zu erhalten, wieder ins Leben zu rufen und ins Bewusstsein der jüngeren Generation zu bringen. Natürlich spielen nicht nur persönliche Emotionen mit, sondern auch wirtschaftliche Aspekte, denn eine wieder befahrene Straße verspricht gute Geschäfte. Delgadillo knüpft dabei an die Bemühungen seines Berufskollegen Jack Cutburth aus Clinton im Bundesstaat Oklahoma an, der 1926 für die Gründung der National US 66 Association mitverantwortlich zeichnete.

Angel wechselt die Tücher auf dem Gesicht des Kunden. Damit es dem nicht zu langweilig wird, erzählt er gerne etwas über sich und den alten Highway: «Früher herrschte hier so viel Verkehr, dass die Fußgänger Mühe hatten, die Straße zu überqueren. Nur am 22. November 1963, als Präsident Kennedy ermordet wurde, stand der Verkehr minutenlang still. Als dann am 22. September 1978 das letzte Teilstück des neuen Interstate eröffnet wurde, brach der Verkehr von einer Stunde auf die andere ab. Unser Ort wurde vom Leben abgenabelt.»

Seit diesem Tag wurde Angel nie müde, bei der Handelskammer immer wieder auf die nostalgische Bedeutung und auf die damit verbundene Belebung der alten Straße hinzuweisen. Seine Bemühungen hatten Erfolg. Im April 1988 wurde das Teilstück zwischen Seligman und Outman als Historic Route 66 ausgeschildert. Angel Delgadillo freut sich, dass sich der Bekanntheitsgrad auch in den Mitgliederzahlen der Association niederschlug, die mit gerade 25 Personen begann und bis heute fast tausend verzeichnen kann.

Die Zeit der Okies

Entspannt lauscht der Mann auf dem Frisierstuhl Angels Erzählungen. Auf die Frage nach seiner Kindheit antwortet der Barbier erst nach einiger Zeit. In aller Ruhe taucht er den Pinsel in den Schaum und beginnt, das Gesicht des Kunden einzuseifen. Dann klopft er auf das Leder des Stuhls und sagt: «Dieser Stuhl ist so alt wie die Geschichte der Straße. Ich habe mein ganzes Leben an der Route 66 verbracht. Wenige Monate bevor man die 66 offiziell als Mainstreet Amerikas dem Verkehr übergab, wurde ich hier in Seligman geboren. Die Route war damals noch eine unbefestigte Schotterstraße. Wie Sie an meinem Namen erkennen, sind ich und mein Bruder Juan, der nebenan das Snow Cap betreibt, mexikanischer Abstammung. Wir waren eine große Familie, ich habe noch sieben Geschwister, vier Brüder und drei Schwestern. 1917 strandeten meine Eltern, von Mexiko kommend, hier in Seligman. Mein Vater arbeitete bei der Eisenbahn, aber 1922 gab es bei der Santa Fe Railroad einen Streik, und er versuchte sich danach als Friseur. Ich bin dann in seine Fußstapfen getreten. Ja, und seit fast 50 Jahren schneide ich Haare in Seligman.»

Angel ist mit dem Einseifen fertig. Er greift nach dem Rasiermesser, zieht es ein paar Mal über den Riemen und beginnt, die Bartstoppeln abzuschaben. Seine Erinnerungen an die Zeit der Route 66? Angel streift den abgezogenen Schaum an einer Serviette ab und erzählt, ohne aufzuschauen. «Ich habe sie alle gesehen, alle, die entlang der Route 66 reisten. Als kleiner Junge war es für mich aufregend und amüsant zugleich, all die Autos zu beobachten, die bis zum Dach voll bepackt waren. Wir lachten damals noch über die armen Farmer aus Oklahoma. Wenn ein Wagen mit nur einer Matratze auf dem Dach vorbeikam, nannten wir ihn ‹armen Okie›, hatte jemand zwei dabei, war es ein ‹reicher Okie›. Wir trieben als Kinder unsere Scherze mit ihnen. Doch dann liefen auch unsere Geschäfte schlechter, so dass auch wir daran dachten, nach Kalifornien zu gehen. Zum Glück machten meine Brüder Juan und Jo Musik und fuhren die 66 rauf und runter. Wir hatten dadurch etwas mehr Geld und konnten bleiben. Während des Zweiten Weltkriegs beherrschten dann die Militärfahrzeuge die 66, nach dem Krieg kamen viele Touristen. Selig-

Sonnenaufgang am Grand Canyon

man war auch eine Eisenbahnerstadt, doch als dann die Eisenbahn unseren Ort nicht mehr als Stopp einplante, gingen viele. Für immer. Es wurde fast so ruhig wie bei der Eröffnung des Interstate.»

Mit einem feuchten Tuch wischt Angel den letzten Schaum vom Gesicht des Kunden, der wohl die beeindruckendste Rasur seines Lebens hinter sich hat. Berührt von seinen Erzählungen, lassen wir unsere Blicke durch den kleinen Raum schweifen, der Route-66-Legende ist. Wir schauen durch das Fenster mit den vielen Aufklebern, hinaus auf die Mainstreet von Seligman, die im schönsten Spätnachmittagslicht liegt. Zwei Biker haben angehalten, stellen die Maschinen vor dem Barber Shop ab und betreten den Laden. Während Wilma die Kunden bedient, führt uns Angel im angrenzenden Raum, den er als Route-66-Nostalgieshop eingerichtet hat, zu einem Billardtisch, auf dem er besondere Andenken aufbewahrt. «Kommen Sie, kommen Sie, ich muss Ihnen unbedingt noch meine Fotosammlung zeigen.» Stolz präsentiert er Fotoalben, in die er alle Bilder eingeklebt hat, die ihm Besucher schickten. Fotos mit ihm und seiner Frau Wilma hinter der Verkaufstheke, Fotos von Oldtimertreffen, von TV-Interviews.

An den Wänden seines kleinen 66-Museums hängen Straßenschilder von allen 66-Staaten, US-Nummernschilder und Poster von der Straße. Die alten Magazine aus den Fünfziger- und Sechzigerjahren sowie die Zeitschriften, in denen über ihn und die Route 66 berichtet wurde, musste er zwischenzeitlich wegschließen. «In der letzten Zeit ist so viel weggekommen», sagt er traurig.

Schalk im Nacken

Gleich neben Angels Barber Shop bereitet sein Bruder Juan Besuchern von Seligman ein Erlebnis ganz anderer Art. Juan Delgadillos Restaurant, das Snow Cap, ist ein skurriles Panoptikum. Glitzernde Girlanden, flatternde bunte Fähnchen, überdimensionale Eistüten und ein Toilettenhäuschen mit der Aufschrift «with air condition» weisen schon optisch darauf hin, dass der Besitzer ein Mensch mit besonderem Humor sein muss. Eine Reihe Rostlauben, eine Zapfsäule, die noch Glockensymbole als Gallonenmaß in ihrem Glaszylinder trägt, sowie ein girlandengeschmückter Tannenbaum auf dem Rücksitz eines weißen 1936er-Chevrolet Impala Cabria, stehen vor dem Dead Chicken, in dem Juan Delgadillo «tote Hühner» verkauft: Hamburger mit Hühnchenfleisch. So eigenwillig wie das kunterbunte Auto, dem absichtlich die Achse verbogen wurde, damit es hüpft anstatt zu fahren, ist auch das Outfit des Inhabers. Juan trägt immer eine rote Socke, egal ob die andere blau, grau oder braun ist. Und falls der Blick des Besuchers nicht bis zu den Schuhen gleitet, lüftet Juan beim Gespräch so nebenbei sein Hosenbein.

Betritt man das Snow Cap, stößt man auf ein Schild, auf dem der Owner sich dafür entschuldigt, dass er geöffnet hat: «Sorry, we're open». Bestellt man einen kleinen Eistee, passt das Getränk in den hohlen Zahn, denn der Eiswürfel ist größer als der Becher selbst. Bei jeder Bestellung erlebt man Juans einzigartigen Humor. Dem Kunden, der zuerst gar nicht weiß, wohin er in dem mit allerlei Krimskrams ausstaffierten Imbissladen zuerst schauen soll, wird die Frage gestellt: «Do you want to look?» Antwortet er, in der Hoffnung noch etwas Zeit für seine Bestellung herauszuschinden, mit einem erleichterten «Yes», hält ihm Juan einen Schokoriegel mit der Aufschrift «Look» unter die Nase. Dann wird er gefragt, ob's vielleicht ein «Cheeseburger with cheese» sein soll.

Es ist zu beobachten, dass sich jetzt die ersten Schweißtropfen auf der Stirn der Gäste bilden oder manche sich verzweifelt nach einem Stuhl umsehen, um beim Sichtotlachen nicht umzufallen. Doch Juans Humor steckt erst in der Aufwärmphase. Ist endlich die Bestellung gelaufen, greift er unter die Theke und hält dem verdutzten Gast einen Berg von gebrauchten, zusammengeknüllten Papiertüchern unter die Nase. Auch bei der Bitte um einen Strohhalm kann man aus einer Hand voll geknickter Halme wählen. «Do you want dressing?» Spätestens hier ist jeder auf der Hut. Juan drückt auf eine rote Plastikdose und verspritzt eine gummiähnliche Senfmasse.

Damit man sich immer an Juan Delgadillos Snow Cap erinnert, drückt einem der Chef zu dem «Cheeseburger with cheese» noch seine Visitenkarte mit der Aufschrift «My Card ...» in die Hand. Darauf ist zu lesen: «Eat here and Get gas, slightly used napkins and straws.»

Route 66 – der Boom

Nicht weit von Imbiss und Barber Shop der Delgadillos entfernt, sind über Nacht zwei neue Geschäfte wie Pilze aus dem Boden geschossen. «Die Leute suchen nach dem Amerika von gestern, nach dem einfachen Leben aus der Blütezeit der Route 66, die immer eine Traumstraße bleiben wird», sagte Angel zum Abschied. Wie Recht er hat. Was noch vor wenigen Jahren zaghaft begann, hat sich zu einem regelrechten Boom entwickelt. Und mit den Touristen kamen die Geschäfte. Je weiter man nach Westen kommt, umso mehr wird die Route 66 vermarktet.

Dennis Cox aus Las Vegas hat eine alte Tankstelle zu einem Laden mit der Bezeichnung «Return to the 50's» umgebaut. Vor den Zapfsäulen stehen zwei herrliche Oldtimer. Im Geschäft gibt es alles, was das Route-66-Herz begehrt. Die 66 ziert Geldbeutel, Untersetzer, Schlüsselanhänger und Fingerhüte, Bettvorleger, Badetücher, Uhren und Kaffeetöpfe. Natürlich gibt es auch T-Shirts, Jacketts und Krawatten mit dem Aufdruck der Route. Auf einer ist ein Plastikauto angebracht, das entlang der Strecke Chicago–L. A. fährt, sozusagen vom Adamsapfel bis zum Bauchnabel.

Als sei's damit nicht genug, hat vor wenigen Wochen gleich daneben ein weiterer Shop eröffnet. «the Rusty Bolt Antiques and Collectibles» ist über dem Eingang zu lesen. Vor dem Laden, «die Schau». Der Inhaber kommt aus Las Vegas und wirbt in Anlehnung an die Glitzerstadt am «Strip 66» mit etwas ganz Besonderem: mit einem pinkfarbenen 59er-Edsel, der mit dem Reserverad auf dem breiten «Continental Kit» zum Blickfang wird. An der Fahrertür ist ein Tablett mit Köstlichkeiten aus einem Drive-In eingehängt. Eine üppige Blondine steigt gerade zum Fahrer ein. Doch dessen Blut wird beim Anblick der Hübschen kaum in Wallung geraten, denn Blondine und Driver sind aus Plastik. Schaufensterpuppen.

Im Innern des Geschäfts fallen wieder die wunderschön gemalten Poster und Großpostkarten «Get your kicks on Route 66» auf, die es neuerdings in fast allen 66-Läden entlang der Straße gibt. Das Interesse an den Karten und meine an der Seite hängenden Kameras haben den Mann hinter der Theke neugierig gemacht. «Hi, welcome in my shop. My Name is Bill Riley.» Bill ist von großer Statur, etwa 50 Jahre alt und macht einen agilen Eindruck. «Die Poster sind meine Idee», sagt er, «ich habe sie von einem Bekannten malen lassen. Ich selbst bin Fotograf.» Bill zieht aus dem Postkartenständer eine Karte in der Form zweier nebeneinander stehender Colaflaschen, dann ein Nevada-Nummernschild mit der Aufschrift «Gambler» und eine Karte mit dem Umriss eines mit bunten Kugeln gefüllten Kaugummiautomaten. «Das ist er», sagt Bill und deutet auf die Glasvitrine, auf dem der Automat steht.

«Auch das habe ich fotografiert.» Er dreht den Ständer weiter und zieht grinsend weitere Funny Cards heraus. Es sind bekannte Motive. Diese Karten gibt es in ganz Amerika. Bilder von fülligen, halb nackten Damen an Spielautomaten («Lost my shorts in Las Vegas»), in engen Badeanzügen am Strand («Havin' a whale of a time») und von zwei Cowboys, nur mit Stiefeln und Cowboyhüten bekleidet, beim Gambling. Auch sie haben angeblich ihre Hosen in Las Vegas «verloren». Bill Riley ist ein bekannter Fotograf – und ein guter Geschäftsmann. Er weiß, dass hierhier, ins «Mekka der Route 66», viele Besucher kommen. So ist der Laden nur der Anfang. Nebenan hat er noch ein Minimuseum angebaut, voll gestopft mit Relikten der Straße und Route-66-Replikaten.

Es ist Abend geworden in Seligman. Das Licht der Spätnachmittagssonne vergoldet den Ort. Einsam zieht ein Flugzeug violette Streifen über den wolkenlosen Himmel. Von Bills Geschäft bis zum General Store, in dem es von Nahrungsmitteln bis zu Patronen jeden Kalibers alles gibt, benötigt man zu Fuß noch gute 20 Minuten. Entlang der sich scheinbar ewig dahinziehenden Mainstreet liegen kleine Einfamilienhäuser im Zuckerbäckerstil, in knalligen Farben gestrichen, mit der amerikanischen Flagge in den Fenstern oder vor der Tür. Kitschige Porzellanfiguren und Plastikblumen setzen in den kleinen Vorgärten besondere Akzente. An einem Zaun hängen ein Dutzend Kuhschädel, bei einem anderen rennen sich Hunde wild kläffend beinahe die Köpfe ein.

In den Nebenstraßen von Seligman faszinieren weitere Kuriositäten. Unter einem Tulpenbaum fristet ein Polstersessel sein Dasein. Sprungfedern sprießen aus seinen modrigen Eingeweiden. In der Nähe der Bahngeleise, auf denen rostige Waggons der Santa Fe Railroad abgestellt sind, lehnen zwei ausrangierte Tanksäulen an einer Wand. Auf der anderen Seite des Ortes rosten Wasserbehälter, die einmal als Bierdosen bemalt waren, vor sich hin. Auf den Stu-

Juan Delgadillo in seinem Snow Cap in Seligman

fen einer Treppe genießen zwei Männer den Feierabend. Eine Dose Bier macht die Runde. Während der eine die selbst gedrehte Zigarette wie einen Lolly von einem Mundwinkel in den anderen schiebt, spielt der andere mit einem weißen Spitz. Ein lustiger Kerl, der nach anfänglichem Interesse an den schnippenden Fingern des Mannes nur noch gelangweilt gähnt.

Richtung General Store hängen drei Rinderschädel in halber Höhe im Gestänge eines Windrads, das sich als filigrane Silhouette gegen den sich orangerot zu färben beginnenden Himmel abzeichnet. Schräg gegenüber der Bank hat das Schild des Historic Route 66 Motel zu leuchten begonnen. Es ist noch stiller geworden in Seligman. Schon seit gut einer halben Stunde ist kein Fahrzeug mehr durch den Ort gekommen. Nur weit in der Ferne bellen noch die Hunde. Wie viele verschlafene Wüstennester in Amerika wird auch Seligman nur zu bestimmten Feierlichkeiten aus dem Dornröschenschlaf geweckt. Sei es bei der Parade am Independence Day, zum Geburtstag der Route 66 oder zum diesjährigen Fun Run, bei dem Oldtimerfreunde und Bikerfans Seligman als Endziel der Rallye ausgesucht haben.

Hot Rods und Heckflossen

Kelly Paddock steigt von seiner schweren Maschine und strebt dem Snow Cap zu, wo Juan Delgadillo heute alle Hände voll zu tun hat, um den in langer Reihe anstehenden Gästen Eistee, Cola und Dead Chicken zu verkaufen. Es ist vorbei mit der beschaulichen Ruhe in dem kleinen Wüstenort. In Seligman ist heute der Teufel los. Trotz des Besucheransturms verliert Juan, der heute von seinem Sohn unterstützt wird, seinen Humor nicht. Bei jedem dritten Gast zumindest packt er den Stoß gebrauchter Servietten zum Aussuchen auf den Tisch und verspritzt ab und zu den Plastiksenf.

Der gefragteste Mann im Ort ist jedoch Angel (Bild auf Frontispizseite vor Seite 1). Schon wieder ist eine große Kamera auf ihn gerichtet, und er versucht mit lauter Stimme gegen das Dröhnen der Motoren anzukämpfen. «Ja, ich habe sie alle gesehen, die Okies, die mit ihren Fahrzeugen über die 66 fuhren, hier an meinem Friseurladen sind sie alle vorbeigekommen ...» Ein Satz, der immer wirkt. Angel weiß, was TV-, Rundfunk- und Zeitungsleute hören wollen. Während er redet, flanieren sie an seinem Barber Shop vorüber. Hot Rods, Rennwagen, die zwar wie Oldtimer aussehen, unter deren Karosserie sich jedoch modernste Technik versteckt. Weiter Corvettes, T-Birds, vor allem aber chromblitzende Oldtimer, die mit ihren Heckflossen an die guten alten Fifties erinnern. Aus einem Pink Cadillac tönt ein Elvis-Song, und ein bärtiger Harley-Fahrer in Leder und Fransen lässt ein eisgekühltes Bud zischen.

Auch Kelly Paddock ist heute zum Fun Run nach Seligman gekommen. Er hat inzwischen seinen Eistee XL erhalten und beobachtet die Schlange aus Chrom und Blech, die sich über die Mainstreet wälzt. Im Stress des heutigen Tages ist ihm der Minitee erspart geblieben. Für das Fun Run ist diesmal Seligman als Endziel gewählt worden. Zehnmal schon wurde von hier zur 160 Meilen langen Tour nach Topock gestartet, doch heuer geht die Fahrt von West nach Ost. «Nicht alle sind in Topock/Golden Shores angekommen», sagt Toby Orr, der Executive Vize President der Route 66 Association von Kingman, «heuer geht's einmal andersrum.»

Jeder Ort an der Old 66, durch den sich die Fahrzeuge wälzen, hat Attraktionen vorbereitet. Von der Wahl der «Miss Historic Route 66» in Golden Shores, der Gun Fighters Show in Oatman bis zur Livemusik beim alten Power House in Kingman. In Hackberry bäckt Bob Waldmire Brot auf seinem Solarofen, und in Peach Springs haben die Hualapai-Indianer ein Barbeque mit Tanzeinlagen vorbereitet. «500 Fahrzeuge aus allen Staaten der USA und aus Kanada sind heuer dabei», schwärmt Angel vor laufender Kamera, «und die es bis hier nach Seligman geschafft haben sind natürlich gespannt, ob ihr Fahrzeug einen Preis gewonnen hat.»

Prominentester Besucher des Fun Run war Martin Milner, der zum 10th Historic Route 66 Fun Run im April 1997 nach Seligman kam, natürlich mit einem Corvette-Cabrio, mit dem er zusammen mit seinem Freund in den Sechzigerjahren für die Fernsehserie Route 66 auf der Straße unterwegs gewesen war. Die populäre CBS-Fernsehserie, die über vier Jahre die Abenteuer der beiden ausstrahlte, machten den Highway zu einer nationalen Obsession. Im Bewusstsein vieler Amerikaner ist der Wagentyp untrennbar mit der 66 verbunden, obwohl, wenn man sich heute darüber unterhält, «nicht einmal zwei Zahnbürsten oder Unterwäsche zum Wechseln in den winzigen Kofferraum hineingepasst hätten». «Going somewhere along the backbone of America», symbolisierte das Bedürfnis der Menschen, einmal aus dem Alltag auszubrechen und ein freies Leben zu suchen.

Am Nachmittag gibt es auf dem Schulgelände von Seligman Pokale. Für eine von einer Jury ausgewählte Schar der Heckflossen- und Haifischmaul-Kühlergrill-Besitzer, von denen manche mit ihren Nobel- und Nostalgieschlitten nicht nur müde wie die Okies durch Arizona zockeln, sondern mit ihren Hot Rods sogar bis zu 200 Kilometer je Stunde flitzen können. «Spaß haben, sich an die guten alten Fifties erinnern und über die ‹Straße der Sehnsucht› fahren, das bringt's», sagt Kelly Paddok und startet seine Maschine, auf der er nach der Preisverleihung über Peach Springs, Truxton und Hackberry wieder zurück «in the heart of the Route 66», nach Kingman fährt.

Bob Waldmire

Die Route 66 führt entlang brauner Bergketten. Die Landschaft ist mit von Wind und Wetter abgesprengten Steinblöcken übersät, zwischen denen Opuntien blühen. Kaum hat man Valentine wahrgenommen, ist man auch schon durch den Ort hindurch. Jetzt heißt es Ausschau halten nach dem alten General Store, der auf den ersten Blick den vielen Antique Shops ähnelt und doch etwas ganz Besonderes ist. Das Haus gehört Bob Waldmire, dem bekanntesten Künstler und einer der schillerndsten Figuren an der Route 66.

«300 Miles Desert ahead», steht links neben dem Gebäude auf einer Tafel, die mit einem aufgemalten Totenkopf auf die letzte Möglichkeit hinweist, sich hier mit Eis zu versorgen. Rechts vom Eingang des Store, den Bob zu einem Route-66-Informationszentrum umgebaut hat, rostet ein Auto aus der Zeit der Okies vor sich hin. Es ist nur noch Gerippe, schwarzbraun wie die Farbe des Wüstenlacks, der die Oberfläche der im dürren Gras liegenden Steine überzieht. Daneben parkt ein VW-Bus, der an den Seitenflächen mit einlaminierten, handgemalten Karten und Bildern verziert ist. «Unofficial Old Route 66 Mobile Information Center» ist auf der Fahrertür zu lesen.

Ein leichtes Klingeln und Klimpern, ähnlich den Lauten in einem buddhistischen Kloster, erfüllt die Luft. Es stammt von Windspielen, die der Künstler gebastelt und in den Baum gehängt hat. Daneben sind Radkappen und Autokleinteile zu einem Vorhang aus Blech und Chrom zusammengefügt. Neben dem Eingang hat Bob Glasfenster für einen Wintergarten in den Boden versenkt und schräg bis zum Dach hochgezogen. Sein Solarofen, in dem er Brot bäckt, steht unter dem schützenden Baldachin aus Holz, an dem Kolibri-Tränken mit Zuckerwasser auf die hummelgroßen Vögelchen warten.

Die Tür ist offen. Doch von Bob ist weit und breit nichts zu sehen. Noch immer lehnt Marilyn an der alten Zapfsäule mit dem Zeichen «Phillips 66». Sie hat heute ein Jeanshemd umgehängt bekommen. Auf dem Bord daneben befinden sich Meterware von Heften, Karten, Magazinen, Bilder von James Dean und King Elvis sowie alles, was je einen Bezug zur Old 66 hatte. Ein besonderer Platz ist Bobs Vater gewidmet. In der Edwin Waldmire Memorial Peace Library findet man unter den Büchern auch Werke von Thomas Paine und Thomas Jefferson, Personen, die Bobs Vater sehr verehrte. Die Einrichtung eines aufgelassenen Diners dient als Ausstellungsfläche der unglaublichen, skurrilen 66-Sammlung. «Hallo, wollt ihr einen Kaffee? Er ist gleich fertig, schaut euch ruhig einstweilen um.» Wenn's ums Kaffeekochen geht, hat Bob die Ruhe weg. Nichts und niemand ist so wichtig, als dass man nicht den Kaffee in Ruhe zu Ende kochen könnte. Typisch Bob. Wie lautet doch seine Lebensphilosophie? «Eile nimmt dem Moment den Wert.»

Selbst nach mehreren Besuchen bei Bob ist seine Route-66-Sammlung immer wieder ein Erlebnis. Glaubt man alles gesehen zu haben, entdeckt man bestimmt wieder etwas Neues und beginnt die Suche nach den Relikten der 66 von vorn. Im angrenzenden Raum steht ein altes Klavier. Auf der Kommode daneben stapeln sich Pappkartons mit Nummernschildern und alten Fotos. In einer Vitrine liegen Kostbarkeiten: alte Schlüssel, Gürtelschnallen, bunte Fläschchen, Haarnadeln und Fingerhüte; kleine Utensilien des täglichen Lebens. Man erinnere sich: «Klein ist schön. Alt ist schön.» Am Fenster steht ein Glas, dessen Boden mit Erde, Rindenstücken und ein paar vertrockneten Blättern bedeckt ist. Zwei Heuschrecken krabbeln darauf herum. Da sich das Klapperschlangenbaby nicht mehr darin befindet, hat Bob wahrscheinlich die Elternschaft für ein

1936er Chevrolet Impala Cabria vor dem «Snow Cap Drive In» in Seligman

anderes Reptil übernommen, das im Moment jedoch nicht auszumachen ist.

Bob kommt mit dampfenden Kaffeepötten aus der Küche. «Herzlich willkommen, setzt euch.» Er streicht sich mit der Hand über seinen grauen Bart, lächelt, und wie immer strahlen seine Augen Gutmütigkeit und inneren Frieden aus, den er in seiner kleinen Welt gefunden hat. Nach einem kräftigen Schluck Kaffee deutet er mit einer Kopfbewegung zu dem leeren Glas am Fenster, dem unser Interesse gilt. «Das Klapperschlangenbaby habe ich im Frühjahr wieder freigelassen, draußen im Garten», sagt er. An der Breitseite des Hauses ist sein großer Bus abgestellt. Damit ist er jedoch nicht mehr unterwegs. Damals, als er die Route 66 rauf- und runterfuhr und zeichnete, war es sein Zuhause. Die Sitze des Busses ersetzte er durch Holzmöbel, einen Eisenofen, ein rotes Waschbecken, einen Zeichentisch und Dutzende von Regalen für Bücher und Pflanzen. Dazwischen Bilder, Pin-ups von Marilyn Monroe, die er wohl sehr verehrt. Töpfe und Pfannen, die von der Decke baumeln, führen zu Bobs Küche. Auch wurde Platz für eine Dusche und eine Komposttoilette geschaffen. Im Obergeschoss befinden sich der Schlafraum und eine Aussichtsplattform, von der er über die Wüste blicken kann.

«Ich habe zu meinen Fahrzeugen immer eine enge Beziehung», sagt Bob. «Sie sind für mich wie Freunde – und mein Zuhause. Wenn man ein Auto lange hat, entwickelt man eine gewisse Verbindung. Es macht Freude, darin zu sein. Man muss damit nicht unbedingt fahren.» Neben dem Seitenfenster stehen ein Stuhl und Bobs Sekretär, an dem er jahrelang seine Zeichnungen fertigte. Ein ehrwürdiges Stück, bei dem natürlich eine Frage nicht ausbleibt. Wie entstand seine Idee, die Straße in Bildern zu verewigen?

Bob lächelt, stützt sich mit einer Hand auf dem Tisch ab und schaut aus dem Fenster. Ein Jackrabbit hoppelt unten am Haus vorbei. Man sieht teilweise nur seine langen Ohren, die aus dem Gestrüpp herausragen und rosa im Gegenlicht leuchten. Bob beobachtet einen Augenblick den Hasen und beginnt dann zu erzählen: «Mit meinem Drang nach Westen und meiner Freude am gemütlichen Leben war ich oft auf der Route 66 unterwegs. Und da gab es dieses Gefühl. Dieses Bum-ba, Bum-ba, Bum-ba, wenn man über die zerrissenen Zementplatten fährt. Dieses Gefühl, wenn man langsamer fährt, wenn man näher beim Land und bei der Natur ist und die Blumen sieht, an denen man vorbeifährt. Das alles ist für mich wie eine therapeutische Erfahrung.»

Noch immer leuchten die Ohren des Hasen aus dem Gras. Bob hält im Erzählen inne, beugt sich kurz zum Fenster hinunter und fährt dann fort. «Dann, eines Tages, 1987, als ich auf dem Rückweg von Arizona nach Illinois war, landete ich in einer Sackgasse und musste auf dem Interstate weiterfahren. Es war schrecklich. Welchen Zauber erlebt man doch auf der alten Straße. Plötzlich kam mir die Idee, eine Karte von der 66 zu zeichnen. Ich dachte: Ich

Route-66-Legende Bob Waldmire mit Klapperschlangenbaby

bin ein Kartograph und ich bin hin und her auf der Route 66 unterwegs. Ich kann es machen. Yeah!» Bobs Augen sprühen beim Erzählen, doch er behält seine ruhige Art bei. Sein «Yeah» war zwar etwas lauter als sonst und spiegelte ein wenig die Begeisterung wider, mit der er damals ans Werk ging. Doch schon hat seine Stimme wieder jenen sanftmütigen Ton, der mit seiner ganzen Ausstrahlung harmoniert. Bob erzählt weiter: «Zu Hause angekommen, begann ich sofort meine Idee umzusetzen. Einige hunderttausend Pinselstriche später war die Arbeit getan. Eigentlich hatte ich geplant, eine vierseitige Karte in einer Zeit von wenigen Monaten zu zeichnen. Doch als ich damit fertig war, waren daraus 16 Seiten geworden, die mich viereinhalb Jahre beschäftigt haben. Als ich begann, war ich ein junger Mann in den mittleren Jahren, und als ich fertig war, ein alter Mann in den mittleren Jahren. Das Projekt hat mich alt gemacht.»

Doch das Werk hat Bob auch bekannt gemacht. Die eigentliche Straßenkarte umfasst zehn Seiten, die fortlaufend auf Vorder- und Rückseite bedruckt sind. Ein sorgfältiger Leser kann mit einem Vergrößerungsglas auf einer Fahrt über die Route 66 die Zeichnungen gut als Straßenkarte benutzen. Dabei windet sich der alte Highway durch einen Wald von Beschreibungen. Die Menschen der Straße trifft man darin wieder, die Geschäfte, die Topographie, das Klima und Besonderheiten wie die Kultautos des Edsel-Friedhofs, den es heute schon gar nicht mehr gibt, und die Cadillac-Ranch. Von Chicago bis Los Angeles sind Meile für Meile charakteristische Merkmale und Relikte der Straße zu entdecken, die Bob liebevoll festgehalten hat: ganze Orte mit filigranen Häuschen, Autos, Bäumen, Tieren und Pflanzen. Jede Schindel, jeder Kaktus ist winzig klein bis ins Detail eingezeichnet. Schon beim ersten Blick auf seine Arbeiten spürt man seine innige Verbundenheit mit dem alten Highway. Wie könnte man sonst die Ruhe, Zeit und Geduld aufbringen, jede Einzelheit, oft ganze Geschichten, akribisch genau in die Bilder und Karten einzubauen. Zum Schluss fügte Bob noch eine sechsseitige Beschreibung seiner Landkarte bei.

Das Werk wurde 1992 veröffentlicht, und bis Anfang 2000 wurden über 10 000 Stück verkauft. Mit Ausschnitten der Karte und späteren Zeichnungen startete Bob eine Postkartenserie, die bereits über 100000-mal verkauft worden ist. Daneben stammen unzählige Schilder und Zeichnungen entlang der Strecke aus seiner Feder. Es ist das letzte Mal, dass wir Bob Waldmire in Hackberry antreffen. Da nicht weit von seinem Haus entfernt ein Steinbruch eingerichtet wurde, verlässt er den Ort. Er kann mit seiner Flöte den Lärm der Baumaschinen nicht mehr übertönen. Bobs Lebensgeschichte ist zugleich auch ein Teil der Geschichte der Straße. Für seine Freunde hat Bob Rückblick gehalten und schildert in einem Brief mit eingestreuten Zeichnungen Stationen seines Lebens an der Route 66, seinen Abschied von der Straße und den Aufbruch zu einem neuen, für ihn sehr wichtigen Lebensabschnitt. Eine gestraffte Fassung der Karte sehen Sie auf Seiten 2/3 dieses Buches.

Abschied von einer Legende

Es war einmal ein alternder Hippie-Künstler, der in seinem alten Volkswagen durchs Land reiste und Poster von College-Städten malte. Eines Tages, während er ein Stück ostwärts auf der Old 66 fuhr – es war Ende 1987 – hatte er die Idee, eine Karte der alten Route 66 zu zeichnen ... *So begann meine «Karriere» als reisender Künstler, wobei ich die meiste Zeit der viereinhalb Jahre, die bis zur Fertigstellung der Karte vergingen, in Illinois verbringen musste. Das Projekt war einfach zu gewaltig, um «on the Road» vollendet zu werden. Als die Karte fertig und gedruckt war, begann sich bereits die nächste Idee zu entwickeln. Nach wie vor war ich nicht von dem Phänomen Route 66 losgekommen – und so schien es nur natürlich, hier zu bleiben, an einem Fleck nahe der Straße, von wo aus ich meine Karten und andere Kunstwerke verkaufen konnte.*

Also suchte ich mir mein Zielgebiet aus: den Streckenabschnitt, der bei Hackberry, Arizona, in die Wüste mündet und sich runter bis zum Colorado River windet, durch Oatman und weiter bis nach Topock. Danach plante ich meinen «Landsuchtrip» für den Herbst 1992, ich suchte einen Ort, wo ich mich für längere Zeit niederlassen konnte. Irgendwann im August schickte mir jemand einen Route-66-Bericht aus dem «Arizona Daily Star», in dem ein Farbfoto des alten General Store von Hackberry abgebildet war. Der alte Store interessierte mich, und ich erfuhr, dass man ihn kaufen konnte. Ich war begeistert. Doch nur mit der finanziellen Unterstützung meines Vaters konnte ich im Januar 1993 den 22-Hektar-Besitz erwerben. Neun Monate später, Ende September, zog ich von Illinois nach Hackberry und eröffnete das Old-Route-66-Besucherzentrum.

Worte können mein Glück, dass ich diese fünf Jahre am Ende der Route 66 erleben durfte, nur ungenügend beschreiben. Und bis zum Ende dieses fünfjährigen Kapitels meines Lebens kamen sie! Diese glücklichen Reisenden, die sich ihre Route-66-Träume erfüllten. Aus allen 50 Staaten und über 60 Nationen. An die 30 000 Besucher. Doch neben all dieser Freude ergaben sich Umstände, die dunkle Wolken über mein Dasein an diesem Ort brachten. Der Erste war die bittere Erkenntnis, dass dies trotz allem nicht der Platz war, an dem ich meinen Lebensabend verbringen wollte (zu dieser Erkenntnis gelangte ich im Januar 1996). Dann wurde mir klar, dass das Leben am Rande einer Autobahn wohl nichts für mich sei. Außerdem wurde ausgerechnet in meinem Hinterhof ein Steinbruch errichtet, was mir die Notwendigkeit des Weiterziehens deutlich machte. Auch vermisste ich meine Familie, und ich erkannte, dass mich der einzige Weg, ein Buch über meinen Vater, Ed Waldmire, zu schreiben, wieder zurück auf unsere Farm nach Illinois führen würde. Meine Mutter war dort und ich brauchte ihre Hilfe, um das Buch zu schreiben ...

Und so fällte ich die zwar schmerzliche, jedoch unumgängliche Entscheidung, das Besucherzentrum zu schließen, das Anwesen zu verkaufen und für zwei bis drei Jahre zurück nach Illinois zu ziehen, das Buch zu schreiben, um danach ein für alle Mal zu dem Ort zu gehen, an dem ich bleiben will: die Chiricahua Mountains, an der Grenze zu Mexico. So wartet meine künftige Heimat auf mich, bis meine Arbeit getan ist. Zwischenzeitlich, wieder zurück auf der Farm, verbrachte ich ein unglaubliches Jahr damit, einen faszinierenden Strom von Menschen aus der ganzen Welt zu betreuen. Es kamen Tourbusse, noch mehr Filmteams und Reporter, Oldtimerkarawanen und viele Radfahrer, einschließlich der P. A. C. Tour von L. A. nach Chicago, sowie eine Frau auf Inline-Skates, die von Küste zu Küste fuhr, um Spenden für die Brustkrebsforschung zu sammeln. Neben all diesen Aufregungen bereitete ich schon den großen Umzug vor.

Dann, eines Tages, es war der 12. August 1998, kam ein nettes Ehepaar im Besucherzentrum an und erzählte mir mit strahlenden Augen, dass sie das Anwesen kaufen wollten. Und plötzlich war es passiert: Das Anwesen war gerettet – und ich war gerettet! Doch bevor es in die Chiricahuas ging, war da noch eine Veranstaltung durchzuführen: die großartige 66 Quest, eine Musical-Tour englischer Musiker, die in Chicago in einem 54er-Greyhoundbus gestartet waren, um danach die 66 herunterzufahren und nebenbei Konzerte zu geben. Und während des Packens konnte ich so nebenbei die 62. Gattung zu meiner Vogelliste addieren: eine kleine Gruppe von Brewer's Sparrows. Die Vögel werde ich am meisten vermissen. Sie waren meine dauernden Begleiter. Es tut gut zu wissen, dass John und Kerry sie weiterfüttern wollen ...»

Hualapai

Bob Waldmires Anwesen liegt im Idianergebiet. Von Peach Springs ist es nicht weit bis zu den Grand Canyon Caverns und zum West Grand Canyon, der in der Hualapai Indian Reservation liegt und nur mit indianischer Führung zu erreichen ist. Die Fahrt dorhin ist ein Geheimtipp für alle, die grandiose Landschaften lieben und den Grand Canyon einmal in ganz anderer Szenerie erleben wollen. Peach Springs erhielt seinen Namen von einigen Pfirsichbäumen, die an einer nahen Quelle wachsen. Wie fast überall im Indianergebiet stehen verwitterte, kaputte Gebäude an der Strecke, garniert mit kaum noch lesbaren Reklameschildern und zerknittertem Wellblech. An vielen Türen haftet der Spruch «Sorry, we're closed». Niemand macht sich mehr die Mühe, für irgendetwas zu werben. Der Interstate ist einfach zu weit entfernt. Wer kommt schon hierher, meilenweit von der «Zivilisation» entfernt? Wie eine Oase in einer kaputten Welt erscheint da die 1997 neu gebaute Hualapai Lodge, Anlaufstelle zu den Grand Canyon Caverns und zum West Grand Canyon.

Ein dunkelblauer Himmel überspannt Arizona. An der Kreuzung Route 66 und Diamond Creek Road, steht eine Batterie von Postkästen wie eine letzte Bastion vor dem Eintritt in die Wüste. An den Pfosten hängt Tumble Weed, das

Bild nächste Doppelseite
Hualapai-Indianer am West Grand Canyon – in vollem Federschmuck

übernächste Doppelseite
Sonnenuntergang am Grand Canyon
Frau und Mädchen des Hualapai-Volkes

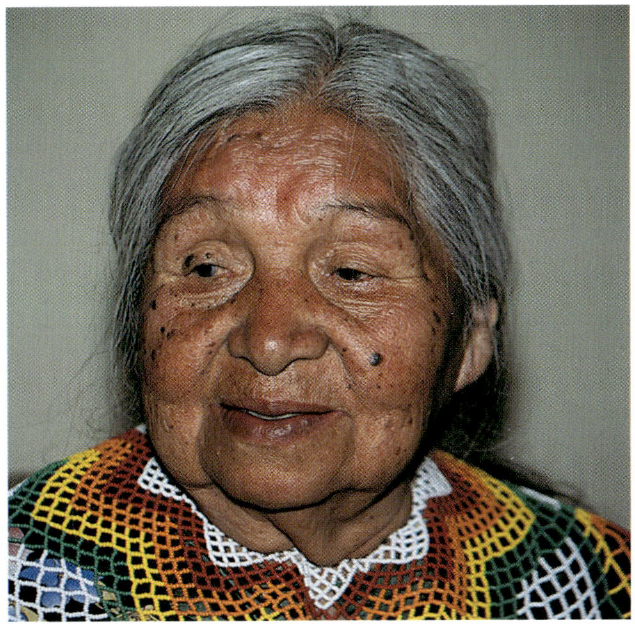

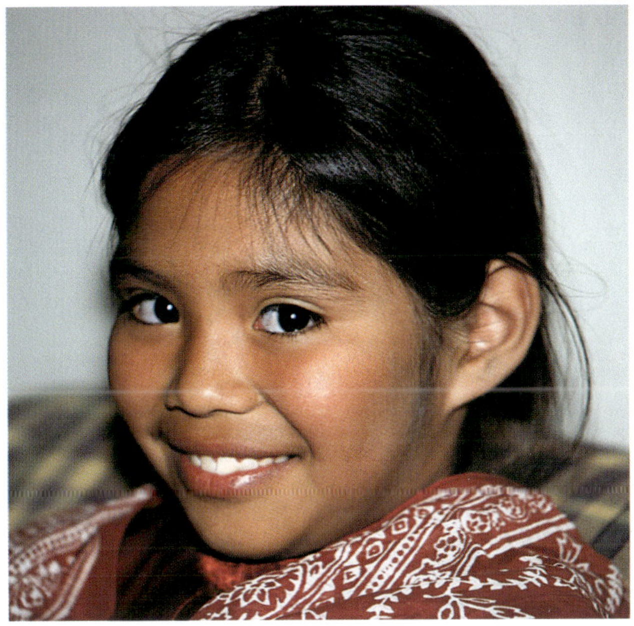

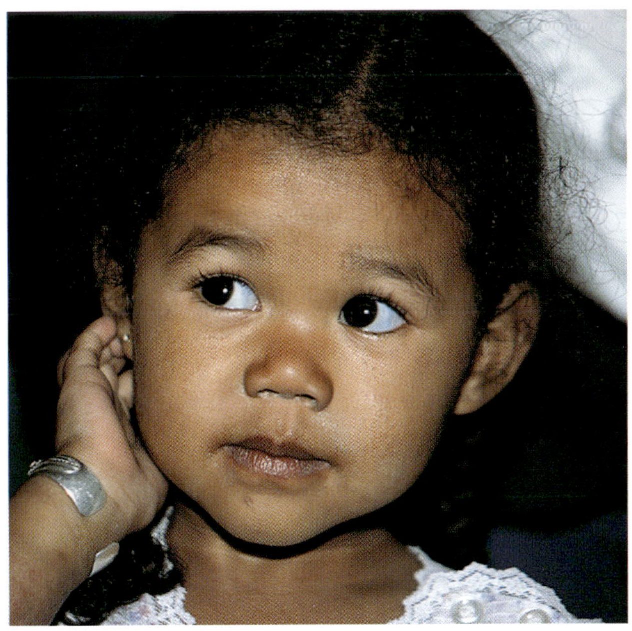

sich seit dem letzten Herbst hier festgekrallt hat. Wenn die kugeligen Büsche abgeblüht sind und die Pflanzen nach langer Trockenzeit braun und dürr werden, bricht der dünne Stängel und das knochentrockene Gestrüpp wird zum Spielball des Windes. Das Tumble Weed wurde von russischen Siedlern in den Westen eingeschleppt, und seitdem sieht man es rollen. In vielen Filmen und über die Weiten der Prärie. Es will zurück nach Russland, sagt man.

Die Diamond Creek Road ist ungeteert und führt als Piste in den westlichen Teil des Grand Canyon. Die Landschaft ist flach, mit graugrünen Büschen bewachsen. Nur am Horizont ziehen sich einige bizarre Bergketten dahin. Wolken wie Wattebäusche setzen mit ihren Schatten dunkle Flecke. Dort, wo die Sonne das Land erhellt, leuchten orangefarben blühende Pflanzen, die teilweise so konzentriert auftreten, dass sie in der Ferne ganze Berghänge färben. Der Geländewagen ächzt und röhrt. Steine krachen gegen das Blech. Jo, ein schwergewichtiger, pockennarbiger Hualapai mit schwarzem Filzhut, umspannt mit dicken Fingern das Lenkrad, das ebenso wie der Schaltknüppel einen wilden Tanz aufzuführen scheint.

Joshua-Baum am West Grand Canyon

Dann geht die Piste in pudrigen Sand über. Die Räder mahlen sich durch pulvrigen Grund. Trotz geschlossener Lüftungsschlitze dringt feiner Sand ins Fahrzeug und bildet in den Vertiefungen der Armaturen kleine Dünen. Der Hualapai ist kein Mann großer Worte. Ab und zu wischt er sich mit dem Hemdsärmel den Schweiß von der Stirn oder nimmt einen Schluck aus der Wasserflasche. Er scheint in Gedanken weit weg zu sein. *Hwal'bay* bedeutet «Menschen der großen Kiefern». Die Angehörigen dieses Stammes leben in einem Reservat, das 1883 durch die Executive Order eingerichtet wurde und das mit über 170 Kilometern an den Grand Canyon grenzt. Mit modernem Management versucht heute die Stammesregierung, Tourismus und Erhalt der Landschaft zu vereinen. Neben River Rafting, Jagdexpeditionen, traditioneller und moderner Volkskunst sind Rinderzucht und Holzwirtschaft die Haupteinnahmequellen der Hualapai.

Joshua

Erste Joshuas tauchen auf. Sie stehen bald dichter und bilden ganze Wälder. Immer weiter führt die Piste in die Berge hinein. Die Joshuas beginnen zu klettern und füllen mit ihren bizarren Formen ganze Täler. Wegen ihrer zum Himmel emporgestreckten Äste wurden sie nach der biblischen Figur Joshua benannt. Joshua war auf Moses Rat mit seinen Soldaten in den Kampf gegen die Amalekiter gezogen. Während der Schlacht hielt Mose den Stab Gottes in der Hand. Solange er die Hände erhoben hatte, beherrschten die Israeliten den Kampf, ließ er die Hände sinken, waren die Amalekiter überlegen. Da stellten sich Aaron und Hur links und rechts neben ihn und stützten seine Arme. So konnte Joshua das Heer der Amalekiter besiegen. Als sich die Mormonen im Südwesten Amerikas niederließen, gaben sie den im Mondlicht wie Menschen mit emporgehobenen Armen wirkenden Pflanzen diesen Namen.

Nach gut drei Stunden Pistenfahrt ist der Westteil der großen Schlucht erreicht. Jeder, der den Grand Canyon zu kennen glaubt, wird hier noch einmal gehörig staunen. Malerisch schlängelt sich der dunkelbraune Colorado am Fuß der Felsen entlang. Der Grand Canyon wirkt hier besonders wild. Fast senkrecht brechen Überhänge und Felsen in die Schlucht ab. Im Gegensatz zum braungrauen Gestein bestehen die Ränder der Canyonwände aus rotem Grund, der von Yuccas und Kakteen bewachsen ist. Von einem kleinen Flugplatz aus ist ein Hubschrauberrundflug über den westlichen Grand Canyon möglich. Im Gegensatz zum Grand Canyon können hier die Helis unterhalb des Canyonrandes fliegen oder die Fluggäste auf dem Grund des Canyons absetzen.

Von Kingman nach Santa Monica

Nach Hackberry geht die «längste, zusammenhängende Kurve aller US-Highways», wie die Strecke in den Fünfzigerjahren genannt wurde, in eine knapp 18 Meilen lange Gerade über, an deren Ende Kingman liegt.

Kingman – Heart of the Route 66», lautet der Slogan der Stadt, die sich, wo immer nur möglich, mit dem legendären Highway identifiziert. Sogar auf die Wassertürmen der Stadt wurde das Straßenzeichen aufgemalt. Über zehn Kilometer zieht sich Kingman entlang der historischen Straße, so dass man gut zu Fuß sein muss, will man alle 66-Relikte per pedes entdecken.

«Heart of the Route 66»

Im legendären Beale Hotel übernachtete John Ford mit seiner Crew, als er John Steinbecks *Früchte des Zorns* verfilmte. Kingman-Highlights sind das große Neonschild des Route-66-Motels und die Route 66 Distillery, die jedoch leicht zu übersehen ist, da das Gebäude von außen nicht auf die «Schätze» im Innern schließen lässt. Wie auf Zeitreise überschreitet man in diesem Diner die Schwelle zur Zeit des Rock 'n' Roll und der Petticoats. Eine Zapfsäule, ein alter Flipperautomat und Knautschlack-Sitzecken stehen auf schwarzweiß kariertem Fußboden. An der Wand blinkt «Phillips 66» in Neonschrift. Blickfang ist jedoch die große Wurlitzer-Jukebox, aus der «Mr Sandman» tönt. Der Besitzer, Jerry Richard, ist Vizepräsident der Route 66 Association und der zweitwichtigste Mann nach Angel Delgadillo. Er hat seine Liebe zu der alten Straße ins Restaurant gepackt, in dem sogar die Speisekarte in der Form einer Zeitung Besonderes aufzuweisen hat. Alle Preise enden auf «6» und stehen unter «Main Street Eateries». Und leckere Softdrinks gibt's für 66 Cents.

Doch die Distillery ist nicht das einzige Diner im Stil dieser Zeit. Am anderen Ende der Stadt parken zwei Harleys vor dem Route-66-Diner Mr D'z, das mit aufgemalten Pommes und einem Krug Root Beer wirbt. Das Restaurant ist türkis und rosarot gestrichen und versetzt den Gast mit schwarzweißem Kachelboden, Knautschlack und Chrom ebenfalls um Jahrzehnte zurück. «Kingman, a comfortable place for gun lovers», lautete eine Schlagzeile nach dem Attentat von Oklahoma City. Ein Schock für die Stadt. Über Nacht wurde der Ort in ein negatives Licht gerückt. Es wimmelte nur so von Polizei und FBI, die in Kingman nach Spuren der Attentäter suchten, die sich hier aufgehalten haben sollten. Seitdem fürchtet die Stadt um ihren Ruf. Es darf nicht sein, dass Kingman, «the heart of the Route 66», mit irgendetwas anderem als mit der Verklärung des alten Highways in Verbindung gebracht wird.

Gegenüber von Mr D'z liegt das alte Power House, das von ortsansäßigen Geschäftsleuten zu einem Informationszentrum umgebaut wurde, in dem sich ein Diner, ein 66-Souvenirshop, eine Kunstgalerie und ein kleines Museum befinden. Auch gibt es leckere Softdrinks und die dicksten und saftigsten Schinkenburger der ganzen Straße. Da es nach Kingman gleich in die Wüste geht, sollte man sich die Gelegenheit zu einer Stärkung nicht entgehen lassen. Im Postkartenständer stecken wieder die Funny Cards von Bob Riley. Eine junge Schweizerin amüsiert sich köstlich darüber. Sie ist auch auf der 66 unterwegs und will gleich auf dem Interstate nach Topock. Beinahe hätte sie einen Riesenfehler gemacht. «In meinem Reiseführer steht, dass die Fahrt über die Berge nicht lohnt», sagt sie.

In Kingman steht man vor der Wahl zwischen zwei Routen. Entweder man fährt auf dem I-40 über Topock nach Needles, oder man quält sich auf der alten Goldroad über das Wüstennest Oatman nach Golden Shores. Die Wahl ist leicht. Würde man die schnellere Straße wählen, hätte man die landschaftlich schönste Strecke an der gesamten 66 verpasst.

Auf der Straße des Goldes

Kaum hat man Kingman verlassen, ändert sich die Landschaft schlagartig. Yuccapalmen ziehen sich bis zum Horizont, dazwischen recken Occotillos ihre hellgrünen Äste wie Fangarme in den Himmel. Weit verstreut liegen Trailer, zu denen sandige Pisten führen. Der letzte Regen hat die «Washes» gefüllt und den gelbweißen Sand über den Asphalt gespült. Irgendwo ist ein Schild mit der Aufschrift «Land for sale» in den Wüstenboden gerammt.

Nach der Trailersiedlung lässt man die letzten Spuren der Zivilisation endgültig hinter sich. Schnurgerade zieht sich die 66 durch die Landschaft. Urplötzlich jedoch ändert die Straße die Richtung und fuhrt in einer weiten Rechtskurve mitten hinein in die Berge, die sich schwarz und bedrohlich am Horizont abzeichnen. Die Black Mountains. Wie ein Monolith ragt ein schwarzer Kegel in den milchigen Himmel. Neben den roten Blüten der Occotillos setzen gelbe Büsche Farbtupfer in die Landschaft. Auch die wie flauschige Teddys aussehenden Chollas blühen jetzt. Doch diese Kakteen sind heimtückisch und ziemlich gemein. Gerne bohren sie ihre Stacheln mit den garstigen Widerhaken in Schuhe und Waden, ja man sagt, dass sie den Wüstenwanderer regelrecht anspringen. So werden sie auch

Bild nächste Doppelseite
Wie Gnomen ziehen sich die Chollas entlang der Berghänge zum Sitegreaves Pass

übernächste Doppelseite
Pflanzenwelt in den Black Mountains:
- **Yuccas, zu deutsch Palmlilien**
- **Blühende Opuntien. Opuntien sind Original-Amerikanerinnen, die später in die übrige Welt verschleppt wurden**
- **Chollacactus und spitzer Berg**
- **Von der Natur angelegter Wüstengarten**

Ed Edgeton's Camp mit «Kactus Kafe»

«Jumping Cactus» genannt – und niemand im Südwesten spricht freundlich von ihnen.

Die Straße wird enger, kurvenreicher. Die Goldroad zeigt sich von ihrer mörderischsten Seite. Die unbefestigten Ränder brechen in tiefe Abgründe ab. Man muss höllisch aufpassen, um sich in Anbetracht der traumhaften Szenerie nicht allzu sehr von der Straße ablenken zu lassen.

Jede Kurve eröffnet neue, unvergleichliche Panoramen. Wie ein Lehrpfad in einem Wüstengarten präsentiert sich hier die Landschaft, so, als wollte sie den halb verdursteten, fluchenden, verzweifelnden Okies mit ihren ächzenden Eisengefährten den Blick verschönern. «Vorwärts, vorwärts, nur nicht stehen bleiben, nicht aufgeben in dieser sengenden Hitze, zwischen glühenden Steinen und Staub», haben sich die hier über die Berge ziehenden Menschen sicher in den Schädel gehämmert. Nur wenige Meilen noch, dann hatten sie den gefürchteten Sitgreaves-Pass erreicht, von wo aus sie schon das «Gelobte Land» Kalifornien zu sehen glaubten.

Ed war nie wirklich weg

Schon 1857 führte hier ein Weg durch die Berge. Und lange bevor es die Route 66 gab, baute Ed Edgerton 1919 das erste Camp. Pioniere und Abenteurer, die es wagten, durch den Höllenofen der Wüste Richtung Kalifornien zu ziehen, konnten sich bei Ed an der National Old Trails Road, wie die Piste früher hieß, mit Wasser und Lebensmitteln versorgen. Vor einer Bretterbude, die den müden und geschundenen Reisenden Einkehr bot, pflanzte Ed einen Saguaro-Kaktus und nannte sein Rasthaus Kaktus Kafe. Es steht heute noch, und der Saguaro wurde zu einem Riesenkerl, der seine dicken, schweren Arme wie zu einem Willkommensgruß in den Wüstenhimmel streckt.

Ed Edgerton hat sie gesehen. All die Okies, die mit ihren kaputten und geschundenen Autos über die steinige, heiße Piste zogen. Viele kehrten bei ihm ein, bevor sie die letzte Hürde über den Sitgreaves-Pass in Angriff nahmen. Bei Ed konnte man die alten Autos flicken, die verwundeten Benzinesel mit viel Improvisation wieder flott machen. Und Ed begann zu sammeln: alte Radkappen, Stoßstangen, Emailschilder, Werbetafeln, die türkisfarbenen Glasisolatoren der Telefonmasten – und die bunten Steine der Wüste. Die verrücktesten Sachen. Heute kann man noch immer alte Schellackplatten im Sand finden. Ein Coca-Cola-Schild, fast zwei Meter breit, ist mit einer Patina aus Rost überzogen. Einige Stellen des Schildes schimmern samtig-braun, die Ränder ockergelb, die Konturen der Schrift leuchten rot wie ein Rubin.

Neben dem Saguaro stehen zwei Tanksäulen auf dem Gelände. In einem Baum baumeln Cola- und Bierdosen im Wind. Sie glitzern im Sonnenlicht und scheinen Morsezeichen zur Einkehr zu geben. Die Nachkommen von Ed, die in einem Trailer hinter dem Kaktus Kafe wohnen, haben die Büchsen aufgehängt. Viele Jahre nach Eds Tod hat Ruth mit Hilfe ihrer Tochter das Kaktus Kafe weiter betrieben. Doch dann bekam diese Drillinge, und es war nicht mehr möglich, die Arbeit im Camp mit der Versorgung der Kinder in Einklang zu bringen.

Am Stamm des dicken Saguaro lehnt eine dunkelbraune, von Wüstenlack überzogene Steinplatte. «Eds Camp, Route 66» und ein kleiner Saguaro sind darauf eingeritzt. Noch immer verspricht die neben dem Rock Shop stehende Bretterbude «Cold Drinks». Doch Eds Einkehr gehört seit Jahren den Tieren der Wüste. Auf einem Stein sonnt sich eine blaugrün schimmernde Eidechse, und ein kleiner Vogel lässt sich auf dem Stamm des Saguaro nieder. Er pickt an den Stacheln herum und verschwindet mit zwei, drei kühnen Hüpfern in einer Höhle. Und manchmal kann man im strohtrockenen Gestrüpp, das hinter dem Haus den Schrott von ausrangierten Kühlschränken und Autoteilen umwuchert, das Rasseln der Klapperschlangen hören.

Als Ed Edgerton 1978 starb, verstreuten die Angehörigen seine Asche auf dem Grundstück, und man erzählt, dass Ed diesen Ort nie wirklich verlassen hat. In klaren Vollmondnächten, wenn die Kojoten in der Wüste besonders laut heulen, soll man Eds Geist durch das Camp streichen sehen. Und so, als ob Ed nie weggewesen wäre, stehen zwei Blechnäpfe und eine Wasserkanne auf einem rostigen Gaskocher. Daneben einladend zwei Stühle aus blankem Rohrgestell und mit zerschlissenen Sitzen.

Auf dem höchsten Punkt der Black Mountains ist eine Ausfahrt eingerichtet. Wendemöglichkeit für alle, die keine Nerven mehr haben, an den Abgründen entlangzuschaukeln, immer hoffend, auf keinen Gegenverkehr zu stoßen. Von über 2000 Meter Höhe kann man über ein Meer von gelbgrünen Chollas blicken, die hier besonders konzentriert auftreten. Es ist Frühling in der Wüste. Gelbe Büsche ziehen sich bis hinauf zu dem grauschwarzen Gestein. Dazwischen glühen die roten Blüten der Opuntien. Kleine Barrel-Kakteen, nicht größer als Tennisbälle, sitzen auf steinigem Grund. Die Luft ist zart wie Samt und doch schwer vom Duft der mikroskopisch kleinen Blumen, die zart und zerbrechlich aus dem Schutt des Wüstenbodens sprießen. Insekten summen von Blüte zu Blüte. Ab und zu huschen Eidechsen zwischen dem Gestein davon und verschwinden in Löchern und Höhlen, die andere Wüstenbewohner in den Boden gegraben haben.

Im Höllenofen der Wüste

In Haarnadelkurven schlängelt sich die Goldroad durch die Berge. Die Hoffnung, den Glutofen der Wüste bald überstanden zu haben, trieb viele vorwärts. Doch bis die Siedler Kalifornien erreichten, hatten sie noch eine viel härtere Prüfung zu bestehen. Die eigentliche Wüste lag noch vor ihnen. Schon jetzt schafften die Fahrzeuge die fast alpinen Kehren nur im Rückwärtsgang. Und wenn gar nichts mehr ging, konnte man, wie Jack Rittenhouse erzählt, einen Abschleppwagen anheuern, der das Auto hinauf zur Passhöhe zog.

Die Hitze brütet über dem Gestein. Zwischen den Kakteen in der Ferne flimmert die Luft, glitzert und blitzt es wie die Kämme schäumender Wogen. Sind das vielleicht schon die in Gedanken herbeigesehnten Wellen des Pazifiks? Eine Fata Morgana? Das Sonnenlicht glänzt auf Stahl und Chrom. Auf der Goldroad bewegt sich ein rosafarbenes Fahrzeug in Richtung Passhöhe. Es ist ein Pink Cadillac, der sich keine malerischere Kulisse für eine Landausfahrt wünschen könnte. Er kommt aus Oatman, dem alten Goldgräbernest, das inmitten der Black Mountains liegt.

Gold. Allein dieses Wort fasziniert, versetzte Millionen Menschen in Rausch und Traum, veränderte Leben, brachte Wohlstand, aber auch Leid und Tod. Auf den letzten Meilen vor Oatman wird auch heute noch Gold geschürft. Mit modernster Technik. Hinter Stacheldraht hat sich eine Goldgräberfirma verschanzt. Schilder mit der Aufschrift «No Trespassing» warnen jeden, auch nur den Fuß auf das Gelände zu setzen. Doch danach steht einem sicher nicht der Sinn. Man ist froh, heil über die sich ins Tal schraubenden Kehren zu kommen und die bald auftauchende engste Kurve der Strecke ohne Schaden hinter sich zu bringen.

Heckflossen und Kühlergrill

Oatman lebt vom Tourismus und kann sich rühmen, trotz der Souvenirläden in den Häusern sein ursprüngliches Erscheinungsbild und Flair erhalten zu haben. So ist die Westerntown auch Endziel der Sternfahrt des Hot Rod Club von Bullhead City. An diesem Tag müssen sich die Mulis die Mainstreet mit den Stars der Fünfzigerjahre teilen. Mit dem Turnpike Cruiser von Mercury zum Beispiel, dem Oldsmobile Starfire von 1955, dem T-Bird Sports Roadster, einem knallroten 59er-Chevrolet mit «Fledermaus»-Heckkotflügeln und «Nasenlöchern» über dem breiten Kühlergrill oder mit dem De Soto Firedom Sportsman, Baujahr 59, dessen sechs Heckleuchten unter spitzen Schwanzflossen nur noch von der Krönung des Automobilstylings, dem unsterblichen Cadillac Baujahr 1959, übertroffen wird. Auch ein 1958 gebauter Edsel ist zu sehen, der in der amerikanischen Automobilgeschichte jedoch wenig Beifall fand, da die prüden und zugleich phantasiereichen Amerikaner in der Front des Fahrzeugs die Vulva einer Frau zu entdecken glaubten. So wurde das Modell bald vom Markt genommen. Unter den Karosserien der Oldsmobiles aus den Zwanziger- und Dreißigerjahren steckt jedoch modernste Technik. Chromblitzendes Innenleben und überbreite Reifen haben eine eigene Hot-Rod-Fangemeinde erblühen lassen.

Geblendet von all dem Chrom und Lack sollte man den Blick für das Detail nicht verlieren. Das blutrote, kunstlederbezogene Instrumentenbrett der Corvette von 1958, ein Schaltknüppel in der Form eines silbernen Totenkopfs oder die mit einem gehäkelten Wollmäntelchen geschützte Kühlergrillfigur sind optische Highlights.

Bild nächste Doppelseite
Oldtimers in Oatman, wo die Autos wesentlich gepflegter und eleganter sind als die Häuser

OATMAN
HOTEL
BAR-CAFE
BAR-CAFE
ENTRANCE
MOTEL
CALIFORNIA
BCK N 29

RPM
MPH

Wo Maulesel in den Saloon kommen

Clark Gable und Carol Lombard verbrachten hier ihre Hochzeitsnacht. Im Oatman Hotel, inmitten der Schwarzen Berge, an deren Fuß die Chollas wie Gnomen, Hand in Hand, meist jedoch in kleinen Gruppen, bis zu den Ansätzen des dunklen, schroffen Gesteins wachsen. 1906 stellten Goldgräber bei einer reichen Ader ihre Zelte auf. Bis 1942 war der Ort Minenzentrum, in dem für 36 Millionen Dollar Gold geschürft wurde. Der erfolgreichste Prospektor war ein Halbblutindianer namens John Oatman, nach dem das Wüstennest benannt wurde. Wie viele Westernstädte wäre auch Oatman zur Ghosttown geworden, hätte nicht Hollywood den Ort entdeckt. Filme wie *How the West Was Won* wurden hier gedreht, und heute noch reisen Filmcrews in die Westernstadt, um die Häuser und Fassaden für Aufnahmen zu nutzen. In *Edge of Eternity, Firefox* oder *Universal Soldier* sind zum Beispiel die Kulissen von Oatman zu entdecken.

Außer einer geteerten Mainstreet und den Souvenirshops in den Häusern hat sich nichts verändert. Die Gehsteige aus Planken blieben erhalten, auch die Balken vor dem Saloon zum Anbinden der Pferde. Noch immer trotten wilde Esel, die Goldgräber vor langer Zeit mitgebracht und freigelassen haben, durch die Straßen. Sie scheren sich nicht um die hinter ihnen her zockelnden Autos und stecken mit Vorliebe ihre Köpfe durch die Schwingtüren der Restaurants. Denn die wilden burros sind geborene Bettler. Am frühen Nachmittag gibt es auf der Mainstreet, in Höhe des Oatman Hotel, einen Gun Fight. Pulverdampf erfüllt die Luft. Beim Showdown sind die Straßen «mit Leichen» gepflastert. Die Zuschauer applaudieren, Kinder greinen, und ein Muli wiehert so laut, dass selbst einer der niedergestreckten Outlaws grinsen muss.

Spiegelei und Hühnerbein

Neben Gun Fights und Oldsmobiles gibt es in der alten Goldgräberstadt noch eine weitere Attraktion. Das Spiegeleierbraten auf der Straße. Im Sommer, wenn die Sonne zur Mittagszeit wie die Ausgeburt der Hölle vom Himmel brennt, werden die Gehsteige so heiß, dass man Spiegeleier darauf braten kann. Und genau das wird gemacht. Am Independence Day ist Oatman Treffpunkt von Cowboys, Westmännern und -ladys, die gekleidet wie zur Zeit des Goldrauschs, auf offener Straße Eier braten – nur mit Hilfe von Mutter Natur. Die Regeln sind einfach. «Jeder, der mitmachen möchte, ist willkommen», sagt Sultana Hall, die Präsidentin der Oatman-Goldroad Chamber of Commerce.

Eine Viertelstunde dürfen die Utensilien aufgewärmt werden. Erlaubt sind Hilfsmittel wie Spiegel, Vergrößerungsgläser und Alufolie. Kreativität ist angesagt, wobei Mogeln und Tricks natürlich verboten sind. 15 Minuten Zeit haben die Teams für ein Spiegelei. Dann kommen die Richter und prüfen, wessen Ei am dunkelsten gebraten ist. Doch auch die Kostüme und die Originalität der Mitwirkenden werden bei der Wertung berücksichtigt. Außer dem Eierbraten gibt es am 4. Juli aber noch eine Möglichkeit, einen Preis zu gewinnen. Beim Chicken Leg Contest, dem «Hühnerbein-Wettbewerb». Hier prüft eine Jury unter den Teilnehmern, wessen Beine am ehesten Hühnerbeinen ähneln. Die Wade (Drumstick) und das übrige Bein werden dabei bewertet.

Hinter der Goldgräberstadt ragt ein großer, spitzer Berg in den Himmel. Erreicht man Oatman von Kalifornien kommend, wirkt dessen Form nicht so spektakulär. Nur für wenige Meilen fasziniert das Bild des bizarren Felsens an dieser Strecke. Dann bleiben auch die Chollas zurück, die im Gegenlicht wie von innen beleuchteten erscheinen. Kreosotbüsche stehen zwischen Geröll und Gestein. Urplötzlich hat sich die Landschaft verändert. Die Old 66 führt mitten durch den Höllenofen der Mojave-Wüste. Jetzt muss man sich entscheiden zwischen Nostalgie und einem Amerika, wie es amerikanischer nicht sein könnte. Ein Abstecher von der 66 macht's möglich. Hat man Lust auf Poker oder Black Jack, wäre man rechter Hand über Bullhead City in zweieinhalb Stunden in der Glitzerstadt Las Vegas.

Bei Topock führt eine Brücke über den Colorado River, an dem sich zu beiden Seiten breite Streifen frischen Grüns entlangziehen. Eine Oase mit Wiesen, blühenden Büschen, Palo-Verde-Sträuchern und ersten Palmen. Ein Paradies inmitten der hitzeflirrenden Wüste. Man kann sich gut vorstellen, wie die Joad-Familie aus John Steinbecks Roman nach langer Wüstenfahrt die kühlen Fluten des Flusses genoss und Noah Joad am liebsten hier geblieben wäre. Nach all den Strapazen waren die Orangenhaine Kaliforniens so nah – und doch noch so weit entfernt. Die sich am Horizont bläulich schimmernd abzeichnende Bergkulisse ließ nichts Gutes ahnen. Noch lag die Mojave-Wüste vor ihnen, die all ihre Kräfte fordern würde.

Im Südosten wird eine spitz gezackte Bergkette sichtbar. Lavagestein, das in nadelspitzen Formationen stehen blieb, als die eigentlichen Vulkane wegerodierten, gab dem Ort seinen Namen. Da Needles neben dem nicht weit entfernten Death Valley als der heißeste Ort der USA bezeichnet wird, könnten auch die wie Nadeln brennenden Sonnenstrahlen zum Namen beigetragen haben. Monatelang kann hier die Temperatur zwischen 40 und 50 Grad Celsius liegen. Sogar das Tal des Todes wurde von der Höllenglut der Mojave-Wüste noch übertroffen. 57 Grad hat man hier schon gemessen. Jeder Reisende sollte sich jetzt im Klaren darüber sein, dass ihn ab hier die offene Wüste mit all ihrer Härte erwartet.

Zwischen Needles und Barstow liegen 250 Kilometer sonnengebleichtes Land. Wenige Meilen nach dem Wüstenkaff Essex mit gerade 20 Einwohnern führt die Straße hinunter in die flimmernde Wüste. Den Okies stockte damals sicherlich das Herz. Diejenigen, die es bis hierher geschafft hatten, konnten nun sehen, was sie noch erwartete. Glaubten sie nach dem Sitgreaves-Pass das Schlimmste überstanden zu haben, sahen sie erstmals die Wüste in ihrer ganzen Weite vor sich liegen. Und schlimmer noch – dahinter eine weitere Gebirgskette, höher als die, die sie gerade überwunden hatten. Und dahinter, noch höhere Bergspitzen, manche mit Schnee bedeckt ...

Bei Route-66-Reisenden weckt der Anblick des sich im goldenen Sonnenlicht spiegelnden und sich weit draußen im Dunst der abendlichen Wüste verlierenden Asphaltbandes andere Gefühle. Man knackt eine Cola, dreht das Autoradio von Country auf Hard Rock und gibt Gas. Fährt hinein in die Sonne – «straight ahead California». Die Wüstennester Essex, Chambless und Amboy entstanden entlang alter Indianerpfade, verbanden Wasserlöcher und Quellen miteinander und waren später nicht mehr als Depots der Eisenbahn. Als dann die Route 66 neben den Bahnschienen durch die Wüste führte, entstanden Wasserspeicher und Reparaturschuppen. Fährt man heute durch diese Orte, die so vertrocknet wirken und sonnenverglüht, so staubig, so einsam, mit einem Hauch von Easy-Rider-Romantik, denkt man nicht an Geschichte. Die Gedanken drehen sich vielmehr um einen eisgekühlten Drink oder eilen voraus zu den Beach Bunnys am Strand von Santa Monica.

Stadt zu verkaufen

Nach Chambless ist es nicht mehr weit bis Amboy. Ein Reklameschild, das den ganzen Ort überragt, kündigt schon von weitem das Motel Roy's Cafe an. Amboy besteht aus wenigen flachen Betonhäusern, die weit verstreut in der Wüste liegen. Gerade 15 Einwohner sollen hier noch leben. In Höhe des Cafés hat der Wüstenwind Sand über die 66 geweht, die teilweise mit der Wüste verschmilzt und vor Roy's Cafe eine große, freie Fläche bildet.

Obwohl die untergehende Sonne kein Licht mehr auf das Schild wirft, reizt ein Blick durch den Sucher der Kamera. «You want to take a picture? Five hundred Dollar!» Ist es die Hitze, eine Halluzination oder hat man sich einfach nur verhört? Ein Typ ist aus dem Café gekommen und wiederholt seine Forderung. «Five hundred bucks – or you go!», sagt der Besitzer von Roy's Cafe, dem wahrscheinlich die Gagen von Filmprofis zu Kopf gestiegen sind, die das Motel ein paar Mal als Film- und Werbekulisse nutzten. Oder ist es die Hitze der Wüste, die ihm den letzten Verstand aus dem Gehirn gebrannt hat? Andere Reisende erzählten, dass sie in Amboy nur Benzin erhielten, wenn sie voll tankten und eine Nacht im Motel buchten, egal ob sie bleiben wollten oder nicht.

Was waren das noch Zeiten, als Buster Burris mit fast 90 Jahren noch das Motel führte. Er zählte zu den schillerndsten Figuren an der Route 66, setzte sich zu seinen Gästen an den Tisch und trug mit seinem von der Wüste geprägten, grimmig trockenen Charme zur Erheiterung der Einkehrer bei. Es begann mit Roy's Garage, 1927. Sein Geschäft bestand damals darin, mit Abschleppwagen die liegen gebliebenen Fahrzeuge wieder flott zu machen. 1944 baute Buster dann zwei Holzhäuser neben die Tankstelle, damit die Kunden, die auf die Reparatur ihres Fahrzeugs warteten, nicht unter freiem Himmel schlafen mussten. 1952 entstand Roy's Cafe mit dem bekannten Reklameschild. Unweit des Diners rüttelt der Wüstenwind an einer Tafel, die etwas ganz Besonderes anbietet. Nicht ein einzelnes Haus steht zum Verkauf, sondern gleich der ganze Ort. Für 2,5 Millionen Dollar ist Amboy, mit Land und Gebäuden, zu haben.

Der Sturm ist stärker geworden und schüttelt die spärlichen Büsche. Sandfahnen fegen über die Straße. Die Luft ist heiß wie aus einem Föhn. Dann reißt der Wind Löcher in die Schleierwolken. Gleißend hell schimmern Salzpfannen im Sonnenlicht, über denen braungelbe Windhosen tanzen. Militärmaschinen donnern die Bergketten entlang. Wo früher General George S. Patton fast zwei Millionen Männer für den Kriegseinsatz in Nordafrika trainierte, ist heute Trainingsgebiet der U. S. Air Force.

Danny Marks, Director

Meilen weiter brennt die Sonne auf dunkles Lavagestein, das mit dem Sand der Wüste bepudert ist. Dann taucht rechter Hand eine Tankstelle auf. Schön kaputt, verlassen, einsam. Drei Zapfsäulen, weiß, rot und blau, stehen davor. Sie verkörpern inmitten weiter Wüste genau das, was Hollywood für ein Roadmovie braucht. So wurden sie bereits zu Filmstars. Im 1995 gedrehten Actionthriller *Heiße Flucht nach Las Vegas* ist die Tankstelle beim Aufeinandertreffen von Gangstern und einer schießgewandten Anwältin wieder zu entdecken.

Wenige Schritte weiter steht ein Haus, hinter dem sich allerlei Gerümpel stapelt: Kisten, Koffer, ein Regal voller bunter Gläser und Flaschen, ein «Motor Oil»-Schild, von Kugeln durchsiebt, ein Haufen Rost in der Form einer Nähmaschine. In einem Benzinfass blühen Kakteen. «Good bless our Garden», ist auf einem Schild mit dem Umriss eines Herzens zu lesen. Vor dem Gebäude sind zwei Postkästen auf einem Pfahl montiert, der in einem Fass mit Steinen steckt. Blickfang der Wüstenidylle ist jedoch ein rosa Klosett, das neben einem alten Lastauto direkt an der Straße steht.

Vor dem Haus sitzt ein alter Mann. Er hält eine Thermoskanne in der Hand und blickt unbeweglich in die Weite der Landschaft. Sein linker Arm ruht auf einem klapprigen rostigen Tisch, der sich schon beängstigend zur Seite neigt. In Kniehöhe sind seine Jeans bis auf die Haut durchgewetzt. Trotz der Hitze stecken seine Füße in Filzpantoffeln, die mit der Wüste verwachsen zu sein scheinen. Danny Marks ist, wie er selbst sagt, der Director der Old Whiting Brothers Station. Obwohl die Tankstelle schon seit Jahren geschlossen ist, bleibt Danny hier. Er hat sich jetzt auf das Sammeln von Antiquitäten verlegt. Und er hat Nachbarschaft. Ein Haus weiter lebt Mary, die Lehrerin von Amboy. Sie sorgt zeitweise für ihn, und dafür übernimmt er die Hausmeisterarbeiten in der Schule. Auf die Frage, ob er Näheres über die neuen Besitzer von Roy's Cafe weiß, antwortet Danny wortkarg mit Schulterzucken. «Sind junge Leute, haben keine Ahnung, machen alles kaputt.»

Einige Meilen weiter liegt der Drehort von *Out of Rosenheim*, das Bagdad Cafe. In Newberry Springs verfilmte Percy Adlon die Geschichte vom Ausflug einer Rosenheimerin «an den A... der Welt». Marianne Sägebrecht und Jack Palance spielten die Hauptrollen in diesem in herrliche Wüstenbilder gepackten Streifen. Das Sidewinder Cafe diente dabei mit einem extra für diesen Film dazugestellten Wasserturm als Kulisse. Es ist ein Muss, hier zumindest einen Kaffee zu trinken, zwischen tätowierten und in Leder gepackten Bikern zu sitzen und einen Quarter in die Jukebox zu werfen.

«Home of the California Smile»

Ab jetzt hat man eigentlich nur noch ein Ziel vor Augen: L. A., den Pazifik, den Endpunkt der Route 66 in Santa Monica zu erreichen. Auf der Karte erscheint Barstow, das man nicht so leicht übergehen kann, wenn man Orten, die vielleicht nur aus zwei Häusern bestehen, Aufmerksamkeit widmet. Vor 2000 Jahren war die Mojave-Wüste noch ein See, an dessen Ufern viele Indianerstämme lebten. Spuren dieser Besiedelung sind noch immer in der Hochwüste zu finden.

1853 beschloss der Kongress eine Eisenbahnlinie, die den Mississippi mit dem Pazifik verbinden sollte. Dort, wo die Schienen den Mojave River überquerten, entstand 1888 Waterman Junction, eine Siedlung mit einem Eisenbahndepot, einem Hotel und einigen Restaurants. Bald erhielt der Ort einen neuen Namen: Barstow, benannt nach dem zehnten Präsidenten der Santa Fe Railroad, William Barstow Strong. Dann trugen die reichhaltigen Silber- und Goldminen sowie das für industrielle Ansiedlungen geeignete Land dazu bei, dass Barstow zu einer stetig wachsenden Stadt wurde. Heute ist der Ort mit 60 000 Einwohnern wirtschaftliches Zentrum. Hundert Jahre Gastfreundschaft und 350 Sonnenscheintage im Jahr haben Barstow einen hübschen Beinamen eingebracht: «Home of the California Smile». Hier ist das Lächeln Kaliforniens zu Hause.

Doch der California Dream scheint noch weit entfernt. Weiterhin ist Wüste angesagt. Kalifornien, das Land, wo Milch und Honig fließen sollen, ist Wüstenland. Ohne Bewässerung würden hier nur die Pflanzen der Wüste überleben. Die Kreosotbüsche werden spärlicher. Gestalten mit erhobenen Händen tauchen rechts und links der Straße auf, Joshua Trees, durch die allein man der Landschaft einen gewissen Reiz abgewinnen kann. Die verstreut liegenden Wohncontainer, ausrangierte, im weiten Umkreis abgestellte Kühlschränke und dazu noch eine Zementfabrik wirken nicht gerade einladend. Bei Oro Grande haben die Autos auf vielen Meilen dieselbe Farbe: Grau, bepudert vom Zementstaub. An die Zäune hat der Wind Plastik und Müll geklatscht. Wo eine größere Ansammlung von Menschen wohnt, ist selbst die Idylle der Wüste zerstört.

In Victorville wird an Amerikas beliebtesten Cowboy erinnert, der zusammen mit dem beliebtesten Cowgirl zu einem Museumsbesuch lädt. Im Roy Rogers and Dale Evans Museum sind neben einer Sammlung alter Filmfotos und Plakate auch die ausgestopften Lieblingstiere der beiden zu bewundern: Roys Pferd «Trigger» und Dales Pferd «Buttermilk». Dann öffnet der Cajon-Pass den Weg zu den Orangenhainen Kaliforniens. Für viele Okies war hier die Reise eigentlich zu Ende. Ihr Ziel war nicht der Pazifik, sondern die Orangen- und Pfirsichplantagen am südlichen Ende des San-Joaquin-Tals.

Wo eigentlich beginnt L. A.?

Nach dem San-Bernardino-Pass ändert sich die Vegetation. Die Joshua Trees bleiben zurück und erste Laubbäume, Agaven, riesige Bougainvillea- und Oleanderbüsche schmücken die Vorgärten der Häuser. Von San Bernardino führt der Foothill Boulevard, der auch heute noch die offizielle Straßennummer CA 66 trägt, als «Zielgerade» nach Los Angeles. Orte und Kleinstädte gehen ineinander über. Motels, Shopping Malls, Autoshops und Fast-Food-Ketten bestimmen neben Nobelvillen die Gegend. Übrigens: In San Bernardino begann der Triumph eines «fleischähnlichen Fladens zwischen pappigem Brot». 1939 buken hier die Brüder Richard und Maurice McDonald ihren ersten Hamburger, der bald seinen Siegeszug um die Welt antrat.

Kurz vor Rialto meldet sich die Route 66 mit Erinnerungen an Holbrook zurück. Auch hier kann man in einem Wigwam-Motel mit weißen Beton-Tipis übernachten. Das war's dann aber auch. Über sanfte Hügelwellen, vorbei an den Ausläufern der schneebedeckten San Gabriel Mountains, geht es in die Metropole Los Angeles, die nichts anderes ist als 75 zu einer Stadt zusammengeschweißte Orte. Doch wo beginnt L. A. eigentlich? Die Route 66 ist nicht mehr auszumachen, wird vom Gewirr der Highways und Freeways verschluckt. Sechsspurig rollt der Verkehr in die Stadt, sechsspurig aus der Stadt heraus. Rushhour, den ganzen Tag.

1890 lebten hier 50 000 Menschen. Heute liegt die Einwohnerzahl bei etwa neun Millionen. Doch wer weiß das schon so genau. L. A. – für die einen ist es ein Alptraum, für andere wiederum ist es die Erfüllung ihrer Träume schlechthin. Doch eines ist ganz gewiss. Vorbei kommt man an L. A. nicht. Die «Stadt der Engel» steht entweder am Anfang oder am Ende einer Reise über die Route 66. Erste hohe Palmen, deren Kronen auf unendlich langen Hälsen sitzen, überragen saubere Eigenheimkolonien, die von kleinen Mäuerchen umgrenzt sind. Shopping Malls mit Riesenparkplätzen, Ladenkolonien, Plazas, dazwischen Fast-Food-Ketten und riesige Werbetafeln bestimmen das Bild. Auf dem Colorado Boulevard in Pasadena wiegen sich die Palmenschöpfe zu den Klängen der Musik in den Straßencafés. Dazwischen Galerien, botanische Gärten, Museen, Boutiquen, Shops. Pasadena war der erste Spielplatz der Reichen.

Countdown zur Downtown

Am Santa Monica Boulevard, der Zielgeraden zum Endpunkt der Route 66, tauchen erste Zeichen des Filmmagneten L. A auf. Die Studios von Paramount, Technicolor und Warner Brothers. Dann prangt rechter Hand, am Berghang des Mount Lee, der berühmte Schriftzug HOLLYWOOD. Ihm nahe zu kommen, ist gar nicht so einfach. Kaum glaubt man eine Straße in seine Richtung gefunden zu haben, verschwindet die Schrift wieder hinter Hügeln und Villen. Ein erster Annäherungsversuch ist die Fahrt hinauf zum Griffith Park.

Es ist später Nachmittag und die beste Zeit, vom Observatorium aus die Riesenstadt im Lichterglanz zu erleben. Schon die Anfahrt zum Park, vorbei an Traumvillen, wird zum Erlebnis. Palmen, Bananenstauden, blühende Büsche und Bäume. Was man auch vom Smog des Riesenmolochs sagen mag, die Luft ist warm und weich, feucht und schwül. Die subtropischen Pflanzen scheinen in den Gärten geradezu zu wuchern. Sportwagenfahrer, die eine Hand am

Die berühmteste und größte Ortstafel der Welt

Lenker, die andere auf den Knien der Begleiterin, kurven mit offenem Verdeck durch die Straßen. Auch eine schneeweiße Stretchlimo mit verdunkelten Scheiben will hinauf zum Park. Und über allem ein dunkelblauer, wolkenloser Himmel. «California, here I am!»

Im Griffith Park selbst ist das «Hollywood»-Zeichen rechts in den Bergen zu sehen. Zwar etwas zusammengedrückt wegen der Perspektive, aber immerhin eingebunden in den Gesamteindruck der Stadt. Wenn die Sonne hinter den Hügeln versinkt, färbt sich der Himmel über L. A. glutrot. Erste Lichter flammen auf. In den Wolkenkratzern von Downtown L. A., in den Hochhäusern von Beverly Hills und Santa Monica. Der jetzt blutorange Himmel wandelt sich zu violett, dann wie zu dunkelblauem Samt. Darunter flimmert das Lichtermeer L. A. Dann verbinden Hollywood und Sunset Boulevard hundert Kilometer Stadt mit einem gleissenden Band.

Hollywood(land)

Hollywood, der Traum von Millionen, wurde aus der Notwendigkeit geboren, so viele Stunden wie möglich im besten Licht drehen zu können. Die kalifornische Sonne, die Kulisse der nahen Berge und der Wüste machten Hollywood zur Zeit des Stummfilms wegen des Mangels an lichtempfindlichem Material zum Eldorado der Filmschaffenden. Was in einer leer stehenden Bar, in der die Gebrüder Horsely erste Filmchen kurbelten, an der Ecke Gower Avenue und Sunset Boulevard begann, entwickelte sich zur berühmtesten Filmstadt der Welt.

Doch eigentlich war es ein Filmemacher aus Chicago, der den Weg für die großen Studios ebnete. Der strenge Winter des Jahres 1907 hatte den filmbegeisterten Francis Boggs mit seiner kleinen Produktionsfirma schier verzweifeln lassen. Gerade waren die Innenaufnahmen zu seinem Streifen *Der Graf von Monte Christo* abgedreht, als der Winter seine Pläne für Außenaufnahmen zunichte machte. Am Rande des finanziellen Ruins flüchteten er und seine Crew auf der Suche nach besseren Drehbedingungen nach Westen. In Los Angeles schließlich fanden sie das, was sie brauchten: billigen Grund und Boden, eine Filmlandschaft, ausreichend für tausend Ideen, und herrlichstes Licht von früh bis spät.

Berühmte Studios wie Metro-Goldwyn-Mayer, Paramount, 20th Century Fox und Warner Brothers schossen wie Pilze aus dem Boden, und bis heute haben sich auf dem Walk of Fame (Weg des Ruhms) über 2000 Stars und Sternchen auf den rot gesprenkelten Terrazzoplatten verewigt. Zur Orientierung ordnen fünf Logos – eine Filmkamera, eine Schallplatte, ein Radiomikrophon, ein Fernsehgerät und eine Theatermaske – die Stars in Themenkomplexe. Und über allem thront in den Bergen von L. A. der berühmteste Schriftzug der Welt. Die 15 Meter hohen Buchstaben, die 1923 eigentlich nur die Werbeschrift für Bauland und Immobilien waren: «Hollywoodland». 1949 entfernte man die letzten vier Buchstaben und «Holly-

Bild nächste Doppelseite
City Lights: Blick vom Griffith Park auf das Lichtermeer von Los Angeles

wood» wurde mit 150 Metern Länge und vier Stockwerken Höhe nicht nur zum größten Schriftzug der Welt, sondern zum Markenzeichen der Filmindustrie überhaupt. Nachdem Wind und Wetter an den Buchstaben nagten und im Winter 1977/78 heftige Regenfälle den Buchstaben arg zusetzten, wurde eine Renovierung notwendig. Doch selbst im Land der Superreichen fand sich so schnell niemand, die veranschlagten 250 000 Dollar für die Instandsetzung aufzubringen. Popstar Alice Cooper war der Erste, der 28 000 Dollar springen ließ. Das waren genau die Kosten für die Installation eines Buchstabens. Auf Coopers Initiative folgten weitere Stars und Firmen, die die Kosten für je einen Buchstaben übernahmen. So leistete sich Hollywood Stück für Stück neuen Glanz für seinen Namen.

Obwohl längst Nostalgie, hat sich Hollywoods Glanz und Glamour bis heute in den Gedanken der Menschen erhalten und konzentriert sich mit ungebrochenem Interesse beim Mann's Chinese Theater am Hollywood Boulevard. Einmal seine Hand in die Pranken von Clint Eastwood zu legen oder an den zierlichen Händen von Doris Day zu messen, scheint nichts an Faszination verloren zu haben. Denn: Hollywood, in den Seitenstraßen mit Dreck und Unrat längst versifft, zählt nach wie vor zu den Filmmetropolen der Welt. Für ein paar Dollar gibt es einen Plan, in dem topaktuell verzeichnet ist, wann, wo und für was in L. A. täglich gerade gedreht wird. Zig Kinofilme, meist Low-Budget-Produktionen, B-Movies, TV-Serien und unzählige Werbespots entstehen hier sozusagen am Fließband. Aber auch so manche Szenen für weltberühmte Streifen. Und wenn man in einem großen Film ein Lokal oder eine Straße mit einem bekannten Kinohelden wieder erkennt, ist die Begeisterung der Cineasten für die «Stadt der Engel» neu geschürt.

L. A. ist Abschaum, Prostitution, Gewalt und Verbrechen, aber auch Glimmer, Glamour und Traum Tausender vom Durchbruch auf die Sonnenseite des Lebens. Denn wo könnte man eher entdeckt werden als bei einem Casting in L. A. oder auf der Straße selbst. Bis heute übt allein das Wort «Filmstar» eine magische Anziehungskraft aus. So kann man nicht selten Teenies sehen, die nicht müde werden, auf dem Walk of Fame mit einer Zahnbürste und einer Flasche Selters bewaffnet, den Stern ihres Stars zum Leuchten zu bringen.

Traumfabrik: Nichts wird mehr so sein wie früher

Alle mögen Jar Jar Binks. Täglich gehen Hunderte von Briefen bei dem neuen Superstar ein. Das Magazin «Rolling Stone» kürte ihn zum «neuen Gesicht von Hollywood». Doch die begeisterten Fans werden nie ein persönlich geschriebenes Autogramm erhalten. Denn Jar Jar ist kein Schauspieler, schon gar nicht ein Mensch aus Fleisch und Blut. Jar Jar wurde im Computer geboren und digital zum Leben erweckt. Das fischmäulige Wesen mit den Kulleraugen und den langen Schlappohren spielt neben Liam Neeson und Ewan McGregor die Hauptrolle im George-Lucas-Film *Star Wars – The Dark Menace*. «Nichts wird mehr so sein wie früher», hatte Regisseur und Computerfreak Lucas schon vor der Premiere verkündet. «Die Menschen werden vergessen, dass sie keinen echten, sondern einen virtuellen Charakter sehen.»

Die Kinolandschaft hat sich rasant verändert. Spätestens nach *Jurassic Park*, in dem computergeschaffene Dinos über die Leinwand stampfen, oder *Independence Day*, in dem das Weiße Haus in tausend Trümmer zerbirst. Special-Effects-Experten zaubern elektronische Feuersbrünste, schicken per Mausklick «elektronische Wellen» vor den Bug der *Titanic*, und lassen im Actionfilm der Zukunft die Protagonisten, völlig losgelöst von der Erdanziehungskraft, unter vollem Einsatz ihrer Schießeisen durch den Raum fliegen. Sie laufen Wände rauf und runter, stoppen Kugeln mitten im Flug und stürzen von Wolkenkratzern, ohne sich auch nur eine Schramme zu holen.

Nichts ist mehr so, wie es scheint. In jeder Szene könnte sich eine Hightech-Manipulation verstecken. Zum ersten Mal sind Dank modernster Digitaltechnik die Möglichkeiten im Land der Traumfabrik unbegrenzt, ja in Hollywood können jetzt selbst die Toten auferstehen. Allen Erdengesetzen zum Trotz gräbt die neue Digitaltechnik sie wieder aus. Leinwandidole wie Marlene Dietrich, Romy Schneider, Marilyn Monroe und Clark Gable feiern ein virtuelles Comeback und agieren in neuen Filmen an der Seite der Stars von heute. Die Dietrich verliebt sich in Travolta und Fred Astaire lässt man den Macarena tanzen. Will man den Faden weiterspinnen? James Dean könnte mit einer Harley auf der Route 66 unterwegs sein – auf der Suche nach dem Amerika seiner Zeit. Er kehrt in einem Diner ein, in dem wie in dem berühmten Gemälde *Boulevard of Broken Dreams* nach und nach alle Superstars, von Marilyn über Elvis bis Humphrey Bogart an den Tresen kommen. Und gegen Mitternacht reitet John Wayne in die Bar und bestellt für sein Pferd einen Kübel Bier. Ein Film, der noch gemacht werden müsste. Für das virtuelle Hollywood kein Problem.

«Shopping Cart People»

Der leuchtend orange aufflammende Himmel über L. A. verwandelt die Palmen in Scherenschnitte. Jetzt erwacht auf dem Hollywood Boulevard eine andere Welt. Junkies, Yuppies, hochhackige Pumps, Netzstrümpfe, Rap und Punk. Kettenrasseln und das Klirren von Rasierklingen zwischen Ohr und Nasenflügel. Nadeln, die auf offener Straße in Venen fahren. Stunden später sind alle verschwunden. Die «Kings of the Night» haben sich wie Ratten in die Löcher zurückgezogen. Jetzt bevölkern andere den Boulevard: «Shopping Cart People», die noch vor der Zeit der kamerabewaffneten Touristen ihr Hab und Gut in Metallwägelchen der Supermärkte über die Sterne schieben.

Sieben Uhr morgens in Hollywood. Ein asketisch wirkender Typ, nur mit Shorts bekleidet, läuft den Hollywood Boulevard entlang. Sein üppig wuchernder Bart fällt bis auf die hagere Brust. Die langen, schlohweißen Haare sind ab Schulterhöhe in Dreadlocks geflochten und umspielen die sich abzeichnenden Rippen. «Where do you come from, why do you come to L. A.? Good Camera, you're photographer?», sprudelt es nur so aus ihm heraus. Während er redet, läuft er so schnell, dass man Mühe hat, mit ihm Schritt

Stelldichein der Stars – Hauswand am Hollywood Boulevard

zu halten. Er wirkt rastlos und gehetzt. Auch ist er an einer Antwort auf seine Fragen nicht interessiert. Stattdessen überschüttet er einen mit einem Kauderwelschvortrag über singende Vögel, die Morgensonne und über das freie Leben, das er führt. Das scheint er jedoch auf den Straßen von L. A. noch immer zu suchen. Hektisch fingert er eine Marlboro aus seinem Hosenbund und öffnet mit zittrigen Händen die Schachtel. Seine Fingernägel sind gelb, gebogen und so lang wie die der feinen Damen von Beverly Hills.

«To my friend Sid»

Die ersten Sonnenstrahlen fallen auf den Asphalt. Erfassen schonungslos den Müll der Nacht. Ein Käfer krabbelt über den Spezialbeton vor dem Mann's Chinese Theater, stockt kurz vor einem für ihn unüberwindlichen Abgrund und läuft dann an ihm entlang. Wie tiefe Canyons müssen für ihn die Linien der Schriften, die Hand- und Fußabdrücke der Stars wirken.

Langsam frisst sich die Sonne weiter durch die Namen. Gary Cooper, Kirk Douglas, Actionstar Schwarzenegger und Sylvester Stallone. John Wayne liegt schon im hellen Licht. Bei Kinderstar Shirley Temple haben die Sonnenstrahlen gerade das Datum, 3. 5. 35 , aus dem Schatten gelöst. Leinwandhelden, bei denen die Faust regierte, beließen es nicht bei der flachen Hand, sie bohrten ihre Knöchel in den Beton oder drückten gleich den Colt mit hinein. Einer grüßte auch einen Freund: «To my friend Sid», ist neben dem Schriftzug von Gregory Peck zu lesen. Sid Grauman war der Mann, der auf die Idee kam, «Autogramme» ganz anderer Art zur Schau zu stellen. Als ein Filmstar vor dem berühmten Premierentheater zufällig auf eine frisch zementierte Stelle trat, war die Idee geboren, die Hand- und Fußabdrücke der namhaftesten Stars in Beton zu verewigen.

Ein Stern wird geboren

Jetzt ist es auch die Zeit, in der die Sterne am schönsten funkeln. Der von Louis Armstrong, Baywatch-Star David Hasselhoff und Raquel Welch. Und irgendwo steht ein Blumentopf mitten auf dem Walk of Fame. Die Leute laufen brav um ihn herum, bleiben stehen, setzen sich dazu, lassen sich mit dem Stern und den Blumen fotografieren. Es ist der Stern von King Elvis, der noch immer der Größte ist. Immer wieder erhält der Walk of Fame neue Namen. Direkt vor dem Hollywood-Museum ist der Platz für eine Ehrung mit roten Kordeln abgesperrt. Auf Holztreppen ringen TV-Teams und Fotografen um den besten Standplatz. Noch ist der frisch gesetzte Stern mit einem Tuch verdeckt. Ein offenes Geheimnis, denn jeder weiß, dass die Produzentin und Gastgeberin der NBC-Talkshow Leeza Gibbons die Auserwählte ist, die heute auf dem Walk of Fame verewigt wird. Gibbons ist in Amerika ein beliebter TV-Star und zugleich Geschäftspartnerin der Gesellschaft «Mommy and

Metm Enterprises», die praxiserprobte Produkte zum Wohle von Familie und Kind entwickeln. Vielleicht auch deshalb ist Leeza bei den Amerikanern so beliebt.

Wie überall beim professionellen Film scheinen Dauerpausen an der Tagesordnung zu sein. Kabelträger und die Unterassistenten der Kabelträger schauspielern höchste Betriebsamkeit. Hier wird ein Kreidekreuz gesetzt, da ein Lichtreflektor in eine andere Position gebracht, werden per Walkietalkie allerwichtigste Anweisungen gegeben. Jeder scheint auf irgendetwas zu warten, und vor allem darauf zu achten, dass kein Außenstehender die Aura der Glamourwelt durchbricht. Selbst der Kaffeeholer scheint sich als der wichtigste Mann im Filmgeschäft zu fühlen. Endlich geht es los. Anstelle des erlösenden «Action» wird die Einweihung mit einer Laudatio begonnen. Dazu immer nur lächeln, Small Talk hier, Küsschen da, alles unter dem unbarmherzigen Klicken der Kameras. Selbst mit Presseausweis ist es unmöglich, ohne persönliche Einladung in den Pulk der Medienleute zu gelangen. Der Showdown des Ganzen ist ein begeistertes Schreien, Klatschen und lang anhaltendes Blitzlichtgewitter. Leeza Gibbons hat ihren Stern enthüllt.

Bank Hollywood Blvd., L. A.
Telefon: 1-800-488-6959

Nur wenige Schritte von den Hand- und Fußabdrücken der Stars entfernt, liegt eine Parkbank noch im Schatten. Auf die schmale Frontseite der Sitzfläche ist eine Nummer gemalt: 1-800-488-6959, die Telefonnummer des Hollywood Wax Museum. Auf der Bank sitzt eine Frau. Ihren Kopf schmückt eine Motorradhaube, deren Leder über und über mit Stickern, Pins und den kuriosesten Dingen besetzt ist. Auch eine kleine amerikanische Flagge hat darauf Platz gefunden.

Die Frau hat den Kopf gen Himmel gewandt und lässt die immer höher kletternde Sonne ihr Gesicht streicheln, scheint die Wärme zu genießen, denn sie sitzt schon lange hier. So zwischen vier und fünf Uhr früh kommt sie zu ihrer Bank, wo sie den anbrechenden Morgen erwartet. Tag für Tag. Seit 20 Jahren. Irgendwann, wenn der Trubel der Touristen zu groß wird und die Dunstglocke über L. A. zusammen mit den Auspuffgasen ein Atmen an der Straße fast unmöglich macht, verlässt sie ihre Bank und geht zum Schlafen in ein Armenheim. Doch diese Bank ist für sie der schönste Platz der Welt, Sperrsitz sozusagen, Kino live am Puls der Zeit.

Sie heißt Dorothee Brunett und ihr Leben steht in krassem Gegensatz zu dem der Stars, die wenige Meter neben ihr ihre Hände in den feuchten, klebrigen Beton gedrückt haben. Sie hat sie alle gesehen. Mel Gibson und Arnold Schwarzenegger, Sylvester Stallone oder Bruce Willis. Auch den Auflauf der Fotografen und Filmleute, wenn sich ein neuer Stern auf dem Fußgängerweg dazugesellte. Ansonsten sind die Touristen ihre Unterhaltung, die so gegen neun mit den Bussen zum Mann's Chinese Theater gekarrt werden.

Dorothee, deren Bild Sie auf der Frontispizseite (vor Seite 1) sehen, zieht die Beine mit den dicken, dreilagig übereinander angezogenen Wollsocken bis zum Kinn, sitzt da wie ein Kind und spielt mit ihren Fingern. Erklärt, welche Stelle der Hand man drücken muss, damit Kopfschmerzen verschwinden oder neue Energie den Körper durchströmt. Warum ausgerechnet diese Bank? Will sie nicht doch einmal woanders sitzen? Vielleicht in einem Park? Wäre doch sicher angenehmer als so direkt an der Straße. «Busse nehmen mich nicht mit», ist ihre knappe Antwort.

Dorothee hat wache, flinke Augen. Sie funkeln in Freude und Hoffnung, blicken gläsern bei leidvoller Erinnerung. Dorothee Brunett stammt aus dem Iran. 1934 ist sie dort geboren und mit zwei Schwestern aufgewachsen. Ihr Vater hatte vier Frauen und eine Geliebte. Als sie 15 war, wurde sie mit einem Arzt verheiratet. Während sie erzählt, nestelt sie an ihrer Kleidung, die aus vielen Flicken besteht. Schließnadeln halten diese zusammen. «Ja, Amerika», sagt Dorothee und seufzt tief. 1953 ist sie mit ihrem Mann und ihren beiden Kindern nach Amerika ausgewandert. Aber die Ehe hat nicht lange gehalten. Nach ihrer Scheidung lernte sie einen Angehörigen der Navy kennen und bekam von ihm einen Sohn. Ein Jahr seien sie verheiratet gewesen, sagt Dorothee, dann ging auch diese Ehe in die Brüche. Seit 1958 lebt sie nun allein. Ob sich ihre Kinder nicht um sie kümmern würden? Sie zuckt mit den Schultern. «Sie wissen, wo ich wohne, wo ich zu finden bin.» Dann geht ihr Blick ins Leere.

Stimmengewirr erfüllt den Morgen. Der erste Reisebus hat angehalten. Kurze Zeit später hält noch einer. Franzosen und Japaner lassen sich zusammen mit den Namen im Beton fotografieren. Dorothee fährt fort zu erzählen. «Ich bin anspruchslos, lege keinen Wert mehr auf Kleidung oder solche Dinge. Das alles habe ich abgelegt. Und, ich bettle nicht.» Der Stolz in ihrer Stimme strafft auch ihren Körper. Sie wirft den Kopf zurück und löst sich aus ihrer Kauerhaltung. Schlägt wie eine Lady die Beine übereinander, streicht mit einer Hand über die Flicken auf ihrer Schürze. «Na ja, manchmal steckt man mir auch einen Dollar zu. Letzte Woche bekam ich sogar fünf. Da konnte ich mir endlich Ohrentropfen kaufen.» Dorothee stockt für einen Augenblick, so, als müsste sie erst eine innere Hürde überwinden, und fährt dann leiser fort, die Augen auf ihre Strümpfe gerichtet. «Die meisten Menschen geben mir das Geld nicht in die Hand, sie legen es schnell auf die Bank und verschwinden, ehe ich mich umdrehen und mich bei ihnen bedanken kann.»

Plötzlich strahlt Dorothee über das ganze Gesicht. «Die Geschichte, die Geschichte mit dem Päckchen muss ich Ihnen noch erzählen. Sie haben doch noch Zeit, oder? Also, einmal habe ich ein Päckchen bekommen. Es enthielt ein Kopfkissen und ein paar Sachen zum Anziehen. Ein Postbote brachte es zu mir auf die Bank. Es war nur an die Bank adressiert. Doch es kam an. Ich weiß heute noch nicht, von wem es war. Es war das einzige Päckchen in meinem Leben. Selbst als ich noch verheiratet war, habe ich nie ein persönlich an mich gerichtetes Paket erhalten.»

Bild rechts
Der Marlboro Man
– historisches Wahrzeichen in West Hollywood –
verschwand 1999 aus dem Stadtbild

Marlboro
SURGEON GENERAL'S WARNING: PREGNANT WOMEN WHO SMOKE RISK FETAL INJURY AND PREMATURE BIRTH.
OUTDOOR SYSTEMS
DON'T WORRY, YOU'VE GOT PLENTY
OF HAIR LEFT.
OUTDOOR SYSTEMS
WELCOME TO WEST HOLLYWOOD
cK

Plötzlich ist sie stumm, sieht den weißen und schwarzen Stretchlimos nach, die den Hollywood Boulevard rauf- und runterfahren. «Star maps, Star maps», ruft ein Junge in das Stimmengewirr der Touristen. (Anmerkung: Bei unseren letzten beiden Besuchen in L. A. haben wir Dorothee nicht mehr gesehen. Wir fragten den Parkplatzwächter, der sie gut kannte. Er hatte selbst Nachforschungen angestellt und sagte, dass auch die Polizei nichts über ihren Verbleib sagen könnte ...)

Bye-bye, Marlboro Man

Elf Gründerfamilien, Mulatten, Mestizen, Indianer, Schwarze und Spanier, insgesamt 22 Erwachsene und 22 Kinder, setzten am 4. September 1781 einen Ort auf die Landkarte, der El Pueblo de la Reina de Los Angeles sobre el Rio de la Porciúncula hieß: L. A. Von der Keimzelle der Stadt, der Olvera Street, führt die historische Route entlang des Sunset Boulevard auf verschlungenen Wegen durch Los Angeles, um dann als Santa Monica Boulevard durch West-Hollywood und Beverly Hills an der Ocean Avenue zu enden.

77 Sunset Strip: Der Reklamefigur des Marlboro Man, der seinen Sattel schulternd die Cabrios und Stretchlimos überragte, hat Schlimmeres als der Raucherhusten den Tod gebracht. Da ab April 1999 die Tabakkonzerne in den USA nicht mehr auf den riesigen Tafeln werben dürfen, die Stadt- und Straßenbild prägten, mussten Joe Camel und der Marlboro Man das Zeitliche segnen. Der Abbau aller so genannten Billboards ist Bestandteil des Deals, den die Tabakindustrie mit 46 amerikanischen Bundesstaaten ausgehandelt hat. Die außergerichtliche Einigung im Streit um die Kosten, die den öffentlichen Kassen durch die bis zum Tode führenden Raucherkrankheiten entstanden sind, beinhaltet die Auflage, dass die Zigarettenindustrie über 20 Jahre nicht nur 206 Milliarden US-Dollar zahlt, sondern auch ihre Werbung drastisch reduziert.

Schlechte News auch für die Vermieter, die pro Tafel zwischen 1000 und 15 000 Dollar jährlich kassierten. Obwohl meistens der Raucherheld Joe Camel und der Marlboro-Cowboy die Reklametafeln zierten, waren die Billboards keine Erfindung der Zigarettenindustrie. Sie kamen auf, als Amerika zur mobilsten Gesellschaft in der Geschichte wurde und die Tafeln eine Art «Reiselektüre» darstellten. Nun wurde der Marlboro Man seiner Männlichkeit beraubt und die Zigarette geknickt.

Endstation Sehnsucht

House of Blues, Canyon Drive und Rodeo Drive mit den hoch in den Himmel ragenden, in Reih und Glied stehenden Palmenschöpfen, das Potpourri baulicher Stilblüten der Stars und Produzenten – weiß leuchtende klassizistische Säulen, Villen im Hacienda-Look, Schlösser mit schmiedeeisernen Zäunen und Toren – Bel Air und Beverly Hills, das alles sind bekannte Namen und Bilder. Sie lenken von den aufkommenden, melancholischen Gedanken ab wie die Karawanen der schwarzen und schneeweißen Stretchlimos, blitzende Lincolns oder der Song der Beach Boys im Autoradio. «Surfin USA» im Wechselbad von Nostalgie und Feeling California, das wie Drogen durch die Adern jagt. Was ist das für ein Gefühl, die letzten Kilometer auf einer Straße zu fahren, die wochenlang Sinne und Denken beherrschte?

Im Stop-and-go-Verkehr von Santa Monica spürt man das Fieber. Fetzen von polterndem Rap aus offenen Cabriolets erreichen kaum mehr das Ohr. Mit pochenden Schläfen, Blick und Sinne nur noch nach vorne gerichtet, bemerkt man plötzlich ein silbernes Funkeln und Flimmern. Schnurgerade führt die Straße darauf zu, bis sie dem Meer zu Füßen sinkt. «Road closed» zur Weiterfahrt in einem Traum. Ocean Avenue – Palmen, üppiges Grün, der Pazifik. Endstation Sehnsucht. Auf dem kurz geschorenen Rasen des Palisades Park, in dem Obdachlose mit all ihren Habseligkeiten lagern, weist eine schlichte Messingplatte auf den Endpunkt der «Straße der Sehnsucht» hin. Darauf ist zu lesen, dass der Highway 66 offiziell Amerikas Volksliebling, Will Rogers, gewidmet wurde:

WILL ROGERS HIGHWAY, dedicated 1952 to Will Rogers, Humorist – World Traveler – Good Neighbor.

The Main Street of America HIGHWAY 66 was the first road he traveled in a career that led him straight to the hearts of his countrymen.

«Geschafft!» Ein junges Mädchen hat zur selben Stunde die Tafel am Pazifik erreicht. Freudestrahlend lässt sie sich, in eine amerikanische Flagge gehüllt, fotografieren. Andere streichen versonnen über das graue Metall, setzen sich still neben die Tafel ins Gras, meditieren. Am Endpunkt des Förderbandes von Träumen und Sehnsüchten zu stehen, bewegt jeden Menschen anders.

Weit unten am Pazifik tummeln sich Menschen als schwarze Silhouetten vor glitzernden Wellen. Auf dem Ocean Front Walk fegen Teenies mit Rollerskates Richtung Venice. Andere joggen der Sonne entgegen. Wie gut tut jetzt der Geruch von Tang und Meer nach dem heißen Wind über dem flimmernden Asphalt. Szenen und Geräusche der Straße tauchen in unseren Gedanken auf. Das Getöse der Grillen in Glenrio, das Sägen der Zikaden im Nirgendwo, die grünen Hügel der Ozarks, durch die sich die 66 wie eine Schlange windet. Der über den Asphalt fegende Sand bei Amboy, die kleine Sonnenblume, die sich irgendwo in Missouri in den zerrissenen Beton der Straße krallte. Man hält Rückblick. Schließt die Augen, hakt sich irgendwo ein in die Bilderflut der in Gedanken vorbeiziehenden Erlebnisse ... Wie einfach war doch die Reise über diese Straße jetzt. Man holt den Roman des 1968 verstorbenen John Steinbeck hervor, blättert in den Seiten, liest einige Passagen.

Elegische Worte eines Nobelpreisträgers

Route 66 – der lange Betonweg durch das Land, der auf der Karte in sanften Wellenlinien auf und ab fährt, vom Mississippi nach Bakersfield, über das rote Land und über das graue Land, der sich hinaufschlängelt in die Berge, die Wetterscheide überquert, hinunterführt in das fruchtbare, leuchtende Ödland, über Ödland wieder in die Berge und dann in die reichen Täler Kaliforniens.

Sandkunst:
Mutter und Kind
in Venice Beach

Geschafft!
Endpunkt der Route 66
in Santa Monica

Die Route 66 ist die Straße eines Volkes auf der Flucht, die Straße derer, die vor dem Staub flüchten, vor dem Donner der Traktoren, vor dem schrumpfenden Land, vor dem langsamen Einbruch des Ödlandes von Norden, vor den Wirbelwinden, die aus Texas gestürmt kommen, vor den Überschwemmungen, die dem Land keinen Reichtum bringen und ihm das bisschen Reichtum, das es besitzt, noch stehlen. Vor all dem sind diese Menschen auf der Flucht, und sie kommen aus den Seitenstraßen, aus den furchigen Landwegen und Wagenstraßen auf die Route 66. Sie ist die Mutterstraße, die Straße der Flucht.

Nach 2448 Kilometern gefahrene Nostalgie setzt nicht nur die Messingtafel von Will Rogers einen Schlusspunkt. Steinbecks Roman und das persönliche Erleben auf der Reise über den alten Highway formieren sich zu einer Erkenntnis: Es gibt keine andere Straße, die Gedanken und Herzen so bewegte, zur Lebensader und zum Schicksal für Millionen von Menschen wurde, wie die Route 66. 25 Jahre und der Bau von mehreren Interstates waren nötig, sie zu ersetzen, ins Abseits zu drängen: der I-55 von Chicago bis St. Louis, der I-44 von St. Louis bis Oklahoma City; von dort bis Barstow fraß der 1-40 die 66, dann ersetzte der I-15 bis San Bernardino den alten Highway, bis schließlich der I-10 die letzten Meilen bis Los Angeles übernahm. Doch sollte die erste durchgehende Straße noch so zerrissen und geschunden sein, sie wird immer die alten Vereinigten Staaten von Amerika verkörpern.

Doch wie lange noch wird man an ihr die Relikte der Vergangenheit finden, wie lange noch bleiben Erinnerungen so gegenständlich? Wie lange noch wird Nick Adams im Ariston leckeres Essen servieren, Thomas Lomance den Fremden von seiner Odysee zwischen Alcatraz und Schrott erzählen und Juan Delgadillo seinen Gästen zerknüllte Servietten vor die Nase halten? Wie lange noch werden die Geschichten über Ed Edgerton und das Heulen der Kojoten die Wüstennacht mit Gruseln würzen? Wann wird das letzte Reklameschild abmontiert, das letzte Motel abgerissen? Wann werden die allerletzten Spuren eines Amerika verschwunden sein, das sich in die Herzen von Millionen Menschen brannte?

Wiederbelebungshoffnung trotz sichelschwingendem Schnitter Tod

Bob Waldmire ist an der Straße bereits nicht mehr anzutreffen. Die blinkende Neonschwalbe dagegen wird dank Dale Bakke weiterhin als blauer Diamant im Feuer des Sonnenuntergangs für eine der liebenswertesten Herbergen stehen. Und vielleicht lädt auch «The Fat Man» beim Club Cafe in Santa Rosa bald wieder zur Einkehr. Trotz aller 66-Euphorie aber wird Schnitter Tod seine Sichel weiter schwingen. Der Tod vieler Zeitzeugen, Diners und Relikte der Vergangenheit ist vorprogrammiert. Doch eine Wiederbelebung der Straße, an die niemand zu glauben wagte, hat sich bereits abzuzeichnen begonnen. Wenn auch mit anderer Atmosphäre, sicher mehr auf Kommerz ausgerichtet. Doch wer die Augen offen hält, der wird in versteckten Winkeln und einsamen, verwunschenen Orten noch «sein Amerika» entdecken. Die Legende lebt. So wird eine Reise über die Route 66 immer ein Abenteuer sein, immer Suche und neues Erleben für all diejenigen, die es wagen, von der Ecke Michigan Avenue und Jackson Boulevard diesem grauen Band bis hierher zu folgen.

Bilder oben (von oben nach unten)
Welcome im Historic Route 66 General Store in Seligman
Patriotische Briefkästen
Marilyn Double in den Universal Filmstudios
Arnie Schwarzeneggers Hände sind größer (beim Mann's Chinese Theatre, Hollywood)

Bilder rechts (von oben nach unten)
Historic Route 66 Motel Sign in Seligman
Diner Reklametafel «Mr. D'z» in Kingman
Pink Oldtimer am Sitgreaves Pass
Still-Leben bei Ludlow
Die Legende lebt – auch auf Asphalt gepinselt
Kult: «Here it is»-Werbetafel bei Joseph City / Holbrook
Motel in Holbrook • Nostalgie in Pink

Bilder nächste Doppelseite
Belebte und unbelebte Begegnungen an der Straße der Sehnsucht

Bilder Doppelseite 146/147
Zerbrochene Träume
Alte Wandreklame in Kingman • Sidewinder Cafe «Bagdad» • Neon und Engelshaar in Grants

Bilder Doppelseite 148/149
Galaxy Diner in Flagstaff
Diner in Kingman
Autor Klaus Beer mit «Sunflower 66 Sign» des Sonnenblumenstaates Kansas für den Sign Post Forest Germany Fernwehpark (**www.fernweh-park.de**)
•
«Marylin und Zapfsäule» in Bob Waldmire's 66-Antique-Shop

HISTORIC
ROUTE
66
MOTEL
DIRECT DIAL PHONES
QUEEN BEDS
CABLE T.V. H.B.O.
LARGE FAMILY ROOMS
VACANCY

HISTORIC
US
66

Mr. D'z
ROUTE 66 DINER
KINGMAN
ARIZONA

HERE
IT IS

CAFE
JOE & AGGIES
CAFE
ROUTE
66
MEXICAN AMERICAN
FOOD
OPEN
ABIERTO

PAUSE... DRINK
Coca-Cola

BUD LIGHT
BUD LIGHT

ROADFLIER
TRAVEL BY BUS
Go...
ETP1934

BAGDAD CAFE
OPEN 7 DAYS 6AM 9PM
CONTEL
MAGNA

CERVEZA

Galaxy
DINER

ROUTE 66

DRINK
66
OPEN
ROUTE 66

S'Long Will

Route 66 - Avenue of Dreams
Route66
CAR
Route66
CAR
COZY DOGS
The Famous Hot Dog on a Stick.
TEXACO
Phillips 66
COZY DOGS
Try 'em, you'll like 'em
NOT FOR SALE - Personal Collection

DVD-Film zum Buch

Filmtitel: *Route 66 – Auf der Straße der Sehnsucht von Chicago nach Los Angeles*

Laufzeit: 92 Minuten

Kamera / Schnitt: Klaus Beer

Redaktion / Text: Erika Beer

Sprecher: Oliver Pscherer

Musik: tem records Erich Meinlschmidt LC 3720
Song *Travelling Man,* Interpret: Horst Wächter
Song *Get Your Kicks on Route 66,* Interpret: Sorry Baby

[redacted]

terra magica

Sinclair
C-FDU

KANADA
MEXIKO
U. S. A.
ROUTE 66
Pazifischer Ozean
Atlantischer Ozean
Golf von Mexiko
KUBA
BAHAMAS
Rocky Mountains
Coast Range
Cascade Range
Bitterroot Range
Sierra Nevada
Great Basin
Great Plains
Colorado Plateau
Edwards Plateau
Appalachian Mts.
Blue Ridge Mts.
Mt. St. Helens 2550
4418 Mt. Whitney
4197 Grand Tenton
Mt. Elbert 4399
Blanca Pk. 4372
Mt. Mitchell 2037
Grand Canyon
Monument Valley
WASHINGTON
OREGON
CALIFORNIA
NEVADA
IDAHO
MONTANA
WYOMING
UTAH
ARIZONA
COLORADO
NEW MEXICO
NORTH DAKOTA
SOUTH DAKOTA
NEBRASKA
KANSAS
OKLAHOMA
TEXAS
MINNESOTA
IOWA
MISSOURI
ARKANSAS
LOUISIANA
WISCONSIN
ILLINOIS
MICHIGAN
INDIANA
OHIO
KENTUCKY
TENNESSEE
MISSISSIPPI
ALABAMA
GEORGIA
FLORIDA
SOUTH CAROLINA
NORTH CAROLINA
VIRGINIA
WEST VIRG.
PENNSYLVANIA
NEW YORK
MAINE
VERMONT
N.H.
MASS.
CONN.
NEW JERSEY
DELAWARE
MARYLAND
WASHINGTON D.C.
Seattle
Olympia
Portland
Salem
Sacramento
San Francisco
San José
Carson City
Boise
Helena
Salt Lake City
Las Vegas
Phoenix
Cheyenne
Denver
El Paso
Bismarck
Pierre
Lincoln
Topeka
Kansas City
Jefferson City
Oklahoma City
Dallas
Austin
Houston
San Antonio
Minneapolis
St. Paul
Des Moines
Madison
Milwaukee
Lansing
Detroit
Little Rock
Memphis
Jackson
Baton Rouge
New Orleans
Nashville
Frankfort
Cincinnati
Indianapolis
Columbus
Toledo
Cleveland
Pittsburgh
Charleston
Montgomery
Atlanta
Tallahassee
Jacksonville
Miami
Columbia
Raleigh
Richmond
Annapolis
Baltimore
Dover
Harrisburg
Philadelphia
Trenton
New York
Hartford
Albany
Boston
Concord
Montpelier
Buffalo
San Diego
Santa Monica
Los Angeles
Victorville
Oro Grande
Barstow
Newberry Springs
San Bernadino
Amboy
Needles
Essex
Topock
Kingman
Peach Springs
Seligman
Williams
Flagstaff
Winona
Two Guns
Winslow
Chambers
Holbrook
Lupton
Gallup
Prewitt
Grants
Zuni Pueblo
Laguna
Albuquerque
Santa Fe
Pecos
Las Vegas
Santa Rosa
Montoya
Tucumcari
Adrian
Glenrio
Amarillo
Groom
Shamrock
McLean
Texola
Hydro
Clinton
El Reno
Sapulpa
Chandler
Tulsa
Claremore
Foyil
Miami
Baxter Springs
Joplin
Springfield
Lebanon
Rolla
Cuba
Stanton
St. Louis
Litchfield
Springfield
Lincoln
Bloomington
Normal
Pontiac
Wilmington
Chicago
66
0 200 400 600 800 1000 km
© KARTOGRAPHIE Peh & Schefcik